U0142978

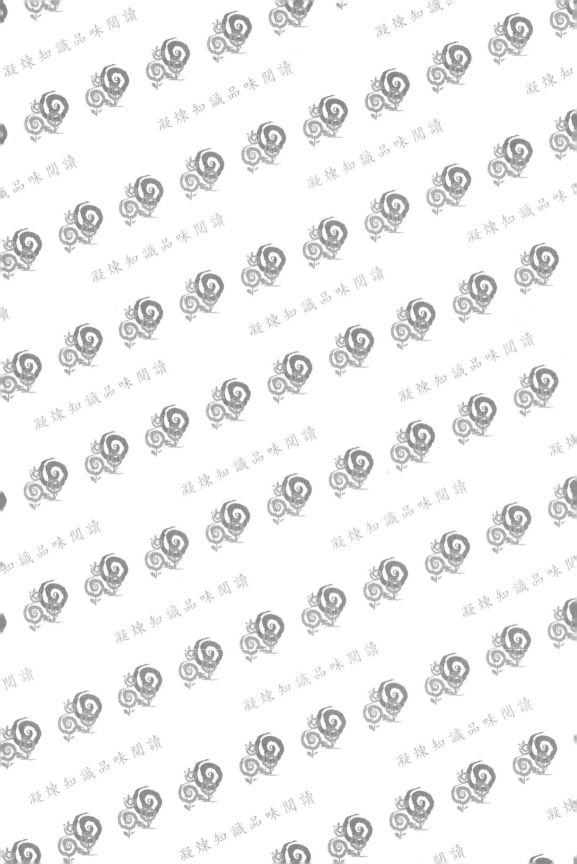

統計學的思路
論理與應用

黃旻華 著

五南圖書出版公司 印行

序言

　　這是一本適合統計初學者的基礎教材，也是講述統計學發展思路的學術著作。本書設定的讀者，是具備高中數學程度、想理解當代統計學論理框架的有心人，作者希望藉由平易近人的筆觸，融入許多統計史的觀點，針對許多初學者難以理解的統計學概念，進行仔細的論理解釋，並完整呈現其推演過程。不同於市面上多數的統計學教材，本書並不強調解題的實作，也不意圖含攝所有統計學的基本知識，而是站在社會科學研究者的立場，將當代統計學典範的思考理路，用簡單說理的方式，讓讀者了解為何統計學在現代社會科學研究上具有舉足輕重的地位，同時也說明社會科學研究者為何需要掌握統計學的分析技巧。這樣一本說服學生修習統計學的專門讀本，對於社會科學的統計教學十分重要，因為長久以來人文社會科學學生通常有逃避學習統計學的傾向，並且往往質疑統計學在人文社會科學中的適用性。

　　激發寫作本書的心來自 2001 年的春天，當時作者還是美國密西根大學政治系博士班一年級的研究生，正修習著博士班課程中必修的統計學初階課程。讓作者感到震撼的是，原先認為大學階段已經在台大工管系修過初統、高統、線性代數、作業研究等數量方法課程，對於政治系的統計課應該可以輕鬆應付；結果發現，密大政治系博士班的初階統計課，就是台灣各經研所中進階程度的計量經濟學，這讓作者在學習上倍感吃力。問題出在：即使所有矩陣運算和公理證明都不是問題，但作者還是無法通曉統計學在基本概念上的論理思路，也摸不著統計學所設定議題的立論基礎。從那時起，作者就告訴自己，有朝一日要將統計學的後設理論徹底搞懂，並且要能夠用最淺顯直白的話語，讓不懂統計學的人也能理解統計學的基本內涵。因此，作者開始閱讀統計史的相關文獻，希望從追溯統計學知識演變的過程，梳理統計學內容的思路發展，進而理順四個世紀前統計學發

端時的原初思考，了解當代統計學的知識典範，找出統計學發展的思考理路和人文精神。

　　本書的編排分成六章，主要內容包括了統計學概論、機率論、統計推估、迴歸分析、假設檢定，以及相關統計議題的釐清。這些內容的選定，與作者過往教學經驗密切相關，前五章主旨在培養學生利用統計學作為因果推論工具的基本能力，尤其是對於迴歸分析的使用和分析，第六章是針對過去學生特別困惑的問題來專章論述和釐清，並對於最大概似法、假設檢定，以及古典統計學的哲學思考進行深入的討論。

　　最後強調一點，多年的教學和研究經驗，作者深知自己對於統計學知識的理解和詮釋，許多時候與學界主流的訓練有顯著差異，這點不僅對於非人文社會科學的統計學者而言如此，甚至對於同屬政治學背景的學界同僚亦如此。也因此，作者要提醒讀者，本書只是提供一種學習統計學的思路安排，這安排不是為考試或特定分析標的所設定的，而是將統計學知識做為一門處理「不確定性」的知識領域，儘量還原歷史上的論理思路，同時結合社會科學因果推論的應用，所撰寫出的一般性教材。基於這個理由，作者建議讀者在選用此書時，可以對照著其他統計教材，這樣可以更全面的理解統計學這門學問。

　　今年是作者教書的第十四年，這些年來先後在台灣、美國、中國大陸服務過四個單位，很榮幸在 2013 年又回到台大政治系任教。這本書大部分的內容，都是我過去在台大政治系服務時的教學講義、心得和教材。在此我必須要感謝一直支持我的父母親，也要感謝學術生涯中的恩師朱雲漢院士，沒有他們的包容和諒解，我不可能在學術這條路上堅持著自己的信念，更不可能在眾多人生的顛簸中又順利的回到原來的軌道上來。

　　謹將此書獻給我親愛的女兒黃之昕！

黃旻華

中華民國 106 年 4 月 10 日於桃園龍潭家中

目錄

參考方塊

Chapter 1

▶▶▶▶

什麼是統計學？

統計學在今日學術界有個微妙的地位，在多數人眼中統計學是個應用科學，是用來對於經驗世界的各種現象進行歸納、統整、解釋和預測的工具；但在人文社會科學領域，統計學在二次戰後、乃至近年受美國學界科學主義的影響，在經濟學、社會學、政治學等領域變成主流的分析工具，許多這些領域的學者將統計分析等同於科學方法的代名詞。另一方面，相對於這種學術氣氛所應運而生的，是反對將統計分析應用在人文社會科學的反實證主義立場，這種聲浪由於學科性質的差異，在政治學和社會學中較為普遍，經濟學則非常少見。不論如何，人文社會科學領域鮮少將統計學視為人文學的一部分，也幾乎沒有人從歷史的角度去探究一個重要的統計知識課題：為何許多當今被視為真理的統計概念、定理和法則，過往曾經在不同宇宙觀和科學技術條件下，皆被視為毫無道理的荒誕訛說？

　　然而鐘擺的另一端是在數學界，或者是那些要求邏輯極為嚴密的科學主義者，他們對於統計學的看法，是將其視為一套事後理則化經驗法則的學問，不具備先驗的真理性；對於數學家來說，統計學所涉及的數學技巧難度並不高，從純粹理論科學的角度，其學術貢獻遠不如那些抽象性較強的數學領域。事實上作者在過去二十年的學術生涯中，就曾聽過上述傾向較強的同學抱怨，他們認為常態分配根本就是統計學家自己想像出來的法則，這條曲線不但現實上不存在，依此曲線所做出來的決策分析更是建立在一個虛假的信仰之上。此外，統計學被視為應用數學因而是次要的學術領域此一觀點，也廣泛存在數學家中。以上可見，相對於許多人文社會科學家將統計學的應用視為科學象徵，數學家卻多半將統計學的應用視為較不具科學性的表現，這樣的認知衝突引出了本書對於統計學的基本看法：統計學是一門隨時代變化的學問，它的內涵高度受到人類科技條件、哲學思考、自然社會環境的左右，即便其學術主要建立在數學符號的邏輯推演上，但其論理敘事卻奠基在人文精神的根本上。這也就是為何人文社會科學家和數學家們對於統計學有南轅北轍的認知；因為前者將目光聚焦在數理推演上，而後者卻耿耿於懷在因時而變的非理性元素上。

　　多年來作者以為要了解統計學的本質，必須體現四百年前統計學原初發展的論理脈絡，即透過統計史的考察，來理解當代統計學背後的人文思考，是如何受到時代因素的影響而產生變化。然而，這樣的努力是孤獨的，而統計史不受重視的現象不僅在筆者所屬的人文社會科學領域中如此，在數理和生命科學領域亦是如此。事實上，統計史這門學問在今日全球學術界中十分邊緣化，少數知名的學者亦逐漸凋零，並且將統計史材料引入統計教學的努力也付之闕如。雖然以現在的眼光來看，成書於三十年前或更早的統計學教科書，其內容因為統計學的發展而帶有程度不一的統計史素材，但是這與一本將視野涵蓋統計史四百年發展歷程的教科書相比，著述的角度和立場是完全不同的。

　　根據作者的教學經驗，人文社會科學學生對於統計學的怯步除了數學艱澀之外，更多是他們將統計學視為冷冰冰的數學推導和公式應用，就算有心學習，往往在過程中不敢向老師提出心中一些看似不證自明、但又不知道為何如此的問題，最後充其量只是將統計操作硬塞進腦中，沒有求得融會貫通。追根究底，問題出在對統計基本概念的思考不夠，使得根基不夠扎實，無法培養日後自我學習的能力。作為一位長期擔任統計教學的老師，作者認為關鍵在於授課教師普遍對「統計史」的理解不夠，使得他們忽略了將基本統計概念說明清楚的重要性，某種程度也造成了學生的學習障礙。

　　本書的內容，奠基在作者十多年來對於統計史閱讀的心得，希望能還原統計學在學術發展初期所面對的主要問題，並梳理解決這些問題在思路上所採取的折衝和轉變，進而重新詮釋當代統計學典範中的基本概念和推理思考。要強調的是，統計史研究是一門巨大的學術領域，作者過去的涉獵充其量只能說具備初淺的理解，不敢宣稱具有專業研究者的史學深度，也因此，內容上較大程度反映了筆者如何從統計史角度來呈現統計學的內涵，而非從史家的角度來專業地呈現統計史的面貌，這點請讀者謹記在心。

　　從統計史來看，統計學的發端，起源於對於「不確定性」（uncertainty）

的興趣和好奇。其中，對於賭博輸贏的機率計算，以及天文學中各項觀測所產生的差異，是引發科學家在 17 至 18 世紀間對於統計問題進行系統研究的兩大主因。稍後由於工業革命的興起，西方社會產生劇烈的變化，許多衍生的社會、政治、經濟問題也都成為統計學研究的焦點，比方說人口學、流行病學、農業經濟學等，因為這些問題都同樣牽涉一個最核心的概念：人們如何可以針對不同問題，從大量的資料中，去找出一套法則來描述並解釋背後的支配力量。問題的本質，皆從肯定「不確定性」的必然存在出發，最終希望找到簡單的數學公式，在巨觀層次上將不確定性轉為確定的真理知識。

　　為什麼需要了解統計史呢？因為從統計學的發展歷程中，我們會發現統計學本身就是一門人文學科，其發展反映了人類在特定時空下的社會情境和思考哲學，雖然它的源起主要來自於 17 世紀的天文學發展，但統計學背後的基本假設與西方宗教是一致的：皆主張神的存在。「神的存在」此一信念讓統計學早期的發展具有強烈的自然主義哲學色彩，就是主張「真理的唯一性」，萬事萬物都有全知全能的神所律定的自然法則來主宰，包括一切的不確定性也是具有客觀的規律性。而統計學的使命，就是讓認知能力有限的人類，可以在各種紛亂因素交雜影響，以及感官認知侷限的狀態下，找出體現神所律定主宰「不確定性」的確定律則。這樣的觀點，基本上跟天文學的認識論立場是一致的，都是符應於西方基督宗教背後的一神論立場。

　　然而，隨著科學知識的發展，以及工業革命所帶來世界的重大政治、經濟和社會變遷，對於統計學的需求，不單來自科學家追求真理的必要手段，更是統治者經世致用不可或缺的工具，統計學便逐漸成為各種學科領域都會涉及的知識內容。然而，今日的統計學典範只是當年眾多的統計猜想之一，而統計學的發展歷程，其實充滿了偶然的因素。與其說今日典範具有知識上的優越性，倒不如說其知識論上的主流地位是奠基於相應的科學技術條件，以及科學家們間的知識社會互動。也因此，當今日的科技知識早已突破過去時空環境的限制時，我們更有條件來探究，究竟這些偶然

因素的影響，多大程度是基於科學發展的路徑相依，多大程度是受到人際互動的社會因素所影響？

　　以人文社會科學的角度來看，學者們對於統計學的應用，往往是藉由定量方法，來回答許多定性的問題。因此，即便統計學的基礎建築在深厚的數學推論上，但數學好的人往往不見得能掌握統計學真正的意義，因而無法適切地對於定性問題做出滿意的回答；然而，多數的人文社會學者，由於畏懼繁複艱深的數理推演，縱使對於定性問題有較為深刻的理解，也無法掌握定量方法的真正要義。為此，本書主張必須從培養統計初學者對於數理推演和哲學思維的理解能力著手，一方面不畏懼數理符號的邏輯敘事，另一方面要能抽離符號邏輯對知識論問題進行宏觀的思考，這兩者其實就是統計學背後的人文精神所在，也是統計學習中最重要的環節，而關鍵就在於初學者是否具備相關的統計史背景知識。

　　當代著名的統計史學者，最重要的屬於邱吉爾·艾森哈特（Churchill Eisenhart）、安得斯·霍德（Anders Hald），和史蒂芬·史坦格勒（Stephen Stigler）。三人的統計史著作雖然不算多，但卻足以互補地呈現過去四百年的統計史發展歷程，關於統計史的重要著作，請參考延伸閱讀一。

1.1　統計學的本質

　　從根本上來說，統計學就是一門處理不確定性的學問。此處所謂的不確定性來自於過多的資訊，造成資訊之間彼此互相矛盾，因而讓決策者難以取捨做出確切的決斷；如果資訊不足或資訊剛剛好，問題就不屬於統計學的範疇內。若用代數問題打比方，統計學問題永遠是無解的，不存在唯一解或是無限多解的可能，因為限制式恆大於未知數，如此才滿足過多資訊的條件。

參考方塊 1.1 統計學本質上是探索「過度認定」的問題

如果以代數問題來說明統計學的本質，可以用解聯立方程式的例子來解釋，比方說，下面是聯立方程式有 m 個限制式、n 個未知數：

$$\begin{cases} a_{11}x_1 + a_{12}x_2 + \cdots a_{1n}x_n = b_1 \\ a_{21}x_1 + a_{22}x_2 + \cdots a_{2n}x_n = b_2 \\ \quad\quad\quad\quad\vdots \\ a_{m1}x_1 + a_{m2}x_2 + \cdots a_{mn}x_n = b_m \end{cases}$$

其中 a_{ij} 和 b_k（$1 \leq i \leq m$，$1 \leq j \leq n$，$1 \leq k \leq m$）為已知數，而 $\{x_1, x_2, \cdots, x_n\}$ 為未知數。

關於聯立方程式的解，有三種情況：

(一) 當限制式數目小於未知數數目（$m < n$），則有無限多種方式組合未知數的數值來滿足限制式條件，這種情況稱為「不足認定」（under-identified），有無限多解，不是統計學探求的問題。

(二) 當限制式數目等於未知數數目（$m = n$），則有僅有一種方式組合未知數的數值來滿足限制式條件，這種情況稱為「適足認定」（just-identified），有唯一解，是典型的代數問題，不是統計學探求的問題。

(三) 當限制式數目大於未知數數目（$m > n$），則沒有任何方式可以組合未知數的數值來滿足限制式條件，這種情況稱為「過度認定」（over-identified），無解，正是統計學探求的問題，而關鍵就在於如何處理多餘的資訊來進行未知數的推估。

進一步而言，處理不確定性問題的本質在於「猜」，因此統計學又可理解成一門「有系統猜的學問」，這裡所謂的有系統，就是我們需要對於猜有一套合理化的說法，藉以區別純粹靠運氣的猜和具有某種道理的猜。以白話來闡釋，統計學是一門有系統猜的學問，本質是合理化一切已發生

事物、且具有理則的猜測學問。

　　既然是一門猜的學問，背後隱含著存在一個永恆的真理，這跟中世紀的宇宙觀是吻合的，造物主創造世界，因此萬事萬物必然存在一個唯有祂才知道的正確答案，但由於人的認識能力有限，加上許許多多外在事物的干擾，由人為主體所觀測到的資訊，都必然帶有誤差的可能性。也因此，儘管所有事物在全知全能的造物主那邊都有正確答案，人們永遠無法確切得知自己透過經驗觀察和推理思考的答案，是不是與具有真理唯一性的造物者答案相同。所以統計學為一門猜測學問的真正意義，就是體認到人類認識能力有限的條件下，尋求一種符合理性的思考方式，對於造物者所創具有唯一性但人類未知的自然律真理，透過對於經驗世界的觀察理解，儘可能形成有系統的猜測，來體現造物者的意旨。

　　這點出了統計學在發展初期最重要的特質，就是統計學的產生，至少從歷史的觀點來說，是基於「真理唯一性」此一重要哲學假設，與神學非但不互斥，反而具有本體論和認識論的一致性。造物者做為全知全能的神，對於人世間一切的事物都有確切的安排，統計學做為一門體現造物者創造世界客觀規律的學問，是希望透過人們有限的認識能力，儘可能的去理解和認識到神的偉大。換言之，統計學的發端在本體論上具有極濃厚的命定論觀點，這與當代許多學者在詮釋統計學時強調其機率式的本體論大相逕庭。

參考方塊 1.2　命定式和機率式的本體論

　　從歷史的觀點來看，統計學的發端與神學信仰密切相關，都主張真理唯一性及客觀命定說，強調宇宙本體恆常不變的存在，並且超越時空和人類經驗，推到極致，這種看法就是命定式的本體論。

　　相對的，量子力學在 20 世紀初的興起，帶給科學家在統計思考上很大的改變。不同於古典的統計學家，許多人主張機率式的本體論，認為宇宙本體不具備先驗的客觀存在，而是透過或然率所產生的後驗結果，事前的存在並非確定，更非命定。

　　機率式的本體論思維，大大的挑戰了古典統計學的根本假設：如果真理不是唯一的，而存在也不是客觀先驗，那麼機率的概念，也不具備本體上的客觀存在，而是一種邏輯思維方式，是一種人類智識活動建構出來的想像律則，用來描述和分析後驗結果，以及思考不確定性時的有力工具。

　　上面所說，意味著「認識有限性」是統計學最需要克服的問題，也就是人類雖然可以透過經驗上的認識能力來了解世界，但所有經驗上已經發生且被我們觀測到事物，都不能窮盡時空環境的限制，因而是不完整的，同時人類的經驗往往受到各種因素的影響，認識到的現象結果及事物資訊都不可避免帶有一定的偏差，與背後的唯一真理並不完全相符。因此統計學的任務，就是想辦法處理這些偏差的影響，找出一種最符合道理的猜測方式，作為此唯一真理最有可能的答案。

　　在這樣的思考框架中，既然人的認識能力有限，永遠無法如造物者般全然掌握唯一真理，那麼真理和認識之間的差距就必然存在，這就是「誤差必然性」。誤差的產生，除了事物本體的複雜因果之外，同時也在於多重資訊的彼此矛盾，以及各種人為干擾影響。所以人類就必須在體認這些問題的前提下，發揮其認識世界的思辨能力，藉由主動和被動的行為，來體驗和蒐集各種事物現象的相關資訊，這就是廣義上「測量」的概念。

換句話說，哲學上我們假設所有事物都具有一個未知但已經確定的本體存在，而我們經驗上所認識到的所有資訊，都是我們用以思辨和找出真理的素材，也就是我們對於本體所進行測量和觀測的結果。

按此思路，統計必然是處理誤差的一門學問，透過研究誤差的規律和法則，找出處理過多資訊的方法來逼近唯一真理。而過多資訊的處理，說穿了就是簡化資訊的摘要方法，來形成最合理的真理猜測。而這裡涉及統計學思考上的重要問題，為什麼統計學需要處理「過多資訊」呢？這些「過多資訊」又從何而來呢？

要回答此問題並不困難，這邊所謂的「過多資訊」與物理學中的「精準測量」有關。回想我們在國中一開始學習理化時，教科書上就強調測量概念的重要性，而在統計學發端時主要應用場域，就是天文物理的量測問題，兩者的關聯性，反映在天文物理在量測問題所呈現未知物理量的真理唯一性，同時伴隨著可以進行無限制次數測量、但每次測量卻都無可避免出現的誤差干擾，不管誤差是來自於人為因素還是自然因素。因此欲達成精準測量，就必須處理測量上各種誤差所造成的過多資訊；而問題在於，真理的唯一性唯有造物者可以掌握，而人類的有限認識能力和有限觀測經驗永遠不足以確然達到真理，在此情況下，所有觀測資訊都是真理與誤差混合的結果，而展現在外的就是「過多資訊」的表徵。換句話說，固然在概念上我們可以很清楚的區分具有唯一真理的未知物理量和測量誤差的區別，但在經驗上，兩者是無法確然分開的。統計學的本質之所以為猜測，正是因為統計學家在面對此一難題時，選擇針對誤差進行各種猜想的學說建構，發展出一套具有理則的猜測學問來處理誤差，進而找出對於未知物理量的最佳估計。

> **參考方塊 1.3** 精準測量問題在統計史中的重要性
>
> 　　美國統計學者邱吉爾‧艾森哈特（Churchill Eisenhart）是 20 世紀統計史影響力最大的統計學者之一，綜觀他的學術生涯，有兩方面特別值得注意：一是在探索統計史的根本問題上做出重要貢獻，特別是「最佳估計量」和「誤差分配」的兩個歷史問題考察，二是他長年任職「美國國家標準局」（National Bureau of Standards, NBS）所專研的精準測量問題，也就是採用一般化的標準將測量精度（accuracy）和準度（precision）明確以定量的方式做出評估，有別於先前的定性描述。
>
> 　　精準測量問題，與統計學發展初期所面對「最佳估計量」和「誤差分配」問題密切相關。簡單來說，沒有確定何謂正確答案，就無法定義測量誤差，這是「最佳估計量」的核心問題，沒有確定誤差會如何產生和變化，就無法評估測量的變異程度，這是「誤差分配」的問題。而用白話來說，此二問題的本質，就是對於任何經驗世界所欲觀測的物理量，進行其未知真值和誤差變異的有系統猜測。這說明了艾森哈特為何長年執著於統計史根本問題的考察，以及此二問題與精準測量的學術關聯性。
>
> 　　關於艾森哈特的相關著作，請參考延伸閱讀二。

　　統計學的發端在西方，欲理解上述統計學本質的詮釋，可以從英文字義上著手。統計學的英文是 Statistics，這是一個複數名詞，代表一門有關許多「估計量」（statistic）的學問，估計量在此是一個可數名詞，一個估計量（a statistic）是對過多資訊進行摘要的一種方法。許多估計量（statistics）是指對過多資訊進行摘要的各種方法，而開頭大寫（Statistics）則代表這些方法已成為一門有系統的專門學問，所以統計學就是一門探討不同估計量的學問，「統計」一詞原初的意義是作名詞解，而非中文語境中常被認為的「統整計算」動詞解。這裡作者並非強調統計學只能用英文字義的方式來理解，而是當我們還原英文字義時，就可以清

楚的看出「統計」一詞的根本意義。事實上，中文動詞語境中也有類似對於過多資訊進行摘要的意思，唯用中文動詞理解時，「統」字的意義過於廣泛而沒有反映出利用過多資訊推估具有唯一真理的未知物理量之意。

1.2　統計學的源起

關於統計學的源起，如果就簡單的數學問題，比方說排列組合，可以回溯到古希臘羅馬時代甚至更早；但是若以有系統探索「不確定性」的問題意識來界定，則源起於 17 世紀中葉之後對於賭博學的研究，主要的研究方向以機率的計算為主。這樣的研究約略在半個世紀之後，即 17 與 18 世紀之交，延伸到天文物理和大地測量學（Geodesy）的應用上。這兩個研究領域的發展，決定了當代統計學發展的走向，也奠基了古典機率論的基礎，核心的問題，除了機率的計算外，主要集中在「最佳估計量」、「誤差分配」、「目標函數」、「統計推論」等主題上（稍後在 1.3 至 1.5 節將會涵蓋這些主題），這些問題的討論，交雜出現在許多不同領域的科學研究中。從事後來看，當時的統計學家並非有系統探索這四項主題，而是在面對不同問題中，發覺了這些主題的相互關聯性，因而分別針對這些問題達成學界的一般共識，也深切地影響 19 世紀之後的統計學發展。而稍晚但幾乎同時驅動統計學發展的，一是工業革命所帶來社會變遷的影響，另一則是這些變遷所衍生出的社會科學議題，這兩股動力都在 19 世紀占有顯著的重要性，也使得統計學的發展深入到各個領域之中，不僅限於數理統計和天文物理，同時亦擴及到生物學、遺傳學、心理學、農學、管理學、社會學、經濟學、政治學等自然科學和社會科學中；而當時政府的職能擴張，也對於統計學產生莫大的需求，特別在國家治理和政策擬定這兩方面。

下面的討論，就是沿著上述的脈絡，針對當代統計學源起的四大領域，簡單介紹統計學發展的歷史脈絡，希望讓讀者了解統計學源起與發展的全貌，同時強調統計學所具有時代性的人文特質。

1.2.1　賭博學

　　賭博學的發展，從有系統探究機率論的觀點來看，最早可以追溯至 17 世紀中四位數學家：布萊茲‧巴斯卡（Blaise Psacal）、皮耶德‧費馬（Pierre de Fermat）、克理斯提安‧惠更斯（Christiaan Huygens）、湯馬士‧史特勞德（Thomas Strode）[1]。其中巴斯卡（1654）的「算術三角形」（Pascal's arithmetic triangle）對於二項展開式係數及相關數學問題（比方說組合數計算）的貢獻，被認為是統計相關的早期重要著作[2]，而巴斯卡與費馬的私人通信（1654），更是明確將「點數問題」（The problem of points）分別運用二項及負二項分配的論證來解答機率問題[3][4][5]。「點數問題」的內容陳述如下：設想有兩位玩家 A 與 B 正在對賭，結果僅有 A 贏（B 輸）或 B 贏（A 輸）兩種，兩人約定賭金為 K 元，他們相約誰先贏得 N 局為勝利者，全拿賭金，然而賭博進行到一半有不可抗力的事情發生，無法進行下去，兩人此時必須依目前的勝場局數來分配賭金，而此刻 A 與 B 分別還剩 a 局和 b 局就會達到 N 局成為勝利者，請問賭金應該如何分配才會公平？

1	1	1	1	1	1	1
1	2	3	4	5	6	
1	3	6	10	15		
1	4	10	20			
1	5	15				
1	6					
1						

巴斯卡的算術三角形

　　在巴斯卡和費馬的通信中，費馬提議由於賭博至多會再進行 (a + b − 1) 局就會分出勝負，所以他用列舉的方式，比方說，A 還需兩場 B 還需三場勝局，即 (a, b) = (2, 3)，最多再四場賭局就可以決定勝負（因為 A 若沒有在四局中取兩勝以上，代表 B 至少有三勝而取得勝利；同理若 A 四

局中取得兩勝，則 B 一定少於三勝而輸掉賭博），所以在所有 16 種結果中，有 11 種是 A 取得勝利，5 種是 B 取得勝利，所以 A 應分到 $\frac{11}{16}$K 的賭金，而 B 應該分到 $\frac{5}{16}$K 的賭金

A 贏得勝利的情況 (11)	B 贏得勝利的情況 (5)
(AAAA)(AAAB)(AABA)	(BBBB)(BBBA)(BBAB)
(ABAA)(BAAA)(AABB)	(BABB)(ABBB)
(ABAB)(BAAB)(ABBA)	
(BABA)(BBAA)	

巴斯卡回信給費馬同意這樣的分配提議，但是主張列舉的方法無法應用在複雜的例子上，因此提出一般性的解答，主張賭金應該按照 A 與 B 的獲勝機率分配，如下列式子所示：

$$p(x \geq a) = \frac{\displaystyle\sum_{i=a}^{a+b-1} C_i^{a+b-1}}{2^{a+b-1}} \quad (\text{以 A 的獲勝機率為例})$$

其中 x 是指所需勝場局數，因此 A 與 B 的勝利機率分別是

$$p(x_A \geq 2) = \frac{C_2^4 + C_3^4 + C_4^4}{2^4} = \frac{6+4+1}{16} = \frac{11}{16}$$

$$p(x_B \geq 3) = \frac{C_3^4 + C_4^4}{2^4} = \frac{4+1}{16} = \frac{5}{16}$$

巴斯卡在回信中提到，他在巴黎的同事並不同意這個解法，主要原因在於這邊的機率計算都是基於最多會再進行 (a + b - 1) 賭局的前提下進行，但實際上，有可能賭博在 min(a,b) 局數就結束了，因此機率計算不能按假設上的最多局數來計算。不過巴斯卡認為，不管適用假設上的最多局數，還是用實際進行的局數，兩者所計算出來的結果是一樣的，因此上述

的機率計算法則仍然成立。對此，費馬回信表示贊成，並給出運用實際局數的機率計算公式，如下：

$$p(x \geq a) = \sum_{i=a-1}^{a+b-2} \frac{C_{a-1}^i}{2^{i+1}} \left(\text{以 A 的獲勝機率為例} \right)$$

因此 A 與 B 的勝利機率分別是

$$p(x_A \geq 2) = \frac{C_1^1}{2^2} + \frac{C_1^2}{2^3} + \frac{C_1^3}{2^4} = \frac{1}{4} + \frac{2}{8} + \frac{3}{16} = \frac{11}{16}$$

$$p(x_B \geq 3) = \frac{C_2^2}{2^3} + \frac{C_2^3}{2^4} = \frac{1}{8} + \frac{3}{16} = \frac{5}{16}$$

這是根據負二項分配的思考來算出的結果，A 再進行二、三、四局贏得賭博的機率分別為 ¼, ²⁄₈, ³⁄₁₆，B 再進行三、四局贏得賭博的機率分別為 ⅛, ³⁄₁₆，所以不管用二項分配還是負二項分配來思考，答案都是一樣的。

惠更斯（1657）大約在同時也針對「點數問題」進行研究，同時他提出了當代「期望值」概念的證明和應用，並應用在稍微複雜一點的機率問題上 [6]。下面是惠更斯回答費馬在 1656 年與其書信來往中所提五個機率問題其中之一：

「A 與 B 兩人玩擲骰子遊戲，同時兩個骰子，A 的勝利條件是擲出點數總和為 6 的結果，B 的勝利條件是擲出骰子點數總和為 7 的結果。投擲的順序，是 A 先擲第一次，然後 B 接著擲第二、第三次，然後 A 接下來再擲兩次，然後依此類推，直到分出勝負。這邊的問題是，A 和 B 贏得勝利的相對比例為何？」

針對此問題，惠更斯在同年很快就正確回答了此問題，答案是 A 與 B 的獲勝機率比例為 10355/22631，解題的關鍵在於將此遊戲視為反覆「遞回」（recursive）的問題。首先，如果我們將投擲的順序展開來，可得出 {(ABBA)(ABBA)…}，所以是每擲四次成一個循環，只要遊戲沒有結束，第五次投擲就等於重現第一次投擲的狀態。其次，我們必須要將每次投擲的期望值明確以數學方式表示，如下：

令賭金總額為 t，由二項式公式可知，擲出點數總和為 6 的 A 勝利條件為 $\frac{5}{36}$，擲出點數總和為 7 的 B 勝利條件為 $\frac{6}{36}$。當 A 投擲時，獲勝可得全部賭金 t，但失敗則保有下次投擲時的期望報酬金額；同理，當 B 投擲時，若 B 獲勝則 A 賭金一毛也得不到，但若 B 失敗，則 A 同樣也保有下次投擲時的期望報酬金額。按上面的陳述，我們可以將一到四次投擲有關 A 的期望值公式列出來

第一次投擲 $\quad e_1 = \dfrac{5}{36}t + \dfrac{31}{36}e_2$

第二次投擲 $\quad e_2 = \dfrac{30}{36}e_3$

第三次投擲 $\quad e_3 = \dfrac{30}{36}e_4$

第四次投擲 $\quad e_4 = \dfrac{5}{36}t + \dfrac{31}{36}e_1$

在第五次投擲時，A 的期望值 $e_5 = e_1$，因此每四次投擲為一個反覆循環。針對上式我們進行簡單代數運算，可以整理為

$$e_1 = \frac{10355}{22631}t$$

換句話說，A 和 B 贏得勝利的相對比例為 10355：22631。

根據統計史學家史坦格勒（1999）的研究，數學家史特勞德（1678）比巴斯卡、費馬和惠更斯稍晚，但是他在對巴斯卡著作（算術三角形）一無所悉的情況之下，以數學方法在機率研究上有相似的貢獻，不管在於二項展開式的係數公式 $C_k^n = \dfrac{n!}{k!(n-k)!}$、還是二項分配組合的列舉數（非空集合）$\displaystyle\sum_{k=1}^{n} C_k^n = 2^n - 1$、亦或是投擲多個骰子所產生輸贏事件的機率計算等 [7]。雖然在許多方面，史特勞德的成就並沒有如與他同時或稍後的數學家出色，但他是首位以英文寫作、並且在不知情相關著作下獨立達成相同統計研究成果的學者。這說明了，在資訊流通並不發達的 17 世紀下半葉，在

歐洲大陸上，數學語言已經被學者們接受成為探討賭博學的工具，而統計學的發展已經開始萌芽，不管是以彼此知曉還是獨立研究的方式，統計學的最初源起無疑的與這股潮流密切相關，問題意識集中在賭博學，研究主題針對「不確定性」，使用工具則是數學計算，分析結果則是機率和賭注的數值。

1.2.2　天文物理（大地測量學）

　　從當代統計學的觀點，早期由數學家所發展出的賭博學內容，在統計內容上缺乏了兩個重要的元素。一是賭博學研究的主題集中在機率的計算，沒有統計推論的嘗試；主要的區別是，早期機率的概念是邏輯上的絕對真理，是透過解析的方式可以獲得正確答案，然而統計推論往往牽涉的問題是經驗上的，是透過許多不完美的測量來找出客觀存在的未知真理，其問題本質不單是純粹解析可以解決的。二是賭博學研究並不處理誤差的問題，因為既然機率都是憑理性能力可以達到的客觀真理，所以誤差問題並不存在；但相對於每天在探索和發現自然世界真理的天文學家和大地測量學家，他們所面對種種觀測上的挑戰，包括儀器精準度、天候狀態、觀測時所產生的人為誤差、理論不完備所造成量測上的問題等等，他們無法天真的假設誤差不存在，而是必須找出方法來面對和處理誤差。而當代統計學許多重要的早期根基，就是立基在許多科學家對於上述兩問題所做出的重要貢獻。在 1.3-1.5 節中的討論我們將知道，我們現在視為是描述性統計的「平均數」和「變異數」計算，其實問題的本質都要回歸到「未知物理量的最佳估計量」和「描述資訊變異程度的最佳法則」兩個原初的統計推論問題上，而有系統回答此二問題的關鍵推論方法，則在「誤差分配」和「推論目標式」此二問題的探索上，這些重要內容的出現和發展，都與 18 世紀初期開始的天文物理學和大地測量學的突破有關。

　　直到 1750 年左右，天文物理學家已經充分的理解到測量問題所帶來的過多資訊，是會對於他們找出未知物理量的正確答案造成很大的困擾。

然而當時受限於科學哲學上對於「真理」和「誤差」的二元對立，以及缺乏將測量產生的過多資訊視為「隨機」的權宜思考，多數科學家往往不願意對測量值取「集中趨勢量」來作為未知物理量的推估值，因為這麼做等於將有可能為正確的答案，摻入確定為誤的不同測量值，使得結果在邏輯上必然為誤。然而如果不對具有不同數值的多組測量值進行取捨，科學家實在無從取決何者為正確、何者為錯誤，導致許多人的做法是去實質探討何組數值最有可能接近真理。顯而易見的，這樣的做法永遠沒有定論，因為沒有人可以百分百確定真理為何。因此開始有天文物理學家認為，找到最佳「集中趨勢量」當作未知物理量的最佳估計值是重要的問題，而當時最常見的方式就是取「算術平均數」，然而統計史家至今對於這種看法出現的原因一直找不到確切的答案，並且其他統計量也仍然持續被使用，比方說 1722 年天文學家羅傑・寇茲（Roger Cotes）主張採用「加權平均數」（weighted means）來當作處理多組測量的最佳方式 [8]。

上述問題伴隨著的是對於參數的推論問題。在當時的天文學界，使用內推法和外插法進行許多物理量的推論已經是很常見的分析方法，但進行內推法和外插法分析時，統計學者仍然需要處理代數上方程式（觀察個數比未知參數多的問題），遂發展出兩種不同的策略來解決此問題。一是採取某種方法來減少觀察個數，包括「剔除」、「選擇」、「合併」的操作，使得方程式個數等於未知參數個數，如此一來方程組在代數運算上就可以找出唯一解；另一則是引入隨機誤差的概念，將過多方程式個數在代數求解上所帶來的問題，視為不可避免的誤差量，因而尋求某種目標式的設定來減少推論上所產生的錯誤。這兩種分析策略，其實對應的即為當代統計學在迴歸分析時所採取的標準推論方法，比如「最小平方法」和「最大概似法」。然而對當代統計學最大的影響，則是從 1750 至 1809 年在「誤差分配」問題上的探索，在這過程中，著名的數學家，如湯馬士・辛普森（Thomas Simpson）、 約瑟夫・拉格朗日（Joseph-Louis Lagrange）、丹尼爾・伯努力（Daniel Bernoulli）、約翰海瑞克・藍伯特（Johann H. Lambert）、皮耶賽門・拉普拉斯（Pierre-Simon Laplace）、卡爾斐德列

克‧高斯（Carl Friedrich Gauss）紛紛做出重要貢獻 [9]，而這也導致當代統計學典範的建立，以及形成「最小平方法」作為最佳推論的目標式、「平均方差」作為描述資料變異程度最佳方式的兩項習用共識。

上面提及的所有相關問題，都會在本書稍後的章節進行專論。1.3 節將討論「未知物理量的最佳估計量」；1.4 節討論「誤差分配」；1.5 節討論「描述資訊變異程度最佳法則」以及「當代統計學典範」的相關主題。3.1 節討論「推論目標式」；3.2 節討論「最大概似法」；3.3 節討論「最小平方法」。

1.2.3　治國之術

統計學是一門治國之術（statecraft）最早出現在 1662 年由英國學者約翰‧葛蘭特（John Graunt）所著的《對死亡率表的自然與政治觀察》（Observation upon the Bills of Mortality）一書 [10]，在此書中，葛蘭特明確提到關於出生率、死亡率、結婚率等統計數字可以作為統治者治理國家的重要資訊，用來了解領土之內許多社會變化的狀況，並且對於這些變化進行判斷。而統計學作為治國之術的想法，在 17 世紀中葉之後的一百五十年間，普遍被稱為「政治算術」（political arithmetic），也就是採用法蘭西斯‧培根（Francis Bacon）對於社會現象進行歸納的研究方法，用「數字」（number）、「重量」（weight）、「尺寸」（measure）等統計數字來解答令人困惑的社會現象，並提供治理國家的政策建議。

葛蘭特在《對死亡率表的自然與政治觀察》一書中，有許多應用統計數字進行社會現象解析的例子。比方說，他把英國在 17 世紀中葉過去一百年的出生率和死亡率數字，進行不同地方的對比，他發現倫敦當時不管是出生率（107：100）還是和死亡率（110：100），男性都是顯著的高於女性，特別是男性在死亡率上與女性的差異，還高於出生率許多。然而這樣的現象在鄰近的鄉村地區卻有所不同，這些鄉村地區雖然在出生率上男性仍然高於女性，但是在死亡率上，男性與女性的差距都不若出生率

那樣高，甚至有些地方男性的死亡率與女性相同，甚至更低 [11]。這說明了，男性出生率較高是自然現象所造成的，但是由於男性移居倫敦的比例比女性高得多，所以造成在死亡率上，倫敦男性高於女性的差距加大，而在鄉村地區，男女兩性死亡率的差距減小的現象。上面的推論，顯示了統計數字可以用來進行推理，提供理性分析社會現象的重要資訊，而這些資訊都是政府在統治國家時不可或缺的參考依據。

「政治算術」[12] 一詞由與葛蘭特同時期的另一位英國學者威廉・佩提（William Petty）所提出，他在許多著作中也同時表達了與葛蘭特相同的主張，即將統計數字作為政治算術主要依據的觀點 [13]。他甚至直白的表示，統治者可以將國境之內的子民當作物品進行操縱，而一個國家的財富主要顯示在子民的人數和品質上；所以他建議統治者應該提高對於其子民在健康和生命必要支出上的開銷，這會比花在其他投資上更有效益，因為花在對抗瘟疫上的金錢可以減少疾病所造成人命的損失。值得注意的是，統計學泰斗卡爾・皮爾森（Karl Pearson）對於佩提的提出統計學應用在治國之術上的成就相當貶抑，並且在其著作中對佩提的人格和才華多所批評 [14]，然而不可否認的是，佩提是當代統計學者公認「政治算術」最著名的提倡者。

與治國之術相關的，是在歐陸出現的德文「統計」（Statistik）一詞，這是由德國學者葛佛萊・艾肯沃（Gottfried Achenwall）在 18 世紀中葉（1749）提出，意思是指涉一門包含憲政史、政治經濟學、治國之術、甚至是法哲學的綜合學問，這個概念又以「政策」（Politik）、「自然法」（Naturrecht）、「政治科學」（Staatswissenschaft）等詞語出現，代表有關國家的學問 [15]。然而艾肯沃在眾多著作中，卻沒有使用統計數字進行社會現象的解釋或推理，而「統計」一詞之後被英國學者約翰・辛克萊（John Sinclair）於 1790 在其編撰的《蘇格蘭統計報告》（The Statistical Account of Scotland）一書中引入英國，用來指稱採用統計數字進行治國之術的研究 [16]。從此之後，這樣的用法在英國成為了統計學一詞的正式稱呼，而在 1820-1850 年間，也普遍成為歐洲大陸的通用說法。

　　換句話說，當代對於「統計學」一詞的用法，是在 19 世紀之後才演變而成的，但實質內涵與先前指涉賭博學或天文物理的數理推演是有區別的，反而與當代的政治經濟學或公共政策比較相近。這主要原因在於，由於 18 世紀以前的社會變化較為緩慢，社會階級僵化，民主浪潮（1789 年法國大革命為分水嶺）尚未席捲歐洲各國，因此治國之術是屬於統治者的政治機密，不應該公開廣為讓人議論，討論僅止於君王身邊的策士和統治階級。然而在 18 世紀末期，除了民主革命思潮瀰漫歐洲各國外，工業革命帶來巨大的社會變遷，也使得各國的社會狀況有了空前的變化，加上科學革命所帶來對於知識的渴求，同時伴隨著治理國家困難度和複雜度的倍增，造成政府以及社會對於各領域統計學知識的大量需求，因此統計學逐漸變得越來越專業化。在 19 世紀下半葉，「統計學」正式成為當代學術體系下的獨立學科，與原來其所指涉的各個領域分離開來，而這些領域，許多就是原先「治國之術」概念下的社會科學相關領域，而剩下來指稱統計學的內容，就是我們今日所看到以數理統計為主的學術知識。

　　統計學名稱的演變，在不同時期有很大的差異，其內容指涉也不盡相同。其中變化十分曲折，也饒富時代偶然性。總結說來，我們現在所用的統計學一詞，18 世紀中葉在德國產生時，原本指涉治國的學問，但不涉及統計數字的使用；在 19 世紀初期，轉變成使用統計數字的治國之術討論，從英國傳回歐洲大陸；到了 19 世紀末期，由於現代學術的分工和專業化，統計學所指涉社會科學的相關內容，遂脫離出統計學一詞的意義，使得統計學成為今日的用法。關於統計學在 20 世紀前名稱和內容的演變，請參考延伸閱讀三。

1.2.4 社會科學

　　從以上三方面源起的討論可知，統計學在歷史上相當長的一段時間，與當今所謂的社會科學是密切相關的，而非今日許多人理解的應用數學領域。這兩者並不矛盾，因為從今日各學科的開課內容來看，除了純人文

領域外,幾乎自然科學、生命科學和社會科學各領域都有統計相關課程的開設,這說明了,統計學與社會科學的分流,是學術專業化的必然結果;然而,如果讀者可以了解統計學在 19 世紀快速發展中涉及的社會科學議題,則對於統計學內涵會有更深刻的理解 [17]。

從 17 世紀下半葉到 19 世紀這一百五十年間,與統計學有關的社會科學議題集中在人口統計上,著名的例子包括精算學、保險學、政治算術、公共衛生學等。以精算學為例,被卡爾・皮爾森(Karl Pearson)稱為首張「真正的」生命表(Life Table),在 1693 年由賈斯伯・紐曼(Caspar Neuman)(提供資料)和艾得蒙・哈利(Edmond Hally)(計算發表)製作出來 [18]。之所以稱為真正的生命表,是因為製作這張表的資料需要有兩個要件:(1)某個人口母體的隨機抽樣樣本;(2)追蹤此隨機樣本中所有人的死亡訊息。而當時英國受到瘟疫的影響,很難取得滿足這兩要件的資料,而這張生命表是在紐曼和哈利的通力合作下完成。

以保險學為例,英國首家類似現代的保險公司在 1698 年成立(Mercers' Company),其中保單的設計人威廉・亞斯頓(William Assheton)在 1699 年公開發行一本保險冊子,宣傳保單的內容:神職人員的遺孀在神職人員過世後,每年可以獲得投保總額 30% 的年金受益,符合投保條件的已婚神職人員,投保上限金額在 30 歲以下為 100 英鎊、30 至 40 歲為 500 英鎊、40 至 60 歲為 300 英鎊。不過由於這個保單的費率設定並無文獻可考,而後來這家保險公司也因為年金給付的金額過高陷入財務危機,最後是向英國皇室和國會紓困才得以維繫下去 [19]。

以政治算術為例,統計學家貴格力・金恩(Ggregory King),接續著葛蘭特和佩提的政治算術主張,在 1696 年所著《對英格蘭國家狀況的自然與政治觀察與結論》(Natural and Political Observations and Conclusions upon the State and Condition of England)一書中,非常詳盡的計算了有關英格蘭國內人口的各項統計數字,同時將英格蘭與世界各國進行人口與可居住土地面積的比較,同時也對年齡結構、婚姻狀態、人口增長等議題做出詳盡的計算和推論 [20]。

　　最後，以公共衛生學為例，丹尼爾‧伯努力（Daniel Bernoulli）在 1760 年採用哈利的生命表，主張如果接種天花疫苗是有利於提高預期壽命（life expectancy）。具體而言，例如現今 5 歲的人平均壽命是 41 歲 3 個月，如果他至今尚未得過天花，預期壽命將會變成 39 歲 4 個月；如果他曾經得過天花，預期壽命是 43 歲 10 個月；如果他從未得過天花但現在接種疫苗，預期壽命是 43 歲 9 個月，因此接種疫苗可延長 4 年 5 個月的壽命 [21]。

　　統計學在 19 世紀的發展，在社會科學的部分是非常顯著的，時間大致從 1820 年開始。首先，阿道夫‧凱特勒（Adolphe Quetelet）於 1832 年所主張的「社會物理學」（Social Physics）具有重要影響 [22]。從嚴格的定義來說，社會物理學在凱特勒的著作中，其宣告性比實際性的作用來得大，因為凱特勒對於社會物理學並沒有發展出明確的理論內容；然而，做為一種把社會現象類比成自然現象可以被客觀法則解釋的知識論，凱特勒有很深遠的影響，特別是他擅長使用分類和敘述統計的方式，在群體的分析單元上解釋社會現象。這樣一種分析方法，雖然並沒有太多機率分配的假設、分析與推論，但是替社會科學，特別在社會學、政治經濟學方面，首開建立統計指標解釋的風氣。他最常被引述的，是所謂「平均人」（average man）的概念，比方說他會將論述建立在一國的平均數字上，將其平均數字視為代表該國的某種一般性特質，就像地心引力源自物質重心的一樣。這個概念從今日觀點來看理所當然，但在 19 世紀時，一般人並不容易接受這種抽象建構的「平均人」概念。然而，凱特勒過往的自然科學背景，特別是早年所受到機率統計、天文物理、大氣科學的訓練，讓他傾向使用統計數字，對於社會現象進行抽象分析，試圖將因果分析中的「常態原因」（constant causes）、「變動原因」（variable causes）、「偶然原因」（accidental causes）分離開來 [23]。

　　另一位與凱特勒有相同執著，希望將統計學應用帶入社會科學的是威廉史丹利‧傑文斯（William Stanley Jevons），他主要的貢獻，是將數學方法帶進經濟學的分析中，特別他在其《政治經濟理論》（Theory of

Political Economy）一書中，利用了簡單的數值分析技巧，建立了玉米供給和價格之間的數學關係 [24]。然而，他與凱特勒具有相同的特質，兩人都是具有數理統計訓練的自然科學背景，但在他們社會科學的著作中，他們都避免採用技巧和難度較高的統計方法；原因在於，即便他們可以輕易地採用這些數學方法，他們都自覺社會現象的複雜易變性，以及分析單元可能存在的異質性。因此，在沒有辦法確定分析單元的同質性，以及背後所存在機率分配假設的和理性，他們都傾向不採用技巧和難度較高的分析方法，也不主張貿然做出任意的機率分配假設。

19 世紀下半葉是生命科學快速發展的時期，不管是有關動物、植物、醫學、還是農學等，其中統計學影響深遠的一個著名例子，是法蘭西斯‧高爾頓（Francis Galton）對於指紋鑑識人類身分的論證 [25]，與今日生命科學中所仰賴的 DNA 鑑識有異曲同工之妙。在 19 世紀的鑑識科學中，指紋鑑識的科學性確立，是生命科學進步的重大里程碑，而高爾頓採用統計方法的科學論證，更突顯了統計學對於社會科學的重要性。高爾頓的論證是從思考指紋的獨特性開始，他以「紋線」（ridge）為基本單位，以實驗估計出，人們憑猜測能將指紋中 6 個紋線間隔見方區域遮蔽而能回復的機率約為 $\frac{1}{2}$，而一個完整指紋有 24 個 6 紋線見方的區域，因此要能回復一個完整指紋，機率為 $\frac{1}{2^{24}}$，此外，紋線除了細微的變化諸如島紋（islets）、叉紋（forks），還有一般輪廓的形狀，這部分他估計猜對的機率為 $\frac{1}{2^4}$，再加上估計紋線接續起始點的猜對機率為 $\frac{1}{2^8}$，他得出結論認為每個人的指紋幾乎可以說是獨特的，因為要能完全吻合一個指紋的機率是上述三者的乘積，即六百八十七億分之一（ $\frac{1}{2^{36}}$ ），而以當時世界人口約 16 億來說，指紋鑑識準確性幾乎是毫無疑問的。除了機率的推算外，高爾頓還進行了研究，發現遺傳和人種的因素並不影響指紋鑑識的準確性；從此，指紋鑑識在辨認人類身分上的應用就此確立。

在心理學領域，一項起源於「觀測天文學」（observational astronomy）的相關研究，是有關人類對於外在感官刺激的主觀感受反應。在天文觀測中，長久困擾天文學者的就是對星象觀測上的主觀感受差異，這種差異

即便是在控制相同觀測方法、條件、時間、儀器下，不同觀測者之間仍會產生顯著差異。心理學家對此主張，人類對於外在刺激的感受上，不但會有人際差異，也會有客觀刺激量與主觀感受量的差異。這個問題被稱為「人差方程式」（personal equation），而實驗心理學家古斯塔夫·費希納（Gustav Fechner）提出了「韋伯費希納定律」（Weber-Fechner Law），以數學式表示為 $S = C \log R$，其中 S 為主觀感受，R 為外在刺激，C 為隨不同實驗情境變化的常數項 [26]。

上面例子旨在說明，19 世紀是統計學應用在社會科學以及相關領域的重要關鍵時刻，統計學內容的豐富化，伴隨著統計學的應用走進各學科領域，都是讓統計學逐漸專業化，朝向理論統計方向演變的重要因素。如此的分工，形成了今日在數理統計和應用統計兩大統計領域上的分野。關於統計學與社會科學在 19 世紀的關係，請參考延伸閱讀四。

1.3　統計學的原型問題

在 1.1 節提到，統計學一詞原初意指「許多估計量」，即對於過多資訊進行摘要以推估未知物理量的各種方式，此用法來自於特定的語意情境，在本書作者將之稱為「統計學的原型問題」，又簡稱為「準的問題」。此問題的重要性，在於當代統計學的建立全然源自於對此問題的思考，而當代統計學典範的樹立，正是過往四百多年間統計學家因緣際會對此問題所達成的共識。讀者如果能夠透徹的理解此原型問題的語意情境和思考脈絡，則對於統計學從何而來的問題，就不會再有困惑。美國著名的統計學者艾森哈特曾在 1971 年就任美國統計學會會長時，特地為此議題發表了著名的演講 [27]，其在統計史上的重要性可見一斑。

參考方塊 1.4 　算術平均數做為最佳估計量的統計史考察

邱吉爾‧艾森哈特在其 1971 年就職美國統計學會會長的演說稿中，公開表達統計學家不只應該往前持續開創新的統計知識和方法，同時更應該對於過往統計發展如何奠基今日的統計學典範要有所理解。這篇演說稿，雖然沒有正式在任何期刊中發表，卻是參考價值很高的統計史經典文獻，文中指出算術平均數成為最佳估計量的學術共識，在早期統計學發展過程中，並不是奠基於學術上的思辨，但卻對當代統計學的典範樹立有深遠的影響。

在這篇演說稿中，艾森哈特得出一個重要的結論，至少在 18 世紀中葉以前，算術平均數並不是公認的最佳估計量，當時候許多不同的集中趨勢統計量，如中位數、眾數、中距等，都在不同的情境之下成為科學家所採用的最佳估計量，而當時科學家對於「平均數」（mean）一詞的用法，是指所有具有集中趨勢統計量的泛稱，而非專門指涉「算術平均數」。換言之，在當時的用法中，中位數、眾數、中距等等集中趨勢數也可以被稱為「平均數」。這說明，算術平均數只是眾多可能的估計量之一，並沒有當今統計學界中所預設「最佳估計量」的特殊地位。

此外，這篇演說稿中也指出 Mean 跟 Average 的主要差別。就前者來說，Mean 指涉的是觀察值背後存在有相同的物理量真值，因此存在有誤差分配的機率性質；而 Average 意指的是觀測者主觀對於多個資訊進行綜合描述的某種摘要方式，並不指涉隨機變數的存在，也沒有假設這些觀測值背後有一個共同的未知物理量，因此不具備統計分配的性質。

上面所稱「統計學的原型問題」或「準的問題」，可以由下列陳述勾勒出來：

一、我們希望探求特定物理量的真值，此特定物理量是客觀存在的，比方說：一本書的長度，月球到地球的距離，某城牆的高度等等。

二、由於人類的認識能力有限，我們無法先驗知道真值答案為何。

三、然而藉由經驗上的觀測，我們可以得到許多量測值來推估這個未知真值。

四、為了避免單一觀測值產生較大的偏差，通常我們會進行多次量測，來減少偶然因素對於特定觀測值的影響。

五、這些多次的量測值，都是在已知範圍內，排除系統性誤差的最佳觀測結果。

六、未知真值只有一個，而且是固定的，但因為我們擁有多個量測值作為候選的估計量答案，因此我們需要想方設法來考量這些「過多」資訊，進行某種摘要處理以形成一個估計量，來估計此物理量固定的未知真值。

七、是故任何一種簡化資訊的摘要方法，即估計量的產生，必定牽涉到如何思考誤差發生的規律問題，以及哪一種估計量可以達成最好的估計結果，最接近欲探求物理量的真值。

八、此即四百年前統計學剛發展的原型問題。

　　在本節中，我們將焦點放在何種估計量可以達成對於特定物理量的真值估計這個問題，至於誤差發生的規律問題，我們將在 1.4 節中進行詳述與討論。

　　早期科學家們思索最佳估計量的問題時，有許多常見的候選答案，每一個都代表著對於過多資訊進行簡化摘要的特定考量。這些常見的估計量，包括了「算術平均數」（arithmetic mean）、「中位數」（medium）、「眾數」（mode）、「中距」（mid-range）、「加權平均數」（weighted mean）等，這些估計量的產生，都是針對一組觀察值進行「排序」和「加權」操作所產生的一個特定估計量，用以猜測未知且固定的物理量真值。

　　下面對於不同估計量的描述，都對應到前面所提到統計學的原型問題，在符號上的表示，特定物理量的真值為 t，其估計值則加上標帽號 $\hat{t}$，經驗觀測值分別為 $x_1, x_2, \cdots, x_n$，排序由小至大的經驗觀測值分別為

$x_{(1)}, x_{(2)}, \cdots, x_{(n)}$，$\lfloor\;\rfloor$ 和 $\lceil\;\rceil$ 分別為無條件捨去（floor）和進位（ceiling）符號，權數依觀察值排序表為 $w_{(1)}, w_{(2)}, \cdots, w_{(n)}$。

(一) 算術平均數

定義：$\hat{t} = \dfrac{\sum\limits_{i=1}^{n} x_i}{n}$

特質：

1. 僅使用觀察值的數值資訊，不使用排序資訊。
2. 假設所有測量值具有相同的正確性，因此給予相同權數。
3. 直到 18 世紀中葉為止，算術平均數並不是公認最佳估計量。
4. 但從 18 世紀中葉開始，統計學在奠基於算術平均數為最佳估計量此一信念上快速發展，因而形成我們今日通用的統計學典範。
5. 算術平均數沒有必然的正確性。
6. 然而算術平均數在計算上是最方便的。

統計史經典例子：高斯在 1809 年其《天體運動論》（Theoria Motus Corporum Coelestium in Sectionibus Conicis Solem Ambientium）一書中指出，在已知多個於相同情況下所得的觀測數值，將算術平均數當作所欲推論未知真值的最可能答案此一假設，可確定已在傳統上被視為公理。此處明白的主張，算術平均數就是「最佳估計量」的解 [28]。

(二) 中位數

定義：$\hat{t} = \dfrac{x_{\left(\left\lfloor \frac{n+1}{2} \right\rfloor\right)} + x_{\left(\left\lceil \frac{n+1}{2} \right\rceil\right)}}{2}$

特質：

1. 同時使用觀察值的排序和數值資訊。
2. 假設最中間的資訊具有最好的代表性。
3. 先將所有觀察值排序，然後取最中間觀察值的數值（若資訊量個數為奇數），或者取最中間兩個觀察值數值的算術平均數（若資訊量個數為偶

數），成為中位數。

4. 不受極端值影響，亦不受多數觀察值的誤差影響。

5. 拉普拉斯曾經一度推導出以中位數為最佳估計量的統計典範，但後來受限於當時學界的既定信念，他否定了中位數作為最佳估計量的想法。

6. 中位數作為最佳估計量有許多優點，缺點是計算不易，特別是資訊量數目很大時，不過這問題在電腦發明後已不是問題了。

　　統計史經典例子：艾德華・萊特 (Edward Wright) 在 1599 年《航海中的某些誤差》（Certaine Errors in Navigation）一書中指出，由於航海時羅盤中具有磁性的指針並不總是指向正北，會呈現些微角度偏離實際的經線位置，因此估計實際經線位置的最好方法，是在多次測量之後，取指針最中間的位置當作估計值，會是最接近真實的答案 [29]。

(三) 眾數

定義：$\hat{t}$ = 出現最多次數的觀察值數值

特質：

1. 僅使用觀察值數值資訊，但另外使用了特定觀察值個數的資訊。

2. 假設多數人都可以準確地認知到特定物理量的未知真值，誤差發生都是個別偶然的。

3. 其推論邏輯主張多數人具有認識真理的理性能力。

4. 在物理量為間隔尺度數值時比較容易被採用。

5. 在特定狀況下，眾數作為最佳估計量有許多優點，缺點也是計算不易，特別是資訊數目很大時，不過這問題在電腦發明後已不是問題了。

　　統計史經典例子：修西得底斯（Thucydides）的《波羅奔尼撒戰爭史》（The Peloponnesian War）中曾記載，在波羅奔尼撒戰爭中，雅典（Athens）的盟友普拉提亞人（Plataeans），在西元前 428 年冬天被波羅奔尼撒聯軍和皮奧夏人（Boeotians）包圍時，因為不知道雅典的援軍何時會到，在緊急情況下，採取了攀牆突圍的戰術。在這過程中，普拉提亞人

和一起被包圍的雅典人，為了建造攀牆的高梯，他們必須對於城牆高度進行估計，因此面對著敵軍沒有刷白而露出一層層磚塊的牆面，令許多人以目視方式同時對磚塊的數目反覆計數，然後取出現最多次結果的數目當作估計的結果，加上每個磚塊的厚度，成功的估計出欲爬上敵人城牆的高低長度 [30]。

(四)　中距

定義：$\hat{t} = \dfrac{x_{\text{lower limit}} + x_{\text{upper limit}}}{2}$

特質：

1. 對可信的下界和上界觀察值數值，取算術平均數。
2. 使用觀察值數值資訊，同時必須界定可信的上下界數值。
3. 假設在許多不可抗力的條件下，對於某物理量的估計，只要在某範圍中，都屬正常。
4. 通常採用中距的前提是觀察值取得很容易，並且幾乎沒有成本，比方說航海時對於星象和地理位置的判斷。
5. 反而最困難的是對可信下界和上界數值的界定。
6. 使用中距的前提，通常是已經有大量過去經驗數值的資訊。

　　統計史經典例子：威廉·惠斯頓（William Whiston）曾經當過艾薩克·牛頓（Isaac Newton）在劍橋大學「盧卡遜數學講座教授」（Lucasian chair of mathematics）時的副手，曾在其 1738 年所著的一書中提及，牛頓採用了牧師詹姆士龐德（James Pound）眾多且精準的觀測資料，認為太陽視差的角度總是介於 9 角秒到 12 角秒之間，因而主張採用中距 10 又 1/2 角秒來計算地球與太陽的距離，得出兩者是 77,000,000 英哩 [31]。惠斯頓於 1703 年接替牛頓成為繼任的「盧卡遜數學講座教授」。

(五)　加權平均數

定義：$\hat{t} = \dfrac{\displaystyle\sum_{i=1}^{n} w_{(i)} x_{(i)}}{n}$

特質：

1. 最廣義的估計量一般形式，先前所述的估計量都可視為其特例。
2. 可以在極大值到極小值取任意值作為估計量。
3. 通常需要情境相關的特定資訊來定義確切權數為何。

統計史經典例子：研究早期天文學發展的約翰飛利浦・布萊頓（John Phillips Britton, 1967）[32] 和安東・潘涅庫克（Antonie Pannekoek, 1955）[33] 都曾指出，托勒密（Ptolemy）在天文學上的研究，往往在參數推導上，選擇性挑選他所想要呈現的觀測數值，而對於與其結論相左的觀察數值，則隱晦不論或者刻意忽略 [34]。這種做法，其實就是加權平均數的典型例子：基於某種理由，對於各觀察值做出不同權數指派，而得出某種集中趨勢的估計量。

類似上述的估計量都是對於所有觀測資訊擷取特定的集中趨勢估計，其他常見的估計量還包括「二次平均數」（quadratic mean）、「幾何平均數」（geometric mean）、「調和平均數」（harmonic mean）等，若將其一般化，可以用「一般化平均數」（generalized mean）來代表，如下所示：

$$\bar{x}(m) = \sqrt[m]{\frac{1}{n}\sum_{i=1}^{n} x_i^{m}}$$

m 的數值	$\bar{x}(m)$ 的結果
$m \to \infty$	最大值
$m \to 2$	二次平均數
$m \to 1$	算術平均數
$m \to 0$	幾何平均數
$m \to -1$	調和平均數
$m \to -\infty$	為最小值

　　在 18 世紀中葉以前，數學家和物理學家對於最佳估計量的爭議，並沒有達成共識，在那時統計學思考所面臨的困境是：既然沒有人是上帝，就沒有人可以裁量何種方式對於特定物理量產生的推估答案一定正確。換句話說，最佳估計量的問題是無解的，因為不知道正確答案，何來評估哪種估計是最好的？

　　然而，許多學者逐漸體認到，為何不將問題從另一面思考：既然我們不知道特定物理量的未知真值，我們何不從誤差發生的規律來想哪種估計量最合理，最有可能是我們的最佳估計量。這個思考的轉變帶來了當代統計學最大的突破，即約莫在 1750 年至 1850 年間，統計學在誤差分配此議題上的發展，奠定了現今統計學的一切基礎。

1.4　從原型問題到誤差分配的設想

　　統計學發展上最重要的突破之一，是學者將目光焦點從未知真值的爭論，轉移到誤差分配的課題上。而誤差分配的設想和討論，正彰顯了當代機率論內涵形成的過程，尤其以常態分配提出最為重要。

　　回顧 1.3 節所提到的原型問題，我們可得到下列幾點結論：

(一)　經驗觀察值數值 = 未知真值 + 誤差值。

(二)　經驗觀察值數值是確知資訊。

(三)　只有神才知道未知真值，認識能力有限的人們永遠無法確知。

(四)　但如果我們能對誤差值的規律有深刻理解，做出適當的假設，並形成可靠的猜想，那麼我們就可以進一步探討估計量與未知真值之間的關係，儘可能的得出最接近真理的答案。

　　至此，科學家達成普遍共識，誤差的產生是不可避免的，在科學研究中也是如此。而這個不可避免，更確切的說，是窮盡人類所有可能的理性能力下，都仍然會產生的，因此統計學的哲學觀，確立在人類認識能力的有限性上。

　　統計學家在 18 和 19 世紀中的一百多年間（主要集中在 1750 年到 1850 年）對於誤差分配的討論，建立了當代統計學「頻率學派」（frequentist school）的理論基礎。各種誤差分配成為古典機率論中常用的統計分配，而誤差分配所探究的核心問題有三：

(一) 找出各種描述不確定性數值的規律性，也就是誤差分配的數學函數形式。

(二) 找出評量「最佳估計量」的客觀標準，從「何者能夠猜對未知真值」的問題，轉化成「如何描述不確定性比較合理」的問題，兩者分別就是在 1.5 節中所謂的「準」和「穩」的問題。

(三) 這時我們考慮的問題，已經不再單單是哪個估計量是最好的單一面向上，而是將哪個估計量作為「準」的問題答案，可以在特定「穩」的評估標準中，得到最好的結果？

　　歷史上這兩個問題的聯繫，確立了當代的統計學典範，這是下面主要討論的課題。在分工上，本節內容主要聚焦在誤差分配的數學函數形式討論上，至於 1.5 節將會針對描述不確定性的評量，以及如何將「準」和「穩」的問題連繫起來這兩個問題上。

　　早在 17、18 世紀統計學開始發端的時候，使用算術平均數作為測量上的估計量就是很普遍的做法，當時的數學家們雖然接受這種做法，但卻一直苦無嚴謹的數學論證來支持，而除了算術平均數之外，事實上還存在著許多測量的估計量。有人認為既然測量標的必然具有一真值，那取算術平均數當作測量估計值必然是錯的，因為在兩個不同的測量值中，最多只會有一個是真值（神創造的），更遑論將其平均，所以選擇算術平均數還不如仔細挑選一個在完美環境下所得出的測量值，這樣才能真正測到真值。也有人認為，把所有的測量值拿來平均是不對的，因為有些測量值明顯超越合理的誤差界限，所以在取算術平均數時，應先將這些「離群值」（outlier）拿掉，之後所算出來數字才對。而除了算術平均數之外，加權平均數、中位數、最大與最小值平均、眾數等等，都是其他可能的測量估計元（estimator）。

究竟在歷史上為什麼算術平均數成為測量上最常用的估計元，既有的研究並沒有提供清楚的答案，然而可確定的，許多主張以算術平均數作為測量估計的數學家，都體認到下面兩個「事實」：（1）不管測量的技術有多好，隨機誤差都是不可避免的；（2）因此，隨機誤差會呈某種分配的形式出現，而數學家的任務在找出能夠體現隨機誤差發生背後的自然律。換句話說，人因為認知能力有限而無法確然掌握神的設計（即真值），因此隨機誤差的大小就代表了我們在測量上偏差的程度有多少，只要我們知道真值為何，每一個測量的誤差值就可以定義，而誤差分配也能確切知道了。問題是，我們永遠無法知道真值為何，而對於隨機誤差的形式，僅能從一些經驗法則中來猜測，這與天文學和「大地測量學」（geodesy）的發展有密切的關係。試想伽利略（Galileo Galilei）在 1632 年提出對於 1572 年所發現一顆新星在測量上的經驗法則，摘要如下：

「法則一：從地球中心到此新星的距離只能由一個正確的數字來描述，確立了真值的唯一性。

　法則二：所有的觀測值都可能產生誤差，不管是因為觀測人本身、儀器工具或許多天候的狀況，主張隨機誤差發生的必然性。

　法則三：所有的觀測值會以真值為中心呈現兩側對稱的分配，也就是說誤差的期望值為零，排除系統性誤差的可能性。

　法則四：小誤差的觀測值數目多於大誤差的觀測值數目，定義隨機誤差分配為嚴格遞減的形狀。

　法則五：即便很小的隨機誤差，都可能對觀察值的某個函數產生很大的隨機誤差，即納入『損失函數』（loss function）的考量。」

—— 引自 Hald（1998:33）[35]

參考方塊 1.5　什麼是「隨機」？

對於統計初學者而言，「隨機」（random）一詞帶有許多神祕的意義，雖然隨機可以完全用字面上的意義來理解：「全然隨著機會而產生」，但是「機會」（chance）是什麼？誰來決定「機會」？我們怎麼知道是「全然」？用什麼判準來裁斷某種變化是否為「隨機」呢？

這些問題從統計史的觀點而言，每一個都是十分嚴肅，而且是相當重要的問題，初學者理當應該有這些疑問，否則邏輯思考上就會出現斷點。本書的立場，主張這些問題必須還原到統計史原初的發展脈絡來回答，並且是以原則性的觀點來進行理解。

從 1.3 節所提出的統計學原型問題來看，「隨機」的概念是研究者的主觀預設，是為了提供界定合格觀察值的工作假設。因為一旦有特定觀測值不符合此項假設，代表此觀察值的結果「確知」是人為造成的，因此我們應該排除這樣的人為因素，純化我們經驗測量為自然現象真理和不可抗力誤差（包括無法知曉）兩種成分。前者指涉具有唯一真值的未知物理量，後者就是「隨機誤差」的意義。

所以回到前面所提到的四個問題，「機會」就是某種確實存在且主宰不確定性的法則，「自然」或者還原歷史脈絡則是指「神的存在」決定了「機會」，不過因為人類有限的認識能力，並無法全然確定「隨機」，所以人類只能盡其最大可能的認識能力，對於「隨機」的性質做出假設。因此除了「自然」或「神」，世上不存在絕對的判準，來裁斷某種變化「全然」為隨機；但「隨機」作為分析上的重要概念，在統計學發展歷程上是不可或缺的工作假設，即便我們並不知道這樣的預設符不符合實際情況。

按照上面的條件，雖然我們不知道確切的誤差分配形狀為何，但隱然有許多的可能性浮現出，首先隨機誤差的平均數為零，這反映在「隨機」

的定義上，如果隨機誤差的平均數不等於零，則代表有部分的「系統性誤差」被錯誤地認定為隨機，而若能去除這些部分，則隨機誤差的平均數就會是零，這樣的信念也反映在對於隨機誤差分配是對稱形狀的信念上。其次有關於隨機誤差分配為嚴格遞減的觀點，則代表了人們認為如果測量程序沒有錯誤，測量條件也控制得很好，多數的隨機誤差都應該很細微，而偏離真值越遠的測量，其發生的可能性就越低。最後則是損失函數的觀念，也就是即便我們觀察值的隨機誤差很小，比方說望遠鏡的在角度測量上有些微偏差，都可能造成在推論地球中心到此新星實際距離上很大的誤差。上面這些經驗法則，所體現的是使用算術平均數作為測量上估計真值的思考推論，背後的理由，除了對於「系統性誤差」和「隨機性誤差」的定義，以及對於「隨機性誤差」是正負誤差相抵消的猜測，也體現了「機率分配」的基本精神：既然我們無法確知任一測量是否絕對準確，那麼大體而言，採用算術平均數作為真值的估計，是希望隨機誤差可以在取樣很大的時候，透過正負誤差的相互抵消，而使真值由算術平均數來體現出來，也就是說，與其費盡腦筋辯論任一特定測量值為最佳，倒不如將其交給上面所述「誤差法則」（Law of Error）的作用，即「三個臭皮匠勝過一個諸葛亮」。

　　早期統計學家對於誤差法則的討論，集中在何種描述誤差規律的說法較為可信，其中包括了三個基本要件，奠定了當代機率論的雛形：

一、資料產生機制（data generating mechanism）
二、數學函數（mathematical function）
三、參數空間（parameter space）

　　資料產生機制界定了隨機誤差 (x) 的維度（單變量、雙變量、多變量）、性質（連續、離散）、值域（可允許的數值空間），以及事件結果（所有可能的事件空間）。數學函數 $f(\cdot)$ 則界定了所有事件結果相對發生的可能性大小，並且滿足所有事件發生機率總和為 100% 的邏輯定義。這兩要件所衍生的參數空間設定，主要針對維度、性質、值域、物理意義，包括

位置參數（location parameter）、尺度參數（scale parameter）、常數項（constant），或者其他必要參數，都是描述誤差規律不可或缺的構成要件。

這種信念普遍存在於當時的科學家們之間，但可以體現上述「誤差法則」的分配形式有很多種，姑且不論歷史上的論辯為何，我們可以簡單地舉出一些可能性，下面有關歷史上不同誤差分配的討論都參考自 Eisenhart（1983:532-533）[36] 一文中。

(一) 誤差機率隨誤差大小呈等量遞減（Simpson 1757, Lagrange 1776）

圖 1.1 所示是 Simpson 和 Lagrange 分別在 1757 年和 1776 年所提出「連續的等邊三角形分配」（Continuous Isosceles Triangle Distribution），如果以數學式來表示，其機率密度函數可表為

$$f(x) = x + 1 \quad \text{if} \ -1 \leq x \leq 0$$
$$\quad\quad = 1 - x \quad \text{if} \ \ \ 0 \leq x \leq 1$$

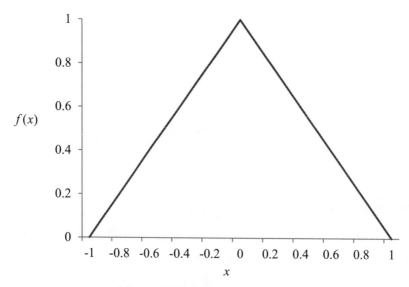

圖 1.1　連續的等邊三角形分配

表 1.1　「連續的等邊三角形分配」的損失函數比例值

誤差區間	0~0.25	0.25~0.5	0.5~0.75	0.75~1	總和
機率	0.219	0.156	0.094	0.031	0.500
機率遞減量	─	0.063	0.063	0.063	─
損失值比例 ($loss = x$)	0.157	**0.344**	**0.344**	0.156	1.000
損失值比例 ($loss = x^2$)	0.051	0.262	**0.426**	0.261	1.000
損失值比例 ($loss = x^3$)	0.016	0.172	**0.446**	0.366	1.000
損失值比例 ($loss = x^4$)	0.005	0.105	0.425	**0.465**	1.000
損失值比例 ($loss = x^5$)	0.001	0.061	0.383	**0.554**	1.000
損失值比例 ($loss = x^6$)	0.000	0.035	0.333	**0.632**	1.000

如果考慮損失函數的概念，而將損失函數界定為

$$loss(x) = \int x^n f(x)dx, \quad n = 1, 2, 3, 4, 5, 6 \cdots$$

則誤差變量與損失函數的關係如表 1.1 所示。

　　所謂等量遞減的意思是：當誤差 x 變動某一單位時，機率密度函數值也相對應變動某一比例單位。若以圖 1.1 來看，當 x 由 0 等量遞增為 0.25、0.5、0.75、1.0 時，機率密度函數值分別由 1 等量遞減為 0.75、0.5、0.25、0，這一點在直觀上是符合一般人的預期，也就是「隨機誤差越大，其發生的機率會越小」，而對於許多學生來說，為什麼這個分配不是今日常用的誤差分配形式，一直是存在於心中的疑問，這一點可由下面的問題 A 反映出來。

問題 A： 如果誤差大小與機率成等量反比，那麼似乎我們的測量不甚良好，因為多數的誤差應該都是很細微的，所以測量值在真值附近的機率應該大很多才對。

　　乍看之下，問題 A 似乎不成問題，如果我們認為多數誤差應該是很細微的，且大誤差應該比小誤差在發生機率上少很多，那表 1.1 中 x 以 0.25 為間隔的機率積分值遞減，已經反映這項信念，但若考慮到損失函數的概念，我們會發現其實問題一所真正質疑的，是較大誤差的發生機率和其所帶來損失的總和效果應該要比較小誤差來得多很多，而以表 1.1 所示，除非我們將損失函數定義為 $loss(x) = x^4$ 或四次方以上，否則都有可能發生小誤差所產生的損失會大於大誤差的損失，換句話說，如果我們不想用四次方或以上的函數來定義損失函數，我們就必須修正誤差分配的機率密度函數形式，這使得接下來所討論的誤差分配顯得十分合理了。

(二) 誤差機率隨著誤差由小到大呈增量遞減（Lambert 1765, D. Bernoulli 1778）

　　圖 1.2 所示是 Lambert 和 D. Bernoulli 分別在 1765 年和 1778 年所提出「連續的半圓形分配」（Continuous Semi-circular Distribution），如果以數學式來表示，其機率密度函數可表為

$$f(x) = \frac{2}{\pi}\sqrt{1-x^2}, \quad -1 \le x \le 1$$

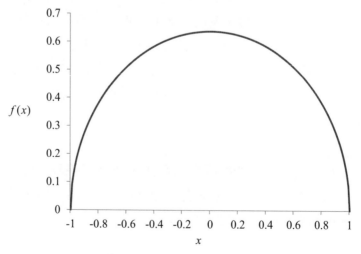

圖 1.2　連續的半圓形分配

同樣也考慮損失函數，則可以算出表 1.2 的結果。

由表 1.2 中的機率列來看，不難發現雖然都是以 0.25 的間隔來變化，但機率遞減的量卻越來越大，分別為 0.010、0.024、0.051，這體現了所謂誤差機率值呈增量遞減的意義。此外，從表 1.2 的損失值比例估計發現，原先需要誤差的四次方項來定義損失函數，才能使大誤差的損失值比例變成最大，如今只需二次方項的定義就可達成，這說明了誤差機率呈增量遞減的函數比呈等量遞減的函數，更符合前面所提的「大誤差所帶來損失的總和效果應該要比小誤差來得多」的看法。

雖然「連續的半圓形分配」某種程度解決了問題 A 的質疑，但與「連續的等邊三角形分配」相同的，兩個都無法適切地回應如何界定上下界的問題，也就是下面所提的問題 B。

表 1.2　「連續的半圓形分配」的損失函數比例值

誤差區間	0~0.25	0.25~0.5	0.5~0.75	0.75~1	總和
機率	0.157	0.147	0.123	0.072	0.500
機率遞減量	—	0.010	0.024	0.051	—
損失值比例 ($loss = x$)	0.093	0.259	**0.360**	0.289	1.000
損失值比例 ($loss = x^2$)	0.026	0.170	0.384	**0.420**	1.000
損失值比例 ($loss = x^3$)	0.007	0.100	0.360	**0.532**	1.000
損失值比例 ($loss = x^4$)	0.002	0.056	0.315	**0.627**	1.000
損失值比例 ($loss = x^5$)	0.001	0.030	0.265	**0.704**	1.000
損失值比例 ($loss = x^6$)	0.000	0.016	0.217	**0.767**	1.000

問題 B：我們怎麼知道測量誤差一定會是有限範圍的？又如果誤差一定是有限的，那如何找出上下界出來？

　　問題 B 所反映的是，任何有上下界的機率分配函數都必然要解釋為何值域是有限的，以及上下界是如何發現的。然而從理論上來說，隨機誤差的大小，儘管我們有信心多數誤差都是很細微的，但卻無法排除任何誤差發生的可能性，所以任何嘗試界定上下界的說法，都很難具有說服力，因此，數學家們試圖將誤差的機率分配函數定義成「開放式」，以機率無限趨近於零的漸進線，來代表這些很大的誤差雖然可能發生，但機率已經小到微不足道的程度，以此來克服界定上下界的問題，下面 Laplace（1774）所提的誤差函數正是典型的代表。

(三) 誤差機率隨著誤差由小到大呈減量遞減。（Laplace 1774）

　　圖 1.3 所示是 Laplace 在 1774 年所提出「雙指數分配」（Double Exponential Distribution），如果以數學式來表示，其機率密度函數可表為

$$f(x) = \frac{\sqrt{2}}{2} e^{-\sqrt{2}|x|}, \quad -\infty \leq x \leq \infty$$

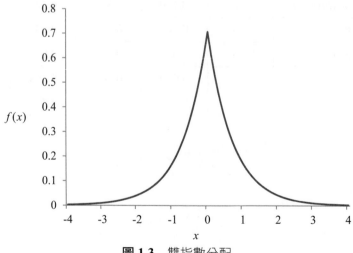

圖 1.3　雙指數分配

而其損失函數比例值如表 1.3。

　　從圖 1.3 我們可以用目視看出，當隨機誤差 x 逐漸增大時，機率密度函數值則變得越來越小，但永遠不會等於零，只是 $x > 4$ 以上的誤差機率值已經小到只有 0.5%（如表 1.3），換句話說，雙指數分配解決了上下界的定義問題，適切地反映當時數學家們對於誤差分配的假設。不過若以損失函數的角度來看，雙指數分配的機率密度分配過度集中在「真值」的附近，使得即便以四次方項來定義損失函數，所得到結果仍顯示較小誤差所產生的損失多於較大誤差，也因此，採用雙指數分配作為誤差分配雖然解決了問題 B，但又製造了問題 A，而其程度比採用連續的等邊三角形分配來得大。

表 1.3　「雙指數分配」的損失函數比例值

誤差區間	0~1	1~2	2~3	3~4	總和
機率	0.376	0.091	0.022	0.005	0.495
機率遞減量	—	0.284	0.069	0.017	—
損失值比例 ($loss = x$)	**0.425**	0.368	0.154	0.053	1.000
損失值比例 ($loss = x^2$)	0.186	**0.399**	0.279	0.136	1.000
損失值比例 ($loss = x^3$)	0.069	0.318	**0.365**	0.248	1.000
損失值比例 ($loss = x^4$)	0.023	0.214	**0.392**	0.371	1.000
損失值比例 ($loss = x^5$)	0.007	0.130	0.374	**0.489**	1.000
損失值比例 ($loss = x^6$)	0.002	0.074	0.331	**0.593**	1.000

參考方塊 1.6　拉普拉斯主張雙指數分配為誤差函數的推導

Laplace 在 1774 年的文章《事件成因的機率備忘錄》（Memoir on the Probability of the Causes of Events）[37] 中，主張誤差函數 $f(x)$ 的曲線形式應該滿足

(1)　「誤差機率隨誤差絕對數值呈單調遞減」，即如果 $|x_1| > |x_2|$，則 $f(x_1) < f(x_2)$，其中機率最大發生在誤差為 0 時，也就是 $f(0)$，顯示大體而言，我們對於未知真值的估計是對的。

(2)　「誤差曲線上任兩點切線斜率比等同於其函數數值比」，數學表示為

$$\frac{df(x+\Delta x)/dx}{df(x)/dx} = \frac{f(x+\Delta x)}{f(x)}$$

基於第二點，我們得知

$$\frac{df(x+\Delta x)/dx}{f(x+\Delta x)} = \frac{df(x)/dx}{f(x)} = k \text{（定值）}$$

在這兩個假設下，誤差曲線具有一個很獨特的性質，就是對其進行微分運算並不會改變其原有的函數形式，而滿足此性質的就是指數族函數，考量其誤差機率隨絕對數值嚴格遞減的性質，我們必須在指數的次方項上，將誤差變數 x 加上絕對值，並且前乘 $-m$ 的常數項，其中 m 是比例定值的負值 $(m = -k)$，會隨著微分運算從指數次方項上變成函數值的前乘項，負號則是讓誤差曲線在正負數值朝無限大接近時有機率無限趨近於零的漸進線，如下

$$f(x) = e^{-m|x|}$$

$$\frac{f'(x)}{f(x)} = -m$$

為了要滿足機率密率函數的定義，我們需要對誤差函數前乘一個常數項 a，令所有值域所有誤差發生結果的總和為 1

$$\int_{-\infty}^{\infty} ae^{-m|x|}dx = 1$$

在 18 世紀下半葉，本節前面所提的法則一到法則五，都已成為學者在進行誤差分配推導時的基本假設了，Laplace 在此也不例外，所以誤差的產生被視為是完全隨機，而曲線是與通過位置參數的 $x = \mu$ 直線呈左右對稱的。因此，我們可以針對正誤差來推導常數項 a

$$\int_0^{\infty} ae^{-m|x|}dx = \frac{1}{2}$$

$$\Rightarrow \frac{-a}{m}e^{-\infty} + \frac{a}{m}e^0 = \frac{1}{2}$$

$$\Rightarrow a = \frac{m}{2}$$

若從負誤差來推導也會得到同樣結果。

按上面的思路，Laplace 得出的誤差函數為

$$f(x) = \frac{m}{2}e^{-m|x|}$$

此函數曲線形式，就是現今統計學所稱作的「雙指數分配」，又稱為「拉普拉斯分配」。

然而，雖然拉普拉斯在之後文章中明確指出，若用逆機率的推論法則，在極小化絕對誤差一次期望值的目標式下，可以得到「天文學平均數」（astronomical mean），就是「事後中位數」（posterior median），為「準的問題」的最佳解。但是拉普拉斯並沒有意識到上述的宣稱，可以成為一套統計學典範，甚至他並沒有發表許多對於相關問題探求的手稿，同時他也沒有對於使用極小化絕對誤差一次期望值進行清楚的說明，這些因素都可能造成他沒有繼續追求建立以「中位數」作為最佳估計元的統計學典範。而史料上所呈現的，是他轉而追求以「算術平均數」作為最佳估計元的誤差曲線推導，然而這部分的努力並沒有得到明確的結果，直到高斯在 1809 年捷足先登，在此問題上推導出常態分配才解答了此問題，也確立之後兩百年的當代統計學典範。

　　從上面的討論可知，如果要同時解決問題 A 和問題 B，我們必須找出一種分配函數兼具「連續的半圓形分配」和「雙指數分配」的特質，而高斯在 1809 年和拉普拉斯在 1810 年所相繼提出的常態分配函數，正具有這樣的特質，也就是在隨機誤差 x 小於某個範圍之下，密度函數類似於「連續的半圓形分配」之形狀，使誤差機率呈增量遞減以降低細微誤差的損失比例值，而使相對較大誤差有高一點的損失比例值，以回應問題 A 的質疑；但超過此範圍後，密度函數就類似於「雙指數分配」之形狀，使誤差機率呈增量遞減以避免武斷地定義上下界，來避免問題 B 的發生。藉由上述直觀的詮釋，其實就不難向學生解釋常態分配的形狀，以及背後的思考邏輯。

(四)　同時解決問題 A 和問題 B 的機率分配函數。（Gauss 1809, Laplace, 1810）

　　圖 1.4 所示是高斯和拉普拉斯分別在 1809 年和 1810 年所提出的「常態分配」（Normal Distribution），上面所畫的是標準常態分配，如果以

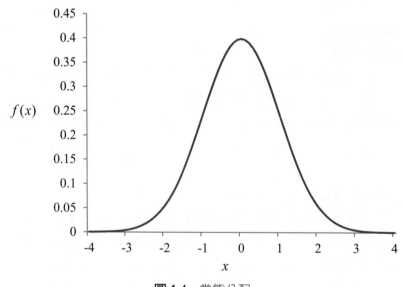

圖 1.4　常態分配

數學式來表示，其機率密度函數可表為

$$f(x) = \frac{1}{\sqrt{2\pi}} e^{\frac{-x^2}{2}}, \quad -\infty \leq x \leq \infty$$

其損失函數比例值如表 1.4。

　　從圖 1.4 可以用目視看出，當 $x = \pm 1$ 時，也就是標準常態分配的一個標準差之處，正好是從「連續的半圓形分配」轉換到「雙指數分配」的交接處，也是反曲點的所在，這說明了前者是在 $-1 \leq x \leq 1$ 範圍內作用，而後者是作用在 $x \geq 1$ 或 $x \leq -1$ 的範圍中。從表 1.3 我們也可以觀察到，基本上在 $x \geq 1$ 範圍中（$x \leq -1$ 時亦同），機率是呈減量遞減，這是「雙指數分配」的特質，同時這也反映在 x 在 1~2 和 2~3 區間具有最大損失值，因為標準常態分配在 $x > 3$ 的機率已經小到約 0.3% 左右。如果我們進一步針對 0~1 的區間來分段分析，則會發現上述的相似性也同樣會存在，只是換成是相似於「連續的半圓形分配」的特質。

表 1.4　「常態分配」的損失函數比例值

誤差區間	0~1	1~2	2~3	3~4	總和
機率	0.341	0.135	0.021	0.001	0.498
機率遞減量	—	0.206	0.114	0.020	—
損失值比例 ($loss = x$)	0.397	**0.470**	0.123	0.011	1.000
損失值比例 ($loss = x^2$)	0.201	**0.540**	0.231	0.028	1.000
損失值比例 ($loss = x^3$)	0.092	**0.506**	0.344	0.058	1.000
損失值比例 ($loss = x^4$)	0.039	0.418	**0.442**	0.102	1.000
損失值比例 ($loss = x^5$)	0.005	0.223	**0.540**	0.231	1.000
損失值比例 ($loss = x^6$)	0.001	0.096	**0.509**	0.395	1.000

參考方塊 1.7　高斯主張常態分配為誤差函數的推導

高斯在 1809 年出版的著作《天體沿圓錐曲線繞日運行理論》（Theory of the Motion of the Heavenly Bodies Moving about the Sun in Conic Section）[38] 中，正式推導出常態分配為誤差函數，其思路可以解釋如下：

假設 $\underline{x} = (x_1, \ldots, x_n)$ 是對同一現象已有的 n 個獨立觀察值，這個現象的未知真值為 μ，誤差機率函數定義為 $p(x|\mu) = f(x - \mu)$，而在進行觀察前，對我們來說所有 μ 估計值為真的可能性都相同。此時我們面對的推論問題是：在我們已經觀察到 $\underline{x}$ 的前提下，那一個 μ 估計值為真的機率最大？此時我們處理的對象就是事後機率 $p(\mu|\underline{x})$。

然而 $p(\mu|\underline{x})$ 很難直接用來進行統計推論，因為我們對於未知參數的發生規律一無所知，也無從定義。此時高斯主張，我們可以利用逆機率的推論方式，用事前機率 $p(\underline{x}|\mu)$，即在我們已經知道未知真值 μ 的前提下，會產生我們所看到的 n 個獨立觀察值的機率有多大，來進行統計推論，而此論理邏輯就是今日最大概似法。（關於最大概似法的推理解釋，詳見本書 3.2 節）

更進一步說，由逆機率可知

$$p(\mu|\underline{x}) \propto p(\underline{x}|\mu)$$

因此事後機率可以用事前機率來定義

$$p(\mu|\underline{x}) = \frac{f(x_1 - \mu) \cdots f(x_n - \mu)}{\int_{-\infty}^{\infty} f(x_1 - \mu) \cdots f(x_n - \mu) d\mu}$$

這邊分母的積分值為定值，而既然每個觀察值都是「獨立且具有相同分配」（independently and identical distributed, 簡稱 iid），所以聯合機率密度函數

$$p(\underline{x}\mid\mu)=\prod_{i=1}^{n}p(x_i\mid\mu)$$

令 $\overline{x}$ 是估計 μ 的最佳解（即算術平均數是測量上最佳估計元的假設），則誤差函數在 $\overline{x}$ 上有極大值，一次微分應為 0

$$\frac{d}{d\mu}p(\mu\mid\underline{x})\big|_{\mu=\overline{x}}=0$$

取自然對數 ln 會讓問題較為簡單，同時可將事前機率帶入運算

$$\frac{d}{d\mu}\left(\ln\prod_{i=1}^{n}f(x_i-\mu)\right)\big|_{\mu=\overline{x}}=\sum_{i=1}^{n}g(x_i-\mu)\big|_{\mu=\overline{x}}=0 \qquad\text{--（1.1）}$$

其中 $g(x_i-\mu)=\dfrac{f'(x_i-\mu)}{f(x_i-\mu)}$。假設我們目前有一組樣本

$$x_2=x_3=\ldots=x_n=x_1-n\delta$$

此處 n 為大於 2 的正整數，δ 為任意實數，則算術平均數為

$$\overline{x}=x_1-(n-1)\delta$$

將 $\mu=\overline{x}$ 代入（1.1）式中

$$g\big[(n-1)\delta\big]+(n-1)g(-\delta)=0$$

經過整理可得

$$\frac{g\big[(n-1)\delta\big]}{(n-1)\delta}=\frac{g(-\delta)}{-\delta}$$

已知誤差曲線在誤差為 0 時有機率最大值，即 $f'(0)=0$，則 $g(0)=0$，上式可以寫做

$$\frac{g\big[(n-1)\delta\big]-g(0)}{(n-1)\delta-0}=\frac{g(0)-g(-\delta)}{0-\delta}$$

代表 $g'(\delta)$ 為常數項，令其為 k，則 $g(\delta)=k\delta$，而由（1.1）式可知，$g(\delta)=\dfrac{d}{d\delta}\ln f(\delta)$，則

$$f(\delta) \propto e^{\frac{1}{2}k\delta^2}$$

由於隨著誤差值增加其發生機率會無限接近於 0，因此 $k<0$，令 $k=-\alpha^2$ $(\alpha>0)$，即 $f(\delta)=he^{-\frac{1}{2}\alpha^2\delta^2}$（$h$ 為常數項），為了要滿足機率密率函數的定義，我們要從 $\int_{-\infty}^{\infty} f(\delta)d\delta=1$ 找出常數項 h 的確切數值。令 $t=\alpha\delta$

$$\int_{-\infty}^{\infty} he^{-\frac{1}{2}\alpha^2\delta^2}\,d\delta = \int_{-\infty}^{\infty}\frac{h}{\alpha}e^{-\frac{1}{2}t^2}\,dt = 1$$

由附錄一可知 $\int_{-\infty}^{\infty} e^{\frac{-1}{2}t^2}\,dt = \sqrt{2\pi}$，$\sqrt{2\pi}\,\dfrac{h}{\alpha}=1$，因此

$$f(\delta)=\frac{\alpha}{\sqrt{2\pi}}e^{-\frac{1}{2}\alpha^2\delta^2}$$

若用尺度變數 σ 替換，令 $\sigma=\dfrac{1}{\alpha}$，而將隨機變數 δ 替換成 x，上述誤差函數推導的結果就是今日所稱的常態分配

$$f(x)=\frac{1}{\sqrt{2\pi}\sigma}e^{\frac{x^2}{2\sigma^2}}$$

　　嚴格說，算術平均數作為最佳估計元是一種假設，是奠基在許多經驗法則之上，而非純靠演繹得來的，與其說這是一種不變的真理，倒不如將其視為是人們的一種信念。事實上不同意這種信念的科學家所在多有，比方許多統計學者就主張以中位數來取代算術平均數成為最佳估計元，這樣的爭論，除了與不同的誤差函數主張有關外，還與損失函數的設定有密切關係。

1.5　當代統計學典範的形成

　　除了「準的問題」之外，統計學存在另一個重要的問題，那就是一組資料的歧異或穩定程度應該如何測量的問題，也就是「穩的問題」。

　　「穩的問題」可由一個顯而易見的例子來說明，比方說有兩個學生 A 和 B，他們的 6 次的考試成績分別為 {A: 61, 59, 60, 58, 62, 60}、{B: 20, 100, 90, 30, 20, 100}，我們現在要依這六次考試成績來衡量其學習表現，若取算術平均數兩者一樣是 60 分，代表兩人的學習表現不分軒輊，剛好及格；然而進一步觀察這六次成績的分布，可以察覺出採取算術平均數來評估兩者表現似乎忽視兩組成績在穩定性上的表現，若考量這點，A 是一個考試很穩定但平庸的學生，B 是一個考試成績大起大落，時而優秀、時而糟透的學生。這例子說明了，我們需要一個測量資料歧異程度的標準來衡量資訊的穩定性；資訊的穩定性越高，代表不確定性越低，越可以顯示一個明確的趨同性質。在概念上「穩的問題」是獨立存在，其重要性並不亞於「準的問題」。

參考方塊 1.8　損失函數與「穩的問題」之關連性

　　本節所討論的「穩的問題」，其實與 1.4 節中所討論到的損失函數，兩者是同一個問題，因為雙方皆以「離差絕對值」的當作目標式的基本單位，而問題都在於次方項究竟要用何種數字，才能分別恰當的代表「資料的變異程度」以及「誤差所產生的推論成本」。

　　次方項的數字如果小於一，代表輕估離差絕對值大於一的誤差，而放大離差絕對值小於一的誤差；次方項的數字如果等於一，則代表所有的誤差，不論大小，都與離差絕對值數值成等量正比；如果次方項數字大於一，則代表輕估離差絕對值小於一的誤差，而放大離差絕對值大於一的誤差。所以次方項的數字選擇，等於是進行損失函數量尺的重新調整，倘若這邊沒有任何統計分配上的配對考量，不同數字的選擇，純粹

是主觀裁決上的自由選擇，沒有對錯的概念。

　　統計學在最根源的問題上，比方以「準的問題」為例，就沒有所謂絕對的「對」與「錯」，因此對於特定損失函數的採用，多半都有脈絡上的經驗意含。以當代所使用的「平均方差」來說，就是在19世紀初約定俗成認定「算術平均數」為最佳估計量、「最小平方法」為最佳目標式的情境下，統計學家普遍認為最適合用來描述「資料的變異程度」的評量標準。事實上，上述的假設和結果，都是應用最大概似法推論的必然結果，而這套觀點就確立了當代統計學的主流典範。倘若當時以其他統計量為「準的問題」最佳答案，或者以不同的目標式當作推論的準則的話，那麼今日就未必將描述資料的變異程度界定成「平均方差」。這就是為什麼本書開宗明義強調：統計學主要雖然建立在數學符號的邏輯推演上，但其論理敘事卻奠基在人文精神的根本上。

　　作為衡量資料的標準，在面對「準的問題」上，我們希望估計量與未知真值之間的差距越小越好，這樣代表我們離真理越近；在面對「穩的問題」上，我們希望資訊的變異程度越小越好，這樣代表資訊穩定，不確定性越小。

　　在統計史上，穩的問題也有許多不同的估計量，各自都代表著對於資訊歧異程度的不同取捨，這些看法日後也演變成統計推估時，選擇不同目標式的理由。下面我們針對「絕對離差和」（Sum of Least Absolute Deviation）、「最大絕對離差值」（the Largest Absolute Residual）、「離差平方和」（Sum of Least Square Deviation）三種不同的估計量來進行介紹，在符號上沿用上一節對統計學原型問題的描述，誤差的定義為測量值與未知物理量的離差，$\varepsilon_i = x_i - t$。一般而言，對於資訊歧異程度的關切，只管誤差的量，並不區分誤差的方向。

(一) 絕對離差和

定義：$\displaystyle\sum_{i=1}^{n}|\varepsilon_i|$

特質：

1. 這是最直觀的歧異程度測量，就是加總所有測量值的絕對離差值。
2. 每一個觀察值的離差都納入評估。
3. 誤差採等距等量的測量，沒有加重較大誤差的歧異程度度量值。
4. 可以一般化為 L_1 範式法，稱為「最小化絕對離差和法」（LAD, Least Absolute Deviation）。

　　統計史經典例子：在本節開頭所提伽利略在 1632 年測量新星的例子中，伽利略使用了「絕對離差和」的標準，來對於兩項假設進行評估。這個問題是有關於 1572 年所觀測到的新星，其位置究竟是如天文學家齊亞拉蒙第（Scipione Chiaramonti）宣稱的在地球與月球軌道之間（sublunary），還是如其他學者，如第谷·布拉赫（Tycho Brahe）所宣稱的位於兩個恆星之間（superlunary）[39]？伽利略本人是支持布拉赫的觀點，他對比了 1572 年所發現新星的觀測資料，形成兩個分別對應於齊亞拉蒙第和布拉赫主張的兩個假設，並且提出一個重要的評判標準：「最可能為真的假設是在觀測上需要最小幅度調整的假設」，然後他分別針對 10 個支持齊亞拉蒙第和 10 個支持布拉赫的觀測值進行計算，採用「絕對離差和」的標準，發現按照布拉赫假設觀測值所需要的調整值（誤差值），比按照齊亞拉蒙第觀點假設觀測值所需要的調整值來得小，因此反駁了齊亞拉蒙第的觀點。

(二) 最大絕對離差

定義：$Max\,(|\varepsilon_1|, |\varepsilon_2|, \cdots, |\varepsilon_n|)$

特質：

1. 採用最大離差當作歧異程度的測量。

2. 在評估中僅使用產生最大誤差的觀察值。

3. 無限放大最大誤差的歧異程度度量值。

4. 可以一般化為 L_∞ 範式法，一般稱為「最小化最大誤差法」（Minimax Method）。

　　統計史經典例子：拉普拉斯在 1786 年所著的《地球形狀的備忘錄》（Memoir on the figure of the Earth），提出了「最大絕對離差」的準則。具體問題是，他希望能夠對於地球是否為橢圓型的這一假設進行檢證，在 1786、1793、1799 年他分別針對了世界四個、九個、七個不同地方的緯度和 1 度子午弧的長度（the lengths of 1° meridian arc），來找出偏離「橢圓體」形狀（ellipsodial shape）的程度[40]。他主張，偏離的原因僅有測量誤差和理論錯誤，如果測量中出現的最大誤差（偏離橢圓體的程度）太大，無法由測量誤差合理解釋，就否定了地球為橢圓型的這一假設；反之，則支持了這項假設。他運用曲線適配的技巧，發現推估參數所產生的極小最大誤差都過大，否定了地球為橢圓型的這一假設。

(三) 離差平方和

定義：$\sum_{i=1}^{n}(\varepsilon_i)^2$

特質：

1. 採用離差平方和當作歧異程度的測量。

2. 每一個觀察值的離差都納入評估，由於對離差取平方，所以不需要先將離差取絕對值。

3. 只要離差大於一單位，就會放大歧異程度的度量值。

4. 可以一般化為 L_2 範式法，稱為「最小化誤差平方和法」（LSE, Least Square Error）。

　　統計史經典例子：亞卓安馬里・樂強德（Adrien-Marie Legendre）於 1805 年在其書《決定彗星軌道的新方法》（New Methods for the Determination of Comet Orbits）中，明確指出：「在眾多可以被提出來達

成此分析目的的原則中，我想沒有任何一種原則，比我們已經採用在先前研究上更一般化、更精確、更簡單來應用：就是極小化誤差的平方和。」[41] 在這本書中，樂強德採用了「最小離差平方和」為目標式，來解決曲線適配的參數推估問題。

　　上面所提的三種方法，都可以被「明可夫斯基度量」（Minkowsky metric）的概念來一般化，即

$$L_p\ 範式定義為 Minimizing \left[\sum |\varepsilon|^p\right]^{1/p}, \quad p \geq 1$$

所以穩的問題，可以簡化成使用那一種 L_p 範式度量資料的歧異程度。而當代統計學所使用的變異數測量，事實上就是取了平均之後的 L_p 範式度量。

當 $p = 1$, $\quad V(x) = \dfrac{\sum_{i=1}^{n} |x_i - t|}{n}$ ，就是「平均絕對離差」。

當 $p = 2$, $\quad V(x) = \dfrac{\sum_{i=1}^{n} (x_i - t)^2}{n}$ ，就是「平均方差」。

當 $p = \infty$, $\quad V(x) = Max\ (|\varepsilon_1|, |\varepsilon_2|, \cdots, |\varepsilon_n|)$ ，就是「最大誤差」。

　　關於準跟穩的問題，在統計學發展初期都沒有絕對的答案，端視不同學者其個別的主張。然而高斯在研究誤差分配的問題上發現：如果我們預設了算術平均數是測量的最佳估計元，那麼利用「平均方差」來界定變異數的概念，將會使這個假設非常具有說服力，而此時所對應的誤差分配就是現在所稱的常態分配，因此常態分配又稱為「高斯分配」。

　　這裡有必要將準和穩的問題聯繫起來討論。也就是說，如果將變異數視為一種不好的性質，既然準和穩的問題都沒有絕對的正確答案，我們可以先確定變異數的標準，以此為條件，找出何種準的猜想可以使同一組資料產生最小的變異數結果。

　　比方說，我們對於某本書的長度測量了 5 次，可得結果分別為 30、32、31、31、36，中位數為 31，算術平均數為 32，如果分別假設中位數和算術平均數就是未知真值，則平均方差分別為

$$\frac{(30-31)^2+(32-31)^2+(31-31)^2+(31-31)^2+(36-31)^2}{5}=\frac{27}{5}$$

$$\frac{(30-32)^2+(32-32)^2+(31-32)^2+(31-32)^2+(36-32)^2}{5}=\frac{22}{5}$$

若用平均絕對離差可得

$$\frac{|30-31|+|32-31|+|31-31|+|31-31|+|36-31|}{5}=\frac{7}{5}$$

$$\frac{|30-32|+|32-32|+|31-32|+|31-32|+|36-32|}{5}=\frac{8}{5}$$

因此可得到下面的結果

		準的問題（採用何種估計量為未知真值答案）	
		算術平均數	中位數
穩的問題（採用何種估計量為變異數度量）	平均方差	$\frac{22}{5}$	$\frac{27}{5}$
	平均絕對離差	$\frac{8}{5}$	$\frac{7}{5}$

　　上面的結果顯示：如果以平均絕對離差為穩的問題之標準估計量，則使用中位數為準的問題估計量，會得到比較小的變異數，代表資訊變異量小，結論比較明確。然而如果以平均方差為穩的問題之標準估計量，則使用算術平均數為準的問題估計量，顯然比使用中位數可以得到較小的變異數值，所得的結論也較確定。

　　將「誤差分配的主張」以及「準穩問題的聯繫」兩者配對起來，我們

可以發現當代統計學典範是確立在以算術平均數為準的猜想答案，以均方差為穩的標準，配合上常態分配為誤差分配假設的統計典範；然而這僅是多個可能性中的一種。另一個顯而易見的典範是：以中位數為準的猜想答案，以「平均絕對離差」為穩的標準，配合上雙指數分配（又稱拉普拉斯分配）為誤差分配假設的統計典範。

　　所以統計學典範在 18 世紀時至少有兩個選擇：

(一)　以高斯為代表 － 算術平均數（準）＋ 平均方差（穩）＋ 常態分配（誤差）

(二)　以拉普拉斯為代表 － 中位數（準）＋ 平均絕對離差（穩）＋ 雙指數分配（誤差）

　　這兩套統計學典範的證成奠基於下面推論步驟：

1.　提出「準的問題」。
2.　對誤差分配提出猜想。
3.　採用逆機率的推估法，基於最大概似法的論理原則。
4.　證成「算術平均數」和「中位數」在不同的誤差分配主張下，分別推估出「準的問題」和「穩的問題」之配套完整說法，即位置參數和尺度參數的最大概似解。

參考方塊 1.9　以算術平均數為最佳估計元的統計學典範

　　問題設定：「倘若我們已經知道了一組數字的數值 $\{x_1, x_2, ..., x_n\}$，其中任一個 x_i 都是來自相同的一個常態分配的獨立抽樣結果，但我們並不知道這個常態分配的位置參數 (μ) 和尺度參數 (σ^2) 為何，試問基於逆機率的推論方法，我們求出的 μ 和 σ^2 應該為何？」

　　參數推導：已知 $x_1, ..., x_n$ 的數值下，我們想知道 μ, σ^2 為特定值的機率為何，根據概似原則事後機率會等比例於事前機率

$$f(\mu, \sigma^2 \,|\, x_1, ..., x_n) \propto f(x_1, ..., x_n \,|\, \mu, \sigma^2)$$

所以我們要找出 μ, σ^2 等於多少時其事前機率為最大，令其為概似函數 L 等於事前機率

$$L \equiv f(x_1, \ldots, x_n \mid \mu, \sigma^2)$$

其中每個 x_i 都是彼此獨立，因此

$$L \equiv \prod_{i=1}^{n} f(x_i \mid \mu, \sigma^2)$$

已知

$$f(x_i \mid \mu, \sigma^2) = \frac{1}{\sqrt{2\pi}\sigma} \exp\left\{ -\frac{(x_i - \mu)^2}{2\sigma^2} \right\}$$

所以

$$L = \prod_{i=1}^{n} \frac{1}{\sqrt{2\pi}\sigma} \exp\left\{ -\frac{(x_i - \mu)^2}{2\sigma^2} \right\}$$

　　這邊記得，概似函數 L 是一個帶有未知數 μ, σ^2 的二維函數，而 $x_1, \ldots, x_n$ 為已知數。我們要求的是，到底怎樣的 μ, σ^2 可以使 L 有最大的數值，數學上這是一個「求極值」（optimization）的問題，進一步說明可詳見附錄二。

　　接下來我們對於上面的概似函數取對數，可得出

$$\ln L = -\frac{n}{2}\ln(2\pi) - \frac{n}{2}\ln(\sigma^2) - \frac{1}{2\sigma^2}\sum_{i=1}^{n}(x_i - \mu)^2$$

對 μ 進行一次偏微分，此時將 σ^2 視為常數

$$\frac{\partial \ln L}{\partial \mu} = \frac{1}{\sigma^2}\sum_{i=1}^{n}(x_i - \mu) = 0$$

$$\mu = \frac{\sum_{i=1}^{n} x_i}{n}$$

這說明了，算術平均數，是位置參數的最大概似估計值。

對 σ^2 進行一次偏微分，此時將 μ 視為常數

$$\frac{\partial \ln L}{\partial \sigma^2} = -\frac{n}{2\sigma^2} + \frac{1}{2\sigma^4} \sum_{i=1}^{n}(x_i - \mu)^2 = 0$$

$$\sigma^2 = \frac{\sum_{i=1}^{n}(x_i - \mu)^2}{n}$$

這說明了，平均方差是尺度參數（變異數）的最大概似估計值。

　　取算術平均數和取平均方差，都是基於我們對於觀測值是基於相同且獨立的常態分配抽樣假設，同時運用最大概似法為推理法則所得出的結果。因此嚴格說，如果觀測值不符合常態分配，或者我們不是基於最大概似法原則來推理，算術平均數和均方差並不是「準」和「穩」的問題之最佳答案。

參考方塊 1.10　以中位數為最佳估計元的統計學典範

　　問題設定：「倘若我們已經知道了一組數字的數值 $\{x_1, x_2, ..., x_n\}$，其中任一個 x_i 都是來自相同的一個雙指數分配的獨立抽樣結果，但我們並不知道這個雙指數分配的位置參數 (μ) 和尺度參數 (σ) 為何，試問基於逆機率的推論方法，我們求出的 μ 和 σ 應該為何？」

　　參數推導：已知 $x_1, ..., x_n$ 的數值下，我們想知道 μ, σ 為特定值的機率為何，根據概似原則事後機率會等比例於事前機率

$$f(\mu, \sigma \mid x_1, ..., x_n) \propto f(x_1, ..., x_n \mid \mu, \sigma)$$

所以我們要找出 μ, σ 等於多少時其事前機率為最大，令其為概似函數等於事前機率

$$L \equiv f(x_1, ..., x_n \mid \mu, \sigma)$$

其中每個 x_i 都是彼此獨立，因此

$$L \equiv \prod_{i=1}^{n} f(x_i \mid \mu, \sigma)$$

已知

$$f(x_i \mid \mu, \sigma) = \frac{1}{2\sigma} \exp\left\{ -\frac{|x_i - \mu|}{\sigma} \right\}$$

所以

$$L = \prod_{i=1}^{n} \frac{1}{2\sigma} \exp\left\{ -\frac{|x_i - \mu|}{\sigma} \right\}$$

　　這邊記得，概似函數 L 是一個帶有未知數 μ, σ 的二維函數，而 $x_1, ..., x_n$ 為已知數。我們要求的是，到底怎樣的 μ, σ 可以使 L 有最大的數值，數學上這是一個「求極值」（optimization）的問題，進一步說明可詳見附錄二。

　　接下來我們對於上面的概似函數取對數，可得出

$$\ln L = -n \ln(2\sigma) - \frac{1}{\sigma} \sum_{i=1}^{n} |x_i - \mu|$$

對 μ 進行一次偏微分求極值，此時將 σ 視為常數，然而上式帶有 μ 函數的絕對值項次，如附錄三的證明所示

$$\mu = \text{中位數}$$

這說明了，中位數是位置參數的最大概似估計值。

對 σ 進行一次偏微分，此時將 μ 視為常數

$$\frac{\partial \ln L}{\partial \sigma} = -\frac{n}{\sigma} + \frac{1}{\sigma^2}\sum_{i=1}^{n}|x_i - \mu| = 0$$

$$\sigma = \frac{\sum_{i=1}^{n}|x_i - \mu|}{n}$$

這說明了，平均絕對離差是尺度參數（變異數）的最大概似估計值。

取中位數和取平均絕對離差，都是基於我們對於觀測值是基於相同且獨立的雙指數分配抽樣假設，同時運用最大概似法為推理法則所得出的結果。因此嚴格說，如果觀測值不符合雙指數分配，或者我們不是基於最大概似法原則來推理，中位數和平均絕對離差並不是「準」和「穩」的問題之最佳答案。

因為許多的歷史偶然因素，使得第一套典範確立成為當代統計學的主流典範。如果要舉出最簡單的因素，計算上的簡單是第一套典範較容易被接受的重要原因，這純粹是主觀集體選擇的結果，沒有客觀必然對錯。

至第一套典範的數理基礎，在統計史上就呈現在常態分配的推導中，儘管是誰最先推導出常態分配這點上學界仍有爭議，因為有統計史家主張美國數學家 Robert Adrain 導出常態分配的時間比 Gauss 還早 [42][43]，但一般而言，多數學者將此榮耀給了高斯，尤其是他對當代統計學的深遠影響。關於高斯對於誤差分配的探索，與一般天文物理學家不同的，他認為我們應該先對於估計元和估計方法進行假設，然後才來求出誤差分配，因而他對於常態分配作為誤差分配的主張被廣為後世接受 [44]。相對於高斯，拉普拉斯雖然早先就曾發現過常態分配，但是他並未主張常態分配為誤差分配，甚至也因為堅持算術平均數為最佳估計元這個信念，放棄了對於使用中位數為最佳估計元的統計典範追求，由此可見，科學的追求正如同湯馬士孔恩（Thomas Kuhn）所說的，是一種如同宗教信仰般的社會建

構活動，而拉普拉斯當時如果能思考到中位數作為「準的問題」的可能性並堅持其正確性，或許今日的統計學會有完全不同的內涵和發展。

　　本章最後，作者希望提醒讀者一個觀點，這是統計史權威專家史坦格勒引用社會學家羅伯・莫頓（Robert Merton）知識社會學主張 [45]，所發展出對於統計發現在命名上的研究結論，史坦格勒稱為「史坦格勒的命名學定律」（Stiger's Law of Eponymy）：「沒有科學發現是以其原始發現者命名」的定律 [46]。為此，史坦格勒舉出相當多的例子，比方說：拉普拉斯比傅立葉（Jean-Baptiste Joseph Fourier）更早使用「傅立葉轉換」、拉格朗日比拉普拉斯更早發表「拉普拉斯轉換」、卜瓦松（Siméon Denis Poisson）比柯西（Baron Augustin-Louis Cauchy）早二十九年發表「柯西分配」、比內梅（Irénée-Jules Bienaymé）比柴比雪夫（Pafnuty Lvovich Chebyshev）早了十年就已經證明「柴比雪夫不等式」、棣美弗（1733）和拉普拉斯（1774）分別比高斯（1809）早了三十五年和七十六年導出「高斯分配」、中國人（最早）和埃里岡（Pierre Hérigone，巴斯卡的老師）都比巴斯卡早發現「巴斯卡算術三角形」，還有許多其他明證。說明此點，是要提醒讀者，即便是統計史的內容本身，都是歷經四百年學術演變所留下來的蛛絲馬跡，從可得的文獻和資料中，有意或無意地被建構出來的。因此，本書作者鼓勵讀者對於統計學的內容要有追根究底的精神，不要滿足於既有所給定的答案，而是用獨立思考的理性思維，從邏輯分析和文獻考究上去找出自己滿意的答案。關於「史坦格勒的命名學定律」，請參考延伸閱讀五。

延伸閱讀

一、統計史入門讀本

　　統計史是一門艱深又冷門的學問，對於統計初學者來說，有四個進入障礙：一、統計史素材實在太多又不容易取得；二、統計史素材見諸於歐陸多種不同的語言；三、欲理解統計史需要先有深厚的統計學知識；四、

研究統計史必須要能深入過去的歷史情境。這四項要求都具有相當的難度，因此作者推薦兩本統計史的入門讀本，一本是安得斯・霍爾（Hald, 1998）所著《從西元 1750 至 1930 年的數理統計歷史》（A History of Mathematical Statisics from 1750 to 1930）[47]，另一則是史蒂芬・史坦格勒（Stigler, 1986）所著《統計史：在西元 1900 年以前的不確定性測量》（The History of Statistics: The Measurement of Uncertainty before 1900）[48]。

二、艾森哈特的相關著作

　　艾森哈特的著作中，主要有三領域值得對統計史有興趣的讀者進一步閱讀。首先，是有關算術平均數成為「最佳估計量」的歷史考查，請參考艾森哈特（Eisenhart, 1971）在 1971 年所發表的美國統計學會會長就職演說稿「從古至今對一組測量值的最佳平均數概念的發展」（The Development of the Concept of the Best Mean of a Set of Measurements from Antiquity to the Present Day）[49]。其次，是對於「誤差分配」的歷史考察，請參考艾森哈特在 1983 年於《統計科學百科全書第四冊》中所著的兩篇文章（Eisenhart, 1983a; 1983b），分別是「誤差法則一：概念的發展」（Law of Error I: Development of the Concept）[50]、「誤差法則二：高斯分配」（Law of Error II: The Gaussian Distribution）[51]。第三，是其在精準測量方面的著作（Eisenhart, 1963）「儀器校準系統精度和準度的現實評估」（Realistic Evaluation of the Precision and Accuracy of Instrument Calibration Sysytems）[52]。

三、統計學在 20 世紀前名稱和內容的演變

　　關於這個主題，卡爾・皮爾森在 1920 年代（1921-1933）的演講稿是在分析上最透徹、內容上交代最完整的參考文獻，這些講稿被他的小兒子艾根・皮爾森（Egon Pearson）編成了一本名為《西元 17 與 18 世紀的統計史：在智識、科學與宗教思想的變動背景襯托之下》（The History of Statistics in the 17th and 18th Centuary: against the Changing Background of Intellectual, Scientific, and Religious Thought）[53]。

四、統計學與社會科學在 19 世紀的關係

統計學與現代社會科學的關係，主要是在 1820 年之後才顯現出來的。這歸功於 1650-1820 年間數理統計的內容發展，以及當時博雅教育下早期社會科學家普遍有天文物理背景以及相當數學涵養的背景所致。因此，從 1820-1900 年間統計學如何散布到各個社會科學領域，密切的影響 20 世紀至今統計學演變。關於這個主題，請參考西奧多・波特（Theodore M. Porter, 1986）所著《統計思考的興起：從西元 1820 至 1900 年》（The Rise of Statistical Thinking: 1820-1900）[54]。

五、史坦格勒的命名學定律

關於史坦格勒的統計史研究，尤其牽涉到統計概念和方法的歷史考察，請參考其在 1999 年所著《統計學探源：統計概念和方法的歷史》（Statistics on the Table: The History of Statistical Concepts and Methods）[55]。此書中的第十四章，專門討論「史坦格勒的命名學定律」；有興趣的讀者，也建議閱讀史坦格勒所援引知識社會學家莫頓的著作，特別是在 1973 年所著《科學的社會學：理論與經驗的考察》（The Sociology of Science: Theoretical and Empirical Investigation）[56]。

Chapter 2

▶▶▶

統計學與機率論

在 1.4 節所談到的誤差分配，就是當代統計學中機率論的最初內容，在統計史的脈絡下，儘管當時的焦點都集中在誤差，而非任意變量上，但由於背後所預設的未知真值為定值，因此誤差分配在數理意義上等同於任意連續變量的分配；或者應該這樣說，連續性分配的機率性質，歷史上透過誤差分配的考察，經過了近兩世紀的發展，最終於 20 世紀初確立了古典機率論的完備性。

　　然而人們對於離散式機率的興趣在時間上就比較久遠了，這不僅來自於第 1 章所提到的四項統計學源起的因素，同時更在呈現在許多日常事務的問題中，比方說：男女出生的比例、人的壽命長短、各種天氣狀況的變化、戰爭勝敗的可能性、農業生產的情況等。這些對現實生活中各種事件發生機會的好奇心，往往都以下面的方式來呈現 —— 隨機變量多為單變量、離散、值域為正整數或零、所有事件結果可以被列舉。因此，自古以來用「頻率學說」（Frequentist theory）來界定機率的概念，早已存在中世紀以前的科學家之間，儘管他們並沒有系統性的將機率論進行符號化的邏輯推演。

　　當代統計教學中，通常將機率論區分成「客觀機率論」和「主觀機率論」兩大傳統，並且強調 20 世紀中葉是這兩大傳統勢力消長的分界線，而主要原因則歸結於電腦科技的進步，使得許多過去主觀機率論無法被驗證和發展的內容，都紛紛在強大的電腦運算輔助下，取得快速的進展。反而客觀機率在 20 世紀中葉之後，由於其理論早已完備沒有新的突破，並且其典範高度依賴許多抽象假設，往往無法切合實際狀況的變化，因此許多年輕一輩的統計學者往往被主觀機率論所吸引，認為「貝氏機率論」（Bayesian theory）在統計推論上較為優越，而視傳統客觀機率論所使用的「頻率學說」僅有工具性的應用價值，學術價值較為次要 [57]。

參考方塊 2.1 頻率學說和貝氏機率論

用最簡單的對比，頻率學說和貝氏機率論是對於「不確定性」的兩種不同思考方式。頻率學說認為「不確定性」背後的資料產生機制是客觀存在的，在經驗上只要實驗次數夠多，事件發生的頻率就會逐漸趨近客觀真理；然而貝氏機率論主張，已有經驗資料是不變的既定事實，但是人所理解這些資料背後的產生機制和分配參數都是會變動的，因此只有不斷的透過更新資料，加上過去累積資訊，才能形成我們當下對於「不確定性」的評估。

以上的對比，說明了頻率學說和貝氏機率的根本差異來自，頻率學說認為「不確定性」背後的產生機制和分配參數是不變的，而且可以透過重複實驗所累積的資訊去認識，但是貝氏機率論認為，「不確定性」的產生機制和分配參數都可能是變動的，統計學的重點在於評估人對於「不確定性」的看法，因此主張將既有資料或任何主觀信念，當成事前機率，而透過不斷更新經驗資訊（包括資料或信念），形成事後機率作為當下對於「不確定性」的評估。

關於頻率學說和貝氏機率論對機率的不同看法，請參考延伸閱讀一。

這種印象不僅在自然科學界如此，在人文社會科學界亦然，特別是國內的人文社科領域訓練高度受到美國影響，而美國學界從 1990 年代所吹起的「貝氏機率論」風潮，亦透過年輕學者學成返國任教，而逐漸形成某種隱然的共識。這樣的影響，其實受到戰後美國人文社科研究領域的科學化運動影響甚深，而近三十年這股風潮不但吹遍各學科領域，同時也在統計學方法上走向宣揚貝氏機率論較為優越的道路[58]。對於這樣的轉變，本書提醒讀者，貿然將「客觀機率論」和「主觀機率論」，或者將「頻率學說」和「貝氏機率論」以時間先後性進行對立，其實都是不恰當的偏頗觀點，因為還原統計史的發展脈絡，「客觀機率論」和「主觀機率論」同時存在於 18 世紀中期的統計學家之間，事實上「頻率學說」和「貝氏機

率論」的分野，也非涇渭分明而突然出現在 20 世紀中葉之後。嚴格說，這兩種典範老早都存在於統計學家的思考中，兩者其實在過往統計學的發展歷程中是互相交融的，只不過早期受限於計算能力，主流焦點偏重於數理推演，而自從電腦科技發明後，強大的計算能力允許統計學家進行大量實驗與模擬的研究，但兩種典範所面對的統計學本質問題並無二致 [59]。

參考方塊 2.2　主觀機率論

「主觀機率」原意指涉將機率界定成「人對於不確定性的主觀意見」，區別於「客觀機率」將機率界定成「部分事件與全部事件出現頻率的比值」。這兩種對於機率的看法，其實早已並存於 18 世紀的統計學家。客觀機率的起源無庸置疑在前，早期賭博學的討論都是預設著機率是可以客觀的數學演繹的方式找到正確答案，然而托馬斯·貝葉斯（Thomas Bayes）在 1763 年在思考的「逆機率」問題時，即在已知經驗觀測資料 (x) 前提下不同參數值 (θ) 造成此觀測結果的可能性評估，已經了解到我們必須要將參數值視為一隨機變量，並且對其資料產生機制做出假設，具體而言就是參數值的分配 $p(\theta)$（或密度 $f(\theta)$）函數主張。稍後，拉普拉斯對於逆機率的問題，主張「事件發生後產生此事件的參數可能性」（逆機率）與「事件發生前的事件機率」（直接機率）與成等比例的原則 $(p(\theta|x) \propto p(x|\theta))$，這樣的推論方法盛行於 19 世紀的統計學界，到 20 世紀初，羅納德·費雪（Ronald Fisher）則發明「概似」（likelihood）而宣稱概似函數與逆機率呈等比例關係 $(L(\theta) \propto p(\theta|x))$，此即為著名的「概似原則」（Likelihood Principle）。

從上面的統計史脈絡可以了解，「主觀機率」之所以出現，是因為在統計推論上，我們不得不面對需要將分配參數視為隨機變量的狀況，而分配參數在客觀機率論中，不管已知還是未知，都是一個定值，不是隨機變量，因此在概念上要將去想像一個定值變成變量，唯有改變對於機率的定義，把原來指涉參數客觀值，變成指涉研究者對於不同參數值造

成已知觀測事件的可能性評估。這樣一來，機率的定義就是主觀機率論的定義，對應的是主觀信念，而非客觀事實。

許多人將「主觀機率論」與「貝氏機率論」劃上等號，但是這兩者是有差別的。「主觀機率」起源與「逆機率」的統計推論有關，但直到20世紀中葉為止，多數的統計學家都被歸類於「頻率學派」，包括將「逆機率」發揚光大的費雪。為什麼統計學家可以主張「逆機率」的推論但同時又是「頻率學派」呢？這就顯示了一個重要概念上的區隔，在統計史上「客觀機率論」與「主觀機率論」，以及「頻率學說」和「貝氏機率論」，兩者指涉不同的對比；不能將「客觀機率」完全等同於「頻率學說」，而將「主觀機率論」等同於「貝氏機率論」。事實上，在費雪之前的許多 19 世紀統計學家，對於機率的概念界定都是屬於「客觀機率論」，但他們也採用了「主觀機率論」中對於「逆機率」的推論原則，特別是主張參數的先驗假設符合「無訊息事前分配」（non-informative prior）的主張；而拉普拉斯在 1774-1786 年這段時間對於「逆機率」的研究，事實上同時呈現今日所謂的「客觀貝氏機率論」（Objective Bayesian）和「主觀貝氏機率論」（Subjective Bayesian）的特質，前者致力於要呈現資料的客觀資訊，後者則主張機率是「個人化的信念」。換句話說，客觀機率論者可以使用貝氏機率的分析推論技巧，而主觀機率論者也可以以發現客觀機率為其分析主要目的。

關於主觀機率和客觀機率在概念上的討論，請參考延伸閱讀二。

本書旨在以統計史的觀點來講述統計學的思考理路，自然無意涉入將「客觀機率論」和「主觀機率論」視為二元對立的論辯中，也不認同將「頻率學說」和「貝氏機率論」進行優劣比較，因為這些分別和對立的鼓吹者，多半缺乏統計史的基本理解，容易陷入想像的對立之中，加上學術風潮的推波助瀾，自然陶醉在自我營造的優越感，進而強化對於兩者的區別，堅信典範轉移是科學明證的進步。對於這些想法，本書提醒讀者都需要仔細思量，切莫隨意盡信之。

2.1　什麼是機率？

　　簡言之，客觀機率論定義機率為「部分事件和全部事件數的比值」，主觀機率論則主張機率是「人們認為事件發生的可能性」；前者有明確的數學定義，必須符合客觀的邏輯推理法則，後者則反映推論者主觀的看法，不需要有邏輯或經驗上的對應關係，也不用任何理由來證明。

　　前者之所以為客觀，是因為過去學者認為部分事件和全部事件數的比值是純粹的邏輯運算結果，不會因為主觀想法而因人而異，因此其結果為客觀事實；然而就主觀機率而言，不管是否具有事實基礎，機率反映了人們主觀看法中事物發生的可能性，不需對應到部分事件和全部事件數比值此一數字，其本質為主觀信念。

　　但不論何種定義，完整的機率定義必須要滿足下列要件：

(一)　資料產生機制：定義呈象事件、參數、及其規律性。
(二)　呈象事件：隨機變量定義，其物理意義為何，維度、值域、種類。
(三)　參數：參數定義、維度、值域，即所謂的參數空間。
(四)　規律性：各種事件發生的頻率（可能性數值）描述，即數學函數形式。
(五)　必要邏輯定義：機率必須符合所有事件發生可能性總和為 1 的要件。

　　下面分別將針對上述五個要件進行解釋。

2.1.1　資料產生機制

　　資料產生機制最重要的目的，是要界定所欲探求「不確定性」的呈象事件為何，這是對於現象本質的根本定義，必須有清楚的描述。要強調的是，相同的呈象事件，有可能具有不同的資料產生機制。著名的例子是二項分配和負二項分配的區別，假定呈象事件同為「擲銅板五次中出現兩次正面」的結果，二項分配的產生機制是固定擲銅板的總數而令出現正面的次數為呈象事件的結果，負二項分配的產生機制是固定擲出兩次正面的結

果而令擲銅板的總數為呈象事件的結果，這兩者所描述的「不確定性」現象是完全不同的。

　　相同的例子也可以用來解釋參數的定義上。比方說，同樣是固定擲銅板的總數，倘若由於銅板設計的關係，年代越久遠的銅板正面傾向磨損得較為嚴重，因此重心偏斜在反面使得投擲結果正面向上的呈象較容易出現，在這個狀況之下，就需要設定正面磨損的參數來代表這個因素在資料產生機制上的影響；然而，如果沒有敘明這點，研究者一般將所有銅板視為具有相同機率出現正面呈象，因而產生雖然呈象事件相同，但兩個資料產生機制所描述的「不確定性」現象卻有所區別。

　　至於規律性，同樣也需要資料產生機制明確刻劃，才能夠將不確定變化的律則，及各種呈象事件的相對可能性闡述清楚。以 1.4 節所討論的誤差分配問題，在法則一到法則五的相同假定下，許多數學函數關係都可以滿足相同誤差呈象的設想，而從該節的討論可知，不同數學函數的應用，都代表了不同呈象事件的相對機率主張，比方說三角形分配主張誤差機率隨誤差大小呈等量遞減、半圓形誤差分配主張誤差機率隨誤差大小呈增量遞減、而雙指數分配主張誤差機率隨誤差大小呈減量遞減等。由此可知，數學函數的多樣性，是容許將複雜的律則綜合應用在單一資料產生機制中；以高斯分配而言，指數函數的負數次方項設定了誤差的無界性，二次的指數項設定則以曲線的反曲點為界，以內將誤差機率設為隨誤差大小呈增量遞減，以外將誤差機率設為隨誤差大小呈減量遞減，兩者意謂著多數誤差皆是以反曲點為界的細微誤差。

2.1.2　呈象事件

　　呈象事件的界定，包括了隨機變量的物理意義和符號定義，前者尤為重要。一般來說，呈象事件就是指涉研究者所關切的現象本體，比方說「擲銅板出現三次正面」、「2015 年美中兩國發生戰爭」、「今年臺灣進出口貿易淨值」等等，這些陳述都指涉一個可清楚認定的數值變量。然

而物理意義的釐清不總是容易的，至少有四方面的問題需要考量：首先是事件的全部集合是否可被定義，譬如當我們說擲銅板出現三次正面時，我們需要知道擲銅板的總數為何；又如當我們只設美中兩國發生戰爭時，是否界定事件僅區分為有戰爭和沒有戰爭，還是容許其他事件類別（衝突發生但未達戰爭層次）的可能。其次，我們需要釐清隨機變量的維度為何，事件中僅含一個隨機變量稱為一元分配、兩個隨機變量稱為二元分配、多個則稱為多元分配。第三，我們需要知道所有隨機變量的可容許值域，比方說以擲銅板為例，就是小於等於總投擲數的正整數或零，而美中關係若僅區分為有戰爭和沒有戰爭，則值域就是零或一的二分變數。最後則是描述隨機變量的單位，若以臺灣的進出口貿易淨值而言，所採用的貨幣單位則影響了呈象的數值尺度。

上述的四點分別指涉隨機變量的「事件認定」、「維度空間」、「值域空間」、「尺度單位」。對應到符號定義，特定呈象事件通常以英文小寫字母 x, y, z 表示，若以大寫 X, Y, Z 表示，通常意指事件集合；維度空間通常分成一元或多元，一元以小寫字母 x, y, z 表示，多元以粗體 $\mathbf{x}, \mathbf{y}, \mathbf{z}$ 表示；值域空間通常以 Ω_x（可類推 Ω_y, Ω_z）代表；尺度單位則視實際狀況有不同標示方法，並無統一，唯都需要清楚界定。

呈象事件的界定，看似容易，甚至累贅，但一不經意往往就會發生意想不到的問題。最常見的就是對於事件的全部集合無法認定，比方說，常聽到政治學方法專家詢問研究者「你的模型參數假設是何種分配？」這樣的問題陳述在事件認定上是難以令人理解的，因為模型參數是理論的一部分，以科學哲學來說是所謂「理論的實存物」，不是指涉自然界中特定現象的「理論物的實存物」，而其功能是描述變量與機率之間的律則構成，一般以定值（未知或已知）視之，因此不是隨機事件，無所謂分配假設；即便問題意圖指涉造成已知現象過去的參數假設為何，我們仍需將參數作為隨機變量的呈象事件指稱，針對上面四點清楚界定其本體範疇，否則這樣的機率指稱並不完備。

參考方塊 2.3　「理論的實存論」和「理論物實存論」

在科學哲學的領域，特別在實存論的典範內，「理論的實存論」和「理論物實存論」正可以對應「頻率學說」和「貝氏機率論」對於機率的本體論看法。就「頻率學說」而言，機率分配是理論的實存物，是外於主觀存在的客觀現象，這在古典機率論發展的過程中，主張「自然」或「神的存在」是主宰機率法則的看法在本體論上是一致的；就「貝氏機率論」而言，機率是研究者主觀所建構的「理論物實存物」，是為了解釋自然或社會現象所假設的存在物，因此其存在不需要有外於主觀的客觀對應，其本體特性是可依主觀認識而有所不同的。以上所述的區別，可以說明了為什麼兩派學者對於是否可以對分配參數進行任意的隨機變量假設有不同看法，頻率學說認為分配參數是定值，其存在是構成機率分配的一部分，而貝氏機率論則認為，當研究者需要對於分配參數進行推論時，就可以假設其存在依循著某種機率分配，至少這反映了研究者的主觀意見。

關於科學實存論在「理論的實存論」和「理論物實存論」的不同主張，請參考延伸閱讀三。

2.1.3　參數

在機率分配中的參數，通常是聯結隨機變量和機率數值之間的數學函數構成物，參數可以已知或是未知，但皆為定值。參數一般具有明確的物理意義，比方說在許多與集中趨勢有關的連續性機率分配中，「位置參數」（location parameter）指涉統計分配在隨機變量軸向上的定位點，與「準的問題」密切相關；「尺度參數」（scale parameter）指涉統計分配的標準化機率度量單位，與「穩的問題」密切相關。此外，其他不同的統計分配也會有各自的分配參數，以貝他分配為例，具有兩個決定函數曲線的「形狀參數」（shape parameter），又以指數分配為例，具有一個「速

率參數」（rate parameter），意指單位時間內發生的事件個數，此參數若取倒數，就成為「間隔參數」或者是「尺度參數」，指時間間隔多久發生一次事件。

由於參數都是依據不同數學函數形式來定義的，因此其物理意義也必須是根據統計分配所指涉的呈象事件來解釋，然而在數學上，有關參數在維度和值域上（或稱參數空間）的資訊都是明確已知，否則就無法將隨機變量和機率數值之間的數學函數關係完整建構出來。不同統計分配有各自的參數符號，但統計參數的符號通常以希臘字母表示之：μ 代表位置參數，σ 代表尺度參數，α 與 β 代表其他分配的形狀參數，λ 為指數分配中的「速率參數」等。

2.1.4 規律性

規律性指涉的是所有事件發生的頻率，或者是可能性的數值描述，即聯結隨機變量和機率數值之間的數學函數形式。在離散機率分配中，由於呈象事件可以列舉，因此機率可以直接計算，描述規律性的數學函數就稱為「機率分配函數」（probability distribution function），在連續機率分配中，由於呈象事件（隨機變量為特定數值）無法窮舉，因此只能以相對的可能性數值關係，來找出曲線關係當做規律性的描述，這稱為「機率密度函數」（probability density function）。此處稱為「密度」（density），代表隨機變量的特定數值所對應的指是呈象事件發生可能性的相對大小，而真正的機率概念，則是以隨機變量的數值區間來表示，也就是呈象事件集合的概念來定義，所對應的規律性描述，稱為「累積機率分配函數」（cumulative distribution function）。

在早期的統計學發展中，各種已知的數學函數形式是科學家用來描述規律性的基本元素，許多分配的產生，都是對於規律性先有想法，比方說無界域分配喜歡採用次方項為負數的指數函數，然後科學家按照他們對於數學函數的知識，來套用在規律性的描述中。以常態分配為例，負二次方

的指數函數所形成的鐘型曲線其實早在棣美佛在 1733 年已用二項分配逼近出來，直到 1809 年高斯明確主張此曲線作為誤差分配的函數形式，之間有許多的科學家已經知曉這個函數形式，然而沒有高斯的數學邏輯推導，當時的統計學家並沒有認知到，此曲線形式與算術平均數和平均方差為配套描述誤差分配的最佳組合之一。

描述統計分配的規律性數學函數通常以 $f(\cdot)$ 表示，括弧中的一點代表必要的分配資訊，通常指隨機變量和分配參數，以常態分配為例，機率密度函數標記為 $f(x\,;\sigma,\beta)$，亦可簡化成 $f(x)$；另一種表達統計分配的做法，是以隨機變量依循特定分配的標記來表現，如 $x \sim N(\alpha,\beta)$，其中 N 代表常態分配的規律性，σ 和 β 為分配參數，波浪符號 $\sim$ 為依循之意。

2.1.5　必要邏輯定義

不管是客觀機率或主觀機率論，機率分配的必要邏輯定義，是所有呈象事件的機率加總為 100%，以數學符號表示：

$$\sum\nolimits_{\Omega_x} f(x)dx = 1 \quad （離散分配）$$

$$\int_{\Omega_x} f(x)dx = 1 \quad （連續分配）$$

換句話說，即便從主觀機率的觀點來看，所有呈象事件的總和也不能超過 100%，這無關乎主觀機率論與客觀機率論不同界定機率的方法，而是基本邏輯的要件，機率的可允許值只能界於 0 和 1 之間。超過這段值域都屬於文學上的誇飾法，不是科學的陳述。

2.2　統計學、微積分與機率論

為什麼統計學與微積分有關？簡言之，就是算機率。在進行連續分配的機率計算時，由於機率的定義是隨機變數區間和密度函數曲線所圍出的面積，因此我們必須藉助微積分的數學技巧來計算，而「求面積」事實上

就是微積分在數學符號定義上最簡單的呈現

$$P(a \leq x \leq b) = \int_a^b f(x)\, dx$$

$P(\cdot)$ 代表事件集合的機率函數，積分符號 $\int$ 代表大寫的 S，原意是「加總」（summation）的意思。

在計算離散分配的機率時，由於呈象事件理論上可以窮舉，因此機率就是欲求集合事件數與所有事件數的比例；其中不管是集合事件數還是所有事件數，因為其離散性質，都不需要用到微積分的算術技巧，然而其「加總」運算的本質，與計算連續分配機率所使用的微積分運算是相同的。離散機率計算的符號表示如下

$$P(a \leq x \leq b) = \sum_a^b p(x)$$

除了連加符號 Σ 外，與連續式機率的計算並無二致，連加符號在希臘字母中的原意也是「加總」的意思，但被加總的項次是「特定事件的機率函數」$p(x)$，就是「部分和全部呈象數的比值」

$$p(x) = \frac{\text{集合事件數 } E(x)}{\text{所有事件數 } E(x \in \Omega_x)}$$

如果我們把連續分配的密度函數 $f(x)$ 與離散分配的機率函數 $p(x)$ 進行類比，可以表示為

$$f(x) = \frac{\text{特定 } x \text{ 數值的可能性度量}}{\text{所有 } \Omega_x \text{ 值域內的可能性數值度量和}}$$

由上可知，連續分配與離散分配在定義上並沒有本質上的差異。

為突顯連續分配與離散分配的異同之處，下面我們以一個二項分配的例子來說明統計學與微積分在計算機率上的必要性。在日常生活中，二項分配是一個常見的離散分配，其隨機變量 x 指涉兩種互斥的呈象在 n 次實

驗中會出現特定次數的結果，可能的互斥呈象包括「正面／反面」、「成功／失敗」、「有／無」等，比方說擲三次銅板出現兩次正面的機會，這邊的實驗結果次數即 $n = 3$，事件結果有四種 $\{\Omega_x : x = 0, 1, 2, 3\}$，在沒有其他說明之下，一般認為擲銅板有一樣的機會出現正面、反面，所以每一次投擲實驗中出現正面的機率為

$$p(\text{正面}) = \frac{\text{正面呈象結果}}{\text{所有呈象結果}} = \frac{1}{2}$$

　　以此描述，二項分配的隨機變量，包括了 0 次正面、1 次正面、2 次正面、3 次正面四種事件結果，但每一種事件的出現結果，有各自不同的組合可能方式，如表 2.1。

　　表 2.1 就是以列舉法來呈現頻率說的機率觀點，所有事件 $E(x \in \Omega_x)$ 數為事件結果組合數總和為 8，對應出現 0 至 3 次正面集合事件數 $E(x)$ 分別為 $\{1, 3, 3, 1\}$，因此四種事件結果的機率分別為 $\{\frac{1}{8}, \frac{3}{8}, \frac{3}{8}, \frac{1}{8}\}$。

　　想像將銅板變成一種電子裝置，每次投擲銅板的實驗呈象從二元互斥變成 0 到 1 之間的任何數字，此時呈象有無限多種，因為在 [0, 1] 區間中的任何一個點，只要小數點的位數和數值有任何不同，都是可能的呈象，如果我們硬是以離散分配的頻率比值來思考呈象機率，則會發生下面的錯誤

$$p(x) = \frac{\text{特定 } x \text{ 數值}}{\text{無限多種呈象結果}} = \frac{1}{\infty} = 0$$

表 2.1　擲銅板三次的所有事件及其機率

事件結果	組合數	組合方式	機率表示
0 次正面	1	｛反反反｝	$p(x = 0) = \frac{1}{8}$
1 次正面	3	｛正反反｝、｛反正反｝、｛反反正｝	$p(x = 1) = \frac{3}{8}$
2 次正面	3	｛正正反｝、｛正反正｝、｛反正正｝	$p(x = 2) = \frac{3}{8}$
3 次正面	1	｛正正正｝	$p(x = 3) = \frac{1}{8}$

　　顯而易見的，特定呈象機率 $p(x)$ 絕不會為 0，而上面的錯誤在於連續分配的呈象定義應為區間而非變量數值；同理，如果我們主張特定呈象機率 $p(x) = k$，其中 k 為定值，則

$$\sum_{\Omega_x} p(x) = \sum_{\Omega_x} k = \infty$$

因為若以 x 的特定數值為呈象定義，則在呈象事件空間 Ω_x 中會有無限多個數值，因此只要特定呈象機率不為 0，所有呈象事件總合為無限大，不滿足所有呈象事件機率為 1 的基本機率定義要件。

　　上面的推論謬誤，所透露出的就是微積分問題的本質，可以用圖 2.1 表示之。

　　以圖像來呈現上述擲電子銅板的例子，就不難發現，呈象數值的無限性和及其可能性度量數值加總的有限性，綜合起來就是指 [0,1] 區間和常數函數 $f(x) = k$ 所圍起來的長方型面積要等於 1 的簡單幾何問題，以微積分表示

$$P(0 \leq x \leq 1) = \int_0^1 k dx = 1$$

這邊可以將 dx 視為無限小的區間，可以權宜的當作特定呈象數值（點的概念），k 則為特定呈象數值的可能性度量值，這邊因為我們對電子銅

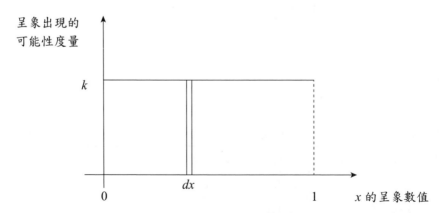

圖 2.1　連續機率分配的微積分本質

板會出現哪個數值心中毫無所知,所以我們將所有數值出現的可能性度量都設為定值 k,視為有相同可能性,所以 kdx 的乘積就代表「無限小長條狀的面積」,然後「全部加總起來」($\int$) 就需要滿足結果為 1 的必要邏輯條件。如果令 $dx \to 0$,dx 的個數就趨近於無限多個,正反映了先前所提到以頻率說計算連續分配機率的盲點;然而這並非真正是盲點,而是在數學計算上,缺乏微積分的工具思考,導致對於極限概念在推理時產生邏輯的謬誤。

　　上面的解說,旨在強調將頻率說的機率定義應用在連續分配時,需要有微積分的數學理解,才能將離散分配和連續分配的思考融會貫通。簡單來說,離散分配和連續分配兩者在機率上並無本質差別,不過在數學思考上,我們需要將連續分配的呈象數值視為無限小的區間(其實就是點),應用微積分的計算技巧,來找出特定事件集合機率。

　　回到前面提到的二項分配隨機變量,在離散的狀態下,每次投擲就是一次伯努力分配的事件結果,而二項分配的隨機變量就是 n 次伯努力實驗結果的總和,當 n 的數值越大,二項分配就會逼近於常態分配,棣美弗在 1733 年就已證明此定理 [60]。而如果在連續的狀態下,比方說使用電子銅板投擲 n 次實驗,然後將其結果加總起來,則各自為獨立的均等連續分配;當 $n = 2$ 時,變量加總數值會呈現三角形分配,而隨著投擲實驗次數 n 增加,變量加總數值亦會逼近常態分配。不管是離散或連續性變量的例子,這部分的內容牽涉下節所談的動差生成函數,同時亦涉及微積分中進階的「卷積」(convolution)的積分技巧,有興趣的讀者,請參閱參考方塊 2.4。

參考方塊 2.4　卷積作為兩個函數的乘法運算

　　拉普拉斯在 1776 年名為「彗星軌道的平均傾斜角度」（The Mean Inclination of the Orbit of the Comets）一文中 [61][62]，已經利用「卷積」的技巧來解答兩個分配密度函數乘積的問題。若以當代的觀點來看，此法就是應用動差母函數來找出多個隨機變量加減後新隨機變量的分配形式。「卷積」運算的解釋如下：

　　令 $f(x)$ 和 $g(x)$ 為實數軸向 x 上的兩個可積分函數，則兩者的平均滑動乘積為

$$(f*g)(t) = \int_{-\infty}^{\infty} f(\tau)g(t-\tau)d\tau$$

就稱為卷積，其中 τ 是所謂的「待積變量」，是為了將兩函數放在同一軸向上的新設變量，而 t 則是兩函數相乘之後的新隨機變量（可以替換為 x），卷積的積分項 $f(\tau)g(t-\tau)$ 亦可以變換成 $f(t-\tau)g(\tau)$，兩者符合卷積運算的可交換性（commutativity）。

　　直觀上，卷積就是找出兩個函數重疊交乘的平均乘積，為了方便運算，我們在新的變量軸上重設兩函數的位置，並且令其在值域空間內進行移動，然後找出所有函數值乘積的平均值。設想 $f(x)$ 和 $g(x)$ 為兩個誤差分配，機率密度（density）集中在 0 附近，越往兩端密度越小、近乎於 0，進行卷積運算時，當處於 $\tau \to \infty$ 或 $\tau \to -\infty$ 的位置上，兩函數乘積 $f(\infty)g(-\infty)$ 或 $f(-\infty)g(\infty)$ 也會近乎於 0，代表沒有交疊，而隨待積變量往中間移動時，兩函數則開始交疊，其乘積 $f(\tau)g(t-\tau)$ 依不同待積變量數值 τ 而變，$d\tau$ 指涉無限小的待積變量區間（亦可視為無限小的連續移動），因此全部加總的結果就是所有代積變量值域範圍內的兩函數平均乘積。

　　上面的說明，清楚的指出「機率密度函數」和「機率累積函數」的區別。在離散分配的例子中，由於事件可列舉，機率密度函數值就是機率，

而機率累積函數值就是多事件集合的機率加總和；在連續分配的例子中，機率密度函數是評估特定呈象結果的可能性數值，必須以微積分將其轉化成區間概念才能計算機率，而機率累積函數（$F(x)$）就是以區間概念來表示多事件集合機率加總值的結果。其「累積」的意思，一般是為使用上的方便，將隨機變量下界定義為多事件集合的起點，而開放終點讓使用者自行定義。

$$F(x) = \int_{-\infty}^{x} f(t)\, dt$$

由於微積分在統計學機率計算上的重要性，2.3 節將會簡單的介紹微積分的基本運算，希望以最淺顯的方式讓具備高中數學程度的讀者都可以理解。也因此，已具備微積分知識的讀者可以略過此節，直接進入 2.4 節對於機率分配的介紹。

2.3　微積分的基本運算

微積分的運算，簡單說就是可逆的函數和反函數的關係，以簡單的幾何概念理解，微分就是對一函數進行取斜率的運算，積分就是對一函數進行求面積的運算，如圖 2.2。

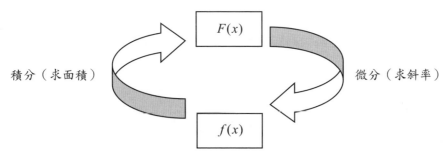

圖 **2.2**　微分與積分互為函數和反函數的可逆運算關係

參考方塊 2.5　微分與積分互為函數和反函數的可逆運算關係

不管對 $f(x)$ 先進行微分後積分，還是先進行積分後微分，結果都會還原成 $f(x)$，這說明了微分與積分互為函數和反函數的可逆運算關係。

以冪次項函數微積分為例，比方說令 $f(x) = x^n$，若對 $f(x)$ 先微分後積分，則

$$\int \frac{df(x)}{dx} dx = \int \frac{dx^n}{dx} dx = \int nx^{n-1} dx = \frac{x^{(n-1)+1}}{(n-1)+1} = x^n = f(x)$$

若對 $f(x)$ 先積分後微分，則

$$\frac{d}{dx} \int f(x) dx = \frac{d}{dx} \int x^n dx = \frac{d}{dx} \left(\frac{x^{n+1}}{n+1} \right) = x^n = f(x)$$

除此之外，如參考方塊 2.6 所示，指數與對數函數也是互為函數和反函數的可逆運算關係。一般來說，四大基本函數，如多項式，三角函數，指數函數、對數函數，其中多項式和三角函數可以由有限或無限級數所表示，主要應用為冪次項、常數項、係數項微積分定理，以及結合率、乘積率、連鎖率等運算法則，再加上指數和對數函數的微積分法則，如下：

參考方塊 2.6　指數與對數函數互為函數和反函數的可逆運算關係

指數函數的定義 $e^x = \dfrac{x^0}{0!} + \dfrac{x^1}{1!} + \dfrac{x^2}{2!} + \dfrac{x^3}{3!} + \cdots = \displaystyle\sum_{i=0}^{\infty} \dfrac{x^i}{i!} = \lim_{n \to \infty} \left(1 + \dfrac{x}{n} \right)^n$

對數函數的定義 $\ln x = \dfrac{(x-1)^1}{1} - \dfrac{(x-1)^2}{2} + \dfrac{(x-1)^3}{3} - \cdots = \displaystyle\sum_{i=1}^{\infty} \dfrac{(x-1)^i (-1)^{i-1}}{i}$

不管對隨機變數 x 先取指數再取對數，還是先取對數再取指數，結果都會還原成隨機變數 x 自身，這說明了指數與對數函數互為函數和反函

數的可逆運算關係。

$$\ln(e^x) = \frac{(e^x-1)^1}{1} - \frac{(e^x-1)^2}{2} + \frac{(e^x-1)^3}{3} - \cdots$$

$$= \frac{\left(\dfrac{x^1}{1!} + \dfrac{x^2}{2!} + \dfrac{x^3}{3!} + \cdots\right)^1}{1} - \frac{\left(\dfrac{x^1}{1!} + \dfrac{x^2}{2!} + \dfrac{x^3}{3!} + \cdots\right)^2}{2} + \frac{\left(\dfrac{x^1}{1!} + \dfrac{x^2}{2!} + \dfrac{x^3}{3!} + \cdots\right)^3}{3} - \cdots$$

$$= \underbrace{\left(\frac{x^1}{1}\right)}_{x} + \underbrace{\left(\frac{x^2}{2} - \frac{x^2}{2}\right)}_{x^2} + \underbrace{\left(\frac{x^3}{6} - \frac{x^3}{2} + \frac{x^3}{3}\right)}_{x^3} + \underbrace{\left(\frac{x^4}{24} - \frac{7x^4}{24} + \frac{x^4}{2} - \frac{x^4}{4}\right)}_{x^4} + \cdots$$

$$= x$$

$$e^{\ln x} = \frac{(\ln x)^0}{0!} + \frac{(\ln x)^1}{1!} + \frac{(\ln x)^2}{2!} + \frac{(\ln x)^3}{3!} + \cdots$$

$$= \frac{1}{0!} \cdot \left[\frac{(x-1)^1}{1} - \frac{(x-1)^2}{2} + \frac{(x-1)^3}{3} - \cdots\right]^0$$

$$+ \frac{1}{1!} \cdot \left[\frac{(x-1)^1}{1} - \frac{(x-1)^2}{2} + \frac{(x-1)^3}{3} - \cdots\right]^1$$

$$+ \frac{1}{2!} \cdot \left[\frac{(x-1)^1}{1} - \frac{(x-1)^2}{2} + \frac{(x-1)^3}{3} - \cdots\right]^2 + \cdots$$

$$= \underbrace{1}_{x^0} + \underbrace{(x-1)}_{x^1} + \underbrace{\left[-\frac{(x-1)^2}{2} + \frac{(x-1)^2}{2}\right]}_{x^2} + \underbrace{\left[\frac{(x-1)^3}{3} - \frac{(x-1)^3}{2} + \frac{(x-1)^3}{6}\right]}_{x^3} + \cdots$$

$$= x$$

一、冪次項微分定理 $\dfrac{dx^n}{dx} = nx^{n-1}$

令 $f(x) = x^n$，若以 x 和 $x+\delta$ 兩點找斜率，則 $f(x)$ 一次微分為

$$\frac{df(x)}{dx} = \lim_{\delta \to 0} \frac{f(x+\delta) - f(x)}{(x+\delta) - x}$$

$$= \lim_{\delta \to 0} \frac{(x+\delta)^n - (x)^n}{\delta}$$

$$= \lim_{\delta \to 0} \frac{\delta \left[(x+\delta)^{n-1} + (x+\delta)^{n-2}(x)^1 + \cdots + (x+\delta)^1(x)^{n-2} + (x)^{n-1} \right]}{\delta}$$

$$= \lim_{\delta \to 0} \left[(x+\delta)^{n-1} + (x+\delta)^{n-2}(x)^1 + \cdots + (x+\delta)^1(x)^{n-2} + (x)^{n-1} \right]$$

$$= \underbrace{\left[(x)^{n-1} + (x)^{n-1} + \cdots + (x)^{n-1} + (x)^{n-1} \right]}_{n}$$

$$= nx^{n-1}$$

上面可以通則化為 $\dfrac{dx^n}{dx} = nx^{n-1}$

二、指數函數微分定理 $\dfrac{de^x}{dx} = e^x$

指數函數的最基本形式為 $e^x = \dfrac{x^0}{0!} + \dfrac{x^1}{1!} + \dfrac{x^2}{2!} + \dfrac{x^3}{3!} + \cdots$

$$\frac{de^x}{dx} = \frac{d}{dx} \left(\frac{x^0}{0!} + \frac{x^1}{1!} + \frac{x^2}{2!} + \frac{x^3}{3!} + \cdots \right)$$

$$= 0 + \frac{x^0}{0!} + \frac{x^1}{1!} + \frac{x^2}{2!} + \cdots$$

$$= e^x$$

三、對數函數微分定理 $\dfrac{d\ln x}{dx} = x^{-1}$

令 $y = e^x$，則 $x = \ln y$

$$\Rightarrow \frac{dy}{dx} = \frac{de^x}{dx} = e^x = y$$

$$\Rightarrow \frac{1}{y} dy = dx$$

$$\Rightarrow \int \frac{1}{y}dy = \int dx = x$$

$$\Rightarrow \int y^{-1}dy = \ln y$$

同時對 y 微分

$$\frac{d\ln y}{dy} = y^{-1}$$

若將 y 以 x 取代，則可得

$$\frac{d\ln x}{dx} = x^{-1}$$

四、對常數項微分為零 $\frac{dk}{dx} = 0$

$$\frac{dk}{dx} = \lim_{\delta \to 0} \frac{k-k}{(x+\delta)-x}$$
$$= 0$$

五、微分時係數可提出 $\frac{d(ky)}{dx} = k\frac{dy}{dx}$

令 $y = f(x)$

$$\frac{d\{k \cdot f(x)\}}{dx} = \lim_{\delta \to 0} \frac{kf(x+\delta)-kf(x)}{(x+\delta)-x}$$
$$= k\left\{\lim_{\delta \to 0} \frac{f(x+\delta)-f(x)}{(x+\delta)-x}\right\}$$
$$= k\frac{df(x)}{dx}$$

六、微分的結合率 $\frac{d(u+v)}{dx} = \frac{du}{dx} + \frac{dv}{dx}$

令 u 和 v 皆為 x 的函數，表為 $u(x)$ 和 $v(x)$，則

$$\frac{d\{u(x)+v(x)\}}{dx} = \lim_{\delta \to 0} \frac{[u(x+\delta)+v(x+\delta)]-[u(x)+v(x)]}{(x+\delta)-x}$$

$$= \lim_{\delta \to 0} \frac{u(x+\delta)-u(x)}{(x+\delta)-x} + \lim_{\delta \to 0} \frac{v(x+\delta)-v(x)}{(x+\delta)-x}$$

$$= \frac{du(x)}{dx} + \frac{dv(x)}{dx}$$

七、微分的乘積定則 $\dfrac{d(uv)}{dx} = v\dfrac{du}{dx} + u\dfrac{dv}{dx}$

令 u 和 v 皆為 x 的函數，表為 $u(x)$ 和 $v(x)$，則

$$\frac{d\{u(x)\cdot v(x)\}}{dx}$$

$$= \lim_{\delta \to 0} \frac{[u(x+\delta)\cdot v(x+\delta)]-[u(x+\delta)\cdot v(x)]+[u(x+\delta)\cdot v(x)]-[u(x)\cdot v(x)]}{(x+\delta)-x}$$

$$= \lim_{\delta \to 0} \frac{u(x+\delta)[v(x+\delta)-v(x)]}{(x+\delta)-x} + \lim_{\delta \to 0} \frac{v(x)[u(x+\delta)-u(x)]}{(x+\delta)-x}$$

$$= \lim_{\delta \to 0} u(x+\delta)\cdot \lim_{\delta \to 0} \frac{[v(x+\delta)-v(x)]}{(x+\delta)-x} + \lim_{\delta \to 0} v(x)\cdot \lim_{\delta \to 0} \frac{[u(x+\delta)-u(x)]}{(x+\delta)-x}$$

$$= u(x)\frac{dv(x)}{dx} + v(x)\frac{du(x)}{dx}$$

八、微分的連鎖率 $\dfrac{dy}{dx} = \dfrac{dy}{dt}\cdot\dfrac{dt}{dx}$

令 y 是 t 的函數 $y = f(t)$，令 t 是 x 的函數 $t = g(x)$，
由微分的定義，我們可以設兩變量 v 和 w

$$v(h) = \frac{g(x+h)-g(x)}{(x+h)-x} - \frac{dg(x)}{dx}$$

$$w(k) = \frac{f(t+k)-f(t)}{(t+k)-t} - \frac{df(t)}{dt}$$

分別代表平均斜率和切線斜率的差，當 $h \to 0$ 則 $v(h) \to 0$；同理，當 $k \to 0$ 則 $w(k) \to 0$。將上兩式重新整理可得

$$g(x+h) = g(x) + \left[\frac{dg(x)}{dx} + v(h) \right] h \qquad \text{--(2.1)}$$

$$f(t+k) = f(t) + \left[\frac{df(t)}{dt} + w(k) \right] k \qquad \text{--(2.2)}$$

令 $k = \left[\dfrac{dg(x)}{dx} + v(h) \right] h$，並將 (2.1) 式等號左右各取 $f(\cdot)$

$$f\left[g(x+h) \right] = f\left\{ g(x) + \left[\frac{dg(x)}{dx} + v(h) \right] h \right\}$$

又從 (2.2) 式

$$f\left\{ g(x) + \left[\frac{dg(x)}{dx} + v(h) \right] h \right\} = f\left[g(x) \right] + \left[\frac{df(t)}{dt} + w(k) \right] \left[\frac{dg(x)}{dx} + v(h) \right] h$$

由上兩式可知

$$f\left[g(x+h) \right] = f\left[g(x) \right] + \left[\frac{df(t)}{dt} + w(k) \right] \left[\frac{dg(x)}{dx} + v(h) \right] h$$

將 $f\left[g(x) \right]$ 移項至等號左邊，並同除 h

$$\frac{f\left[g(x+h) \right] - f\left[g(x) \right]}{h} = \left[\frac{df(t)}{dt} + w(k) \right] \left[\frac{dg(x)}{dx} + v(h) \right]$$

等式兩邊同時取極限，令 $h \to 0$

$$\lim_{h \to 0} \frac{f\left[g(x+h) \right] - f\left[g(x) \right]}{h} = \lim_{h \to 0} \left\{ \left[\frac{df(t)}{dt} + w(k) \right] \left[\frac{dg(x)}{dx} + v(h) \right] \right\}$$

$$= \lim_{h \to 0} \left[\frac{df(t)}{dt} + w(k) \right] \lim_{h \to 0} \left[\frac{dg(x)}{dx} + v(h) \right]$$

$$= \frac{df(t)}{dt} \cdot \frac{dg(x)}{dx}$$

上面的結果即為 $\dfrac{dy}{dx} = \dfrac{dy}{dt} \cdot \dfrac{dt}{dx}$

　　由於積分與微分互為函數和反函數的可逆運算，所以上述法則都可以回推應用在積分運算，由於常數項微分為 0 之故，完整的不定積分解都需要加上一任意常數項 C，如下：

一、冪次項函數積分定理 $\displaystyle\int x^n dx = \dfrac{x^{n+1}}{n+1} + C$

二、指數函數積分定理 $\displaystyle\int e^x dx = e^x + C$

三、對數函數積分定理 $\displaystyle\int x^{-1} dx = \ln x + C$

四、對零積分為常數項 $\displaystyle\int 0\, dx = C$

五、積分時係數可提出 $\displaystyle\int (k \cdot y) dx = k \int y dx$

六、積分的結合率 $\displaystyle\int (u + v) dx = \int u dx + \int v dx$

七、部分積分法 $\displaystyle\int v du = uv - \int u dv$

八、逆連鎖率積分法 $\displaystyle\int \left(\dfrac{dy}{dt} \cdot \dfrac{dt}{dx} \right) dx = y + C$

　　除了冪次項積分定理的證明詳見參考方塊 2.7 外，微分法則的回推證明都適用在其他積分法則上。

參考方塊 2.7　積分的冪次定理

冪次項積分定理（$n = -1$ 除外）可表為

$$\int x^n dx = \frac{x^{n+1}}{n+1} + C$$

在不失一般性原則下，將冪次項從 $[0, a]$ 區間進行積分

$$\int_0^a f(x)dx = \int_0^a x^n dx$$

$$= (a - ar) \cdot a^n + (ar - ar^2) \cdot (ar)^n + (ar^2 - ar^3) \cdot (ar^2)^n + \cdots \big|_{r \to 1}$$

$$= (1-r)a^{n+1} + (1-r)a^{n+1}r^{n+1} + (1-r)a^{n+1}r^{2n+2} + \cdots \big|_{r \to 1}$$

$$= a^{n+1}(1-r)\left[1 + r^{n+1} + r^{2(n+1)} + r^{3(n+1)} + \cdots\right]\big|_{r \to 1}$$

$$= a^{n+1}(1-r) \cdot \frac{1}{1 - r^{n+1}} \big|_{r \to 1}$$

$$= a^{n+1}(1 - r) \cdot \frac{1}{(1 - r)(1 + r + r^2 + r^3 + \cdots + r^n)} \big|_{r \to 1}$$

$$= \frac{a^{n+1}}{n+1}$$

若以不定積分表示，由於冪次項積分的反導數亦為冪次項函數，預設下界值為 0 並不會產生數值，因此可將上述定積分式中的 a 替換成 x，表為不定積分式

$$\int x^n dx = \frac{x^{n+1}}{n+1} + C$$

　　對於微積分的理解，初學者可以從數學史的科普教材中獲得很大的幫助，中文的推薦讀本請參閱延伸閱讀四。

2.4　常用的機率分配

　　本節將介紹一些常用的機率分配，離散性和連續性分配各六個，由於本書的主旨聚焦在統計論理的思路應用，因此本節的內容僅為簡要的介紹，較為完整的分配介紹及例題說明，請參考林惠玲和陳正倉（2009）[63]。

　　下面的介紹，沿用的 2.1 節所提對於機率分配的基本要件進行，對於每個機率分配，就其「符號表示」、「隨機變量值域」、「呈象事件」、「分配參數」、「數學函數」、「現象描述」進行說明。其中數學函數的部分，對離散式分配所列為機率分配函數，對連續式分配所列為機率密度函數及累積機率分配函數。然而，作者鼓勵讀者盡量以機率密度函數的單邊開放區間積分式 $(-\infty, x]$ 來理解累積機率分配函數，不需要去硬記累積機率分配函數。

　　在符號上，除了 2.1.2 至 2.1.4 節所提到的部分外，$E(\cdot)$ 代表事件，括弧內會將事件或事件集合以隨機變量值表示，在參數空間的表示上，$\mathbb{R}$、$\mathbb{Z}$、$\mathbb{N}$ 代表實數、整數、正整數，若加上下標 0，則代表是否包括 0 這個數值，上標若有正負號，則指是正數或負數軸向的意思，比方說非負整數表為 $\mathbb{Z}_0^+$。

參考方塊 2.8　積分的封閉解析解

　　當代數學界認為許多積分沒有封閉的解析解，其實關鍵在於封閉解的定義。明確來說，數學界所謂的「基本函數」（elementary functions），包括了多項式、三角函數、指數函數、對數函數；而沒有封閉解，就是指沒有以這四大「基本函數」形式呈現的有限級數解[64][65][66]。然而這點在邏輯上是依定義為真的定理，因為三角函數、指數函數和對數函數本身都是無限級數，它們的「基本函數」性質是被定義出來的，而其他的無限級數其實也不乏具有收斂性質，同時外於四大函數及其基本運算（加、減、乘、除、微分、積分）所含攝的有限級數函數形式。不過當

代數學界並不承認四大函數之外的收斂無限級數為基本函數，也因此，雖然許多積分其實都有封閉的解析解，只是其解不被承認為「基本函數」，因此被視為「無解」，而這是反映的依定義為真的數學家共識。關於此議題的進一步文獻，請參考延伸閱讀五，進一步的數學說明，請參考 Huang（2011）[67]。

此外，如參考方塊 2.8 的說明，有些分配的積分式是沒有封閉的解析解，所以若採用直接積分是無解的，必須求助數值積分，最常見的例子就是常態分配的指數項負二次方積分式，一般以大寫的希臘字母 phi 數 Φ 表示如下：

$$\Phi(x) = \frac{1}{\sqrt{2\pi}} \int_{-\infty}^{x} e^{-\frac{t^2}{2}} \, dt$$

其中令 $\mu = 0$, $\sigma = 1$，隨機變量 x 依循標準常態分配。又以伽瑪函數來說 $\Gamma(\cdot)$

$$\Gamma(z) = \int_{0}^{\infty} \frac{t^z - 1}{e^t} \, dt$$

其中 z 為非負整數或 0 的任意實數。如果 z 為正整數，則 $\Gamma(z) = (z-1)!$，為 $(z-1)$ 的階層積（factorial），但若 z 為其他值，可以用遞回公式

$$\Gamma(z+1) = z\Gamma(z)$$

將 z 回推至 (0, 1] 區間的伽瑪函數特殊值 $\Gamma(z)$ 來解。

2.4.1　離散分配

下面所介紹的離散統計分配，按順序分別為伯努力分配、二項分配、負二項分配、均等離散分配、卜瓦松分配、幾何分配。

一、伯努力分配（Bernoulli Distribution）

符號表示：$x \sim Bern(p)$。

隨機變量值域：x 為二分變量 $\{x = 0, 1\}$。

呈象事件：二分呈象事件 $\{E(x = 0), E(x = 1)\}$。

分配參數：沒有參數。

數學函數：機率分配函數 $f(x) = \begin{cases} 1-p & if \quad x=0 \\ p & if \quad x=1 \end{cases}$。

現象描述：擲銅板一次僅有正反面兩個互斥的結果，假定我們關切正面的呈象事件機率，所以令 $E(x = 1)$ 代表正面呈象事件，其機率為 $f(x = 1) = p$，則 $E(x = 0)$ 代表反面呈象事件，其機率為 $f(x = 0) = 1 - p$。

二、二項分配（Binomial Distribution）

符號表示：$x \sim Bin(n, p)$。

隨機變量值域：x 為小於等於 n 的正整數或零 $\{0 \le x \le n, x \in \mathbb{Z}_0^+\}$。

呈象事件：在 n 次伯努力實驗中某二分呈象事件的個數總和為 k $\{E(x = k); 0 \le k \le n\}$。

分配參數：實驗次數 (n)，n 為正整數 $\{n \in N\}$。

數學函數：機率分配函數 $f(x; n) = C_x^n p^x (1-p)^{n-x}$。

現象描述：令擲銅板一次為一個伯努力實驗，呈象僅有正反面兩個互斥的結果，正面呈象機率為 p，反面呈象機率為 $1 - p$，我們關切在 n 次實驗結果中出現正面呈象次數總和 x 的機率為 $f(x; n) = C_x^n p^x (1-p)^{n-x}$。

三、負二項分配（Negative Binomial Distribution）

符號表示：$x \sim NB(r, p)$。

隨機變量值域：x 為大於等於 r 的正整數 $\{r \le x, x \in N\}$。

呈象事件：在 k 次伯努力實驗達成某二分呈象事件的個數總和為 r 的結果 $\{E(x = k); r \le k, k \in N\}$。

分配參數：某二分呈象事件的個數總和為 r 的結果，r 為正整數 $\{r \in N\}$。

數學函數：機率分配函數 $f(x;r) = C_{r-1}^{x-1} p^r (1-p)^{x-r}$。

現象描述：令擲銅板一次為一個伯努力實驗，呈象僅有正反面兩個互斥的結果，正面呈象機率為 p，反面呈象機率為 $1-p$，若出現正面呈象次數總和 r 時，則實驗結束，我們關切進行 x 次實驗才能結束實驗的機率為 $f(x;r) = C_{r-1}^{x-1} p^r (1-p)^{x-r}$。

四、均等離散分配（Discrete Uniform Distribution）

符號表示：$x \sim DU(a, b)$。

隨機變量值域：x 為大於等於 a 小於等於 b 的整數 $\{a \le x \le b, x \in \mathbb{Z}\}$。

呈象事件：在下界 a 和上界 b 之間出現的整數 k $\{E(x=k); a \le k \le b, k \in \mathbb{Z}\}$。

分配參數：下界 a 和上界 b，a 和 b 為整數 $\{a \in \mathbb{Z}, b \in \mathbb{Z}\}$。

數學函數：機率分配函數 $f(x;a,b) = \dfrac{1}{b-a+1}$。

現象描述：從下界 a 和上界 b 之間的區間（a 與 b 皆為整數）抽出一整數皆有相同的機率 $f(x;a,b) = \dfrac{1}{b-a+1}$。

五、卜瓦松分配（Poisson Distribution）

符號表示：$x \sim Pois(\lambda)$。

隨機變量值域：x 為正整數或零 $\{x \in \mathbb{Z}_0^+\}$。

呈象事件：單位時間發生事件的次數 k $\{E(x=k); k \in \mathbb{Z}_0^+\}$。

分配參數：單位時間平均發生事件的數目 (λ)，λ 為正實數 $\{\lambda \in \mathbb{R}^+\}$。

數學函數：機率分配函數 $f(x;\lambda) = \dfrac{e^{-\lambda} \lambda^x}{x!}$。

現象描述：根據過去已知資訊，單位時間發生事件次數的平均值

為 λ，則單位時間發生事件的次數 x 的機率為 $f(x;\lambda) = \dfrac{e^{-\lambda}\lambda^x}{x!}$。卜瓦松分配因為其隨機變量為計數 （count）性質，所以適合應用在頻率的分析上，比方說商店一小時消費的顧客數、公車站半小時等車的乘客數等等。

六、幾何分配（Geometric Distribution）

符號表示：$x \sim G(p)$。

隨機變量值域：x 為正整數 $\{x \in \mathbb{Z}^+\}$。

呈象事件：要達成一次某二分呈象事件所需要的伯努力實驗總數 x $\{E(x=k) ; k \in N\}$。

分配參數：沒有參數。

數學函數：機率分配函數 $f(x;p) = p(1-p)^{x-1}$。

現象描述：令擲銅板一次為一個伯努力實驗，呈象僅有正反面兩個互斥的結果，正面呈象機率為 p，反面呈象機率為 $1-p$，我們關切在達成一次正面呈象所需要 x 次實驗的機率為 $f(x;p) = p(1-p)^{x-1}$。

2.4.2　連續分配

下節所介紹的連續統計分配，按順序分別為均等分配、常態分配、貝他分配、指數分配、伽瑪分配、卡方分配。

一、均等分配（Uniform Distribution）

符號表示：$x \sim U(a, b)$。

隨機變量值域：x 為大於等於 a 小於等於 b 的實數 $\{a \le x \le b, x \in \mathbb{R}\}$。

呈象事件：在下界 a 和上界 b 之間出現的實數 k $\{E(x=k) ; a \le k \le b, k \in \mathbb{R}\}$。

分配參數：下界 a 和上界 b，a 和 b 為實數，$a < b$ $\{a \in \mathbb{R}, b \in \mathbb{R}, a < b\}$。

數學函數：機率密度函數 $f(x\,;a,b)=\dfrac{1}{b-a}$ $(a \le x \le b)$。

累積分配函數 $F(x\,;a,b)=\dfrac{x-a}{b-a}$ $(a \le x \le b)$。

現象描述：從下界 a 和上界 b 之間的區間抽出任一實數皆有相同的機率密度值 $f(x\,;a,b)=\dfrac{1}{b-a}$。[0, 1] 均等分配常使用在隨機亂數的抽取上，多數的數學和統計軟體都有內建產生隨機亂數的函數，使用者可以再依個人需要來應用。比方說，應用 Matlab 數學軟體，欲在 [10, 20] 之間隨機抽出一正整數，可以採用 $x = fix(rand *10+10)$，其中 $fix(\cdot)$ 為取商數，$rand$ 為取 [0, 1] 均等分配的任一隨機變量值。此外，對於沒有任何資訊可以區別呈象事件的相對可能性時，也常使用均等分配反映在主觀上所有呈象事件因缺乏資訊所以都一樣的可能的狀況。

二、常態分配（Normal Distribution）

符號表示：$x \sim N(\mu,\sigma^2)$。

隨機變量值域：x 為任意實數 $\{x \in \mathbb{R}\}$。

呈象事件：出現的任意實數 k $\{E(x=k)\,;k \in \mathbb{R}\}$。

分配參數：位置參數 μ（鐘型曲線中線，即對稱摺線）和尺度參數 σ（鐘型曲線的寬窄，即標準化機率度量單位），μ 為任意實數，σ 為正實數 $\{\mu \in \mathbb{R}, \sigma \in \mathbb{R}^+\}$。

數學函數：機率密度函數 $f(x\,;\mu,\sigma^2)=\dfrac{1}{\sqrt{2\pi}\sigma}e^{\frac{-(x-\mu)^2}{2\sigma^2}}$。

累積分配函數 $F(x\,;\mu,\sigma^2)=\Phi\left(\dfrac{x-\mu}{\sigma}\right)$。

其中 $\Phi(x)=\dfrac{1}{\sqrt{2\pi}}\displaystyle\int_{-\infty}^{x}e^{-\frac{t^2}{2}}dt$ 是標準常態分配的累積分配函數。

現象描述：在實數軸向上取任意實數的機率密度值 $f(x;\mu,\sigma^2)=$
$\dfrac{1}{\sqrt{2\pi}\sigma}e^{\frac{-(x-\mu)^2}{2\sigma^2}}$。常態分配是最常使用的統計分配，由於其
隨機變量值域是沒有界域限制的，所以適合作為通用的分
配假設。在當代統計學的典範中，如果沒有明確分配假設
下，常態分配被當作預設的統計分配，不但用來描述，也
用來推論。比方說，測量的誤差分配、學生考試的成績、
家戶所得收入、國人身高體重等等。

三、貝他分配（Beta Distribution）

符號表示：$x \sim Beta(\alpha, \beta)$。

隨機變量值域：x 為大於等於 0 小於等於 1 的任意實數 $\{0 \le x \le 1,$
$x \in \mathbb{R}\}$。

呈象事件：在 x 值域空間中出現的任意實數 k $\{E(x=k); 0 \le k \le 1,$
$k \in \mathbb{R}\}$。

分配參數：形狀參數 α 和 β，α 和 β 皆為正實數 $\{\alpha \in \mathbb{R}^+, \beta \in \mathbb{R}^+\}$。

數學函數：機率密度函數 $f(x;\alpha,\beta)=\dfrac{x^{\alpha-1}(1-x)^{\beta-1}}{B(\alpha,\beta)}$ $(0 \le x \le 1)$，其
中 $B(\alpha,\beta)$ 為「非完整貝他函數」（Incomplete Beta
Function），可表為

$$B(\alpha, \beta) = \int_0^1 t^{\alpha-1}(1-t)^{\beta-1}dt = \frac{\Gamma(\alpha+\beta)}{\Gamma(\alpha)\Gamma(\beta)}$$

累積分配函數 $F(x;\alpha,\beta)=I_x(\alpha,\beta)$ $(0 \le x \le 1)$，其中 $I_x(\alpha,\beta)$ 為「正則
化非完整貝他函數」（Regularized Incomplete Beta Function），可表為

$$I_x(\alpha, \beta) = \frac{B(x;\alpha,\beta)}{B(\alpha,\beta)}, \quad B(x;\alpha,\beta) = \int_0^x t^{\alpha-1}(1-t)^{\beta-1}dt$$

現象描述：在 [0, 1] 區間上取任意實數的機率密度值 $f(x;\alpha,\beta)=$ $\dfrac{x^{\alpha-1}(1-x)^{\beta-1}}{B(\alpha,\beta)}$。由於貝他分配的隨機變量值域在 0 和 1 之間，適合許多用百分比或分數當作依變項的問題分析，比方說工廠一年有多少比例時間生產線是閒置的、銀行一年放款金額有多少百分比客戶違約繳不出利息等。

四、指數分配（Exponential Distribution）

符號表示：$x \sim Exp(\lambda)$。

隨機變量值域：x 為非負實數 $\{x \in \mathbb{R}_0^+\}$。

呈象事件：在 x 值域空間中出現的任意非負實數 k $\{E(x=k); k \in \mathbb{R}_0^+\}$。

分配參數：速率參數 λ，也可視為尺度參數倒數 $\lambda = \sigma^{-1}$，λ 為正實數 $\{\lambda \in \mathbb{R}^+\}$。

數學函數：機率密度函數 $f(x;\lambda) = \lambda e^{-\lambda x}$ $(x \geq 0)$。

累積分配函數 $F(x;\lambda) = 1 - e^{-\lambda x}$ $(x \geq 0)$。

現象描述：在非負實數軸上取任意實數的機率密度值 $f(x;\lambda) = \lambda e^{-\lambda x}$。指數分配常被用來描述時間間隔的相關機率事件，比方說賣場服務台一次間隔多久有人來詢問問題、班上同學一次間隔多久有人請病假等。

五、伽瑪分配（Gamma Distribution）

符號表示：$x \sim Gamma(k, \theta)$。

隨機變量值域：x 為正實數 $\{x \in \mathbb{R}^+\}$。

呈象事件：在 x 值域空間中出現的任意正實數 k $\{E(x=k); k \in \mathbb{R}^+\}$。

分配參數：形狀參數 k，尺度參數 θ，k 和 θ 為正實數 $\{k \in \mathbb{R}^+, \theta \in \mathbb{R}^+\}$。

數學函數：機率密度函數 $f(x;k,\theta) = \dfrac{x^{k-1}e^{\frac{-x}{\theta}}}{\theta^k \int_0^\infty x^{k-1}e^{-x}dx}$ $(x > 0)$。

累積分配函數 $F(x; k, \theta) = \dfrac{\gamma(k, \frac{x}{\theta})}{\Gamma(k)}$ $(x > 0)$，其中 $\gamma(k, \frac{x}{\theta})$ 為「非完整伽瑪函數」（Incomplete Gamma Function），可表為

$$\gamma(k, \tfrac{x}{\theta}) = \int_0^{\frac{x}{\theta}} t^{k-1} e^{-t} dt$$

現象描述：在正實數軸上取任意實數的機率密度值 $f(x; k, \theta) =$ $\dfrac{x^{k-1} e^{\frac{-x}{\theta}}}{\theta^k \int_0^\infty x^{k-1} e^{-x} dx}$。伽瑪分配常用在一些需要計算等待時間才能達成某種目標的應用事例，比方說水庫區累積雨量的分配、網路伺服器的負載量分配等等。

六、卡方分配（Chi-square Distribution）

符號表示：$x \sim \chi^2(k)$。

隨機變量值域：x 為非負實數 $\{x \in \mathbb{R}_0^+\}$。

呈象事件：在 x 值域空間中出現的任意非負實數 k $\{E(x = k); k \in \mathbb{R}_0^+\}$。

分配參數：自由度參數 k，k 為正整數 $\{k \in N\}$。

數學函數：機率密度函數 $f(x; k) = \dfrac{x^{\frac{k}{2}-1} e^{\frac{-x}{2}}}{2^{\frac{k}{2}} \int_0^\infty x^{\frac{k}{2}-1} e^{-x} dx}$ $(x \geq 0)$。

累積分配函數 $F(x; k) = \dfrac{\gamma(\frac{k}{2}, \frac{x}{2})}{\Gamma(\frac{k}{2})}$ $(x \geq 0)$

現象描述：在非負實數軸上取任意實數的機率密度值 $f(x; k) =$ $\dfrac{x^{\frac{k}{2}-1} e^{\frac{-x}{2}}}{2^{\frac{k}{2}} \int_0^\infty x^{\frac{k}{2}-1} e^{-x} dx}$。卡方分配常使用在統計檢定上，不管是適合度（goodness of fit）、獨立性檢定（independent test）、概似比檢定（likelihood ratio test）等。

　　由於許多連續性分配的累積分配函數都帶有「沒有封閉解的積分式」，因此造成統計初學者對於這些分配實在難以理解，Huang（2011）[68] 提供一個收斂級數可以作為統一描述這些累積分配函數的最小單元表示法，以供讀者擇閱。

2.5　機率分配的 DNA「動差生成函數」

　　機率分配在統計學上有明確的定義形式，實數系機率分配是以「動差生成函數」（moment generating function）來定義，虛數系機率分配是以「特徵函數」（characteristic function）來定義，判定一個隨機變量是何種分配，只要確認動差生成函數為何，就能判定是何種分配。因此作者稱「動差生成函數」為機率分配的 DNA。

參考方塊 2.9　「動差生成函數」

　　「動差生成函數」（Moment-Generating Function，簡稱 MGF）為針對隨機變數進行拉普拉斯轉換後得到的級數函數。

　　符號說明：動差生成函數可定義為 $\varphi_x(t) = E(e^{tx})$，其中 $\varphi(\cdot)$ 代表動差生成函數之意，下標 x 代表隨機變數，引數 t 為轉換變數。

　　數學推演：

$$\varphi_x(t) = E(e^{tx})$$

$$= E\left[\frac{(tx)^0}{0!} + \frac{(tx)^1}{1!} + \frac{(tx)^2}{2!} + \frac{(tx)^3}{3!} + \cdots\right]$$

$$= E(1) + E\left[\frac{(tx)^1}{1!}\right] + E\left[\frac{(tx)^2}{2!}\right] + E\left[\frac{(tx)^3}{3!}\right] + \cdots$$

$$= 1 + \frac{t^1}{1!}E(x^1) + \frac{t^2}{2!}E(x^2) + \frac{t^3}{3!}E(x^3) + \cdots$$

此處期望值僅對隨機變數有作用，因此轉換變數 t 和常數都可以直接提

出來。上面的動差分配函數，實際上就一個級數函數，如果視為轉換變數 t 的函數時，由於函數形式為 t 的冪次項級數，第 n 項次在經過對 t 取 n 次微分之後會成為僅剩 $E(x^n)$，而前 $(n-1)$ 項次皆為零，$(n+1)$ 之後項次仍帶有 t 的冪次項，所以微分完令 $t=0$ 就可以讓 $(n+1)$ 之後項次也都變為零，如此一來就可以算出隨機變數 x 的 n 次動差 $E(x^n)$，依此我們也可以算出期望值 $E(x)$ 和變異數 $V(x)$。

$$\frac{\partial \varphi_x(t)}{\partial t}\Big|_{t=0} = E(x) + \frac{t^1}{1!}E(x^2) + \frac{t^2}{2!}E(x^3) + \cdots\Big|_{t=0} = E(x)$$

$$\frac{\partial^2 \varphi_x(t)}{\partial t^2}\Big|_{t=0} = E(x^2) + \frac{t^1}{1!}E(x^3) + \frac{t^2}{2!}E(x^4) + \cdots\Big|_{t=0} = E(x^2)$$

$$\vdots$$

$$\frac{\partial^n \varphi_x(t)}{\partial t^n}\Big|_{=0} = E(x^n) + \frac{t^1}{1!}E(x^{n+1}) + \frac{t^2}{2!}E(x^{n+2}) + \cdots\Big|_{t=0} = E(x^n)$$

換句話說，拉普拉斯轉換就是引入一個新的變數 t，透過取原隨機變數函數 $f(x)=e^{tx}$ 的期望值，將之轉換成變數 t 的函數 $\varphi_x(t)$，然後透過轉換後級數中 t 變數的冪次項級數良好形式，對 t 取 n 次微分並令其為零，即可求得隨機變數 x 的任意動差值。

參考方塊 2.10　特徵函數與傅立葉轉換

對應於動差生成函數和拉普拉斯轉換在實數系統計分配上的應用，特徵函數與其所採用的傅立葉積分轉換的技巧則是更廣義的應用，不但適用於實數系分配，更可以拓展到虛數系分配。動差生成函數和特徵函數的原理是一樣的，都是透過積分轉換，將機率密度函數轉變成一個新的級數函數，然後便於計算統計分配的基本性質，如平均數、變異數、n 次動差等。

符號說明：特徵函數可定義為 $\varphi_x(t) = E(e^{itx})$，即對於隨機變量 x 進行

傳立葉轉換而形成特徵函數，其中 $\varphi(\cdot)$ 代表特徵函數之意，下標 x 代表隨機變數，引數 t 為轉換變數。

數學推演：

$$\varphi_x(t) = E(e^{itx})$$

$$= E\left[\frac{(itx)^0}{0!} + \frac{(itx)^1}{1!} + \frac{(itx)^2}{2!} + \frac{(itx)^3}{3!} + \cdots\right]$$

$$= 1 + \frac{i^1 t^1}{1!} E(x^1) + \frac{i^2 t^2}{2!} E(x^2) + \frac{i^3 t^3}{3!} E(x^3) + \cdots$$

如同參考方塊 2.9 的相同推演過程所示

$$\frac{\partial \varphi_x(t)}{\partial t}\Big|_{t=0} = iE(x) + \frac{i^2 t^1}{1!} E(x^2) + \frac{i^3 t^2}{2!} E(x^3) + \frac{i^4 t^3}{3!} E(x^4) + \cdots \Big|_{t=0} = iE(x)$$

$$\frac{\partial^2 \varphi_x(t)}{\partial t^2}\Big|_{t=0} = i^2 E(x^2) + \frac{i^3 t^1}{1!} E(x^3) + \frac{i^4 t^2}{2!} E(x^4) + \frac{i^5 t^3}{3!} E(x^5) \cdots \Big|_{t=0} = i^2 E(x^2)$$

$$\vdots$$

$$\frac{\partial^n \varphi_x(t)}{\partial t^n}\Big|_{t=0} = i^n E(x^n) + \frac{i^{n+1} t^1}{1!} E(x^{n+1}) + \frac{i^{n+2} t^2}{2!} E(x^{n+2}) + \frac{i^{n+3} t^3}{3!} E(x^{n+3}) \cdots \Big|_{t=0}$$

$$= i^n E(x^n)$$

與動差生成函數稍有不同的，特徵函數和 n 次動差之間的關係為

$$E(x^n) = i^{-n}\left(\frac{\partial^n \varphi_x(t)}{\partial t^n}\Big|_{t=0}\right)$$

由於本書所介紹的統計分配皆為實數系分配，所以有關特徵函數和傅立葉積分轉換不在討論的範圍內，僅以此參考方塊說明。

數學上，動差生成函數是對某個隨機變量進行拉普拉斯積分轉換，當我們指涉隨機變量 x 時，就已經主張此隨機變量具有特定分配，因此我們

知道此分配的機率密度函數 $f(x)$，以及此隨機變量的值域，是故拉普拉斯轉換，可以看做是對隨機變量 x 進行一個非線性的積分轉換，以常態分配為例，其定義是：

$$\varphi(t) = E(e^{tx})$$
$$= \int_{-\infty}^{\infty} \exp(tx) f(x) dx$$
$$= \int_{-\infty}^{\infty} \exp(tx) \frac{1}{\sqrt{2\pi}\sigma} \exp\left[\frac{-(x-\mu)^2}{2\sigma^2}\right] dx$$

此處 $\varphi(t)$ 就是常態分配的動差生成函數，φ 念成 phi，代表動差生成函數的符號，t 是一個轉換變量，是我們透過積分轉換創造的，創造 t 的原因是因為藉由對其微分且令其為零，我們可以輕易地求出動差，即

$$\frac{\partial^n \varphi(t)}{\partial t^n}\big|_{t=0} = m_n$$

上式是說，對動差生成函數進行 n 次微分後，再令 $t = 0$，則結果為 n 次動差的結果。這個結果很重要，因為動差是定義基本統計性質的統計量。

下面以常態分配為例，呈現動差生成函數的推導，同時依此算出常態分配的 n 次動差值。

已知常態分配的機率密度函數 $f(x)$ 和累積分配函數 $F(x)$ 如下：

$$f(x) = \frac{1}{\sqrt{2\pi}\sigma} \exp\left[\frac{-(x-\mu)^2}{2\sigma^2}\right]$$
$$F(x) = \int_a^b \frac{1}{\sqrt{2\pi}\sigma} \exp\left[\frac{-(x-\mu)^2}{2\sigma^2}\right] dx$$

從 2.2 節的討論中知道，連續分配的機率計算一定是個區間的積分式，這裡的區間上下界就是 (a, b)。

這邊先解釋一下什麼是動差。動差，顧名思義，就是一個隨機變量的

期望值,「n 次動差」就是隨機變量 n 次方期望值的意思,用數學符號表式:

$$m_1 = E(x)$$
$$m_2 = E(x^2)$$
$$\vdots$$
$$m_n = E(x^n)$$

上面的定義是一般所謂的「原始動差」(raw moment),如果是以位置參數為基準值的話,隨機變量與位置參數離差的 n 次方期望值就叫「中心動差」(central moment),即

$$m_1 = E(x - \mu)$$
$$m_2 = E\left[(x - \mu)^2\right]$$
$$\vdots$$
$$m_n = E\left[(x - \mu)^n\right]$$

當不指名是哪種動差時,動差指涉原始動差。附帶一點,凡是我們指涉期望值符號 $E(\cdot)$,我們已經預設此期望值括弧中所含的隨機變量分配已知,假設在 $E(\cdot)$ 中我們的隨機變數是 x,而我們知道 x 是屬於常態分配,那可以看作在期望值符號下面加註腳 $E_{x \sim N(\mu, \sigma^2)}(\cdot)$,就是指 x 遵循平均數為 μ,變異數為 σ^2 的常態分配。

期望值的定義

$$E(x) = \int_{-\infty}^{\infty} x f(x)\, dx$$

如果將 $E(\cdot)$ 放入一個帶有隨機變數 x 的函數,比方說 $\exp(tx)$,此處將 t 看作一個不跟 x 有關係的已知數

$$E(e^{tx}) = \int_{-\infty}^{\infty} e^{tx} f(x)\, dx$$

所以

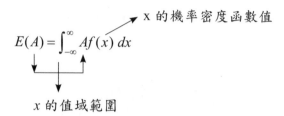

下面要說明三點有關常態分配的動差生成函數：

一、常態分配的動差生成函數為 $\varphi(t) = \exp\left(\mu t + \dfrac{\sigma^2 t^2}{2}\right)$。

二、對動差生成函數進行 n 次微分後，再令 $t = 0$，則結果為 n 次動差的結果，即 $\dfrac{\partial^n \varphi(t)}{\partial t^n}\big|_{t=0} = m_n$。

三、不用動差生成函數也可以算出 n 次動差，但需要計算複雜的積分問題。

　　根據常態分配的動差生成函數定義

$$\varphi(t) = \int_{-\infty}^{\infty} \exp(tx) \frac{1}{\sqrt{2\pi}\sigma} \exp\left[\frac{-(x-\mu)^2}{2\sigma^2}\right] dx$$

$$= \int_{-\infty}^{\infty} \frac{1}{\sqrt{2\pi}\sigma} \exp\left[\frac{-x^2 + 2\mu x - \mu^2 + 2\sigma^2 tx}{2\sigma^2}\right] dx$$

我們要整理一下指數項中的分子函數

$$-x^2 + 2\mu x - \mu^2 + 2\sigma^2 tx$$

$$= -\left[x^2 - 2\mu x - 2\sigma^2 tx\right] - \mu^2$$

$$= -\left[x^2 - 2x(\mu + \sigma^2 t) + (\mu + \sigma^2 t)^2 - (\mu + \sigma^2 t)^2\right] - \mu^2$$

$$= -\left[x^2 - 2x(\mu + \sigma^2 t) + (\mu + \sigma^2 t)^2\right] + (\mu + \sigma^2 t)^2 - \mu^2$$

$$= -\left[x - (\mu + \sigma^2 t)\right]^2 + 2\mu\sigma^2 t + \sigma^4 t^2$$

帶回去指數項中成為

$$\int_{-\infty}^{\infty} \frac{1}{\sqrt{2\pi}\sigma} \exp\left[\frac{-x^2 + 2\mu x - \mu^2 + 2\sigma^2 tx}{2\sigma^2}\right] dx$$

$$= \int_{-\infty}^{\infty} \frac{1}{\sqrt{2\pi}\sigma} \exp\left\{\frac{-\left[x - (\mu + \sigma^2 t)\right]^2}{2\sigma^2}\right\} \exp\left\{\frac{2\mu\sigma^2 t + \sigma^4 t^2}{2\sigma^2}\right\} dx$$

其中 $\exp\left\{\dfrac{2\mu\sigma^2 t + \sigma^4 t^2}{2\sigma^2}\right\} = \exp\left\{\mu t + \dfrac{\sigma^2 t^2}{2}\right\}$，因為不是 x 的函數，可以提出來，所以上式積分結果為

$$\exp\left\{\mu t + \frac{\sigma^2 t^2}{2}\right\} \int_{-\infty}^{\infty} \frac{1}{\sqrt{2\pi}\sigma} \exp\left\{\frac{-\left[x - (\mu + \sigma^2 t)\right]^2}{2\sigma^2}\right\} dx$$

　　這個積分式代表的意義，是一個以 $(\mu + \sigma^2 t)$ 為中心，以 σ 為標準差的常態分配，按機率的定義，隨機變量在所有值域空間中的積分總和要為 1，因此

$$\int_{-\infty}^{\infty} \frac{1}{\sqrt{2\pi}\sigma} \exp\left\{\frac{-\left[x - (\mu + \sigma^2 t)\right]^2}{2\sigma^2}\right\} dx = 1$$

所以

$$\varphi(t) = \int_{-\infty}^{\infty} \frac{1}{\sqrt{2\pi}\sigma} \exp\left[\frac{-x^2 + 2\mu x - \mu^2 + 2\sigma^2 tx}{2\sigma^2}\right] dx$$

$$= \exp\left\{\mu t + \frac{\sigma^2 t^2}{2}\right\} \int_{-\infty}^{\infty} \frac{1}{\sqrt{2\pi}\sigma} \exp\left\{\frac{-\left[x - (\mu + \sigma^2 t)\right]^2}{2\sigma^2}\right\} dx$$

$$= \exp\left\{\mu t + \frac{\sigma^2 t^2}{2}\right\}$$

　　若以動差生成函數來計算 n 次動差值，我們需要對 t 其取 n 次微分，然後令 $t = 0$，以一次動差為例

$$m_1 = \frac{\partial \varphi(t)}{\partial t}\Big|_{t=0}$$

$$= \frac{\partial}{\partial t} \exp\left(\mu t + \frac{\sigma^2 t^2}{2} \right)\Big|_{t=0}$$

$$= \exp\left(\mu t + \frac{\sigma^2 t^2}{2} \right) \frac{\partial}{\partial t}\left(\mu t + \frac{\sigma^2 t^2}{2} \right)\Big|_{t=0}$$

$$= \exp\left(\mu t + \frac{\sigma^2 t^2}{2} \right)(\mu + \sigma^2 t)\Big|_{t=0}$$

$$= \exp(0)(\mu)$$

$$= \mu$$

接下來是二次動差

$$m_2 = \frac{\partial^2 \varphi(t)}{\partial t^2}\Big|_{t=0}$$

$$= \frac{\partial}{\partial t}\left(\frac{\partial \varphi(t)}{\partial t} \right)\Big|_{t=0}$$

$$= \frac{\partial}{\partial t}\left(\exp\left(\mu t + \frac{\sigma^2 t^2}{2} \right)(\mu + \sigma^2 t) \right)\Big|_{t=0}$$

$$= \left[\frac{\partial}{\partial t}\exp\left(\mu t + \frac{\sigma^2 t^2}{2} \right) \right](\mu + \sigma^2 t)\Big|_{t=0} + \exp\left(\mu t + \frac{\sigma^2 t^2}{2} \right)\left[\frac{\partial}{\partial t}(\mu + \sigma^2 t) \right]\Big|_{t=0}$$

$$= \exp\left(\mu t + \frac{\sigma^2 t^2}{2} \right)(\mu + \sigma^2 t)^2\Big|_{t=0} + \exp\left(\mu t + \frac{\sigma^2 t^2}{2} \right)\sigma^2\Big|_{t=0}$$

$$= \exp(0)\mu^2 + \exp(0)\sigma^2$$

$$= \mu^2 + \sigma^2$$

按此算法，計算 n 次動差就變得非常簡單了。

　　如果不用動差生成函數，雖然仍可直接積分出結果，但隨著動差的階數增高，其積分計算越困難，這就顯出使用動差生成函數來求高階動差的優越性，這也是為什麼我們需要採取拉普拉斯轉換的技巧憑空製造出一個轉換變數 t 的原因。

　　下面所呈現的，是直接採用積分計算來算出常態分配一次、二次動差的過程，讀者可以將之與採用動差生成函數的方法進行比較。一次動差的數學定義如下

$$m_1 = E(x)$$
$$= \int_{-\infty}^{\infty} xf(x)\, dx$$
$$= \int_{-\infty}^{\infty} x\frac{1}{\sqrt{2\pi}\sigma}\exp\left[\frac{-(x-\mu)^2}{2\sigma^2}\right] dx$$

我們要想方設法將前面 $x\dfrac{1}{\sqrt{2\pi}\sigma}$ 湊成是對 $\exp\left[\dfrac{-(x-\mu)^2}{2\sigma^2}\right]$ 微分的結果，這樣才能反過來說 $\exp\left[\dfrac{-(x-\mu)^2}{2\sigma^2}\right]$ 是其積分的答案，所以我們先求

$$\frac{\partial}{\partial x}\exp\left[\frac{-(x-\mu)^2}{2\sigma^2}\right] = \exp\left[\frac{-(x-\mu)^2}{2\sigma^2}\right]\frac{\partial}{\partial x}\left[\frac{-(x-\mu)^2}{2\sigma^2}\right]$$
$$= \exp\left[\frac{-(x-\mu)^2}{2\sigma^2}\right]\frac{-(x-\mu)}{\sigma^2}$$

換句話說

$$\int \exp\left[\frac{-(x-\mu)^2}{2\sigma^2}\right]\frac{-(x-\mu)}{\sigma^2}\, dx = \exp\left[\frac{-(x-\mu)^2}{2\sigma^2}\right]$$

這也就是說，我們要將前面 $x\dfrac{1}{\sqrt{2\pi}\sigma}$，湊成 $\exp\left[\dfrac{-(x-\mu)^2}{2\sigma^2}\right]\dfrac{-(x-\mu)}{\sigma^2}$。所以

回到前面

$$m_1 = \int_{-\infty}^{\infty} x \frac{1}{\sqrt{2\pi}\sigma} \exp\left[\frac{-(x-\mu)^2}{2\sigma^2}\right] dx$$

$$= \frac{-\sigma}{\sqrt{2\pi}} \int_{-\infty}^{\infty} \frac{-x}{\sigma^2} \exp\left[\frac{-(x-\mu)^2}{2\sigma^2}\right] dx$$

$$= \frac{-\sigma}{\sqrt{2\pi}} \left\{ \int_{-\infty}^{\infty} \frac{-x+\mu}{\sigma^2} \exp\left[\frac{-(x-\mu)^2}{2\sigma^2}\right] dx - \int_{-\infty}^{\infty} \frac{\mu}{\sigma^2} \exp\left[\frac{-(x-\mu)^2}{2\sigma^2}\right] dx \right\}$$

$$= \frac{-\sigma}{\sqrt{2\pi}} \exp\left[\frac{-(x-\mu)^2}{2\sigma^2}\right]\Big|_{-\infty}^{\infty} + \int_{-\infty}^{\infty} \frac{\sigma}{\sqrt{2\pi}} \frac{\mu}{\sigma^2} \exp\left[\frac{-(x-\mu)^2}{2\sigma^2}\right] dx$$

$$= \frac{-\sigma}{\sqrt{2\pi}} \{\exp(-\infty) - \exp(-\infty)\} + \mu \left\{ \int_{-\infty}^{\infty} \frac{1}{\sqrt{2\pi}\sigma} \exp\left[\frac{-(x-\mu)^2}{2\sigma^2}\right] dx \right\}$$

$$= \frac{-\sigma}{\sqrt{2\pi}} \{0-0\} + \mu(1)$$

$$= \mu$$

因此不用動差生成函數的技巧也積得出結果。至於二次動差

$$m_2 = E(x^2)$$

$$= \int_{-\infty}^{\infty} x^2 f(x) \, dx$$

$$= \int_{-\infty}^{\infty} x^2 \frac{1}{\sqrt{2\pi}\sigma} \exp\left[\frac{-(x-\mu)^2}{2\sigma^2}\right] dx$$

$$= \frac{1}{\sqrt{2\pi}\sigma} \left\{ \int_{-\infty}^{\infty} (x-\mu)^2 \exp\left[\frac{-(x-\mu)^2}{2\sigma^2}\right] dx + \int_{-\infty}^{\infty} 2\mu x \exp\left[\frac{-(x-\mu)^2}{2\sigma^2}\right] dx \right.$$

$$\left. - \int_{-\infty}^{\infty} \mu^2 \exp\left[\frac{-(x-\mu)^2}{2\sigma^2}\right] dx \right\}$$

$$= \frac{-\sigma}{\sqrt{2\pi}} \int_{-\infty}^{\infty} \frac{-(x-\mu)^2}{\sigma^2} \exp\left[\frac{-(x-\mu)^2}{2\sigma^2}\right] dx + 2\mu \int_{-\infty}^{\infty} x \frac{1}{\sqrt{2\pi}\sigma} \exp\left[\frac{-(x-\mu)^2}{2\sigma^2}\right] dx$$

$$-\mu^2 \int_{-\infty}^{\infty} \frac{1}{\sqrt{2\pi}\sigma} \exp\left[\frac{-(x-\mu)^2}{2\sigma^2}\right] dx$$

$$= \frac{-\sigma}{\sqrt{2\pi}} \left\{ (x-\mu)\exp\left[\frac{-(x-\mu)^2}{2\sigma^2}\right]\Big|_{-\infty}^{\infty} - \int_{-\infty}^{\infty} \exp\left[\frac{-(x-\mu)^2}{2\sigma^2}\right] dx \right\} + 2\mu^2 - \mu^2$$

$$= \sigma^2 \int_{-\infty}^{\infty} \frac{1}{\sqrt{2\pi}\sigma} \exp\left[\frac{-(x-\mu)^2}{2\sigma^2}\right] dx + \mu^2$$

$$= \mu^2 + \sigma^2$$

可以看得出來，不採用動差生成函數在計算高階動差時，會碰到非常複雜的積分問題，這也是為什麼統計學者偏好採用動差生成函數的方法。

常態分配的平均數和變異數，分別就是一次原始動差和二次中心動差：

$$E(x) = \mu$$

$$V(x) = E\left[(x-\mu)^2\right]$$

$$= \int_{-\infty}^{\infty} (x-\mu)^2 f(x)dx$$

$$= \int_{-\infty}^{\infty} (x^2 - 2\mu x + \mu^2) f(x)dx$$

$$= \int_{-\infty}^{\infty} x^2 f(x)dx - \int_{-\infty}^{\infty} 2\mu x f(x)dx + \int_{\infty}^{\infty} \mu^2 f(x)dx$$

$$= E(x^2) - 2\mu \int_{-\infty}^{\infty} x f(x)dx + \mu^2 \int_{-\infty}^{\infty} f(x)dx$$

$$= E(x^2) - 2\mu E(x) + \mu^2(1) \quad (\text{已知 } E(x) = \mu)$$

$$= E(x^2) - 2\mu^2 + \mu^2$$

$$= E(x^2) - \mu^2 \quad (\text{已知 } E(x^2) = \mu^2 + \sigma^2)$$

$$= \sigma^2$$

下面再以指數分配為例，來呈現動差生成函數在計算動差上的便利性。指數分配的機率密度函數為

$$f(x) = \lambda e^{-\lambda x} \quad x \geq 0, \ \lambda > 0$$

λ 是單位時間事件發生的平均數。我們先推導動差產生函數

$$\varphi_x(t) = E(e^{tx})$$

$$= \int_0^\infty \lambda e^{-\lambda x} e^{tx} dx$$

$$= \lambda \int_0^\infty e^{(t-\lambda)x} dx$$

$$= \frac{\lambda}{t-\lambda} e^{(t-\lambda)x} \big|_0^\infty$$

$$= \frac{\lambda}{t-\lambda} \left\{ e^{-\infty} - e^0 \right\} \quad (if \quad t < \lambda)$$

$$= \frac{-\lambda}{t-\lambda}$$

$$= \left(1 - \frac{t}{\lambda}\right)^{-1}$$

基於此結果，我們對 $\varphi_x(t)$ 取一次和二次微分，分別令 $t = 0$，就可以算出一次動差 $E(x)$ 和二次動差 $E(x^2)$，即 m_1 和 m_2。

$$m_1 = \frac{\partial}{\partial t}\left[\left(1 - \frac{t}{\lambda}\right)^{-1}\right]\bigg|_{t=0}$$

$$= -\left(1 - \frac{t}{\lambda}\right)^{-2} \frac{\partial}{\partial t}\left(1 - \frac{t}{\lambda}\right)\bigg|_{t=0}$$

$$= -\left(1 - \frac{t}{\lambda}\right)^{-2} \cdot -\frac{1}{\lambda}\bigg|_{t=0}$$

$$= \frac{1}{\lambda}\left(1 - \frac{t}{\lambda}\right)^{-2}\bigg|_{t=0}$$

$$= \frac{1}{\lambda}$$

$$m_2 = \frac{\partial}{\partial t}\left[\frac{1}{\lambda}\left(1-\frac{t}{\lambda}\right)^{-2}\right]\Big|_{t=0}$$

$$= \frac{-2}{\lambda}\left(1-\frac{t}{\lambda}\right)^{-3}\frac{\partial}{\partial t}\left(1-\frac{t}{\lambda}\right)\Big|_{t=0}$$

$$= \frac{-2}{\lambda}\left(1-\frac{t}{\lambda}\right)^{-3}\cdot-\frac{1}{\lambda}\Big|_{t=0}$$

$$= \frac{2}{\lambda^2}\left(1-\frac{t}{\lambda}\right)^{-3}\Big|_{t=0}$$

$$= \frac{2}{\lambda^2}$$

已知變異數

$$V(x) = E\left[(x-\overline{x})^2\right]$$

$$= E\left[x^2 - 2x\overline{x} + \overline{x}^2\right]$$

$$= E(x^2) - 2\overline{x}E(x) + \overline{x}^2$$

$$= E(x^2) - 2\overline{x}^2 + \overline{x}^2$$

$$= E(x^2) - \overline{x}^2$$

$$= m_2 - m_1^2$$

因此

$$E(x) = m_1 = \frac{1}{\lambda}$$

$$V(x) = m_2 - m_1^2$$

$$= \frac{2}{\lambda^2} - \frac{1}{\lambda^2}$$

$$= \frac{1}{\lambda^2}$$

若我們直接採取積分的方式求指數分配的一次、二次動差，過程如下

$$E(x) = \int_0^\infty x \cdot \lambda e^{-\lambda x} dx$$

令 $u = x, dv = e^{-\lambda x} dx$，則使用部分積分運算，可得一次動差

$$
\begin{aligned}
m_1 &= \int_0^\infty x \cdot \lambda e^{-\lambda x} dx \\
&= \lambda \int_0^\infty u dv \\
&= \lambda \left(uv - \int_0^\infty v du \right) \\
&= \lambda \left(\frac{-x}{\lambda} e^{-\lambda x} \Big|_0^\infty + \frac{1}{\lambda} \int_0^\infty e^{-\lambda x} dx \right) \\
&= -x e^{-\lambda x} \Big|_0^\infty - \frac{1}{\lambda} e^{-\lambda x} \Big|_0^\infty \\
&= \frac{1}{\lambda}
\end{aligned}
$$

二次動差的積分運算如下

$$E(x^2) = \int_0^\infty x^2 \cdot \lambda e^{-\lambda x} dx$$

令 $x^2 = u, dv = e^{-\lambda x} dx$ ，則使用部分積分運算，可得一次動差

$$
\begin{aligned}
m_2 &= \int_0^\infty x^2 \cdot \lambda e^{-\lambda x} dx \\
&= \lambda \int_0^\infty u dv \\
&= \lambda \left(uv - \int_0^\infty v du \right) \\
&= \lambda \left(\frac{-x^2}{\lambda} e^{-\lambda x} \Big|_0^\infty - \int_0^\infty \frac{-1}{\lambda} 2x e^{-\lambda x} dx \right) \\
&= -x^2 e^{-\lambda x} \Big|_0^\infty + \frac{2}{\lambda} \int_0^\infty \lambda x e^{-\lambda x} dx
\end{aligned}
$$

$$= \frac{2}{\lambda} E(x)$$

$$= \frac{2}{\lambda^2}$$

這個結果跟採用動差生成函數算出來的是一樣的，唯採動差生成函數計算不需要使用到部分積分技巧，而直接計算則需要，不過因為指數函數的積分較為簡單，因此兩種算法的難易度都差不多。

除了計算的便利性外，在判斷隨機變量的代數運算所形成新變量的分配時，動差生成函數形式可以作為認定的方法。下面我們舉最常見的例子，即 n 個常態分配隨機變量相加後所形成的新隨機變量仍為常態分配，來說明動差生成函數在認定分配形式上的作用。

令 n 個彼此獨立的常態分配隨機變量 $x_1, x_2, \cdots, x_n$

$$x_1 \sim N(\mu_1, \sigma_1^2), x_2 \sim N(\mu_2, \sigma_2^2), ..., x_n \sim N(\mu_n, \sigma_n^2)$$

其加總的結果 y

$$y = x_1 + x_2 + \cdots + x_n$$

會滿足個別隨機變量的動差生成函數乘積等於其加總變量 y 的動差生成函數

$$\varphi_{x_1}(t)\varphi_{x_2}(t)\cdots\varphi_{x_n}(t) = \varphi_y(t)$$

換句話說，我們僅需要將個別的動差生成函數乘積算出，然後去判斷與何種對應分配的動差生成函數有一樣的形式，就可以找出 n 個隨機變量加總後新變量的分配為何。

從先前的推導中可知，

$$\varphi_{x_i}(t) = \exp\left(\mu_i t + \frac{\sigma_i^2 t^2}{2} \right), \quad \varphi_y(t) = \exp\left(\mu_y t + \frac{\sigma_y^2 t^2}{2} \right)$$

則

$$\varphi_{x_1}(t)\varphi_{x_2}(t)\cdots\varphi_{x_n}(t)$$

$$=\prod_{i=1}^{n}\int_{-\infty}^{\infty}\frac{1}{\sqrt{2\pi}\sigma_i}\exp\left[\frac{-x_i^2+2\mu_i x_i-\mu_i^2+2\sigma_i^2 t x_i}{2\sigma_i^2}\right]dx_i$$

$$=\exp\left(\mu_1 t+\frac{\sigma_1^2 t^2}{2}\right)\cdot\exp\left(\mu_2 t+\frac{\sigma_2^2 t^2}{2}\right)\cdots\exp\left(\mu_n t+\frac{\sigma_n^2 t^2}{2}\right)$$

$$=\exp\left[\left(\mu_1+\mu_2+\cdots+\mu_n\right)t+\frac{t^2}{2}(\sigma_1^2+\sigma_2^2+\cdots+\sigma_n^2)\right]$$

$$=\exp\left[\mu_y t+\frac{\sigma_y^2 t^2}{2}\right]$$

其中

$$\mu_y=\mu_1+\mu_2+\cdots+\mu_n$$

$$\sigma_y=(\sigma_1^2+\sigma_2^2+\cdots+\sigma_n^2)^{\frac{1}{2}}$$

因此

$$y\sim N\left[\sum_{i=1}^{n}\mu_i,\left(\sum_{i=1}^{n}\sigma_i^2\right)^{\frac{1}{2}}\right]$$

　　這說明了如何運用動差生成函數來判斷隨機變量運算結果後新變量的分配形式，表 2.2 中所顯示的 2.4 節中各個分配的動差生成函數。

表 2.2　常用分配的動差生成函數

分配名稱	分配參數	動差生成函數（轉換變數 t）
離散分配		
伯努力分配	p（某二分呈象機率）	$1-p+pe^t$
二項分配	p（每次實驗某二分呈象機率） n（實驗的總數）	$(1-p+pe^t)^n$
負二項分配	p（每次實驗某二分呈象機率） r（某呈象在所有實驗中的總數）	$\dfrac{(1-p)^r}{(1-pe^t)^r}$
均等離散分配	a（隨機變量值域下界） b（隨機變量值域上界）	$\dfrac{e^{at}-e^{(b+1)t}}{(b-a+1)(1-e^t)}$
卜瓦松分配	λ（單位時間發生的平均事件數）	$e^{\lambda(e^t-1)}$
幾何分配	p（每次實驗某二分呈象機率）	$\dfrac{pe^t}{1-(1-p)e^t},\quad t<-\ln(1-p)$
連續分配		
均等分配	a（隨機變量值域下界） b（隨機變量值域上界）	$\dfrac{e^{tb}-e^{ta}}{t(b-a)}$
高斯分配	μ（位置參數） σ^2（尺度參數）	$e^{t\mu+\frac{1}{2}\sigma^2 t^2}$
貝他分配	α（形狀參數） β（形狀參數）	$1+\displaystyle\sum_{k=1}^{\infty}\left(\prod_{r=0}^{k-1}\frac{\alpha+\gamma}{\alpha+\beta+\gamma}\right)\frac{t^k}{k!}$
指數分配	λ（速率參數）	$(1-t\lambda^{-1})^{-1},\quad t<\lambda$
伽瑪分配	k（形狀參數） θ（尺度參數）	$(1-t\theta)^{-k}$
卡方分配	k（自由度）	$(1-2t)^{\frac{-k}{2}}$

　　讀者或許會注意到，本書 2.4 節中對於統計分配的介紹並沒有將平均數和變異數列出來，這點是作者刻意的安排，希望讀者可以理解 2.5 節的動差生成函數，這樣就可以用簡單的微分運算去算出各分配的平均數和變

異數。總之，對於各分配的性質，作者主張不需要刻意背誦，而是要了解各統計分配的基本構成要件，同時掌握微積分運算，以及動差生成函數的分析技巧，就具備自行將分配性質導出的能力，同時可以應用在其他本書沒有介紹的統計分配上。

延伸閱讀

一、頻率學說和貝氏機率論

關於頻率學說和貝氏機率論的區別，可以參考 David Howie（2002）所著的《詮釋機率：二十世紀初期的爭論和發展》（Interpreting Probability: Controversies and Developments in the Early Twentieth Century）[69]。此外，近來有許多著作都主張貝氏機率論的優越性，關於這點，請參考 Eric-Jan Wagenmakers et al（2008）所著《貝氏機率推論 VS 頻率學派推論》（Bayesian Versus Frequentist Inference）[70]。

二、主觀機率論

主觀機率論在統計史上的源起、定義、相關概念，以及發展演變，統計史家霍爾（2007）在其所著《有母數統計推論的歷史：從伯努力到費雪，1713-1935》（A History of Parametric Statistical Inference from Bernoulli to Fisher, 1713-1935）[71]。而 James Berger（2006）[72] 和 Stephen E. Fienberg（2006）[73] 在《貝氏分析》（Bayesian Analysis）期刊中，針對「客觀貝氏機率論」和「主觀貝氏機率論」的兩篇辯論文章也值得一讀。

三、科學實存論在本體論上的不同主張

關於科學實存論在本體論上的主張，請參考黃旻華（1998）所著的碩士論文「國際關係批判理論的重建與評論：科學實存論的觀點」[74]；至於「理論的實存論」和「理論物實存論」的不同主張，請參考邱頌恩（2009）所著碩士論文「擺脫科學與哲學的擄掠：由輝格觀點看研究方法論」[75]；而科學哲學思潮如何影響著科學研究的本體論思考，請參考黃旻華、黃盈

達、邱頌恩即將出版的《社會科學方法論：科學史家的觀點》一書 [76]。

四、微積分歷史的中文科普讀本

　　微積分歷史的科普讀本，下面三本是很好的參考讀物：蔡聰明（2013）所著的《微積分的歷史步道》[77]，毛爾著、鄭惟厚譯（2000）的《毛起來說 e》[78]，愛德華著、水木耳譯（1987）的《微積分的發展歷史》[79]。

五、許多積分沒有封閉解析解的解釋

　　關於許多積分沒有封閉解的簡易解釋，請參考 Brian Conrad（2005）的一篇短文 " Impossibility theorems for elementary integration " [80]；至於相對的不同論點，請參考 Min-Hua Huang（2011）的手稿 " Indefinite Integration of the Gamma Integral and Related Statistical Applications " [81]。

Chapter 3

統計推估

在一般人的印象中，統計是有關取平均數、標準差等統計量來描述自然或社會現象的操作；稍微懂些統計的人，則可能將統計視為推導參數、驗證假設的工具；而專業的統計學人士，多數則將統計學抽離出應用和經驗的範疇而追求其數理基礎的證明。這三種認知統計的觀點其實都沒有錯，三者都呈現了統計學的重要特徵，三者事實上也都可以含攝在同一套論理的思路下，只不過其相互之間的關係，從統計史的觀點來看，遠比多數人所想得複雜，這點連許多以統計為業的專業人士可能都沒有真正意識到。

在大學以前的統計教育，是屬於基礎數學中的一部分，許多統計量的取用和計算，老師通常不去解釋背後的意涵，而視其可被直觀理解的簡單概念，比方說算術平均數、中位數、均方差等。在應用上，數學老師會直接列出平均數和均方差的數學公式，然後給定一串數字，叫大家求出結果，然後說平均數和均方差可以來描述這組數字代表的資訊，因此是用兩個統計量來進行「敘述統計」。這樣的說法，從統計史角度來說並不正確。簡單來說，平均數和均方差的概念都是特定分配假設下的產物，因此用經驗資料去計算這兩個統計量，不單有描述的意義，事實上已經構成最基本的「推論統計」的應用，即：「如果我們看到的數字背後是由相同的資料產生機制所產生，而此資料產生機制是符合『常態分配』的假設，則算術平均數和均方差可以用來描述其分配參數的『位置參數』和『尺度參數』」。因此，所有的「敘述統計」嚴格說都具有「推論統計」的性質，沒有什麼「敘述統計」可以是純然的敘述。

為了簡化問題，本章將「統計推估」的分成「母數推估」和「參數推估」兩個不同類型，前者主要是對於分配假設中的母體統計量進行推估的問題，後者則是對於母體統計量進行模型假設時所衍生的參數推估問題。第 1 章所提到的統計學基本原型問題就是典型的「母數推估」問題，而第 4 章所專論的迴歸分析就是常用的「參數推估」問題的應用。

既然名為「推估」，就代表有「正確答案」，至少是「實存的正確答案」。因此本章的內容，僅涵蓋古典統計學中對於固定母數或固定參數的

統計推估，不涉及主觀機率論中對於不具有定值的變動參數推估；強調此點，並不是排拒貝氏機率推估，而是主張在理解參數推估的基本概念時，必須還原統計史的脈絡，而在初學者階段，必須清晰理解古典統計學中的統計推估內容，至於有關貝氏機率推估，屬於進階統計的內容，有興趣的讀者請詳閱參考方塊 3.1 和延伸閱讀一。

參考方塊 3.1 　貝氏機率統計推估

　　貝氏機率推估最早可追溯到英國統計學家 Thomas Bayes 在 1763 年（死後）之作，該文名為「一篇有關於機會律則問題解法的論文」（An essay towards solving a Problem in the Doctrine of Chances）[82]，在文中「貝氏定理」（Bayes' Theory）的推論原則：一事件機率的推估，可由其他與之相關的條件，藉由事前事後條件機率的關係，來進行推定。以數學式來表示

$$P(X \mid Y) = \frac{P(Y \mid X)P(X)}{P(Y)}$$

　　令 X 為我們主要推論的事件，Y 是與 X 相關的條件資訊，對於事件 X 的機率，我們總是可以從條件 Y 的相關資訊來進行推估。此處 $P(X)$ 是事件的事前機率（prior probability），$P(X \mid Y)$ 為事後機率，$P(Y \mid X)$ 通常為已知的資料機率，而 $P(Y)$ 為條件資訊的機率。

　　我們可以用一例來呈現貝氏機率推估的思路。假定一市場上所有販售的雞隻都來自三座養雞場 $\{A, B, C\}$，現在我們抽驗一隻雞發現帶有某種病毒（以 D 示之），想要找出是從哪座養雞場發生的，所以最終我們要推論的分別是 $P(A \mid D)$、$P(B \mid D)$、$P(C \mid D)$

已知

$$
\begin{cases}
P(A\,|\,D) = \dfrac{P(D\,|\,A)P(A)}{P(D)} \\[2ex]
P(B\,|\,D) = \dfrac{P(D\,|\,B)P(B)}{P(D)} \\[2ex]
P(C\,|\,D) = \dfrac{P(D\,|\,C)P(C)}{P(D)}
\end{cases}
$$

由於帶病毒雞隻只可能出自 $\{A, B, C\}$ 三座養雞場

$$
P(D) = P(D\,|\,A)P(A) + P(D\,|\,B)P(B) + P(D\,|\,C)P(C)
$$

因此

$$
\begin{cases}
P(A\,|\,D) = \dfrac{P(D\,|\,A)P(A)}{P(D\,|\,A)P(A) + P(D\,|\,B)P(B) + P(D\,|\,C)P(C)} \\[3ex]
P(B\,|\,D) = \dfrac{P(D\,|\,B)P(B)}{P(D\,|\,A)P(A) + P(D\,|\,B)P(B) + P(D\,|\,C)P(C)} \\[3ex]
P(C\,|\,D) = \dfrac{P(D\,|\,C)P(C)}{P(D\,|\,A)P(A) + P(D\,|\,B)P(B) + P(D\,|\,C)P(C)}
\end{cases}
$$

假定我們從過去的歷史經驗知道，在三座雞場檢驗一隻雞帶有病毒的機率為

$$
\begin{cases}
P(D\,|\,A) = 0.4 \\
P(D\,|\,B) = 0.3 \\
P(D\,|\,C) = 0.5
\end{cases}
$$

而我們並沒有市場上三座雞場出貨雞隻的任何資料，因此假設雞隻有相同的機率來自三座雞場 $P(A) = P(B) = P(C) = \dfrac{1}{3}$，則我們可以算出事後機率

$$\begin{cases} P(A\,|\,D) = \dfrac{(0.4)\cdot(1/3)}{(0.4)\cdot(1/3)+(0.3)\cdot(1/3)+(0.5)\cdot(1/3)} = 0.3333 \\[2ex] P(B\,|\,D) = \dfrac{(0.3)\cdot(1/3)}{(0.4)\cdot(1/3)+(0.3)\cdot(1/3)+(0.5)\cdot(1/3)} = 0.25 \\[2ex] P(C\,|\,D) = \dfrac{(0.5)\cdot(1/3)}{(0.4)\cdot(1/3)+(0.3)\cdot(1/3)+(0.5)\cdot(1/3)} = 0.4167 \end{cases}$$

此即帶病毒雞隻分別出自三雞場的機率。

　　倘若我們把問題複雜一些，同樣基於上述的條件，我們針對同一家雞販（只從一家雞場進貨）再另行檢驗三隻雞，其中驗出兩隻有病毒，所以三座雞場檢驗三隻雞其中兩隻帶有病毒的機率為

$$\begin{cases} P(D\,|\,A) = \dbinom{3}{2}(0.4)^2(1-0.4)^1 = 0.288 \\[2ex] P(D\,|\,B) = \dbinom{3}{2}(0.3)^2(1-0.3)^1 = 0.189 \\[2ex] P(D\,|\,C) = \dbinom{3}{2}(0.5)^2(1-0.3)^1 = 0.375 \end{cases}$$

　　此時的事前機率分別為 $\{0.3333, 0.25, 0.4167\}$，透過貝氏機率推估，可以得到事後機率為

$$\begin{cases} P(A\,|\,D) = 0.3205 \\ P(B\,|\,D) = 0.1578 \\ P(C\,|\,D) = 0.5217 \end{cases}$$

　　換句話說，貝氏機率推估可以透過不斷的更新經驗資料，來找出新的事後機率，因此事前機率的主觀性，在許多經驗資料的更新下會不斷降低，最終變成「無足輕重的」（trivial），並不影響統計推估的客觀性。

　　關於貝氏機率統計推估的入門教材，請參考延伸閱讀一。

　　在數學上來說，統計推估是具有統計分配假設意義的「最佳化」（optimization）問題，從代數的角度來說，一個最佳化問題必然具備「目標式」（objection function）、「限制式」（constraint function），以及所欲推估母數或參數的值域範疇。目標式通常以「極大化」（maximization）或「極小化」（minimization）的形式表示，而限制式則定義了所有可能答案的空間集合。在解析解可得的狀況下，一般偏好採用數學分析找出最佳解，但有時問題過於複雜，或者解析解無法以分析方式求得，則可以採取數值方法，找出逼近最佳解的近似答案，此時就會設定「容許值」（tolerance）來界定經驗上可接受的誤差範圍數值。

　　以符號表示，最佳化問題可表為

　　　　目標式：欲極大化（或極小化）$f(x)$
　　　　限制式：受限於 $s(x) \leq 0$
　　　　值　域：其中 $x \in \Omega_x$

　　其中多數狀況下，目標式皆可表為極大化或極小化其中之一形式，限制式和值域可以合併並且轉換成一組不等式的條件式，而上述求極值的一般化問題，就是統計推估在數學上的基本形式，也就是在「作業研究」（operations research）學科領域中的「數學規劃」（mathematical programming）。之所以稱為數學規劃，是因為上述的求極值問題，根據不同的目標函數形式，還有限制式的複雜程度，有不同的求解策略和方法，許多問題往往無法用解析解求出，需要採用電腦程式以數值方法來找出最佳答案，因此有必要進行「程式設計」（programming）。然而，programming 一詞的英文原意為「規劃」，起源於第二次世界大戰之後興起的決策科學「作業研究」，此領域的經典問題通常以「物流」（logistic）或「訓練」（training）的「排程」（scheduling）問題呈現，所以被早期學者稱為「規劃」的問題，然而電腦工具的興起，大大的增進了「數學規劃」求解的效率，因此在應用上，以程式設計的角度來理解亦有助於初學者了解此學科的內涵。

參考方塊 3.2 作業研究為「決策科學」的主要學科領域

作業研究是一門應用數量方法在管理問題上的專業學科，起源於第二次世界大戰時，英美軍方需要在急迫的時間內解決許多人員、物資分配上的管理問題，因而召集許多科學家採用各種數量方法所發展出來的學術領域。之所以名為「作業研究」（operations research），是因為一項軍方行動在英文中稱作一項「作業」（operation），因此研究各式各樣與軍方行動有關的管理問題，就稱為複數的「作業研究」。

早期作業研究的內涵主要是在「線性規劃」（linear programming）上，也就是針對一個線性目標式，基於各種等式或不等式的限制下，在可行的參數空間內去解答出最佳解。然而作業研究學科的內涵迅速的拓展到各種數學規劃（mathematical program）的主題上，包括「網路分析」（network analysis）、「動態規劃」（dynamic programming）、「賽局理論」（game theory）、「整數規劃」（integer programming）、「非線性規劃」（nonlinear programming）；同時也包含許多統計模型，如「馬可夫鏈」（Markov chains）、「排對理論」（queueing theory）、「庫存理論」（inventory theory）、「可靠度分析」（reliability）、「決策理論」（decision theory）、「系統模擬」（systems simulation）等。

關於作業研究的入門教材，請參考延伸閱讀二。

3.1 統計推估的意義

就統計史來看，18 世紀的統計學家已經系統性的在處理統計推估的問題了。其中最著名的「母數推估」的問題就是第 1 章所提的「準的問題」，也是統計學的原型問題：

「倘若我們已經知道了一組數字的數值 $\{x_1, x_2, ..., x_n\}$，其中任一個 x_i 都是來自相同統計分配的獨立抽樣結果，但我們並不知道這個分配的母體參數為何，我們僅知道每一個抽樣數值都反映了此一存在、具有定值、但

未知於我們的母體參數，試問基於任何統計推估的方法，我們應採何種統計量作為此母體參數的最佳推估值？」

至於有關「參數推估」的例子，同時期也成為統計學家探求另一主要問題，與先前所談「穩的問題」相關，「參數推估」同樣來自於天文物理學中的「曲線適配」問題，主要問題可以陳述如下：

「倘若我們已經知道了 n 組解釋變量的測量數值 $\{x_1, x_2, \ldots, x_n\}$ 以及所欲解釋的物理量相應測量數值 $\{y_1, y_2, \ldots, y_n\}$，其中每一組解釋變量數值都包括了 $x_i = (x_{i1}, x_{i2}, \ldots x_{im})$ 等 m 個變量，而這 m 個變量之間的關係可以用 m 個係數來表示，即 $\beta = (\beta_1, \beta_2, \ldots, \beta_m)$，令變量觀測值組數 n 大於變量個數 m，而 m 個變量彼此之間與被解釋物理量的關係可表為 $\beta_1 x_{1i} + \beta_2 x_{2i} + \ldots + \beta_m x_{mi} = y_i$，則我們如何可以求得此 m 個係數 $\beta = (\beta_1, \beta_2, \ldots, \beta_m)$ 的最佳估計值？」

早期統計學家在面對這兩個統計推估問題時，都面臨了相同的困境，因為兩個問題在代數上都是「過度認定」的（over-identified），因此無法用代數運算求得唯一解；另一個相同的困境，這兩個問題都預設了觀測數值背後存在有一個共同的資料產生機制，簡言之就是分配假設，但對分配假設的細節並沒有明確主張，因此統計推估上並沒有確切的理則來依循。

以當代的觀點來看，這兩個困境就是目標式的取捨問題。而目標式的思考起點，必須要有某種正面或負面價值的概念進行評估；正面的價值，最典型的就是「機率」的概念，比方說極大化機率，負面的價值，最典型的就是「損失函數」，比方說極小化誤差數值。但上面兩種目標式取捨，都必須對於何為「機率」、何為「誤差」進行定義，同時聯繫到觀測數值的背後的資料產生機制。而這一整套完整的統計推估思考理路，顯而易見的，並非一蹴可及突然發明的，而是在「誤差函數」、「變異數度量」，以及「逆機率」等問題分別發展下，所交會而形成彼此呼應的內在一致理論觀點。

另一種思考的策略,是利用「簡化 / 篩選 / 重組」的方式,將過多的測量資訊,在個數上整理成與未知參數數目相同,然後利用「適足認定」(just-identified)去求得代數上的唯一解,如此一來就不需要處理複雜的統計分配假設,也不需要去取捨目標式應該為何的問題。然而,此法一直有個難以自圓其說的問題,因為任何的「簡化 / 篩選 / 重組」已知測量資訊的做法,都是十分武斷而缺法論理依據的,所以此法雖然避免了直接面對統計推估的核心難題,卻必然造成推論的武斷性,而此缺陷所產生的偏差是難以評估的。

上面所述的兩種策略,分別是以機率的猜想來進行統計推估,還有以代數運算來進行統計推估的不同思考,下面分別就兩策略所面臨的問題進一步討論。

3.1.1 以機率的猜想來進行統計推估

誠如本書第 1 章開宗明義指出的,統計學本質上是探索「過度認定」的問題,所以核心議題永遠是已知資訊多於未知參數所造成的不確定性問題。而不管是對於誤差的猜想或者是未知物理量的直接猜測,統計學的前提都預設這些過多資訊來自一個相同的資料產生機制,否則這些過多資訊並不具備「可比較性」,或者無法視為具有相同內在而可去除其「個體殊異性」的本體論基礎。也因此,不管最後的統計推估以何種「最佳化」問題形式具體出現,中間都必須經過研究者對於機率分配進行猜想的思考過程。不同的分配猜想、不同的損失函數概念,都會造成不同的最佳化問題形式,乃至最後產生不同的統計推估結果,

以前面所提到的「準的問題」來說,在統計學的初期發展階段,概念上最讓人困惑的是「究竟目標函數的標的物為何?」若以誤差而言,最直觀的想法就是將測量值與物理量真值的差距當作誤差值的操作性定義,這也就是今日所謂的離差,但這僅定義了損失函數的數值,並未定義不同損失函數值在現實上發生的相對可能性大小,而拉普拉斯之所以在 1774 年就此最佳化問題導出中位數是「準的問題」最佳答案而旋即認為有誤不予

主張，其實不是數學思考上的問題，而是其先入為主認為算術平均數才應該是「準的問題」最佳答案。而這突顯了，對於資料產生機制，特別是「損失函數」、「誤差曲線」、「最佳估計量」三者的配套關係，即便數學上的「最佳化問題」推導沒有任何問題，因為學者間不明原因對於算術平均數的根深蒂固信仰，使得最早產生的統計配套推論，被武斷地認為是錯誤的。

換句話說，拉普拉斯所主張的統計推論，在準的問題上可表示為

目標式：可以極小化誤差函數 $f(t \mid x) = \sum_{i=1}^{n} |x_i - t|$ 的 t 值為何

值　域：$t \in \mathbb{R}$

上面的最佳化問題，雖然不需要對於誤差曲線進行主張就可以求出中位數為最佳答案，但是拉普拉斯顯然想得更多，因為純然將誤差視為離差絕對值，並沒有說明任何的誤差分配特性，這使得目標式僅僅成為依事實數值而存在的特定資料驅使產物，而非具有統計推論的一般性。而這點設想，早就在拉普拉斯的「逆機率」推論中出現了，如果目標式的標的物，是基於特定觀測結果下的對於某個母數值或參數值為真的可能性度量 $P(\theta \mid x)$，那麼目標式所帶有的資訊，不再僅限於回答哪個數字可以極小化損失函數，而是在所有母數或參數值域，不同猜想間相對可能性大小的度量值，這就呈現了統計學最根本的特質 —— 對於不確定性進行有系統的猜測。

而「逆機率」的概念，首先見諸於拉普拉斯的統計推論中，簡單說就是主張事後機率等比例於事前機率，即

$$P(\theta \mid x) \propto P(x \mid \theta)$$

這賦予了機率運算上的操作化定義，即基於特定觀測結果下的對於某個母數值或參數值為真的可能性度量，可以用此母數值或參數值為真前提下所計算出特定觀測結果的機率來定義。而後者指涉的就是各種機率分配的理論，如同第 2 章所指出的，包括資料產生機制、呈象事件、參數、規律性（數學函數）、還有必要邏輯定義等五大要件。

　　上面說法解釋了為何在「準的問題」的回答得到學界共識前，對於誤差分配的猜想辯論持續了至少半個世紀之久，而且單純解答誤差函數最小化的問題，並無法讓當時的統計學家認為「準的問題」因此得到妥適的回答。以事後之見來看，「準的問題」的回答，學界所具有的共識內容依序為：算術平均數為最佳估計量、誤差分配各種猜想、逆機率作為目標式標的物。其中，誤差分配的各種猜想，已經包含了對於分配中所具有各個統計參數的定義，特別是「位置參數」和「尺度參數」的概念。

3.1.2 以代數運算來進行統計推估

　　利用代數運算與採用機率猜想在進行統計推估時的最大不同是，前者不對於資料產生機制進行主張，因此一切數理推算都是針對具有特定物理意義的確定數值，在既定的目標函數（損失函數）、限制式或資料簡化、篩選、重組等條件下，尋找最佳解或唯一解的代數運算；然而後者在推論上，必須要基於特定分配假設，因此數理推算的標的是在某分配假設下的機率數值，不是直接針對物理量進行推論。換句話說，兩者都使用數理推算進行推估，差別是代數運算法沒有分配主張的假設，但機率猜想非得有分配主張才能進行。

　　但究竟如何能在沒有分配主張的假設下進行統計推估？而如第一章所述，若統計問題永遠是過度認定的問題，代數運算所憑藉的適足認定條件而推定的唯一解，要如何才能自圓其說這樣的運算符合統計推估的基本意義呢？顯而易見的，如果以代數運算來進行統計推估的重點不在推論標的具有機率分配意義，那麼其統計意涵必定來自於資料簡化、篩選、重組的過程中，而非目標函數或限制式的數值意義上。而下面將針對這三種資料處理的方式，來說明其統計意義的關聯性。

一、資料簡化

　　這裡所指涉的資料簡化，是指在不對資料產生機制進行分配假設前提下，將過多的限制式訊息，利用目標函數的設定，對其進行合併的運算操

作，簡化限制式的訊息量，使之成為單純的求極值問題。

　　用一簡單的例子來說，倘若一科學家希望可以測量太平洋某海溝的深度 (T)，派了一艘探測船到鄰近海域測量，為了避免天候、海象、人員作息操作等因素所造成的誤差，此科學家分別在三天之內量測了 50 次，這50 次的測量結果 (X_i) 有相同的，也有不相同的，現在此科學家希望利用這 50 次的量測結果，來找出此海溝深度的最佳推估值。

　　因為這 50 次的量測結果有相當的差異，而此科學家又不想對於造成這些差異的原因進行臆測，只希望誤差的絕對值度量能越小越好，因此他主張下面的目標式

目標式：極小化所有誤差的絕對值度量 $f(T \mid X_1 \cdots X_{50}) = \sum_{i=1}^{n} |X_i - T|$

限制式：$\begin{cases} X_1 = a_1 \\ X_2 = a_2 \\ \quad \vdots \\ X_{50} = a_{50} \end{cases}$

　　這邊目標式的設定，就已經把限制式中 50 個的過多資訊 (X_i)，相對於 1 個未知資訊 (T)，整併到目標式中可以進行代數操作，讓原本 T 等於任一 X_i 的 50 個可能相互矛盾的答案，在求極值的問題中變成單純的一個未知數 (T) 和一個限制式（目標數）的代數問題，因此有唯一解。

　　上面說法可以套用在任何形式的求極值問題中，同時這邊需要強調，以機率猜想來進行統計推估的方法，通常都不可避免使用求極值的技巧來找出參數推估值，因此求極值本身在資料簡化上是一種一般性方法。但區別是，因為機率猜想的操作標的是機率，所以在目標式的取捨，也都是以機率數值來進行，因此必須符合機率論的推論原則，在此例中，由於 50 次量測結果是個別的事件，在機率上還需要考量事件間的生成機制的相同性和獨立性，不是研究者直接選定目標式或損失函數即可，因此與單純的資料簡化有所不同。

二、資料篩選

　　廣義來說，資料篩選就是在所有相關的限制式資訊中，利用某種篩選的標準，將限制式的數量減少，然後再進行代數的運算。比方說在一個具有 3 個未知參數 (a, b, c)，但卻有 60 個限制式 $(c_1, c_2,..., c_{60})$ 的問題上，如下：

　　欲求 a, b, c 三未知數的解為何？

$$
已知
\begin{cases}
c_1 : ax_{1(1)} + bx_{2(1)} + cx_{3(1)} = y_1 \\
c_2 : ax_{1(2)} + bx_{2(2)} + cx_{3(2)} = y_2 \\
\quad\quad\quad\quad\quad \vdots \\
c_{60} : ax_{1(60)} + bx_{2(60)} + cx_{3(60)} = y_{60}
\end{cases}
$$

　　上述問題中，x_1, x_2, x_3, y 都是已知數。現在我們採取一個特定的篩選辦法，針對 60 個限制式中的 x_3 數值，取最大、最中間和最小所在的三個限制式，拿出來組成一個具有三個未知數三個限制式的方程組，因而可以求得三未知參數的唯一解。

　　此法的最大問題是，任何篩選法則都有一定的武斷性，因此不同的篩選法則，會挑出不同的三個限制式來求解，當然求得的唯一解都不一樣，這樣一來，很難評判究竟哪一個篩選法則所求出的解比較接近正確答案。

三、資料重組

　　資料重組的解題邏輯與篩選雷同，都是希望將限制式資訊量減少到剛好等於未知數個數，但是減少的方式不是用篩選，而將所有的限制式利用組合和整併的操作，來達成減少過多資訊的結果。比方說，在上一段資料篩選所引用的例子中，如果我們希望能將所有限制式的資訊都能帶入統計推估，則可以將所有限制式按 x_1 數值由小到大排序，將前面 20 個、中間 20 個和後面 20 個分成三組，對各組內所有的限制式進行平均的代數操作，形成新的三組限制式，而將問題轉化成下面具有三個未知數三個限制式的方程組：

　　欲求 a, b, c 三未知數的解為何？

$$已知 \begin{cases} c_1^* : \sum_{i=1}^{20} c_{(i)} \Big/ 20 \\[2mm] c_2^* : \sum_{i=21}^{40} c_{(i)} \Big/ 20 \\[2mm] c_3^* : \sum_{i=41}^{60} c_{(i)} \Big/ 20 \end{cases}$$

其中 c_i^* 是整併後的新限制式，$c_{(i)}$ 是按 x_1 數值由小到大排序的限制式編號。顯而易見的，整併後的方程組符合「適足認定」，具有唯一解。

嚴格說，這三個資料簡化、篩選、重組的做法，在統計上不必具有原初的意義，特別是針對限制式篩選和重組，更是具有很大的武斷性。然而在目標式的選擇上，統計學家發現不同目標式的求極值問題，恰好與特定分配假設的推估方法上共享同一形式，比方說最小平方法在以常態分配為假設的最大概似法推論上，在求極值的問題上是一樣的，而最小離差絕對值法，其實也與雙指數分配為假設的最大概似法有相同的求極值問題。

> **參考方塊 3.3**　資料篩選和重組在統計史上的例子
>
> 托拜耳斯・邁爾（Tobias Mayer）在 1750 年測量「月球天平動」（libration of the moon）[83][84] 時使用了「群平均法」來進行統計推估。假設我們現在有 15 組三個變項觀察值 (y, x_1, x_2)，而迴歸關係式如下：
>
> $$y = \beta_0 + \beta_1 x_1 + \beta_2 x_2 + \varepsilon$$
>
> 邁爾提出的「群平均法」是根據其中一個變項的觀察數值，比方說 x_2 的值，選取 x_2 值最大、最小、中間三個觀察值代入算式中，此時就成為一個「適足認定」（just-identified）的代數問題，然後就可以求出 $(\beta_0, \beta_1, \beta_2)$。
>
> 此法有三個問題：首先，究竟要用依變項或哪一個自變項來選取觀察值並不清楚。其次、如果帶入求解的三個觀察值組合不同，參數估計值

就會不一樣，而我們不知道何者比較正確。最後、每次估計僅使用三組觀察值，形同將其他 12 組觀察值捨棄不用，似乎不符統計的精神。

邁爾針對上面的問題提出了修正的方法，也就是依 x_2 的值，將最大五個、中間五個、最小五個觀察值分別求平均值，來得出三個觀察值代入算式中求解，這樣便可以解決上述的第二和第三問題，此法的優點在於利用了全部的資料，並且每一個方程式其實是五個觀察值的平均，理論上抽樣誤差較小，不過參數的估計值仍高度受觀察值分組方式的影響。同時依不同分組方式所求出的參數推估值並不一樣，而理論上並沒有裁決不同分組方式相對優劣的統一標準。

3.2　最大概似法

在統計史上，最大概似法的發明有著劃時代的貢獻。一般而言，當代的統計學界將此榮耀頒給了偉大的統計學者 Ronald Fisher [85]，但最大概似法概念的應用，則早在 18 世紀就普遍出現在統計學者間。簡單而言，最大概似法是屬於「主觀機率論」的一支，推理方法是基於「逆機率」，而「概似原則」的確立是此法在數理統計上的基礎，關於「逆機率」與「最大概似法」的關係，請參閱參考方塊 3.4。

參考方塊 3.4　「逆機率」與最大概似法

在 Fisher 正式提出「最大概似法」之前，「逆機率」的概念已在 17、18 世紀廣為被統計學者使用了，兩者推論的邏輯是一致的，就是事後機率與事前機率會成一等比率，因此對於未知參數的事後推估而可以用假設參數已知的觀察值事前機率來進行可能性的評估，此可能性就是概似，而事前事後機率成等比例的推論法則就稱為「概似原則」（Likelihood Principle）。

以下為例，H_1, H_2, H_3 是三個對未知參數的不同假設，E 和 $\sim E$ 是互補的事件

	H_1	H_2	H_3	Total
E	n_{11}	n_{12}	n_{13}	$n_{1.}$
$\sim E$	n_{21}	n_{22}	n_{23}	$n_{2.}$
Total	$n_{.1}$	$n_{.2}$	$n_{.3}$	n

概似原則即

$$P(H \mid E) \propto P(E \mid H)$$

在邏輯推演上，首先我們可定義概似函數（Likelihood，用符號 L）為事後機率

$$L = p(H_i \mid E) = \frac{p(E \mid H_i) p(H_i)}{p(E)}$$

假設 H_i 是有限的，$\sum_{i=1}^{k} p(H_i) = 1$，但除此之外，我們對於假設 H_i 相對的可能性一無所知，既然如此，其實這正反映了我們心中的主觀機率是「均等分配」，也是「非充分理則原則」（Principle of Insufficient Reason）的主張 [86]，即 $p(H_1) = p(H_2) = \cdots = p(H_k) = \frac{1}{k}$，因而對於兩個不同假設 H_i 和 H_j，我們都可以用它們事前機率的比值，來推論其未知參數假設的相對可能性，比方說上表的 H_1 與 H_2

$$\frac{p(H_1 \mid E)}{p(H_2 \mid E)} = \frac{\dfrac{p(E \mid H_1) \, \cancel{p(H_1)}}{\cancel{p(E)}}}{\dfrac{p(E \mid H_2) \, \cancel{p(H_2)}}{\cancel{p(E)}}} = \frac{p(E \mid H_1)}{p(E \mid H_2)} = \frac{n_{11}}{n_{12}}$$

因此概似原則就被證成了。

要說明的是，未知參數的假設 H_i 往往是無限的，甚至其資料產生機

制無法定義，比方說未知參數的形式、個數、值域、變動規律等，因此嚴格意義上來說，概似並非機率，因為我們無法明確定義 $L(\cdot)$、Ω_H，甚至是 H，也無法推導出滿足機率分配要件的關係式 $\int_{\Omega_H} L(H)dH = 1$。

「概似原則」的內涵可以由下面例子來闡述：假設 E 代表已觀測到的事件，$p(E)$ 代表 E 發生的機率，但我們並不一定知道 $p(E)$ 所依循的機率密度函數為何，也就是說函數形式 $f(\cdot)$ 未知，但已知 $f(\cdot)$ 僅有一未知參數 θ，任何對於 θ 值的猜測都是一個假設 H，在這些條件下，概似原則主張：「在已知事件 E 發生下 H 假設為真的機率，會與在已知 H 假設為真的條件下事件 E 發生的機率，成某種比例關係」，即

$$P(H \mid E) \propto P(E \mid H)$$

上面的關係也意味著對於未知參數 θ 的兩個不同假設 H_1、H_2

$$\frac{P(H_1 \mid E)}{P(H_2 \mid E)} = \frac{P(E \mid H_1)}{P(E \mid H_2)}$$

也因此若定義概似函數 $L(H) = P(E \mid H)$，則事實上我們想做的是 *Maximize $P(H \mid E) \propto P(E \mid H)$*，也就是極大化假設 H 的事後機率。

值得注意的是，上面的假設 H，可以指涉是參數已知但函數形式 $f(\cdot)$ 未知，但也有可能是兩者都未知，這種例子在自然科學中時常發現，比如說在通信領域中有關訊號傳送和接收的例子，但在社會科學中通常都把問題簡化成函數形式 $f(\cdot)$ 已知，把 H 純粹當作對於未知參數 θ 的假設。

這裡的關鍵在於 $P(H)$ 是什麼？

$P(H)$ 在直觀上的意義，是在沒有任何資訊底下，老天爺已經預設某個參數假設 H 為真的機率值，而這種說法在兩百年前是違反所有人對於機率定義的認知！什麼叫作參數假設先天被律定的機率？難道參數假設有先天的存在？因此在當時，許多統計學家推論到此，就放棄了最大概似法的推論，因為 $P(H)$ 無法被古典機率論中的頻率學派（欲求事件之集合／所有

可能事件）的機率概念來定義，所以無法用客觀機率論來證成概似原則。

　　不過在當時，有一派不同於客觀機率的學者，他們主張主觀機率定義，也就是 $P(H)$ 等於人主觀對於特定參數假設 H 為真的機率評估，所以 $P(H)$ 的定義不需要去將「所有可能事件」和「欲求事件之集合」找出來，而是研究者主觀認為某組參數假設的機率為何就為何，比方說，研究者主觀認為今天下雨的機率為零，則 P（今天下雨）= 0。若用主觀機率論，研究者可以將所有的參數假設表為 $H_1, H_2, H_3, ..., H_n$，則將這些假設兩兩相比；而根據參考方塊 3.4 中所述的「非充分理則原則」，所有 $P(H_i)$ 都可以視為有相同的機率，因此可以推論「事前事後機率成等比例」的概似原則推論法則。

　　上述說法用一句話來概括，即最大概似法的推理，就是合理化既定事實的推論法：所有事情之所以發生，就是在尚未發生時其原本要發生的機率就是最大；也因為其機率最大，所以最後發生了，而人們也就觀察到了。按此推論，所有事情的發生都是「註定的」（meant to be），我們只是在將既定事實視為註定發生的前提下，看看是什麼參數使其註定發生。

　　最大概似法在某種程度上是非常吊詭的論理法則，特別對於人文科學，因為許多社會現象，都是一連串偶然事件串接起來的結果，從來沒有存在一個全知全能的萬能機制事先存在，主宰日後在現實上會發生的事。而這樣的推理方法若推到極至，其實就帶有宿命論的色彩，因為「一切已發生的事其原本發生的可能性就是最大」，這個規律的存在，就是當今科學所批判的宿命論源頭。

　　儘管如此，我們不宜將上面的批判無限上綱，全盤否定最大概似法在統計推論上的貢獻，畢竟如果已經發生的事情如果其原本發生的機率不是最大，那難道會是第二大、第三大，還是原本幾乎不可能發生的事最後發生了！最大概似的假定若有武斷性，那麼相同批判也適用在所有事前機率的主張上。也因此，倘若我們批判最大概似法忽略「偶然性」才是歷史事實的可能性，我們同時卻也無法提出其他標準而不重蹈相同的武斷性推論。

參考方塊 3.5　最大概似法之推理應用

　　小華在玩擲銅板遊戲，他想藉由擲銅板結果來推論銅板出現正面的機率 p 為多少，結果他擲了 5 次銅板，出現 3 次正面，請問從最大概似法來推論，銅板出現正面的機率 p 應為多少？

事件 E —— 擲了 5 次銅板，出現 3 次正面。（不可改變的事實）

假設 H_i —— 銅板出現正面的機率 p，所以這裡有無限多個假設，比方說：$(H_1 : p = 0.5)$；$(H_2 : p = 0.6)$；$(H_3 : p = 0.7)$；$(H_4 : p = 0.9)\cdots$。

　　根據概似原則：$P(H_i | E) \propto P(E | H_i)$，現在我們想知道的是

p（擲一次銅板為正面的機率為 p | 在已知擲 5 次銅板出現 3 次正面的事實下）

這就是「事後機率」$P(H_i | E)$。

　　概似原則主要是說「特定假設真偽的事後機率」，可以從「同一特定事件的事前機率」來推論，所以 $P(H_i | E) \propto P(E | H_i)$ 是說，如果我們要推論那一個 H_i 為真的機率最大，可以看看事件 E 的事前機率，是否在「基於 H_i 為真的前提下是最大的」，「哪一個 H_i 可以讓事件 E 的事前機率最大，就會讓在事件 E 已發生前提下 H_i 為真的機率最大」。最後一句是我們要的答案，倒數第二句是推論的手段。

　　讓我們現在來應用最大概似法解上面的問題：

　　首先，H_i 的事後機率為 $P(H_i | E)$，現在我們想知道的問題是，在那麼多的 H_i 中，哪一個比較對，所以我們在比較的是：

$\{P(H_1 : p = 0.5 | E), P(H_2 : p = 0.6 | E), P(H_3 : p = 0.7 | E), \ldots\}$ 其中何者為大

又 $P(H_i | E) \propto P(E | H_i)$，"$\propto$" 此符號為等比例之意，所以可以將上面看作

$$P(H_1 : p = 0.5 | E) \propto P(E | H_1 : p = 0.5) = C_3^5 (0.5)^3 (1-0.5)^2 = 0.3125$$

$$P(H_2 : p = 0.6 | E) \propto P(E | H_2 : p = 0.6) = C_3^5 (0.6)^3 (1-0.6)^2 = 0.3456$$

$$P(H_3 : p = 0.7 | E) \propto P(E | H_3 : p = 0.7) = C_3^5 (0.7)^3 (1-0.7)^2 = 0.3087$$

所以就 H_1, H_2, H_3 三個假設而言

$$P(H_2 : p = 0.6 \,|\, E) > P(H_1 : p = 0.5 \,|\, E) > P(H_3 : p = 0.7 \,|\, E)$$

所以 H_2（即 $p = 0.6$）為真的機率是最大的。

　　上面的答案並不完備，因為 p 只要介於 0 和 1 之間，任何值都有可能為在出現事件 E 之下最佳的假設，所以我們必須窮盡所有 p 的可能性，但是這事實上不可能，所以通常我們使用「窮舉法」（Enumerate Search），就是將所有 p 值域內可能的範圍，按某種間隔大小全面性的來評估，以此例為例，圖 3.1 就是窮舉法的結果：

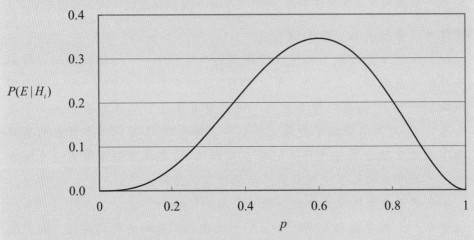

圖 3.1　窮舉法解極大化問題之圖示

　　由於空間的關係，表 3.1 僅列出 $p = 0.41 \sim 0.80$ 之間的數字結果，同學可以發現 $p = 0.6$ 為最佳解，其實意思就是你可以將已發生事件 E「擲了 5 次銅板，出現 3 次正面」此事實，直接用常識來推斷為 $p = 3/5 = 0.6$。也就是既然現實上已發生 $p = 0.6$ 的事實，那麼原先還沒有擲銅板前，銅板原先會出現正面機率就是 0.6 為最高，否則不會出現「擲了 5 次銅板，出現 3 次正面」此事實，這種推論就是「事後合理化已發生事實的推論方法」。

表 3.1　窮舉法解極大化問題之數值解

p	0.41	0.42	0.43	0.44	0.45	0.46	0.47	0.48	0.49	0.5
$P(E\|H_i)$	0.2399	0.2492	0.2583	0.2671	0.2757	0.2838	0.2916	0.2990	0.3060	0.3125
p	0.51	0.52	0.53	0.54	0.55	0.56	0.57	0.58	0.59	**0.6**
$P(E\|H_i)$	0.3185	0.3240	0.3289	0.3332	0.3369	0.3400	0.3424	0.3442	0.3452	**0.3456**
p	0.61	0.62	0.63	0.64	0.65	0.66	0.67	0.68	0.69	0.7
$P(E\|H_i)$	0.3452	0.3441	0.3423	0.3397	0.3364	0.3323	0.3275	0.3220	0.3157	0.3087
p	0.71	0.72	0.73	0.74	0.75	0.76	0.77	0.78	0.79	0.8
$P(E\|H_i)$	0.3010	0.2926	0.2836	0.2739	0.2637	0.2529	0.2415	0.2297	0.2174	0.2048

　　對於最大概似法的推論，一直存在著一個批判的觀點：即最大概似法忽略未知但可能發生的資訊。若以丟銅板的實驗來說，假設已知實驗結果是丟 n 次有 k 次是正面的，以最大概似法來看，概似函數為

$$L = \theta^k (1-\theta)^{n-k}, \quad \theta \text{ 是丟出銅板為正面的機率}$$

　　問題是，我們發現實驗設計的說明不見了，考慮到「停止法則」（Stopping Rule）[87]，我們發覺有兩種可能性：

甲：實驗者原本就計畫丟銅板 n 次，所以剛好在 n 次中有 k 次是正面。

乙：實驗者計畫一定要丟到 k 次正面才停止，否則就要一直丟下去，換句話說，他剛好丟到第 n 次時出現了第 k 個正面。

　　若採「停止法則甲」

$$p(k \mid \theta, n) = C_k^n \theta^k (1-\theta)^{n-k}$$

　　若採「停止法則乙」

$$p(n \mid \theta, k) = C_{k-1}^{n-1} \theta^k (1-\theta)^{n-k}$$

　　若以「概似法則」（Likelihood Principle）來看，只要是最終結果是

丟 n 次而有 k 次是正面的，不管「停止法則」是何者，$L = \theta^k (1-\theta)^{n-k}$

但若從「逆機率」來看

採「停止法則甲」時

$$P(\theta \,|\, k) = \frac{P(k \,|\, \theta)\, P(\theta)}{\int P(k \,|\, \theta)\, P(\theta) d\theta}, \quad P(k \,|\, \theta) = C_k^n \theta^k (1-\theta)^{n-k}$$

採「停止法則乙」時

$$P(\theta \,|\, n) = \frac{P(n \,|\, \theta)\, P(\theta)}{\int P(n \,|\, \theta)\, P(\theta) d\theta}, \quad P(\mathrm{n} | \theta) = C_{k-1}^{n-1} \theta^k (1-\theta)^{n-k}$$

所以

$$L(\theta) \propto p(k \,|\, \theta) \ \text{和} \ L(\theta) \propto p(n \,|\, \theta)$$

隱含

$$L(\theta) \propto p(k \,|\, \theta) \propto p(n \,|\, \theta)$$

但這個關係式是不成立的，比方說 k 固定為 3，n 從 10 同減為 9

$$\frac{p(k \,|\, \theta)}{p(n \,|\, \theta)} = \frac{C_3^{10}}{C_2^9} = \frac{10}{3} \neq \frac{C_3^9}{C_2^8} = \frac{9}{3} \text{。}$$

　　上述的問題出在，兩實驗雖然結果一樣，但實驗設計是不同的，所以如果完全忽略未知但可能發生的資訊，則就不會考慮到實驗設計對於統計推論的影響，事實上，de Cristofaro（2004）[88] 提出概似原則要成立，實驗設計就必須建立在「公正性」（impartiality of the design）的假設上，而上例中所採用的實驗法則乙，其實就違反了公正性原則，因為最後一次實驗結果必定是正面，使得出現正面的機率 θ 也必然被高估。

3.3 最小平方法、損失函數法

　　廣義來說，最小平方法是一種損失函數的求極值方法，其損失函數就是極小化問題中的目標函數 —— 極小化離差平方和，因此凡是極小化損失函數的推論方法都屬同一類，差異主要在於不同損失函數的選擇及其意義。損失函數法在 18 世紀廣泛被天文物理學家所使用，不僅是最小平方法，其他不同的損失函數也被應用在參數推估上，本節將針對「最小平方法」（Least Square of Error）、「最小誤差絕對值法」（Least Absolute Deviation）和「極小化最大誤差絕對值法」（Minmax）進行介紹。

3.3.1 最小平方法

　　當代統計學界認為 Legendre 在 1805 年首次提出了最小平方法[89][90]，他特別關注極端觀察值對於參數估計的影響，主張參數估計不應該被極端值所支配，因此以二次方來加重較大離差的損失函數值，甚至他還主張如果有些離差值過大，應先將其剔除掉，然後再對其他的觀察值進行參數估計。

　　如果所有的觀測值都是可信的，「最小平方法」主張最佳的參數估計值是極小化離差平方和，其目標式為

$$Minimize \sum \varepsilon^2$$

上述的目標式就是 1.5 節中的 L_2 範數，所以「最小平方法」也可以看作是「L_2 範數法」。關於求解，我們只要對所求參數進行做一次微分並令微分後式子為零，就可以用代數運算求出參數解。

　　比方說，令 $y = \beta_0 + \beta_1 x_1 + \beta_2 x_2 + \varepsilon$，則離差 ε 可表為

$$\varepsilon = y - \beta_0 + \beta_1 x_1 + \beta_2 x_2$$

　　以線性代數表示，其中 $Y = (y_{(1)}\ y_{(2)} \cdots y_{(n)})'$，$X = (1\ X_1\ X_2)$，$X_i = (X_{i(1)}\ X_{i(2)} \cdots X_{i(n)})'$ 都是觀測已知數值，$\beta = (\beta_0, \beta_1, \beta_2)'$ 是欲推估的未知參

數，則對最小平方法目標式 $e'e$，$e = (\varepsilon_{(1)} \; \varepsilon_{(2)} \; \cdots \varepsilon_{(n)})'$，分別對 $(\beta_0, \beta_1, \beta_2)$ 取一次微分，並令一次微分後的式子為零

$$\frac{d(e'e)}{d\beta} = \frac{d[(Y - X\beta)'(Y - X\beta)]}{d\beta}$$

$$= \frac{d[Y'Y - Y'X\beta - \beta'X'Y + \beta'X'X\beta]}{d\beta}$$

$$= -X'Y - X'Y + 2X'X\beta$$

$$= 0$$

所以

$$X'Y = X'X\beta$$

$$\beta = (X'X)^{-1}X'Y$$

此即為最小平方法所推估出的參數解。

3.3.2　最小離差絕對值法

Boscovich 於 1757 年受教皇之命測量「經線」（an arc of the meridian），有關地球是不是「扁球體」（oblate）的問題，提出了兩估計原則 [91][92]

一、若不管符號，所有觀測值的正誤差和會等於負誤差和。（對稱原則）

$$\sum \varepsilon = \sum (y - \beta_0 + \beta_1 x_1 + \beta_2 x_2) = 0$$

二、所有誤差的絕對值總和是最小的。（目標式的定義）

$$Minimize \sum |\varepsilon| = \sum |y - \beta_0 + \beta_1 x_1 + \beta_2 x_2|$$

此法在直觀上很好理解，也符合一般人的觀念，就是極小化預測值和觀測值的差距，若從「明可夫斯基度量」（Minkowsky metric）的概念來看，「最小誤差絕對值法」就是所謂的「L_1 範數」（L_1-norm）。在

參數估計上，L_1 被稱作「最小離差絕對值法」（least absolute deviation, LAD）估計法，下面是 Laplace 於 1793 年所提出的例子，這個例子和解法，皆引自 Farebrother（1987: 45-46）[93]。

假設有一筆 7 組觀測值的資料如下：

x_i	−13	1	−5	1	9	9	−4
y_i	−6	−1	1	4	7	4	3

令

$$y_i = a + bx_i + e_i$$

且

$$\sum_{i=1}^{n} e_i = 0$$

如果將各項離差加總除以 n，可得

$$\overline{y} - a + b\overline{x} = 0$$

將 $a = \overline{y} + b\overline{x}$ 代回，且令 $y_i^* = y_i - \overline{y}, x_i^* = x_i - \overline{x}$，則

$$e_i = y_i^* - bx_i^*$$

按定義，最小離差絕對值法（LAD）的目標式為

$$Minimize \sum |e_i|$$

對於每一個觀察值來說，如果 $b \rightarrow \dfrac{y_i^*}{x_i^*}$，這樣 $e_i \rightarrow 0$

Laplace 主張應將觀察值依 $\dfrac{y_i^*}{x_i^*}$ 的大小遞減排序，而最佳的 LAD 估計值需由滿足下列關係式的 r 來決定

$$S_{r-1} < \tfrac{1}{2} S_n \le S_r$$

其中

$$S_j = \sum_{i=1}^{j} \left| x_i^* \right|$$

結果

$$b_{LAD} = \frac{y_r^*}{x_r^*}$$

利用 Laplace 解法，上面資料的 LAD 解如表 3.2 所示。

最後可得，當 $b = 0.593$ 時，L_1 有最小值 13.846。

直觀來說，LAD 解法的關鍵在於 $S_{r-1} < \tfrac{1}{2} S_n \le S_r$ 這個關係式，因為此式基本上就是等同在找 y_i^* / x_i^* 的中位數，使得極端的 $|e_i|$ 的值變得比較小，所以中位數是此法估計時的最佳解，不是算術平均數。

表 3.2　使用 Laplace 1793 年的 LAD 解法之例

x^*	y^*	y^*/x^*	j	S_j	L_1_Norm by using y^*/x^*
1.286	2.286	1.778	1	1.286	60.889
−12.714	−7.714	0.607	2	14.000	14.382
9.286	5.286	0.569	3	23.286	13.846
9.286	2.286	0.246	4	32.571	15.231
−4.714	−0.714	0.152	5	37.286	17.394
−3.714	1.286	−0.346	6	41.000	33.462
1.286	−2.714	−2.111	7	42.286	103.556

註：因為 $\tfrac{1}{2} S_7 = 21.143$, $S_{3-1} < \tfrac{1}{2} S_7 \le S_3$ ，所以 $r = 3$, $b_{LAD} = 0.569$

3.3.3 極小化最大誤差絕對值法

這是 Laplace 最早於 1786 年探索地球形狀的問題（Memoir on the figure of the Earth）時所提出的方法[94]，他認為 *Minimize* $\sum |\varepsilon|$ 只是 *Minimize* $\sum \varepsilon^{2r}$ 的特例，並沒有真正對最大誤差來極小化；而當 $r=1$ 時，即最小平方法，就會開始「懲罰」（penalizing）較大的誤差，r 越大，對較大誤差懲罰也越大。基於這樣的想法，Laplace 提出了「極小化最大誤差絕對值法」（Minmax Method），或稱「L_∞ 範數法」，即 1.5 節先前所提 $L_p - Norm$ 中當 $p = \infty$ 時的情形。若使用剛才在討論 LAD 法時的資料（這個例子和解法，引自 Farebrother （1987: 45-46）[95]），可知

$$\text{OBS1} \quad \varepsilon_1 + a = -6 + 13b$$
$$\text{OBS2} \quad \varepsilon_2 + a = -1 - 1b$$
$$\text{OBS3} \quad \varepsilon_3 + a = 1 + 5b$$
$$\text{OBS4} \quad \varepsilon_4 + a = 4 - 1b$$
$$\text{OBS5} \quad \varepsilon_5 + a = 7 - 9b$$
$$\text{OBS6} \quad \varepsilon_6 + a = 4 - 9b$$
$$\text{OBS7} \quad \varepsilon_7 + a = 3 + 4b$$

令 $\varepsilon_i^* = \varepsilon_i + a$，則目標式 $\text{Min max} |\varepsilon_i^*|$ 可用圖解法來解，當 $a = 0$ 時，如圖 3.2。

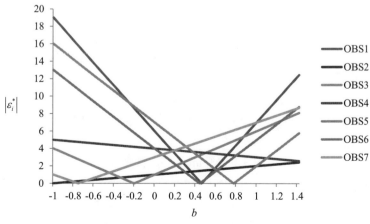

圖 3.2 圖解 Minmax 之例 $(a = 0)$

　　如圖 3.2 所示，當 $a = 0$ 時，我們可將各觀察值所產生的誤差絕對值在 b 軸上劃出一條直線，以決定在何種 b 值範圍內，哪一個觀察值所產生的誤差絕對值最大，而圖 3.2 的解顯示：當 $a = 0$ 時，$b_{\min\max} = 0.31$ 有最佳解（準確到小數第二位），此時最小的最大誤差絕對值由 OBS7 產生，其值為 3.24，如果想找出更為一般化的解，可以進一步放寬 a 的限制，如圖 3.3 正是將 a 從 −5 到 5 以 1 為間隔，而 b 從 −1 到 1 以 0.01 為間隔用 excel 所算出的 Minmax 解，為簡化圖形，圖 3.3 所顯示的值域將限定在 $\{-5 \le a \le 5, 0.25 \le b \le 0.35\}$ 的範圍中。

　　由於圖 3.3 所顯示的解，只是所有執行 Minmax 解範圍中的一部分，因此在註記各 Minmax 解時，將所有 (a, b) 配對的解以排序的方式來標明，換句話說，全部值域的 Minmax 解有 $11 \times 201 = 2211$ 個，在 $\{-5 \le a \le 5, 0.25 \le b \le 0.35\}$ 範圍內則有 121 個，如圖 3.3 所示，其中最佳

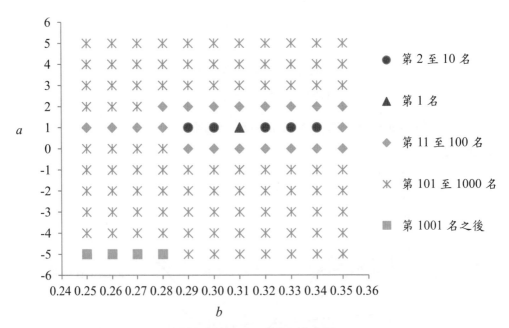

圖 **3.3**　Minmax 解之排序圖

解是 $(a=1, b=0.31)$ 時，最大誤差絕對值是最小的，由 OBS7 產生，值為 3.24。至於其他的解，在第 2 到 10 名間的有 5 個，最小的最大誤差絕對值介於 3.28 至 3.39；在第 11 到 100 名間的有 20 個，最小的最大誤差絕對值介於 3.4 至 4.4；在第 101 到 1000 名間的有 91 個，最小的最大誤差絕對值介於 4.45 至 9.4；最後是排在第 1000 名之後的，有 4 個，最小的最大誤差絕對值介於 9.48 至 9.75。

L_∞ 範數法或 Minmax 法有一個缺點，特別是當被估計參數有多個時，需要大量計算才能找出最佳解，這一點在今日電腦發達的時代已經不是問題，但在兩百多年前確實會造成實際應用上的困擾。

3.4 動差法

動差法（Method of Moments）的概念很簡單，透過對分析資料的進行分配假設，然後將分配假設的 n 次理論動差和分析資料的 n 次樣本動差等同起來，創造出 n 個限制式，這邊 n 的數量等同於未知數的個數，因而形成一個「適足認定」的方程組，即可以求出唯一的參數推估解。

一般來說，理論動差和樣本動差的取用，以越低階為優先，比方說若分配假設中僅有一個未知參數，就取一次動差即可，若有兩個未知參數，則取一次、二次動差，以此類推，若有 n 個未知參數，就取一次、二次到 n 次動差。動差的形式，可以取原始動差（raw moment）或中心動差（central moment），端視在計算上的便利性。理論動差的推算，可以採用 2.5 節的動差生成函數法，而樣本動差，皆以常態分配的動差計算為準，原因在於，當樣本數夠大時，根據中央極限定理，大樣本的統計分配都會趨近於常態分配，因此我們利用這個統計性質，來創造出樣本動差的已知資訊，利用代數計算來推出分配假設的未知參數。

比方說，現在有一個樣本數為 n 的已知資料，我們假定其背後的分配為指數分配

$$f(x;\lambda) = \lambda e^{-\lambda x} \ (x \geq 0)$$

如 2.5 節的表 2.2 所示，指數分配的動差生成函數為

$$\varphi(t)_x = (1 - t\lambda^{-1})^{-1}, t < \lambda$$

其中僅有一個未知參數 λ，因此我們僅需要求一次理論動差和樣本動差，以等式聯繫起來，就可以推估出未知參數 λ 的數值。按動差生成函數法，指數分配的一次理論動差為

$$
\begin{aligned}
E(x) &= \frac{\partial (1 - t\lambda^{-1})^{-1}}{\partial t} \Big|_{t=0} \\
&= (1 - t\lambda^{-1})^{-2} \lambda^{-1} \Big|_{t=0} \\
&= \lambda^{-1}
\end{aligned}
$$

樣本的一次動差為

$$\hat{m}_1 = \frac{\sum_{i=1}^{n} x_i}{n}$$

因此

$$\lambda^{-1} = \frac{\sum_{i=1}^{n} x_i}{n}$$

則

$$\lambda = \frac{n}{\sum_{i=1}^{n} x_i}$$

　　若又以兩參數分配為例，同樣以上面樣本數為 n 的已知資料，假設我們主張背後的分配為伽瑪分配

$$f(x;k,\theta) = \frac{x^{k-1}e^{\frac{-x}{\theta}}}{\theta^k \int_0^\infty x^{k-1}e^{-x}dx} \quad (x > 0)$$

如 2.5 節的表 2.2 所示，伽瑪分配的動差生成函數為

$$\varphi_x(t) = (1-t\theta)^{-k}$$

　　其中有兩個未知參數 θ 和 k，因此我們需要求兩次理論動差和樣本動差，分別以等式聯繫起來，就可以推估出未知參數 θ 和 k 的數值。按動差生成函數法，伽瑪分配的一次理論動差為

$$\begin{aligned}
E(x) &= \frac{\partial(1-t\theta)^{-k}}{\partial t}\Big|_{t=0} \\
&= k\theta(1-t\theta)^{-k-1}\Big|_{t=0} \\
&= k\theta
\end{aligned}$$

令其等同於一次樣本動差

$$k\theta = \frac{\sum_{i=1}^n x_i}{n}$$

此為第一條件式，而第二條件式則需要求伽瑪分配的二次理論動差

$$\begin{aligned}
E(x^2) &= \frac{\partial^2(1-t\theta)^{-k}}{\partial^2 t}\Big|_{t=0} \\
&= \frac{\partial\left[k\theta(1-t\theta)^{-k-1}\right]}{\partial t}\Big|_{t=0} \\
&= k(k+1)\theta^2(1-t\theta)^{-k-2}\Big|_{t=0} \\
&= k^2\theta^2 + k\theta^2
\end{aligned}$$

　　由於二次動差有兩項，這邊取二次中心動差可以簡化計算

$$V(x) = E\left[(x - \overline{x})^2\right]$$
$$= E(x^2) - \left[E(x)\right]^2$$
$$= k\theta^2$$

因此第二條件式為

$$k\theta^2 = \frac{\displaystyle\sum_{i=1}^{n}(x_i - \overline{x})^2}{n}$$

由第一條件式可知 k

$$k = \frac{\overline{x}}{\theta}$$

帶入第二條件式即可求出 θ

$$k\theta^2 = \frac{\displaystyle\sum_{i=1}^{n}(x_i - \overline{x})^2}{n}$$

$$\Rightarrow \overline{x}\theta = \frac{\displaystyle\sum_{i=1}^{n}(x_i - \overline{x})^2}{n}$$

$$\Rightarrow \theta = \frac{\displaystyle\sum_{i=1}^{n}(x_i - \overline{x})^2}{n\overline{x}}$$

帶回第一條件式，則可以求出 k

$$k = \frac{n\overline{x}^2}{\displaystyle\sum_{i=1}^{n}(x_i - \overline{x})^2}$$

參考方塊 3.6　動差法的發明

　　動差法的提出可以追溯到 Karl Pearson 於 1894 年在 *Philosophical Transactions of the Royal Society A* 期刊所發表的論文 " Contributions to the Mathematical Theory of Evolution" [96]，在這篇文章中，Pearson 針對常態分配的「曲線配適」問題提出一個新方法：針對一組已知的螃蟹前額（forehead）和身長（body-length）比例的資料（由 W.F.R. Weldon 教授提供），假定其中是由兩個種類的螃蟹所構成，我們如何推估兩種類的構成比例？

　　簡單說，Pearson 要回答的是，在已觀測的資料 $\{Y: y_1, y_2, \ldots, y_n\}$ 中，我們如何透過統計推估來找出兩個構成種類的比例 (α, β) 呢？換句話說

$$f(y) = \alpha f_1(y) + \beta f_2(y)$$

其中

$$f_i(y) = \frac{1}{\sqrt{2\pi}\sigma_i} \exp\left[\frac{-(y-\mu_i)^2}{2\sigma_i^2}\right]$$

　　這邊 $f_i(y)$ 指涉構成種類 i，所以目前觀測到的資料是兩種常態分配混合而成的結果 $f(y)$。

　　在解題上，Pearson 使用了動差法來推估 (α, β) 的數值，他推導出兩組答案，一是 (41.45%, 58.55%)，另一則是 (46.72%, 53.28%)。由於只要 $(\alpha + \beta = 1)$，(α, β) 有無限多組解，所以 Pearson 比較了 Y 的六次動差結果，發現第一組混合分配的係數值比較接近經驗資料，所以認定 (41.45%, 58.55%) 是比較好的推估值。

3.5　最大熵值法

　　最大熵值法（Maximum Entropy Method）的發明與熱力學（Thermodynamics）和統計力學（statistical mechanics）的發展有關，主要是指涉在「一個給定宏觀狀態所對應的體系微觀狀態的（最大）數目」（丁尚武，2008）[97]，而這個概念出自 Ludwig Boltzmann 指涉在「分子動力學」（Kinetic Molecular Theory）上對於一定溫度下所實現的能態數目；淺白的說，既然溫度一定，代表宏觀的能量一樣，而熵的概念就是構成宏觀能量總數相同情況下，微觀不同能量狀態的個數。而熵從物理學發展成統計推論的一般方法，則是由物理學家 Edwin Thompson Jaynes 於 1957 年提出了「最大熵值原則」（principle of maximum entropy）[98]，將熵的概念一般化與「資訊量」（information）聯繫起來，所以最大熵法，也往往被稱為「最大資訊熵值原理」（maximum information entropy theory）。關於熵的發現及其與資訊量的聯結，請參閱參考方塊 3.7。

參考方塊 3.7　熵的發現

　　最大熵值法中的熵值概念與下面三位科學家有密切的關係，首先是 1877 年 Ludwig Boltzmann 在分子動力學所提出的熵值定義 [99]，而在 1948 年 C. E. Shannon 最早將熵值應用在資訊科學中的資訊量概念上 [100]，最後在 1957 年 E. T. Jaynes 一般化熵的概念並與資訊量聯繫起來而提出的「最大熵值法」[101]。

　　Ludwig Boltzmann 的貢獻在於將熱力學第二定律「對於（熱量流動）任何的過程，其熵的變化總和必須大於或等於零」，也就是不可逆的過程基本上都伴隨所有物質的總熵隨時間而增加的現象，但是可逆的過程在總熵上卻不會有變化，這個定律說明了理想氣體系統內部的運動情況。

　　熵（S）的概念最早是由德國物理學家 R. J. E. Clausius 在 1854 年提出 [102]，指涉在一個特定溫度 T 下的熱值總數 Q（the quantity of heat）

$$S = \frac{Q}{T}$$

而到了 1877 年 Boltzmann 才從統計立學的微觀角度提出熵的另一定義

$$S = K_B \ln W \qquad\qquad\qquad --(3.1)$$

其中 W 系統微觀狀態數，K_B 為波茲曼常數

在 1948 年，Shannon 提出資訊量熵值函數 H

$$H = -\sum p_i \log p_i$$

其中 p_i 指涉所有事件空間中的各個事件機率，這裡將統計學中的事件機率與統計力學中的系統微觀狀態數聯結起來。

最後是在 1957 年由 E.T. Jaynes 在《物理學評論》（The Physical Review）的「資訊理論和統計力學」（Information Theory and Statistical Mechanics）一文中，正式將「最大熵值法」一般化成為統計推估的正式方法。[103]

習用上許多人用「亂度」或「無序」來解釋「熵」的意義，這雖然讓初學者易於了解，但並不是正確的說法。事實上，熵在統計學中的意義，更大體現在其與「資訊量」（information）的描述上；換句話說，如果事情的資訊量多，代表資訊的確定性越高，此時熵值就低，如果資訊量少，代表資訊的不確定性越高，則熵值就高。若用直觀來理解的話，「亂度」或「無序」在語意上的確可以來類比「熵值」在資訊科學上的指稱，但是如果將兩詞用在理解「熵值」的物理學意義，則會有相當大的問題，也因此，本節避免用「亂度」或「無序」來指稱「熵值」。

參考方塊 3.8　熵值與「亂度」或「無序」的區別

　　在習用上，許多人用「亂度」或「無序」的概念來解釋熵值，這個說法在資訊科學（information science）中對於資訊量分配上趨近「均等分配」的程度或許有容易了解的優點，但從熱力學或統計力學的專業角度來說，熵值並不等同於「亂度」或「無序」，因此本節對於最大熵值法的討論，都避免使用「亂度」或「無序」的概念來指稱熵值，而以系統的微觀狀態數來說明熵值。

　　確切來說，熵值不等於亂度或無序（下面以亂度統稱），因為亂度並沒有一個精確的數學定義，而熵值是有確切的數學定義（如參考方塊 3.7 中的 (3.1) 式），按此定義，我們可以發現熵值和亂度在概念上是不一樣的，比方說：一、在相同條件下，分子量越小的氣體，其熵值越小；但是直觀上，分子量低的氣體，越是容易朝向混亂分布，亂度應該較大才對。二、許多氣體實驗顯示，有規則的圖樣分布，照道理應該是亂度較低才對，但是其熵值往往是較大的。三、冰水混合物傾向自發地變成均一的水或均一的冰，都不是走向更「無序」方向。上面三例都引自於丁尚武（2008）在《化學》期刊中發表的「熵不是亂度或無序」一文中[104]。

　　雖然熵值從熱力學、統計力學發展到資訊科學、統計學上的理論相當完備，但對於社會科學的學生而言，本書建議用最容易理解的統計力學定義來理解熵值，並且以資訊熵（information entropy）的概念來進行統計推論。至於從熱力學一直發展到資訊科學的過程，則需要讀者具備相當物理化學的基礎知識才能較全面的掌握，有關熱力學和統計力學的入門教材，請參考延伸閱讀三。

　　熵的概念要從波茲曼分子動力學中對於分子微觀狀態的機率分配理論談起，波茲曼主張，在一個理想氣體的系統中，若有 N 的分子，其中任一個分子的位置和動量的微觀狀態可用 N_i 來描述，則系統的微觀狀態數，可以由下面的公式來定義

$$W = \frac{N!}{\prod_i N_i!}$$

比方說，假定 $N = 4$，其中每個分子的位置和動量都不一樣，因此 $i = 4$，所以系統微觀狀態數 $W = \frac{4!}{1!1!1!1!}$ 為分子的排列數 24，若僅有兩種分子的微觀狀態，則系統微觀狀態數 $W = \frac{4!}{2!2!}$ 為 6。波茲曼將熵定義為

$$S = K_B \ln W$$

其中 $K_B = 1.3806488(13) \times 10^{-23}$ J/K/mol 為波茲曼常數，其中 J 為焦耳，K 為絕對溫度，mol 是莫耳數，J/K/mol 是指一莫耳分子有關能量和溫度的常數。所以熵值就是系統微觀狀態數的對數乘上波茲曼常數。

在推論統計上的應用，將熵的概念使用在資訊量上，因為系統的微觀狀態數越多，代表資訊量越大，系統資訊的確定性越低，而最大熵值法的目標是，在離散分配情況下定義為

$$h(p) = -\sum_{i \geq 1} p_i \log p_i$$

其中 p 為離散事件機率，其有限事件集合為 $\{x_1, x_2, \ldots\}$，特定事件機率為 $p_i = p(x_i)$，而在連續分配情況下，熵值的定義為

$$h(p) = -\int_I p(x) \log p(x) dx$$

其中 $p(x)$ 為機率密度函數值，I 是所有事件集合的區間。一般而言，由於機率值介於 0 與 1 之間，因此取對數之後會成為負值，而熵值定義式中加總或積分符號外乘的負號，則將熵值轉成正值，這在離散分配中完全成立，而在連續分配中，有時熵值則會有負數的狀況出現。

熵值的資訊量詮釋，可以由一個簡單的例子來說明，假設一個離散事件系統中有 j 個事件，其中僅有 $p_j(x) = 1$，其他事件 $p(x_1) = p(x_2) = \cdots = p(x_{j-1}) = 0$，則系統熵值為

$$h(p) = -(0\log 0 + 0\log 0 + \cdots 0\log 0 + 1\log 1)$$
$$= 0$$

其中 $0\log 0 = 0$，這點可由 $\lim_{x \to 0} x\log x = 0$ 推出。而系統熵值為 0，代表這個系統中的資訊量很小，即資訊很明確，倘若所有事件都有一樣機率發生 $p(x_i) = j^{-1}$，則

$$h(p) = -\left(\sum_{i=1}^{j} j^{-1} \log j^{-1} \right)$$
$$= \log j$$

則系統熵值為最大，代表資訊量很多，即資訊很不明確。

在連續分配情況下，我們可以比較常態分配和均等分配的資訊量，一常態分配 $x \sim N(\mu, \sigma^2)$ 的熵值為

$$h(p) = -\int_{-\infty}^{\infty} \frac{1}{\sqrt{2\pi}\sigma} \exp\left[\frac{(x-\mu)^2}{-2\sigma^2} \right] \left\{ \log\left(\frac{1}{\sqrt{2\pi}\sigma} \right) + \left[\frac{(x-\mu)^2}{-2\sigma^2} \right] \right\} dx$$

$$= -\int_{-\infty}^{\infty} \frac{1}{\sqrt{2\pi}\sigma} \log\left(\frac{1}{\sqrt{2\pi}\sigma} \right) \exp\left[\frac{(x-\mu)^2}{-2\sigma^2} \right] dx + \int_{-\infty}^{\infty} \frac{(x-\mu)^2}{2\sqrt{2\pi}\sigma^3} \exp\left[\frac{(x-\mu)^2}{-2\sigma^2} \right] dx$$

$$= \log(\sqrt{2\pi}\sigma) \int_{-\infty}^{\infty} \frac{1}{\sqrt{2\pi}\sigma} \exp\left[\frac{(x-\mu)^2}{-2\sigma^2} \right] dx + \frac{1}{2} \int_{-\infty}^{\infty} \frac{1}{\sqrt{2\pi}\sigma} \exp\left[\frac{(x-\mu)^2}{-2\sigma^2} \right] dx$$

$$= \log(\sqrt{2\pi}\sigma) + \frac{1}{2}$$

其中 $\int_{-\infty}^{\infty} \frac{(x-\mu)^2}{2\sqrt{2\pi}\sigma^3} \exp\left[\frac{(x-\mu)^2}{-2\sigma^2} \right] dx$ 可用分部積分法，令

$$du = \frac{(x-\mu)}{-\sigma^2} \exp\left[\frac{(x-\mu)^2}{-2\sigma^2} \right] dx \,\text{、}\, v = (x-\mu) \text{ 即可導出。}$$

而 $x \sim U(a, b)$ 均等分配的熵值為

$$h(p) = -\int_{a}^{b} \frac{1}{b-a} \log(b-a)^{-1} dx$$

$$= -\frac{1}{b-a}\log(b-a)^{-1}\int_a^b dx$$

$$= \log(b-a)$$

上式中，如果 $0 < b-a < 1$，就有可能出現負數的熵值，原因是連續分配的密度函數值不總是小於 1，因此按定義熵值就有負值的可能性。在上面的例子中，常態分配的熵值僅與變異數有關，而均等分配的熵值與上下界數值有關，而當變異數值趨近於無限大 ($\sigma^2 \to \infty$)，或上下界區間趨近無限大 $b-a \to \infty$，則熵值也趨近無限大，代表資訊量非常大，但資訊極度不明確。

　　從上面的介紹中可以知道，最大熵值法的推論是以機率分配的資訊量為主，最大熵值就是指最大資訊量，也就是最小確定性作為目標式來進行統計推估。一般在應用上，會與貝氏機率推論結合，透過不斷更新限制式條件，加上對於事前分配的資訊，推導出滿足最大熵值的事後分配，來達成對於參數的推估。

　　為了讓讀者易於了解最大熵值法的實際應用，下面僅以簡單的語言學實例進行闡述，關其他的應用實例，請參閱參考方塊 3.9 的介紹。

參考方塊 3.9　最大熵值法在物種分配機率上的推估

　　最大熵值法在環境科學上可應用在一地理範圍內物種分配的機率推估 [105][106]，比方說有一種稀有鳥類 X，在一細分為 $\{G : g_1, g_2, ..., g_{100}\}$ 100 個的特定地理範圍內，曾經被觀察到「出現 / 未出現」的結果為 $\{X : x_1, x_2, ..., x_{100}\}$，其中在 g_i 中若 X 出現則 $x_i = 1$，若 X 未出現則 $x_i = 0$。現在我們認為影響出現或不出現的主要原因跟下面三個地理環境因素有關 T_1, T_2, T_3，每一個地理環境因素在這 100 個地理區塊中都有相應的測量值 $\{T_j : t_{j\cdot1}, t_{j\cdot2}, ..., t_{j\cdot100}\}$，現在根據既有的觀測資料 X 和 T_j，我們想利用最大熵值法來推估出此物種在這 100 個特定地理範圍中出現的真正機率為何？

假定我們推估出各區 X 出現的機率分配為

$$\begin{cases} p(x_i) = \dfrac{1}{m} \ \ if \ \ x_i = 1 \ \ for \ \ m = \displaystyle\sum_{k=1}^{100} x_k, \\ p(x_i) = 0 \ \ otherwise \end{cases}$$

然而我們需要考慮這三個地理環境因素對於各區稀有鳥類 X 是否會出現的影響，因此我們將三種因素的影響函數（經過標準化後）分別乘上各區 X 出現的機率，形成期望值

$$E_p(T_j) = \sum_{k=1}^{100} p(x_k) T_j(x_k)$$

然而這是理論上的影響函數值期望值 $E_p(T_j)$，其值必須要等同現實上我們觀測所得的影響函數值

$$E_{\tilde{p}}(T_j) = \sum_{k=1}^{100} \tilde{p}(x_k) T_j(x_k)$$

所以

$$E_{\tilde{p}}(T_j) = E_p(T_j)$$

我們採取最大熵值法來進行機率分配推估，即

$$極大化 \ \ H(p) = -\sum_{l=1}^{100} p_i \log(p_i)$$

$$受限於 \begin{cases} E_{\tilde{p}}(T_j) = E_p(T_j), j = 1, 2, 3 \\ \displaystyle\sum_{i=1}^{100} p_i = 1 \end{cases}$$

則我們可以使用 Lagrange 乘數法和受限極小化方法來解答上面的問題。解題的實際程序請詳閱參考方塊 3.10。

　　計算語言學（computational linguistics）是最大熵值法最常被應用的領域之一，其中主要被用在模式辨認（pattern recognition）上，比方說 A. L. Berger 等（1996）所舉之例 [107]，假定我們現在想知道一位英文翻法文譯者對於英文單字 in 的翻譯決定，透過初步的閱讀可知，此位譯者僅會翻成下面五個法文用法 {dans, en, à, au cours de, pendant}，因此我們可知這五個用法有相同的機率被選用

$$p(dans) = p(en) = p(\text{a}) = p(au\ cours\ de) = p(pendant) = \frac{1}{5}$$

　　然而事後我們進行更多的分析，發現 30% 的機率，此譯者會選用 dans 或 en，此資訊讓我們知道

$$p(dans) + p(en) = \frac{3}{10}$$

$$p(dans) + p(en) + p(\text{a}) + p(au\ cours\ de) + p(pendant) = 1$$

　　因此按照最大熵值法的推論原理，我們需要以分配資訊量最大，資訊明確度最低為目標，即將機率調整成越平均越好，結果如下

$$p(dans) = p(en) = \frac{3}{20}$$

$$p(\text{a}) = p(au\ cours\ de) = p(pendant) = \frac{7}{30}$$

　　假設我們又更仔細的檢查一遍，發現譯者有半數的機率會選用 dans 或 à，此時我們又多了一個限制式條件

$$p(dans) + p(\text{a}) = \frac{1}{2}$$

　　至此，最大熵值法變成了一個制限最佳化（constrained optimization）問題，以數學符號表示如下

$$極大化目標式 \quad h(p) = -\sum_{i=1}^{5} p_i \log(p_i)$$

$$受限於等式 \begin{cases} \sum_{i=1}^{5} p_i = 1 \\[2mm] p_1 + p_2 = \dfrac{3}{10} \\[2mm] p_1 + p_3 = \dfrac{1}{2} \end{cases}$$

$$受限於不等式 \begin{cases} p_1 > 0 \\ p_2 > 0 \\ p_3 > 0 \\ p_4 > 0 \\ p_5 > 0 \end{cases}$$

其中 $p_1 = p(dans)$, $p_2 = p(en)$, $p_3 = p(\text{a})$, $p_4 = p(au\ cours\ de)$,

$p_5 = p(pendant)$。

上式可用 Lagrange 乘數法（Lagrange multiplier）來取得分析解，若採用 Maltab 的內建函數解之，可得結果為

$$\begin{cases} p_1 = 0.1859 \\ p_2 = 0.1141 \\ p_3 = 0.3141 \\ p_4 = 0.1929 \\ p_5 = 0.1929 \end{cases}$$

關於 Lagrange 乘數法和 Matlab 解題示範，請參閱參考方塊 3.10。

參考方塊 3.10　Lagrange 乘數法和 Matlab 解題示範

本節所述之英翻法選字機率的推估問題，可以用非線性的制限最佳化（nonlinear constrained optimization）問題來解答之，其一般形式以數學表示為

$$Min \quad f(x)$$
$$Subj \quad A(x) \geq 0$$
$$C(x) = 0$$

解答此類問題最常用的方法就是 Lagrange 乘數法，其原理是將原本問題透過 Lagrange 乘數的加入，將限制式條件帶入目標式中，轉換原有的問題成為「適足認定」的系統方程組問題，然後再用解析或數值方法推出最佳解。

以上述英翻法選字機率推估為例，我們可以分別對三個不等式設定三乘數 $\lambda_1, \lambda_2, \lambda_3$，並將目標式由極大化轉換成極小化，然後將乘數乘上限制式加入目標式中形成新目標式

$$H(p, \lambda) = p_1 \log(p_1) + p_2 \log(p_2) + p_3 \log(p_3) + p_4 \log(p_4) + p_5 \log(p_5) +$$
$$\lambda_1(p_1 + p_2 + p_3 + p_4 + p_5 - 1) + \lambda_2(p_1 + p_2 - \frac{3}{10}) + \lambda_3(p_1 + p_3 - \frac{1}{2})$$

此處因為目標式由極大化轉換成極小化，所以將 $p_i \log(p_i)$ 項次的前乘負號去掉，同時如果最後 p_i 的推估值滿足限制式條件，則不管 λ_i 值為何，皆不影響目標式數值，因為三限制式都會為零，所以目標式不受影響。

經過這樣的轉換後，$H(p, \lambda)$ 變成一個單純的求極值問題，在解題上，我們對於這 8 個未知數分別進行一次微分並令其為零，則可以得到一個「適足認定」的系統方程組問題，其中有 8 個未知數，8 個限制式，可以解出唯一解。

$$\begin{cases} \dfrac{\partial H(p,\lambda)}{\partial p_1} = -\log(p_1)-1+\lambda_1+\lambda_2+\lambda_3 = 0 \\[2mm] \dfrac{\partial H(p,\lambda)}{\partial p_2} = -\log(p_2)-1+\lambda_1+\lambda_2 \qquad = 0 \\[2mm] \dfrac{\partial H(p,\lambda)}{\partial p_3} = -\log(p_3)-1+\lambda_1+\lambda_3 \qquad = 0 \\[2mm] \dfrac{\partial H(p,\lambda)}{\partial p_4} = -\log(p_4)-1+\lambda_1 \qquad\qquad = 0 \\[2mm] \dfrac{\partial H(p,\lambda)}{\partial p_5} = -\log(p_5)-1+\lambda_1 \qquad\qquad = 0 \\[2mm] \dfrac{\partial H(p,\lambda)}{\partial \lambda_1} = p_1+p_2+p_3+p_4+p_5-1 = 0 \\[2mm] \dfrac{\partial H(p,\lambda)}{\partial \lambda_2} = p_1+p_2-\dfrac{3}{10} \qquad\qquad = 0 \\[2mm] \dfrac{\partial H(p,\lambda)}{\partial \lambda_3} = p_1+p_3-\dfrac{1}{2} \qquad\qquad = 0 \end{cases}$$

　　由於非線性方程組在解析上較為複雜，我們可以利用電腦數學軟體來進行解題，下面以 Matlab 為例，我們可以利用其內建的函數資料庫，採用 Lagrange 乘數法來解題，或者直接解答非線性的制限最佳化問題。

一、採 Lagrange 乘數法之 Matlab 程式碼

　　先設定非線性方程組為

```
function F = myfun(x)
F = [−log(x(1))−1+x(6)+x(7)+x(8) ;
−log(x(2))−1+x(6)+x(7) ;
−log(x(3))−1+x(6)+x(8) ;
−log(x(4))−1+x(6) ;
−log(x(5))−1+x(6) ;
x(1)+x(2)+x(3)+x(4)+x(5)−1 ;
```

$$x(1)+x(2)-3/10 ;$$

$$x(1)+x(3)-1/2] ;$$

然後設定起始值

$$x0 = [0.2\ 0.2\ 0.2\ 0.2\ 0.2\ 0\ 0\ 0]' ;$$

再設定數值分析方法

options = optimset('Algorithm', 'trust-region-dogleg', 'Display', 'iter') ;

最後解題

$$[x,fval] = fsolve(@myfun,x0,options)$$

二、採非線性的制限最佳化解題之 Matlab 程式碼

分別設定目標式 objfun.m 和限制式 confuneq.m

function f = objfun(x)

f = log(x')*x ;

function [c, ceq] = confuneq(x)

A0 = [−1 0 0 0 0 ; 0 −1 0 0 0 ; 0 0 −1 0 0 ; 0 0 0 −1 0 ; 0 0 0 0 −1] ;

c = A0*x;

A = [1 1 1 1 1 ; 1 1 0 0 0 ; 1 0 1 0 0] ;

B = [1 3/10 1/2]' ;

ceq = A*x-B ;

然後設定起始值

$$x0 = [1/5\ 1/5\ 1/5\ 1/5\ 1/5]' ;$$

再設定數值分析方法

options = optimset('Algorithm', 'sqp') ;

最後解題

[x, fval] = fmincon(@objfun, x0, [], [], [], [], [], [], @confuneq,options)

這兩個解題法都可以得到一致的答案，即

$$\begin{cases} p_1 = 0.1859 \\ p_2 = 0.1141 \\ p_3 = 0.3141 \\ p_4 = 0.1929 \\ p_5 = 0.1929 \end{cases}$$

關於 Lagrange 乘數法和制限最佳化方法，請參考延伸閱讀四，Matlab 程式碼請參閱補充材料一和二。而 Matlab 電腦數學軟體的介紹，請參考延伸閱讀五。

本章所介紹的統計推估方法包括「最大概似法」、「最小平方法」、「最小離差絕對值法」、「極小化最大誤差絕對值法」、「動差法」和「最大熵值法」，這些方法都涵蓋了初等統計學的主要內容，也是掌握統計學作為科學分析和推論工具的基本思路，建議讀者應該仔細研讀，並且以應用和解題為最終學習目標；如果僅對這些推估方法輕輕帶過，沒有培養實際操作的能力，那麼將會限制其對於進階統計方法的理解能力。此外，在上述方法中，由於最大概似法和最小平方法在第四章迴歸分析中將會有仔細的解題示範，因此在本章中的講述僅以概念為主，而對於其他方法的操作，讀者宜以各節的內容去尋找應用實例來演練。

延伸閱讀

一、貝氏機率統計推估

關於貝氏機率統計推估，Sage 出版社的社會科學數量方法應用系列第 43 集，由 Gudmund R. Iversen 所著的小書《貝氏統計推論》（Bayesian Statistical Inference）[108] 是很容易閱讀的入門教材。在政治學領域，Andrew Gelman 等人（2013）所著的《貝氏資料分析》（Bayesian Data Analysis）[109]，以及 Jeff Gill（2015）所著的《貝氏方法：一個社會

和行為科學的研究途徑》（*Bayesian Methods: A Social and Behavioral Sciences Approach*）[110] 是反映近來貝氏統計方法在政治學領域成為學術時尚的代表作品。

二、作業研究

　　作業研究是管理科學中的主要數量方法課程之一，一般需要具備線性代數和微積分的基礎知識，對於社會科學的學生來說，Stuart S. Nagel（1976）的《作業研究方法》（Operations Research Methods）[111] 可提供簡單的線性和非線性規劃範例，而較為全面的介紹，則可以參考管理科學領域中作業研究的教科書，比方說由 Frederick S. Hillier 和 Gerald J. Lieberman（2010）所著的《作業研究導論》（Introduction to Operations Research）[112] 就是其中一本經典教科書。

三、熱力學和統計力學

　　熱力學和統計力學分別是物理學次領域中從宏觀和微觀角度分別來解釋物態轉變、能量轉換，分子運動的專業學科，對於社會科學的學生來說，內容上會比純粹數量方法的領域更為陌生和艱深，作者在此推薦兩本可讀性較高的中文教材，一是汪志誠（1996）的《熱力學與統計物理》[113]，另一是李政道（1995）的《統計力學》[114]。

四、Lagrange 乘數法和受限極小化方法

　　社會科學中使用 Lagrange 乘數法在經濟學和管理學中很常見，所以經濟數學或管理數學的相關書籍都會涵蓋，中文部分作者推薦蔡攀龍、陳彧夏（2004）所著《經濟學數學方法導論（靜態分析）》[115]，英文部分推薦 Alpha Chiang 和 Kevin Wainwright 的《數學經濟基本方法》（Fundamental Methods of Mathematical Economics）[116]。至於制限最佳化方法，J. Frédéric Bonnans 等人所著的《數值極大化分析：理論與實踐層面》（Numerical Optimization: Theoretical and Practical Aspects）[117] 是相當完整的一本專論。

五、Matlab 電腦數學軟體

　　Matlab 是一套功能強大的電腦數學軟體，特別是其內建的許多函數資料庫，已經將許多常用的數學方法寫成標準化的函數，使用者只需要呼叫，並且自由在其撰寫的程式中使用。在社會科學的統計教學中，教師通常會指定類似 SPSS、Stata、SAS 等統計軟體，但是這些軟體在進行程式設計上的功能有限；而其他常被指定且具有較強程式設計的軟體是 R 和 S-plus，這兩軟體的使用者也很多，特別是 R 是開放原始碼（open-source）的免費軟體，然而在程式設計的角度來說，Matlab 在整合各種數學方法和計算上都比 R 還要再便利些。基於此點，作者在此以 Matlab 來呈現 Lagrange 乘數法和制限最佳化方法的解題示範。關於 Matlab 的使用，請參考張智星（2015）所著《MATLAB 程式設計入門篇》[118]。

Chapter 4

▶▶▶▶

因果關係推論

社會科學研究的主要目的之一，就是對於社會現象進行因果關係的解釋和預測，然而對於因果關係的概念，由於社會現象與自然現象在本體上的差異，不一定有放諸四海皆準的性質，僅僅在有限時空範疇內具有「相對恆常」的性質。因此社會科學是否能真的成為「科學」，而社會科學的因果關係究竟指涉的意義為何，就成為第二次世界大戰之後科學化運動上的主要爭議，在政治學中，這股實證主義潮流被稱為行為主義革命 [119]。

　　本書涵蓋的內容僅限於統計學的範圍內，並不會針對因果關係在社會科學中的哲學辯論進行全面的討論，因此本章僅針對實證主義的後設理論觀點，來對於因果關係進行闡述和介紹。在進入主題之前，有必要跟本書設定的主要讀者 —— 社會科學領域的學生或研究者，說明學術社群對於滿足社會科學研究條件的基本要求，這點有助於讀者了解如何將實證主義的因果觀，透過採用統計學方法來達成社會科學的研究目標。關於社會科學哲學中的實證主義觀點，請參考延伸閱讀一。

　　國內早期社會科學方法論的課程，以政治學為例，由於多數教授這門課的老師都是選舉研究出身，因此在介紹實證研究時多指向民意調查和選舉研究，內容主要以抽樣設計、問卷擬定、訪問技巧訓練、調查程序督導、清理資料、撰寫調查報告等為主。這些內容固然是社會科學實證方法中很重要的部分，但是如果一開始沒有說明研究設計的宗旨和內涵，同學恐怕就會將實證方法等同於民意調查和選舉研究，顯然這絕非如此。

　　在西方的政治學界，特別在美國，不管是比政、國關或公行的領域，許多頂尖期刊的論文都是有實證研究為其基礎的，而一個好的實證研究，必須要有堅實的研究設計，這不管量化或質化研究都是如此。相對而言，實證研究在國內政治學界，除了少數領域之外，將原創概念落實到研究設計的努力相對較少，加上仍有不少學者對於實證研究不表認同，導致於部分人排斥實證研究，或者隨意將實證研究窄化成統計分析。事實上，實證研究可以是質化，也可以是量化；可以是個案研究、比較研究、統計分析，甚至是臨床實驗。反倒是理性選擇學派雖然用了很多數理推導，但究

竟屬不屬實證研究，端視其是否輔以實例進行驗證，如果沒有的話，那怕是再多的數學，其實都不能算是實證研究。

實證研究到底是什麼樣的研究？簡單來說，就是希望藉由對於客觀世界的理解，採用科學的方法，來回答我們有興趣的問題，這裡的關鍵字在於「客觀世界」、「科學方法」和「回答問題」，也就是說，一個研究若缺乏客觀經驗事實作為基礎、若沒有採用科學的方法、若沒有回答目前學科領域的重要問題，就不是一個好的實證研究。而本章所闡述的，就是針對實證研究的科學性，特別是在「因果關係推論」的議題上，來討論統計學在實證主義因果推論上的應用。

參考方塊 4.1　社會科學中的實證主義哲學觀

社會科學在二次世界大戰之後興起了科學化運動，其背景是源於實證主義科學哲學在 20 世紀初對於科學應該脫離形而上學的思潮脈絡，主張科學活動應該遵循一套在形式語言上符合邏輯、在知識內容上以經驗主義為依歸、在科學理性上以實證主義為圭臬的社會科學方法論。他們反對柏拉圖、亞里斯多德以降的理型論、整全論和目的論主張[120]，也反對實存論觀點中對於超驗認識論、實存本體論缺乏感官人際互通基礎的知識論主張[121]；更重要的是，實證主義認為知識的追求沒有外於人類主體之外的永恆存在，即不存在「全知全能的神」創造宇宙萬物所存在的形而上預設觀點。

在這樣的哲學觀下，科學是基於人類為主體，對於經驗世界進行觀察、考察、實驗所形成的客觀知識，唯有邏輯法則和感官經驗可以作為知識體系的基礎，必須摒除一切形而上論點的偽科學宣稱。依此脈絡，以否證論為方法論基礎的社會科學風潮快速的在二戰之後散布到以美國為首的西方學界，至今仍是社會科學研究中的主流思考。而實證主義在社會科學哲學上的立場，基本上傾向自然主義，也就是預設了社會本體

的「相對恆常」存在，主張經驗論的認識論，以及採用歸納邏輯作為建構知識、演繹邏輯作為檢證知識的方法論體系。在哲學上，實證主義不把「因果關係」上綱到實存層次的絕對真理，而是基於知識的暫定性，將「因果關係」視為人類有限時空下對於經驗本體的認識[122]。

4.1　實證主義方法論

在進入實證主義因果邏輯的討論前，我們有必要對於實證主義方法論，特別是如何進行一個好的實證研究來進行介紹。

學會問問題是進行實證研究的第一步，這看起來簡單，但實際上卻有不少學問。根據過去經驗，許多政治學生在撰寫報告時會訂出下面的題目，比方說：「台灣健保制度之研究」、「美日安保條約之研究」、「從新制度論來研究半總統制」。這樣的題目如果僅僅是作為「標籤」來概括稱呼整個研究，或許沒有太大問題，但就選題的角度來說，如果研究者沒有發展出詳細的問題意識，而所有想法又只停留在想要研究健保制度、美日安保、半總統制，那麼這就不是個「及格」的問題意識，因為研究者沒有提出任何的研究問題，也沒有針對問題提出可能的論點（argument）；這樣一來，研究者雖有研究對象，但沒有清楚的「問題意識」，也沒有可能的解釋論點，很難成為一個具有因果解釋力的實證研究。

這說明了：「沒有問題，就沒有研究！」但難道我們不能單純研究一項事物並且說清楚其性質即可？作者認為，說明清楚事物本質特性之研究，在政治學領域中的確有存在的必要，但在實證主義科學觀下，政治科學家對於一個好的實證研究有更多的要求，主張敘述性研究只是基本工作，更重要的是透過對於各種因果關係的探求，再進一步回答事物本質的內涵。也因此，從因果關係的角度想清楚「問題意識」，正是進行研究設計最重要的第一步。

4.1.1　問題意識

怎樣才是好的「問題意識」呢？評斷一個研究問題好不好，主要可從下面三項標準來看：一、是不是一個清楚的研究問題。二、是不是一個現實上可以被研究的問題。三、在目前的學科領域中是不是一個有貢獻的問題。

一、研究問題的「明確性」

一個好的問題意識必須要有明確的研究問題，簡單來說，就是「被解釋項」（explanadum）要明確，或者使用術語來說，就是「依變項」（dependent variable）要能夠被清楚的定義，同時最好先把依變項可能的變化範圍找出來，避免挑選一個問題但其所有相關案例中的依變項值沒有變異。也因此，要能夠說一個好的問題意識之前，多半的研究者已經花了很大的功夫去進行事前的研究，並且甚至已經在進行資料的蒐集和初步的分析，或者若是一個概念上較為複雜的題目，往往依變項的理論建構和概念化工作的進行，都是在提出問題意識之前就已深入進行的。

讓我們進一步說明上面所提及的幾個觀點。首先，依變項的清楚界定是最重要的，這看起來很簡單，但往往做起來比想像的難。比方說有同學要研究高雄港為什麼會沒落，在這個問題意識的背後，「沒落」可以有很多的意思，它可以是指「貨物裝卸量的減少」、「碼頭工人數量的減少」、「進港船隻的噸數或頻率減少」、「報關行和轉口貿易公司的銳減」、「世界上各大港口同時期貨物裝卸量的排名的退後」、甚至是「高雄港海關稅收和港口規費收入的減少」等等。這裡面有可能高雄港每年的貨物裝卸量還在成長，但因為貨物的目的地和內容不同，所以碼頭工人的需求不一定要那麼多，特別是科技的進步，已有許多各類型自動化起重和搬運設備可以替代人力；不過即便是成長，可能同時期世界各大港口的貨物裝卸量成長率提升迅速，而且轉口貿易的附加價值遠高於高雄港，所以儘管貨物裝卸量的絕對值增加，沒落卻可能是個不爭的事實。由此例看來，我們在定

義「依變項」時，需要從概念化、操作化、測量、甚至是指標選取上儘可能達到透明清晰，讓讀者可以清楚知道「被解釋項」究竟是什麼。

　　至於為什麼要先把依變項的變異範圍找出來，以前述為例，如果你發現高雄港長時間在世界上的排名一直不變，而衰退是以「世界上各大港口同時期貨物裝卸量的排名」為定義，那麼高雄港從來沒有衰退過。如果高雄港長時間是在上下兩個名次之間變動，那這問題的意義也不大，因為高雄港的排名無所謂前進或退步，基本上是呈現穩定的狀態。如果你不認同上面的定義，主張「沒落」指涉的是高雄港海關稅收和港口規費的收入逐年減少，那麼你要研究的「依變項」就不是「世界上各大港口同時期貨物裝卸量的排名」，而是「轉口貿易金額的變化」，這時你就已經改變「高雄港沒落」的定義了。

　　有人會質疑，如果高雄港的排名無所謂前進或退步，難道我們不能研究「為什麼高雄港從來沒有衰退過」嗎？當然可以，但是這樣的研究策略通常很危險，因為解釋依變項的沒有變動，往往會訴諸之前所觀察這段時間其他沒有變動的因素，然後驟下結論說是因為這些因素的沒有變動造成了高雄港排名的沒有變動，如此的推論在邏輯上冒著許多風險，包括：「循環論證」（circular argument）[123]、「過度決定」（over-determined）[124]、「選擇性偏差」（selective bias）[125] 等等問題，關於此方法論問題的解釋，請參閱參考方塊 4.2。

參考方塊 4.2　「依變項缺乏變異」的方法論問題

　　當依變項數值是固定時，代表被解釋項沒有變化，因此研究者只能去尋找沒有變化的可能因素當作候選的因果解釋，這時套用的解釋邏輯是「以不變解釋不變」，就是約翰彌爾所提出歸納法則中的「一致法」（method of agreement）[126]。然而由於我們所有的依變項數值都只是樣本資料，若驟然就以手邊所有資料下結論，則很容易產生下面三種推論上的謬誤：一、原本解釋邏輯上應該是探究何種自變項 (X) 造成依變

項 (Y)，卻反過來由依變項的不變來找尋不變的候選自變項當作解釋的原因 $(Y \rightarrow X)$，殊不知依變項的不變不見得是在母體中完全不變，可能只是在研究者有限時空的樣本下恰好不變，而這種倒果為因的推論就有「循環論證」的缺點。二、由於沒有數值變化的候選自變項可能有許多，因此研究者無法區辨視究竟何者，或者是哪幾個因素一起解釋了依變項的不變，這是「過度決定」的問題。三、如果研究者蒐集更多的樣本，往往會發現依變項事實上不會是定值，因此原先依變項不變的樣本並不具母體推論上的代表性，甚至有嚴重的「選擇性偏差」，因此無法對於依變項所代表事物的本質進行公允的解釋。

關於「依變項缺乏變異」的方法論問題討論，請參考延伸閱讀二。

從先前的討論不難看出，要說清楚「問題意識」、要明確定義「依變項」、要確認研究問題在現實上是否真的存在，其實都涉及到問題意識的「理論建構」或「概念化」工作。如上所述，當同學想要研究「高雄港沒落」所指涉的問題時，往往使用日常語言思考時，並不會真正對概念去進行思辯和澄清，也不會精確地去下操作上的定義；更進一步想，其實一個抽象的「沒落」概念，雖然在現實上可以從許多指標顯露出來，但是並不是所有指標所意指的都是同一個「沒落」的意象，甚至這些意象之間會彼此矛盾和衝突。所以作為一個負責任的研究者，有義務要在提出問題時，就對這部分的問題先進行釐清，否則很容易混淆，缺乏概念定義上的一致性，如此的研究在科學價值上就大打折扣。由此可知，雖然說清楚研究問題僅僅是提出研究設計的第一步，但絕非隨意脫口而出，而若果真隨意脫口而出，那麼往往之後在研究上會遇到很大的困難，使得研究無以為繼。

二、研究問題的「可研究性」

一個問題是否能夠真正的被研究，除了問題本身是否定義清楚之外，還有研究可行與否的問題。比方說在 1990 年代之前，許多學者想研究中國民主化的可能性，特別是從文化的觀點，來看看是不是中國人民普遍共

享某種文化元素，使得他們的威權取向普遍很高，而不利於民主化的進展。但作為一個經驗性研究，受限於中國大陸當時的政治因素，進行具有全國代表性的隨機抽樣根本不可能，尤其牽涉政治態度和民主概念的調查更是禁忌，所以最後僅能由一些文化觀察來進行概括性的思辯[127]，但終究不是以準確且有說服力的經驗證據來回答研究問題。

然而隨著時空環境的改變，今日已有許多的跨國的民意調查資料收錄中國大陸的政治態度、價值和行為的資料，如「世界價值觀調查」（World Value Survey）、「亞洲民主動態調查」（Asian Barometer）、「國際社會調查計畫」（International Social Survey Program）、「亞洲指標體系調查」（Asia Barometer）等，因此針對中國大陸所進行的政治文化實證研究就變成了近年來十分熱門的研究議題，相關問題的可研究性大為提高。

研究問題的「可研究性」所牽涉的範圍很廣，包括資料的可得性（很多歷史事件並沒有任何檔案資料留存）、研究對象的意願（有時被研究者不願意接受訪問或者被當成研究對象，如民調中的拒訪、口述歷史中的拒訪）、研究經費、人力和時空的限制、法規的規範（比方說為了研究販毒集團的產銷運送體系而加入販毒集團）、現實政治社會經濟等條件的限制，甚至是倫理的限制（比方說複製人的研究）等等，雖然這些因素並無法當作評判研究問題的學術價值高低，但畢竟社會科學作為一種人文活動，也會有社會的道德義務和現實上的各種考量，因此研究問題的「可研究性」將會是評估一個研究計畫好壞時的另一評判標準。

三、研究問題在該領域的學術價值

嚴格說，這個評判標準具有相當程度的主觀性，指涉目前學術社群內大家公認不同課題的重要性；換句話說，當前學術社群認為越重要的，研究問題的貢獻也就越大，學術價值越高。但徵諸歷史，許多革命性的研究在被提出之初，並沒有受到當時學術社群的重視，埋沒在許多的學術文獻當中而默默無聞，而是到了後來，往往基於偶然的機緣，大家開始重視

它，才猛然發現之前大家所忽視的研究問題，居然會有劃時代的貢獻，這樣的例子其實所在多有，請參閱參考方塊 4.3。

參考方塊 4.3　「學術價值」的主觀性

　　在學術界的各領域中，對於不同研究議題，甚至理論前提、方法論立場、研究途徑所造成學術評價的差異，是相當具有主觀性。在科學哲學上，此點已經由科學史家們對於科學理性的相對主義論述深刻的表達出來了，特別是 Kuhn 的「典範說」[128]、Lakatos 的「科學研究綱領方法論」[129]、Feyerabend 的「方法論無政府主義」[130] 都有清楚說明。簡單來說，一個科學社群對於該領域內部不同研究的學術價值評價，多半侷限在當時的主流學說框架內，是約定俗成的判斷，並且不時夾雜著許多非理性的因素，從事後來看，許多具有突破性的創新觀點，在剛被提出來的時候不被認同，甚至被刻意打壓和否定，往往在過了相當長的時間後才偶然地被重新檢視和接受，這說明了科學的進步並非都是直線前進的，許多一時一地被公認的學術權威典範，反而當下才是造成科學進步的阻礙。

　　在科學史中，「中心法則」（Central Dogma）是個上述現象的著名例子。其核心論點主張 DNA 控制細胞複製的過程，相關過程是由 DNA 轉錄 RNA 再轉譯成蛋白質合成物所構成的，而這個過程不可逆轉，這是從孟德爾遺傳理論進展到分子生物遺傳學上的革命突破。然而此典範所主導的時期，有許多使用傳統技術研究的遺傳研究或不符合中心法則的理論，如細胞質遺傳學（plasmatic genetics）研究（相對於孟德爾細胞核統治的遺傳觀點），其下場往往是不經檢證便遭到駁斥。著名的學者如芭芭拉・麥克琳托克（Barbara McClintock），雖然其研究在 1983 年獲得諾貝爾生理醫學獎得肯定，但在她提出細胞質遺傳理論的當時，由於她的主張與「中心法則」牴觸，普遍受到否定，甚至譏諷，這也讓她在 1953 年之後決定不再發表相關的研究發現。而她的學說後

來重新獲得學界的接受，是由於 1960 和 1970 年代遺傳學在研究基因調控機制上的進展，才讓她的學說最終受到科學界的肯定 [131]。

關於科學理性的相對主義觀點，以及當代不受主流典範接受但日後卻公認為重大科學進展的案例，請參考延伸閱讀三。

　　既然這項標準具有主觀性，為什麼我們需要理會這個標準？理由很簡單，上面所提到的例子，雖然不乏其數，但是有更多很有貢獻的研究是來自典範之內不斷的推陳出新，奠基在當代科學界認為頂尖的研究傳統之上。也因為如此，除非研究者獨排眾議，認為當前學術界都被有限視野所限縮而無法了解自己所提出問題的重要性，否則多半會尊重學術界同儕之間的判斷，特別是由學界執牛耳的資深學者們之間的共識。

　　這樣由相互主觀所形成的共識，總比任何一個個人所提出的特立觀點來得可靠，儘管在某些時候科學社群所下的判斷是錯的，然而學術界最難能可貴的是，只要存在有自由開放的理性辯論空間，終究學界會有新生的力量來推進知識的前進，而這些都是要建築在科學的累積性之上，即便有時會多走一些冤枉路。

　　也許讀者還是會有疑問：這樣的相互主觀性如何可得？以當代的觀點，每個學術領域都有頂尖的學術刊物，而每一篇能刊登上去的學術文章通常都經過非常繁複的學術審查過程，因此我們信賴專業上這些文章的研究成果。固然不代表每一篇文章的內容都是對的，但起碼代表學界在當下認為該領域的重要研究議程有哪些，對於這些重大研究問題的判斷，其實很大程度可以從目前頂尖學術刊物的走向看出，因而具有相對的客觀性。

　　最後就學術的意義和目的來說，人文社會科學最終的關懷還是要回歸到我們生活的社會，不僅在知識上追求真理，更是在實踐上解決我們所面對各式各樣的社會問題。也因此，臺灣政治學界許多重大的研究議題都跟我們自身的環境密切相關，包括民主化研究、兩岸關係研究、中國大陸研究、選舉行為研究等等，這裡面當然也會有因為個別學者的研究偏好和影

響力,而將特定議題拉抬成重大研究議程的現象。以政治學方法論領域來說,在量化方法部分,「區位推論」(ecological inference)的研究曾經在民國 80 到 90 年代受到一些台灣政治學者的重視,其問題指涉在缺乏個體資料情況下如何以總體資料來推論個體層次行為的研究;然而在國外社會科學的量化學界中,這個問題並非是一般學者認為的重要問題,因為倘若沒有個人層次資料,真正應該做的是取得可靠的個體層次資料,非輕率地用總體資料來推論個體行為 [132]。至於區位推論的使用,應該是在個人層次資料闕如的情形下不得已才進行的,所以在分析個人層次的政治行為時,運用「心理計量學」(psychometrics)找出個人層次可靠的心理態度測量,在重要性上遠比區位推論還高,但這卻與實際上的發展是相反的。由此可見,不同學術圈在一時一地所關切的重要議題,還是會受到許多主客觀的知識社會學因素影響。

4.1.2 研究問題的分類

一般而言,研究問題可以分成「本質性」、「論點式」、「實踐性」三種。「本質性」的研究基本上在回答「事實」的問題,也就是 What 的問題,而「論點式」的研究是目前政治科學分析的主流,主要在回答 Why 和 How 的問題,至於「實踐性」的研究,主要目的不在求事實真相、也不在求因果關係解釋,而是探求如何能將社會變得更美好,達到理想上的目標,因此相較於前兩種研究所注重的實然面,實踐性研究具有較強的應然和政策取向。

一、本質性研究

雖然這並非政治科學當前研究的主流,但是好的本質性研究是相當不容易達成的。以「制度主義」為例,目前多數專長在制度主義的政治學者,主要研究的目標並不單單是制度研究本身,更是需要回答制度如何影響人類行為這個大哉問;但是「制度」本身的客觀存在為何,如何從事實面來將事物的本質刻劃出來,就是屬於此類的研究。早期政治學有許多這

樣的研究，特別是從人類學家（比方說研究落後的第三世界低度開發國家的社會）、社會學家（某種複雜表象不明的社會現象）、經濟學家（某種交易制度的運作）、心理學家（人們行為背後所揭示的心理現象）、歷史學家（某種文化觀念的歷史傳承）……等的角度出發。這些研究不管本質為何，觀察、描述、整理和系統化事實現象，以及揭露客觀現象背後的社會意義都是研究的要旨。由於多半以個案研究進行，且不以追求建立普遍化全稱性命題為目的，因此當行為主義典範在政治學界興起之後，這些研究逐漸變得式微。許多人認為，如果研究只是在說故事，而其根據主要來自研究者的主觀感受，又研究目的不在建立理論或某種因果關係的辯證，這樣會讓知識無法累積，也無法推進社會科學研究的發展，因此逐漸被邊緣化。

然而上面對本質性研究的批判並不公允，事實上一個好的政治學研究，不僅要在論點辯證上有很強的邏輯和實證基礎支持，同時在最基本的事實認定上，也必須具備相當嚴謹的標準，否則「事實無所謂真偽」，那麼冀求實證基礎的驗證就顯得不切實際，這一點正如同若有位政治學者主張推翻大家過去對於歷史的認知，但卻另一方面強烈堅拒史實有任何的客觀性而不願進行史料的本質性研究，那麼這根本是自相矛盾而不符合學術專業。試論，如果大家認為事物有客觀的真實存在，而過往對於此事物真實存在的看法是錯的，現在有人想提出另一套對於此事物真實存在的認知，卻否定有必要說清楚那事物的本質，這根本是自失立場，自我否定。

因此，本質性研究不但不跟論點式研究相衝突，兩者應該是緊密結合、缺一不可。但是由於學科訓練之故，政治科學通常可以處理好的是論點式研究，若要在本質性研究上有出色表現，往往需要其他學科的專門訓練。打個比方說，如果做學問就像在烹飪，政治學的訓練目的在培養大家如何料理食材，做出美味的餐點（論點式研究），而關於如何栽植出品質好的食材，必須藉助其他學科訓練（本質性研究），至於社會大眾的口味和喜好，政治學者是將之當作為既定事實，而非當作應該被改變的現象，然而強調以各種教育宣傳方式來改變大眾品味，就屬於社會運動的範疇，

以實踐結果為最後的依歸（實踐性研究）。

二、論點式研究

論點式的研究一定要有問題的提出，從最廣義的角度來說，要分辨清楚事實，在整個探求的過程中必然存在許多問題要回答，若以此觀點，本質性和論點式研究是不能完全切割的。不過假如我們能夠完全相信自己認知的事實正確無誤，或者學界已經普遍接受某種事實認知，接下來的任務就是探究事物之間的因果關係，也就是在問題意識中所關切的依變項，是如何被其他事物所影響而產生變化的、其規律為何、結果為何，這就是論點式研究的主要目的。

實證主義所談的因果觀 [133]，若 A 是因 B 是果，那 A 和 B 必須滿足三個要件：

1. 經常聯結（constant conjunction） —— A 和 B 總是伴隨著發生。
2. 時序先後性（temporal sequence） —— B 總在 A 發生之後才發生。
3. 非虛假關係（non-spurious relation） —— 不存在其他因素 C，使得 C 同時造成 A 和 B 的先後發生

以淺顯的話來表達，論點式研究希望能夠清楚地將因果關係的規律，透過實證研究發現的證據，作為其論點具有說服力的基礎。如果一個數理模型推導的再完美，但在現實中無法得到經驗證據的支持，那就科學性來說，反而不若純粹由經驗而歸納出的論點。這也就是說，知識的真實性和可靠性不奠基在純粹的推理上，而是在對於經驗現象的準確對應上。

或許有人會認為上述的因果關係假定太簡單，不符合社會科學領域對於結構因果觀或網狀因果觀的看法。然而，不同因果關係內涵的假設與論點式研究本身並沒有任何衝突，一個研究者當然可以提出一個複雜因果觀的主張，只要能夠在經驗上得到實證結果的支持，沒有理由不相信這個複雜的因果關係結構是存在的。但重點是，關於每一個因果關係的宣稱（每一條因果路徑），實證主義者強調其定義應該是清楚的，而基於此，研

究者可以架構不同程度的複雜因果網絡，但他們必然無法否定有「因果關係」存在的先驗假設，不然一切都歸結於偶然和虛無，這不但與一般人認知不同，也有違科學追求系統化知識的原意。

三、實踐性研究

　　實踐性研究強調社會科學研究在現實上的應用成果，即理論與實踐的切合性。除了政策評估之外，許多政治學者都避免涉入，因為這會讓學術研究看起來有濃厚的政治性，違反了價值中立的實證主義科學觀。以比較政治學中的政治發展（political development）次領域為例，在 1960 末到 1980 年代間曾經發生現代化理論學派與依賴理論學派，針對中南美洲為何在經濟發展上無法有長遠的進步，產生了針鋒相對，甚至是具有高度政治性的論辯 [134]。現代化理論學者認為中南美洲國家的經濟發展問題出自國家內部的政治動亂無法有效地提供經濟發展的必要條件，並且此問題的根源來自於這些國家並未隨著工業化而發展出相對應的現代性文化 [135]。但對於依賴理論學者來說，中南美洲經濟發展的困境，主要是這些歐美核心國家所建構的全球資本主義體系，牢牢地宰制了類似像中南美洲的開發中邊陲國家，因此這不是現代化發展程度與否的問題，也不是文化上有任何阻礙經濟發展的因素，而是歐美國家為了掩飾其宰制第三世界國家的事實，而加諸於他們的無謂之詞 [136]。可想而知，這樣的論辯極具政治性，也引起相當大的爭議。

　　此外，在國際關係理論中亦有相似的辯論，特別是在現實主義和建構主義的兩大陣營中，一方主張無政府狀態本來就是國際關係現實，而主張以集體認同為基礎的多邊安全機制，最終仍然是會由強權所主導，而淪為其取得國際行為的合法性之橡皮圖章，如果一旦未獲支持，強權事實上也不受拘束，可以逕自採取單邊行為，最後結果仍然會被各國所接受，因此國際關係本質就是權力鬥爭，而且是依國家所具有的總體實力為基礎 [137]。對於建構主義來說，現實主義者會看到這樣的圖像，都是受限於他們腦中所認知的現實主義國際關係理論，但國際關係事實上並不存在現實主義的本質，而是有許多不同可能性的存在。因此一旦集體認同所產生的共識能

夠產生，維持世界和平的多邊機制就可以穩定維持下去，甚至逐漸強化最終轉變成世界政府，因此我們過去和現在所看到的國際關係本來就有所差別，未來也會不同，而這演變的動力不僅包括物質因素，同時也受理念因素的影響[138]。兩方的辯論雖然看似學術，但往往在期刊發表和人員升等進用上涇渭分明，現實主義者認為建構主義所言都是建築在希望、理想而非現實證據；建構主義者認為現實主義對於現狀的認知不但極端偏頗，同時也錯將目前未發生的事實當作永遠不會發生。這兩方的爭執，在過去常常流於意氣之爭，儘管也有許多學者主張應該打破各自典範的藩籬，鼓吹典範間對話和合作。

　　實踐性研究的關懷在於改變現實，因此往往被學界認為是運動，而非學術，如果學術是關心客觀事實，就應該嚴守客觀第三者的角色來將現實當作客體，而非涉入其中，摻入主體的角色而企圖使主客不分。這樣的觀點十足的反映了實證主義的知識社會學立場[139]，讀者可以不必認同，不過目前美國主流政治學界受實證主義影響甚深，對於實踐性研究的政治性色彩仍然抱持著否定的態度。

4.1.3　社會科學研究的因果觀

　　下面是幾種社會科學研究可能的因果觀，可以當作研究設計中的核心論點，這幾種因果觀不必然互斥，也不見得要用本質論來否定其論點的價值，而是關乎於作者能否提出有利的論述和經驗事證，強化其因果關係主張讓人覺得有說服力，事實上主張相同因果觀的人可能各自在論點說服力上有很大的差別，而不同因果觀主張的論點也可能同時都具有很強的說服力。

一、單一因果觀

　　在其他狀態不變下，操縱一個因子會造成結果的不同。

$$X（原因）\rightarrow Y（結果）$$

　　在自然科學界，「在其他狀態不變」這個條件可由實驗室環境的控制

來滿足，而只去變化操縱變因，如果可以看到相應變化的結果，那麼即確認操縱變因與實驗結果之間的因果關係。這樣的推論邏輯，特別是「在其他狀態不變」這個條件的滿足，如果完美的實驗室環境不可得，通常會以「隨機分派」和「統計控制」的方法來達成，目的都在去除干擾因素（confounding factors）對於實驗結果的影響。

二、歷史結構論

主張結果的發生奠基在一個必要的社會結構（歷史長時間演變而形成的）以及一些可能的觸發因子的驅動。

$$X_i（歷史結構, 必要原因）+ Z_j（觸發因子, 情境因素）\to Y（結果），其中 \ i, j \geq 1$$

這裡將 X_i 看作某種社會結構，為產生結果的必要條件，而觸發因子 Z_j 為情境因素，是促使結果在 X_i 結構下產生結果的配套因素，這裡 X_i 和 Z_j 的組合可以有很多種可能，比方說：多組 $\{X_i, Z_j\}$ 的充分條件配套，但每一個配套中 $\{X_i, Z_j\}$ 都是獨特的；或一個 X_i 結構下，多個 Z_j 都可與其配套成為 Y 產生的充分條件；或同一個觸發因素 Z_j，可以和不同的社會結構 X_i 形成 Y 產生的充分條件。

三、多重因果觀

主張一個事物的發生都可能有多重因果解釋，也就是不同因果路徑最後產生相同的結果，殊途同歸。

$$X_i \to Y（結果），其中 \ i > 1$$

這裡 X_i 可以看作單一因素、也可以看作某一因果路徑，甚至也包括某種歷史結構配套條件，總之結果的產生，可以有完全獨立的不同因素所造成，因此當我們發現一種解釋說法很有說服力時，並不能排除同時間其他說法一樣有說服力。

四、網狀因果觀

強調社會現象是複雜的因果網絡，隨時隨地各種因素都在彼此作用，難以區分誰是因、誰是果。因此一個完整的因果論點，是要揭露因果網絡

的全貌，而非化約成為單一因造成單一果這種過度簡化不符實際的分析。

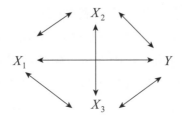

　　關於這種因果觀的應用，有學者甚至強調應該把箭頭去掉，不要論因果，只論事物之間彼此的聯繫關係，並且主張任何社會情境都是特殊的，反對用通則化的方式將上面的社會網絡一般化用來分析其他社會網絡。

五、否定因果觀

　　否定政治學者的任務在解釋客觀的「因果關係」，而認為只在於「理解」行動者進行各項政治行為背後的社會意義。這一點與網狀因果觀不同的是，否定因果觀根本不主張社會現象有任何的客觀事實，一切社會現象都必須經過主觀的認識才能被發現。也因此，社會現象的研究不在探討何種詮釋在認識論上具有絕對正確的性質，而在透過不同主觀詮釋的相互溝通而形成共識，達成認識上的統一。然而，這個過程不一定會達成共識，在意義上也不以形成共識為溝通的先決條件，而是溝通的過程本身就富含人文社會的精神，這才是進行人文研究的目的和價值所在。

4.2　實證主義的因果推論

　　上節提到，實證研究對於因果關係的假定通常有三要件：一、經常關聯性（constant conjunction）；二、時序先後性（temporal sequence）；三、非虛假關係（non-spuriousness）。在這三者中，「經常關聯性」可以採用相關性分析或迴歸分析的方法來評估；「時序先後性」通常在資料蒐集的過程中，已經確立了模型中各變量的在時間上的先後排序，或者以假設為

真的方式主張變量間的因果方向性；然而非虛假關係是最難確定的，因為研究者無法窮盡世上所有可能因素來做迴歸分析，因此學界的共識是除非有積極證據或合理懷疑某一自變項被忽略，若研究者在既有模型中已經對相關變數的選擇有充分討論，我們就可以暫時接受其實證分析的結果。

　　儘管實證主義方法論在社會科學界有許多質疑和批判的不同聲音，尤其是從科學實存論或詮釋學派的角度來論因果關係，實證主義因果觀當然是有問題的：不僅在認識論上過於偏斜到經驗主義、方法論上過於機械論、又缺乏本體論的任何主張、且直接將本體論化約到經驗層次忽略不同層次的存在（實存、實現、經驗）[140]，並且否證主義的傳統其實並不能解決上述「後設理論」層次對於因果觀的認知。因為典範之間並不一定存在一個共通的比較基礎，而典範轉移的過程也未必朝向更靠近「真理」的方向前進。這些問題，都是當代社會科學哲學中的關鍵問題，實證主義方法論並不是唯一、也不是最好的學術典範。然而在講述統計學如何可以落實到因果推論時，實證主義方法論提供了一個概念和思路上最好的對接，也提供了在操作層次上具體的推論程序及其邏輯思維。因此，讓我們姑且服膺實證主義的因果觀，來好好的學統計分析的技巧，至於讀者對於實證主義可能的質疑或批判，可參閱黃旻華所著碩士論文「國際關係批判理論的重建與評論：科學實存論的觀點」[141]。

　　下面依照實證主義對於推論效力高低來簡述社會科學研究中探究因果關係的方法[142]：

一、實驗法（experimental method）

　　在實驗室中研究者可以完全控制外在變因，透過單純改變操縱變因，來得出最後實驗結果是否受操縱變因影響的因果推論方法[143]。如果實驗室環境不可得，比方說新藥療效的人體實驗，那麼控制外在因素對於實驗推論干擾效果最常用的方法就是「隨機分派」（random assignment），也就是將實驗組和對照組的背景條件透過隨機分派的操作，使得兩組對於

「操縱變因→實驗結果」的因果推論之干擾效果能降到最低的程度。實驗法可以用「事前 —— 事後設計」（before-after design）的概念來統括。

參考方塊 4.4 「隨機分派」在因果推論上的意義和作用

即便在自然科學中，往往我們發覺實驗室的環境是不完美的，沒有辦法控制所有一切可能的變因，特別對於許多現實上無法真正在實驗室進行的實驗，干擾因素所造成因果推論上的錯誤更是令人頭痛，因此「隨機分派」在此時就是排除干擾因素對因果推論產生偏差的一種辦法[144]。

隨機分派通常與隨機抽樣無關，這是兩種不同的概念。隨機分派往往用在自然科學中，比方說某種藥物的人體實驗，在這種實驗中，我們通常假設某種病症有其明確的客觀定義，因此不需要去窮盡當前世界上所有患此病的病人，只要從一個患者身上理解此病，就可以在千千萬萬相同的患者中看到一樣的病理特質；如果不同患者的病癥不同，那麼可能是在病理特質上具有亞型的區分，所以那也是病理的分類問題，與隨機抽樣所追求的代表性無涉。

下面的例子可以說明隨機分派的使用目的。假設有一藥廠研發出一個專門治療肝癌初期病人的新藥，理論上可以有效延長病人的生命，但目前尚未經過人體實驗的驗證。最近經過政府主管機關許可，該藥廠徵求了 300 位肝癌初期的病人自願進行此新藥的人體實驗，在實驗設計上，該藥廠的科學家準備將病人分成實驗組和對照組各 150 人，分別對實驗組病人投以新藥而對對照組病人投以原藥，這兩種藥在外觀上無異，病人也完全不知道他們被施以的是新藥還是原藥。在這整個實驗設計中，藥廠科學家是希望將施以新藥和原藥當作是操縱變因，而兩組病人三年的生存率當作檢驗療效的標準，但是因為這 300 人各來自不同地方，其年齡、性別、生活習慣、職業……等等因素全然不同，如果按某種特質分組，比方說性別，最後勢必造成推論上到底是因性別和是施藥差異

造成不同療效的推論困難。而如果要同時控制數十個變因，勢必又不可能，更何況還有千千萬萬沒有料想到的因素可能影響療效，也因此，藥廠科學家決定使用隨機分派，希望藉由隨機地將 300 位病患分成實驗組和對照組，而將兩群組中背景因素對於推論的總和偏差，藉由各種特質的交互影響而相互抵消，使得兩組的背景因素可以看作是相同的，因此可以得到施藥差異與不同療效間正確的因果關係推論。記得！這裡的關鍵概念是「背景因素對於推論的總和偏差藉由各種特質的交互影響而相互抵消」，而嚴格說，這是一個統計法則，當受試者的人數越多，隨機分派對於統一背景因素的效果就越好。然而，若只就單個因素，比方隨機分派後兩組的性別或年齡，不見得比例上會相等，因為這裡注重的是「各因素的總和偏差」，不是單項因素的齊一，而「總和偏差」的齊一，建立在統計學的大數法則下，所以受試者越多，隨機分派的對於排除干擾因素的效果就越好。

二、 準實驗法（quasi-experimental design method）

在上述提到的實驗法中，凡是研究者無法控制外在變因對於實驗結果影響的實驗方法就叫做「準實驗法」[145]。所以如果在某種實驗當中，「隨機分派」並無法真正施用在實驗組和對照組的組成上，那麼這個實驗就只能算是「準實驗」。準實驗法有很多不同的類型，主要的目的是透過不完整的實驗設計，但在知道實驗設計有瑕疵的狀況下，來進行因果關係的推論。比方說如果應用統計學在台大政治系是分兩班、同一老師教學（A, B 班），同學們針對同一份統計期中考試題作答，發現 A, B 兩班的平均分數分別是 $O_A, O_B (O_A \ll O_B)$，老師推測是出席率問題（原來兩班皆不點名），所以在 A 班加強點名直到期末，結果發現兩班的分數皆為 O_B，其「實驗設計」可以圖示如下：

$$O_A \qquad \mathrm{X} \qquad O_B \qquad \text{A 班}$$

$$O_B \qquad\qquad O_B \qquad \text{B 班}$$

在這裡其實也是「事前—事後設計」的實驗法，但是因為一開始沒有控制 A 和 B 班的背景因素（同學素質、男女、家庭經社狀況等等），但確實改採了不同教法之後（A 班從不點名改成加強點名，此為 X，即操縱變因），最後 A, B 班結果是一樣的，所以點名和考試結果之間確實有因果關係存在，即推論是 $X \rightarrow O_B$。

但有一種可能是因為原來兩班的背景不同，A 班風氣比較「脫線」，B 班大家普遍都很認真，所以因為期中考 A 班考砸 ($O_A \ll O_B$)，所以激起大家奮鬥向上的心與 B 班看齊，所以點不點名其實在 O_A 發生之後就沒有影響了，因此反而是 $O_A \rightarrow O_B$，而不是 $X \rightarrow O_B$。

由於準實驗設計有太多不同類型，關於這部分同學可以參考 Shadish et al（2001）一書 [146] 中有專門介紹。

三、 統計方法（statistical method）

當現實上無法對於被研究者進行實驗操作時，統計方法就成為透過事後推論來考察因果關係的主要方法。從最廣義的角度來說，統計方法是透過事後量化或質化資料的蒐集，在資料的樣本數夠大的前提下（通常要大於 30），依據數理邏輯的推論，在概念層次上進行變量的操控，來達成所謂「思考實驗」（thought experiment），而其結果就成為因果關係推論的依據 [147]。在因果分析上，最常使用的統計方法是「迴歸分析法」（Regression Method），其因果推論的關鍵在於「統計控制」，即參考方塊 4.5 中「共變法」（Method of Concomitant Variations）的應用，也就是從數學思考的立場出發，想像某一自變量在其他自變量不變的情況下單獨造成依變量的變化程度，來判斷現實上這樣的因果關係是否存在以及效果有多大。由於統計方法的施用，通常是無法應用實驗法和準實驗法下的次佳選擇，因此僅能透過事後資料分析來找出變量之間的相關性，無法在時序先後性上操控自變量來驗證因果關係，必須藉助理論假設和假設檢定等數理推論技巧來對因果關係進行評估。關於如何使用迴歸分析來進行因果推論的主題，將會在 4.3 節和 4.4 節中涵蓋之。

參考方塊 4.5 彌爾的五種歸納法則

約翰・彌爾（John Stuart Mill, A System of Logic, 1843）的五種歸納法則 [148] 是實證主義進行因果推論的主要邏輯法則，值得注意的是，彌爾對於五項法則的說明並不預設自變項和依變項，但下面為了說明方便，加上自變項和依變項的區別。一般來說，因果關係的主張多半是學者的理論假設，是屬於理論建構的產物，自有其意義，沒有必要用哲學觀點來否定政治科學家追求因果解釋的做法。

一、「一致法」（Direct Method of Agreement）

就是以自變項的不變來解釋依變項的不變。即若（A, B, C → X）和（C, D, E → X）則（C → X），也就是最大差異系統設計的方法。

二、「差異法」（Method of Difference）

就是以自變項的變異來解釋依變項的變異。即若（A, B, C → X, Y）和（B, C → Y）則（A → X），也就是最大相似系統設計的方法。

三、「一致與差異聯合法」（Joint Method of Agreement and Difference）

同時並用一致法和差異法。即若（A, B, C → X, Y）、（C, D, E → Y, Z）、（A, B → X）則（C → Y），也就是同時並用兩法。

四、「殘餘法」（Method of Residuals）

基本上就是消去法。即若（A, B, C → X, Y, Z）、（B → Y）、（C → Z）則（A → X）。

五、「共變法」（Method of Concomitant Variations）

原理和統計學上的迴歸分析相同，即當控制其他自變項值不變的情況下，變化某個自變項值會造成依變項值的變化。即若（A, B, C → X）、（A↑, B, C → X↑）則（A↑ → X↑）。

四、比較方法（comparative method）

　　在實驗法和準實驗法無法施用的情況下，而事後資料的樣本數又極為有限時，比較方法便成為在應用上較為合適的分析方法。基本上其應用，就是技巧性地針對僅有的少數樣本，聚焦在一些特定變量系統性的比較上，採取邏輯推論來對因果關係做出判斷，例如「最大相似系統設計」、「最大差異系統設計」等比較方法[149]。

　　以「最大相似系統設計」為例，其推論邏輯就是在極大化多數自變項不變的情況下，利用某一自變項的變異來解釋依變項的變異，而推定此自變項與依變項之間有因果關係，採取參考方塊 4.5 中「差異法」的因果推論。又以「最大差異系統設計」為例，其推論邏輯是在極大化多數自變項變異的情況下，利用某一自變項的不變來解釋依變項的不變，而推定此自變項的不變是造成依變項不變的原因，採取參考方塊 4.5 中「一致法」的因果推論。

　　下面可用一例來說明這兩種方法的使用。假設在某次餐會之後，小華、小林、小玲三個人都感到身體不適上吐下瀉，而小芬、小民卻沒事，事後調查這五人所吃的東西，可以整理如下：

最大相似系統設計

姓名	食物			身體狀況
小華	冷盤	生魚片	烤肉	上吐下瀉
小林	冷盤	生魚片	烤肉	上吐下瀉
小玲	冷盤	生魚片	烤肉	上吐下瀉
小芬	冷盤	炸魚	烤肉	安好
小民	冷盤	炸魚	烤肉	安好

　　顯而易見的，五人都吃了冷盤和烤肉，所以不可能是造成小華、小林、小玲中毒卻使得小芬和小民沒事的原因，而合理推測是因為前三人都吃了生魚片而後都上吐下瀉，但後兩人沒吃生魚片卻沒事，因此生魚片是

造成身體不適的罪魁禍首。

　　假設另一天五人又相約聚餐，吃的東西整理如下 ：

最大差異系統設計

姓名	食物			身體狀況
小華	冷盤	西瓜	炒飯	上吐下瀉
小林	冷盤	芒果	炒麵	上吐下瀉
小玲	冷盤	鳳梨	湯麵	上吐下瀉
小芬	冷盤	香蕉	壽司	上吐下瀉
小民	冷盤	蓮霧	肉圓	上吐下瀉

　　事後大家全都感到身體不適，但因為大家除了冷盤之外所有東西都吃得不一樣，卻都造成身體不適的共同結果，所以合理解釋冷盤是造成身體不適的原因。

　　上面的兩種比較方法可以並用，如下例：

兩法並用設計

姓名	食物			身體狀況
小華	冷盤	西瓜	炒飯	上吐下瀉、過敏
小林	冷盤	芒果	炒麵	上吐下瀉、發高燒
小玲	—	西瓜	炒飯	過敏
小芬	—	西瓜	炒飯	過敏
小民	—	西瓜	炒飯	過敏

　　小華和小林都共同吃了冷盤，也都共同產生上吐下瀉，利用「不變解釋不變」的邏輯，冷盤是造成上吐下瀉的原因。另一方面，小玲、小芬和小民除了冷盤之外，都與小華一樣吃了西瓜和炒飯，但他們卻只有過敏的現象，這說明了兩件事，一是再次證明冷盤是上吐下瀉的原因（變異解釋

變異），但同時也指出西瓜和炒飯兩者一起是造成過敏的原因（不變解釋不變）。

五、 個案研究（case study）

個案研究法，顧名思義就是對於單一樣本進行分析的研究方法，通常在分析上僅能採用「質化方法」，來對於個案做出因果關係的考察[150]。在這個範疇中，有許多歷史學、社會學、人類學的質化方法都可以採用，也對於因果關係主張的評估上有一定的貢獻。一般來說，常用的個案研究法有「參與觀察法」[151]、「過程追蹤法」[152]、「反事實推論」[153] 等方法。關於個案研究法的介紹，請參考延伸閱讀四。

最後，有政治學者認為統計方法、比較方法、個案研究法三者根本是同一種方法，都是透過事後資料蒐集，應用彌爾的五個歸納法來對因果關係進行推論，因此這三法至少在推論邏輯上沒有差別[154]，差別僅在於個案數（N）的不同。當個案數僅為一時，那是「個案研究」，推論效力最差，僅有「啟發」（heuristic）的作用，目的在「驗證」（test）或建立「通則」（generalization）。當個案數在二和二十之間 $(2 \leq N \leq 20)$，由於個案不夠多，統計工具使用上的效力太低（自由度不夠，資訊不足），所以適合使用「比較方法」，推論效力居中。最後是個案數大於二十，甚至是二十五、三十的情況，此時由於個案數夠多，所以可以使用統計方法來進行「統計控制」和「統計推論」。

4.3　相關分析的應用

相關分析是實證主義因果推論中的基礎方法，而相關係數則是實證主義因果分析時用來度量「經常連結」程度的統計量。就直觀的角度來說，相關係數就是標準化尺度後的共變數，是量測兩個隨機變量的共同變化程度，可從「完全相關」到「完全不相關」來進行程度上的描述。完全相關的兩變量可視為完全相依的變量，兩者差別只有尺度度量值的不同，然

而如此的尺度差異，只要採用線性變換的數學技巧，就可以找出兩變量之間一對一的對應關係。至於是同向或反向的相關，則端視相關係數的正負值而定。一般來說，正值的相關係數代表同向共變，而負值的代表反向共變，至於相關係數等於零的，代表兩個隨機變量缺乏共變，是相互獨立而缺乏因果關係。

讓我們先了解未標準化共變數的數學意義，令 X 和 Y 為任意兩隨機變數，兩者的共變數 $COV(X, Y)$ 可以定義為「X 和 Y 的平均離差乘積」：

$$COV(X, Y) = E([X - E(X)][Y - E(Y)])$$

倘若兩變數指涉同一變數，比方說 X，則共變數 $COV(X, Y)$ 就等於變異數 $V(X)$

$$COV(X, X) = E([X - E(X)]^2) = V(X)$$

因此我們可以把 1.5 節中對於變異數的解釋套用在共變數上，即共變數是量測兩個不同隨機變量之間共同變化的程度；與變異數最大不同之處是，由於共變數為兩隨機變量的平均離差乘積，而樣本中個別觀察值的離差乘積有正數有負數，使得共變數在計算上會有正負相消的現象，不像變異數皆為樣本中個別離差平方值的正數累加，因此正負相消的均衡程度，就決定了共變數的大小。正負相消越平衡，共變異值越小，此時共變數接近為零，若正負相消越不平衡而偏斜到正值或負值，共變異值越大，此時共變數接近為變異數，只不過此時共變數值有正有負，代表是同向變異和反向變異兩種不同狀況。

究竟共變數的物理意義為何？統計學初學者通常最大的疑惑就是無法理解共變數到底是一個怎樣的統計量。簡單來說，兩個數相乘的物理量，最容易的就是用面積的概念來理解，換句話說，我們可以將兩隨機變量 (x, y)，以其各自的平均數當作比較基準，轉換成垂直相交於原點 $(E(x), E(y))$ 的直角座標平面，x' 和 y' 軸分別代表兩隨機變量座標轉換後的數值，因此一個含有多組 (x, y) 觀察值的樣本，假設此樣本數為 n，則每一組觀

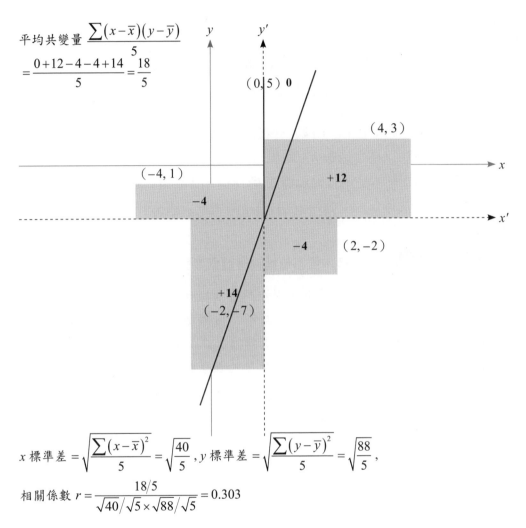

平均共變量 $\dfrac{\sum(x-\bar{x})(y-\bar{y})}{5}$

$=\dfrac{0+12-4-4+14}{5}=\dfrac{18}{5}$

x 標準差 $=\sqrt{\dfrac{\sum(x-\bar{x})^2}{5}}=\sqrt{\dfrac{40}{5}}$，$y$ 標準差 $=\sqrt{\dfrac{\sum(y-\bar{y})^2}{5}}=\sqrt{\dfrac{88}{5}}$，

相關係數 $r=\dfrac{18/5}{\sqrt{40}/\sqrt{5}\times\sqrt{88}/\sqrt{5}}=0.303$

圖 4.1　共變數概念的圖示

察值都可以被一個特定座標值 (x', y') 來定義，而從此座標垂直和水平與 x' 和 y' 軸相交所形成的長方形面積，就是共變數的基本構成量，當 (x', y') 在一三象限時，基本構成量就為正的，都是正向共變異的量測值；當 (x', y') 在二四象限時，基本構成量就為負的，都是負向共變異的量測值。最後在計算上，個別觀察值的基本構成量加總值，就被定義為正向或負向共變異的數值。

換句話說，共變數的計算，可以定義為

$$COV(X,Y) = \frac{\sum\limits_{i=1}^{n}(X_i - \bar{X})(Y_i - \bar{Y})}{n}$$

　　一般來說，如果當 (X, Y) 觀察值就是母體樣本，則 $COV(X, Y)$ 計算公式中的分母要除以樣本個數 n，如果當 (X, Y) 觀察值是隨機抽樣出來用以推論母體的抽樣樣本，則推論母體的 $COV(X, Y)$ 計算公式中，分母要除以樣本個數減一成為 $(n-1)$，詳細說明請參閱參考方塊 4.6。

參考方塊 4.6　採用樣本觀察值推論母體變異數、共變數的公式

　　對於統計初學者來說，採用樣本觀察值推論母體變異數和共變數的公式其分母為 $(n-1)$ 一事，往往難以理解。用最簡單的話來說，由於離差的計算使用到母體算術平均數作為基準值，而採用樣本推論時，母體算術平均數也需要被推論，因此在期望值的數學推導上，會損失掉一個樣本點的推論效力，下面即由數學推估的過程來說明變異數的母數推估是要將離差平方和除 $(n-1)$ 而非除 n 的原因。

　　我們知道

$$V(X) = E\left\{(X - E(X))^2\right\} = E\left\{X^2 - 2XE(X) + \left[E(X)\right]^2\right\}$$
$$= E(X^2) - 2E(X)E(X) + \left[E(X)\right]^2$$
$$= E(X^2) - \left[E(X)\right]^2$$

　　如果母體的算術平均數 $\mu_x = E(X)$ 為已知定值，k 是推估母體變異數的分母值

$$\hat{V}(X) = E\left\{\frac{\sum\limits_{i=1}^{n}(X_i - \mu_x)^2}{k}\right\}$$

$$= \frac{1}{k} E \left\{ \sum_{i=1}^{n} (X_i^2 - 2X_i \mu_x + \mu_x^2) \right\}$$

$$= \frac{1}{k} \left\{ E \left(\sum_{i=1}^{n} X_i^2 \right) - 2\mu_x E \left(\sum_{i=1}^{n} X_i \right) + n\mu_x^2 \right\}$$

$$= \frac{1}{k} \left\{ nE(X^2) - 2n\mu_x E(X) + n\mu_x^2 \right\}$$

$$= \frac{n}{k} \left\{ E(X^2) - [E(X)]^2 \right\}$$

因此分母 $k = n$。倘若母體的算術平均數未知，必須從樣本推估，則

$$\hat{V}(X) = E \left\{ \frac{\sum_{i=1}^{n} \left(X_i - \sum_{i=1}^{n} X_i \Big/ n \right)^2}{k} \right\}$$

$$= \frac{1}{k} E \left\{ \sum_{i=1}^{n} \left(X_i - \sum_{i=1}^{n} X_i \Big/ n \right)^2 \right\}$$

我們先整理期望值符號裡面的連加項

$$\sum_{i=1}^{n} \left(X_i - \sum_{j=1}^{n} X_j \Big/ n \right)^2$$

$$= \left\{ X_1^2 + \cdots + X_n^2 \right\} - 2 \left\{ X_1 \sum_{j=1}^{n} X_j \Big/ n + \cdots + X_n \sum_{j=1}^{n} X_j \Big/ n \right\} + n \left[\sum_{j=1}^{n} X_j \Big/ n \right]^2$$

$$= \left\{ X_1^2 + \cdots + X_n^2 \right\} - \left\{ X_1 + \cdots + X_n \right\} \left\{ X_1 + \cdots + X_n \right\} / n$$

$$= \left\{ X_1^2 + \cdots + X_n^2 \right\} - \frac{\left\{ \sum_{i=1}^{n} X_i^2 + \underbrace{\sum_{i=1}^{n} \sum_{j=1}^{n} X_i X_j}_{i \neq j} \right\}}{n}$$

$$= \frac{n-1}{n} \left\{ X_1^2 + \cdots + X_n^2 \right\} - \frac{1}{n} (X_1 X_2 + \cdots + X_{10} X_9)$$

把期望值帶進去

$$\hat{V}(X) = \frac{1}{k} E\left\{ \frac{n-1}{n} \left\{ X_1^2 + X_2^2 + \cdots + X_n^2 \right\} - \frac{1}{n} \left(X_1 X_2 + \cdots + X_n X_{n-1} \right) \right\}$$

$$= \frac{(n-1)E\left\{ X_1^2 + X_2^2 + \cdots + X_n^2 \right\}}{kn} - \frac{E\left(X_1 X_2 + \cdots + X_n X_{n-1} \right)}{kn}$$

$$= \frac{(n-1)nE(X^2)}{kn} - \frac{n(n-1)\left[E(X) \right]^2}{kn}$$

$$= \frac{(n-1)\left\{ E(X^2) - \left[E(X) \right]^2 \right\}}{k}$$

故 $k = n-1$。

同理也可以應用到共變數的推論公式中。

　　未標準化的共變數，由於 X 和 Y 兩隨機變量的單位尺度並不相同，因此乘積值必須標明單位尺度才有意義。為了方便推論兩隨機變量所代表概念之間的相關性，一般會使用標準化的尺度，也就是將 X 和 Y 的共變數除以 X 和 Y 的標準差乘積（可理解為將 X 和 Y 離差值各自用其標準差為統一單位來標準化），所以相關係數 r 遂被定義為

$$r = \frac{COV(X,Y)}{\sqrt{V(X)}\sqrt{V(Y)}}$$

　　或者以下式來看更為清楚

$$r = \frac{\sum_{i=1}^{n} \left(X_i - \sum_{i=1}^{n} X_i \Big/ n \right)\left(Y_i - \sum_{i=1}^{n} Y_i \Big/ n \right)}{n} \Bigg/ \sqrt{\frac{\sum_{i=1}^{n} \left(X_i - \sum_{i=1}^{n} X_i \Big/ n \right)^2}{n}} \sqrt{\frac{\sum_{i=1}^{n} \left(Y_i - \sum_{i=1}^{n} Y_i \Big/ n \right)^2}{n}} \qquad \text{--(4.1)}$$

相關係數 r 介於 1 和 −1 之間，如果 X 和 Y 兩隨機變量成同向的完全線性相依，則 $r=1$ 被稱做完全正相關（想像 $X_i = Y_i$）；如果 X 和 Y 兩隨機變量成反向的完全線性相依，則 $r = −1$ 被稱做完全負相關（想像 $X_i = −Y_i$）；如果 X 和 Y 兩隨機變量成線性獨立相依，則 $r = 0$ 被稱做不相關。

當 (X, Y) 皆為連續性隨機變量時，相關係數 r 是「皮爾森積差相關係數」，但如果兩變量其中有一個或兩個變量不為連續性變量時，則有許多不同的相關係數指標分別來描述兩變量的關聯性，下面按不同尺度變量配對所產生的相關係數分述之：

一、多分相關係數（Polychoric Correlation）

當兩變量 (X, Y) 都是多分順序類別尺度時，我們可以將這兩個變量視為背後皆有一個潛在的連續性量表，而當兩變量數值在某特定區間內，外顯上就呈現同一順序類別的結果，換句話說，雖然兩變量的外顯數值僅有 $R×C$ 種可能，但這是將背後所存在的二元常態分配，分別對 X 以 R 類別、對 Y 以 C 類別來進行順序類別的歸類，而多分相關係數所呈現的，就是此二元常態分配中的皮爾森積差相關係數。

二、四分相關係數（Tetrachoric Correlation）

當變量 (X, Y) 都是二分類別，或者是名目類別但可重新歸類成二分類別時，我們可以將這兩個變量視為背後皆有一個潛在的連續性量表，而當兩變量數值在某特定門檻值之上或之下，外顯上就分別呈現兩互斥類別的結果，換句話說，雖然兩變量的外顯數值僅有 $2×2$ 種可能，但這是將背後所存在的二元常態分配，分別對 X 和 Y 以二分類別來歸類，而四分相關係數所呈現的，就是此二元常態分配中的皮爾森積差相關係數。

三、多列相關係數（Polyserial Correlation）

當兩變量 (X, Y) 一為連續性變量，一為多分順序類別尺度時，我們可以將這多分順序變量視為背後皆有一個潛在的連續性量表，而當此變量數值在某特定區間內，外顯上就呈現同一順序類別的結果，換句話說，多分

類別變量背後的潛在連續性變量，與兩變量中原本就外顯的連續性變量，兩者分布呈二元常態分配，而多列相關係數所呈現的，就是此二元常態分配中的皮爾森積差相關係數。

四、二列相關係數（Biserial Correlation）

當兩變量 (X, Y) 一為連續性變量，一為二分順序類別尺度時，我們可以將這二分順序變量視為背後皆有一個潛在的連續性量表，而當此變量數值在某門檻值之上或之下，外顯上就呈現兩互斥類別的結果，換句話說，兩分類別變量背後的潛在連續性變量，與兩變量中原本就外顯的連續性變量，兩者分布呈二元常態分配，而二列相關係數所呈現的，就是此二元常態分配中的皮爾森積差相關係數。

五、其他關聯性係數

上面所列出的四種相關係數，都是在兩變量尺度至少其一不為連續性時，所推論背後存在的皮爾森相關係數，然而如果不對於潛在的分配假設進行主張，統計學者對於經驗上所觀察到的關聯性，有許多另外的描述方式，以兩個二分變量來說，「皮爾森 ϕ（Phi）相關係數」是最常用的一種關聯性測量（四格中的標記，數字在前為左右，數字在後為上下；其中右為 1，左為 2，上為 1，下為 2）

$$\varphi = \frac{n_{11}n_{22} - n_{12}n_{21}}{\sqrt{n_{\cdot1}n_{\cdot2}n_{1\cdot}n_{2\cdot}}}$$

以白話來說，φ 相關係數測量的就是四格中資料分布在對角線上的程度，如果全是分布在右上左下角，φ 值為 1 代表完全正相關，如果全是在左上右下角，φ 值為 -1 代表完全負相關，如果兩方向的數字均勻分布，則 φ 值為 0 代表不相關，因此 φ 相關係數的意義在概念上是可以類比於皮爾森積差相關係數。如果將 φ 相關係數推廣到兩個多分變量（包含其中一個可以是二分變量）的情況中，最廣義且較接近的相關係數為「古德曼及克魯斯卡相關係數 γ」（Goodman & Kruskal's γ），γ 相關係數可以適用在 $R \times C$ 的列聯表分析上，其值取決於所有「一致性配對總數值」(N_s)

和「不一致性配對總數值」(N_d) 的差額上，以一個 2×3 的列聯表為例

$$N_s = n_{11} \times (n_{22} + n_{23}) + n_{12} \times n_{23}$$
$$N_d = n_{13} \times (n_{21} + n_{22}) + n_{12} \times n_{21}$$

一致性配對總數值為列聯表中，任何一格凡是可以區分出順向對角區域的交乘積加總數值，不一致性配對總數值則為凡是可以區分出逆向對角區域的交乘積加總數值，因此 γ 相關係數的計算，就等於「一致與不一致性配對總數值差額」除以「一致與不一致性配對總數值總和」

$$\gamma = \frac{N_s - N_d}{N_s + N_d}$$

如果兩變量中有一個是連續性變量，另一個是二分或多分類別變量，在不做潛在連續性分配假設的前提下，可以直接採用皮爾森積差相關公式來計算相關係數，而結果分別被稱為「點二列相關係數」（Point-Biserial Correlation, r_{pb}）和「點多列相關係數」（Point-Polyserial Correlation, r_{pp}），兩者在解釋上與皮爾森積差相關係數完全一樣，其值介於完全正相關 (1) 和 (−1) 完全負相關之間，點二列相關係數又可表達如下

$$r_{pb} = \left(\frac{\overline{Y}_a - \overline{Y}_b}{S_y} \right) \sqrt{\frac{n_a n_b}{n(n-1)}}$$

其中 $\overline{Y}_a$ 和 $\overline{Y}_b$ 為二分變量按組別（ab 兩組）分組的連續性變量平均值（X 為二分變量，Y 為連續性變量），S_y 連續性變量不分組的總樣本標準差，n 為總樣本數，n_a 和 n_b 分別為 a 和 b 組的樣本數。在不對於類別或次序變量進行背後分配假設下，「點二列相關係數」和「點多列相關係數」都等價於「皮爾森積差相關」。

六、關聯性係數的多樣性

除上面所列的相關係數之外，還有許多的關聯性係數可以對於兩變量的關係進行測量，其多樣性反應了研究者所關注的不同特性，因此在使用

這些關聯性指標上，需要非常注意其數學定義和適用條件，否則很可能會發生誤用的情形。下面針對三類常用的關聯性係數，依其不同定義來進行介紹：

第一類 —— 以卡方統計量為基礎的關聯性係數

卡方統計量的基本思路，是先假設行列資訊是相互獨立下，在 $R \times C$ 的列聯表中各小格預期樣本數，與實際資料的樣本數，兩者標準化離差值平方和若越大，代表違反行列資訊獨立的假設程度越大，因此行與列資訊的相關度越高。而此類不同的關聯性係數，多半在於採用不同調整因子，這是因為卡方統計量會隨著樣本數越大而增加，所以需要將樣本數納入評估相關性大小的計算中。

1. 「卡方統計量 χ^2」（Chi-squared χ^2）

數學定義：$\chi^2 = \sum_{i=1}^{r} \sum_{j=1}^{c} \dfrac{\left[O(n_{ij}) - E(n_{ij}) \right]^2}{E(n_{ij})}$，其中 $O(n_{rc})$ 為 $R \times C$ 表格中的實際次數，$E(n_{rc})$ 為 $R \times C$ 表格中假設行列資訊相互獨立的預期次數。卡方統計量在使用上，需要考慮其樣本數，也就是自由度，來對相應的卡方分配進行統計上的假設檢定，以判定卡方值的高低是否呈現出行列資訊獨立或相依的結論。

2. 「列聯相關係數 C」（Contingency Coefficient C）

數學定義：$C = \sqrt{\dfrac{\chi^2}{N + \chi^2}}$，其中 N 為樣本總個數，χ^2 為卡方統計值。由於列聯相關係數最大值並不等於 1，因此需要除以調整權數 $\sqrt{\dfrac{k-1}{k}}$ 使完全相關時最大值為 1，使得列聯相關係數為介於 0 與 1 的正數。

3. 「克雷莫相關係數 V」Cramer's V

數學定義：$V = \sqrt{\dfrac{\chi^2}{N(k-1)}}$，其中 N 為樣本總個數，χ^2 為卡方統計值，k 為

較小的行列個數值。克雷莫 V 係數是皮爾森 ϕ (Phi) 相關係數從 2×2 表格推廣到 $R\times C$ 表格的指標，克雷莫 V 係數為介於 0 與 1 的正數。

第二類 —— 以減少預測誤差程度為基礎的關聯性係數

這類的關聯性係數，通常被稱為「誤差比例縮減」（Proportional Reduction in Error, PRE）的關聯性係數，概念上定義如下：

$$PRE = \frac{E_1 - E_2}{E_1}$$

其中 E_1 是 $R\times C$ 表格中純粹以列（或行）資訊所預測錯誤的分類樣本數，E_2 是 $R\times C$ 表格中將行（或列）資訊納入之後所預測錯誤的分類樣本數。而後者對於前者在誤差樣本數上的縮減所占原來誤差的比例，就是多將行或列資訊納入預測後所增加的預測正確率。此類的相關係數往往是「非對稱性的」（asymmetrical），也就是把行或列分別是為預設資訊所產生的指標計算結果是不同的，因此通常需要區分究竟是行還是列為預設資訊，而在符號標記上，通常以 $(C\,|\,R)$ 表示列資訊為預設、行資訊為後知的，同理可以應用在 $(R\,|\,C)$ 表示。

4. 「古德曼及克魯斯卡相關係數 λ」（Goodman & Kruskal's λ）

數學定義：$\lambda(C\,|\,R) = \dfrac{\sum\limits_{i} \max\limits_{j}(n_{i\cdot j}) - \max\limits_{j}(n_{\cdot j})}{N - \max\limits_{j}(n_{\cdot j})}$，　相比純粹以列資訊所預測出新樣本的分類結果，將行資訊納入之後所減少預測誤差量的大小。而 λ 的數值是介於 0（沒有縮減）和 1（完全縮減）之間。

5. 「肯德爾等級相關係數 τ_c」（Kendall's tau-c coefficient）

數學定義：$\tau_c = \dfrac{m(N_s - N_d)}{n^2(m-1)}$，其中 N_s 是同序配對數，N_d 是異序配對數，n 是所有配對數，m 是行列數中較小的數值。其中 $(N_s - N_d)$ 是

代表若兩變量有相關性（即預設兩變數的相關方向）下預測正確和預測錯誤的差距程度，而其他乘數則代表調整因子，使得 τ_c 的值介於 -1（完全負相關）和 1（完全正相關）之間。

6. 「桑莫斯相關係數 D」（Somer's D coefficient）

數學定義：$D(C|R) = \dfrac{(N_s - N_d)}{n^2 - \sum\limits_i n_{i\cdot}^2}$，其中 N_s 是同序配對數，N_d 是異序配對數，n 是所有配對數。桑莫斯 D 係數與肯德爾等級相關係數 τ_c 相似，都是測量同序配對和異序配對的相對比例數值，主要的差別在於採用不同的調整參數，其數值也是介於 -1（完全負相關）和 1（完全正相關）之間。

第三類 —— 以等級順序變數來套用皮爾森積差相關公式

在皮爾森積差相關係數的計算上，是以標準化共變異數來進行操作化的定義，而這樣的做法，也可以應用在等級順序的變量上，即不管兩變量原來的尺度為何，都僅採用其排序資訊，然後套用 $\dfrac{\mathrm{cov}(x, y)}{std(x)std(y)}$ 公式所推導出來的相關係數。

7. 「史皮爾曼等級相關係數 ρ」（Spearman rank coefficient rho）

數學定義：$\rho = 1 - \dfrac{6\sum d_i^2}{n(n^2 - 1)}$，其 d_i 中是在第 i 組配對（依其中一變量排序形成的配對序列）中，未排序變量與排序變量順位的差數，n 是總配對數。ρ 的數值，會等價於皮爾森積差相關係數公式套用在兩個順序變量的結果，ρ 的值介於 -1（完全負相關）和 1（完全正相關）之間。

參考方塊 4.7 **各個相關性係數計算的範例**

　　由於相關性係數種類眾多，計算上又十分複雜，因此下面以一個 3×2 的列聯表實例，來呈現 4.3 節中所提到各個相關性係數的計算。

	X = 1	X = 2	Total
Y = 1	32	20	52
Y = 2	26	22	48
Y = 3	19	31	50
Total	77	73	150

　　在 4.3 節所提的所有關聯性係數，除了「多分相關係數」、「四分相關係數」、「多列相關係數」、「二列相關係數」採用 Mplus 軟體估計外，其餘都可以用一般常用的統計軟體如 SPSS 進行計算。在各種關聯性係數中，古德曼及克魯斯卡相關係數 r 和四分相關、多分相關係數的估計值較高，而古德曼及克魯斯卡相關係數 λ 較低。一般來說，若主張外顯的次序或名目變量背後具有二元常態分配的假設，其關聯性係數推估值會比較高。最後，卡方分配的關聯性係數是依 $R \times C$ 表格的行與列個數而增加的，具體上由「自由度」(df) 數值來評估，即 $df = (R-1)(C-1)$，而在此例中卡方分配的自由度為 2，其卡方值（含）以上出現的機率為 0.9471，以單尾檢定來說，在 X 與 Y 的關聯性在顯著 ($p \le 0.05$) 邊緣。

相關係數指標	數值	為符合指標定義所做的資料更改
皮爾森積差相關係數	0.194	
多分相關係數	0.270	
四分相關係數	0.239	合併 Y = 2 和 Y = 3
	0.302	合併 Y = 1 和 Y = 2
多列相關係數	0.215	
二列相關係數	0.190	合併 Y = 2 和 Y = 3
	0.240	合併 Y = 1 和 Y = 2
皮爾森 ϕ 相關係數	0.198	
古德曼及克魯斯卡相關係數 γ	0.310	
點二列相關係數	0.194	Y 為連續變量
點多列相關係數	0.194	X 為連續變量
卡方統計量 χ^2	5.880	
列聯相關係數 C	0.194	
克雷莫相關係數 V	0.198	
古德曼及克魯斯卡相關係數 λ	0.112	合併 Y = 2 和 Y = 3
	0.164	合併 Y = 1 和 Y = 2
肯德爾等級相關係數 τ_c	0.210	
桑莫斯相關係數 D	0.211	合併 Y = 2 和 Y = 3
	0.158	合併 Y = 1 和 Y = 2
史皮爾曼等級相關係數 ρ	0.193	

　　上面的關聯性係數，都可以跟卡方統計量一樣進行顯著性的假設檢定 [153]。關於假設檢定的內容，請參考第 5 章。

4.4　線性迴歸分析

　　迴歸分析是針對過去已發生事件所蒐集而成的資料進行統計控制下的共變分析，本質上屬於實證主義的歸納法，在因果關係推論上採取約翰·彌爾所提出的「共變法」，亦即假定其他自變量不變下某自變量與依變量兩者的共變關係大小和方向。與實驗法不同的是，迴歸分析所採的統計控制，並不是透過實驗室控制或隨機分派所產生實驗組和對照組的比較，而是利用數學模型的邏輯推理，進行「思想實驗」，抽象推定各個自變量單獨變化時所伴隨產生的依變量變化程度，這些思想實驗所產生的共變情境，不一定是現實上真實發生，但都是邏輯上可能發生的假設性結果，是根據已知資料所推定產生的。

　　既然迴歸分析採用「共變法」及「思想實驗」，其因果推論上的「因」跟「果」都是人為假定並主張其具有滿足實證主義知識論中的因果要件：「經常聯結」、「時序先後性」、「非虛假關係」。其中迴歸分析中的共變分析就是找出統計控制下的「經常聯結」，而思想實驗就提供了「時序先後性」和「非虛假關係」上的假設主張；換句話說，迴歸分析真正發現的是共變關係，至於此共變關係是否具有實證主義所認定的因果性，是需要建立在「時序先後性」和「非虛假關係」兩假設成立的基礎上，而這兩個假設，恰恰是社會科學家們很難完全沒有瑕疵而能證成的，尤其是在橫斷面的資料分析中更是如此，因為這樣的緣故，許多社會科學家主張要保守的看待迴歸分析結果，強調迴歸分析找出的是共變而非因果關係 [156]。

　　由於本節的要旨在於介紹線性迴歸分析的方法，對於上述知識論的不同主張，作者不擬對特定立場進行辯護和批判，至於相關的科學哲學討論，請參考延伸閱讀五。

　　社會科學家在應用迴歸分析探求因果關係時，通常需要對於原因和結果進行假設，這些假設一般是從既定理論而來，而在界定上，首先要確定欲解釋的現象為何，即「依變項」，也就是我們假設為「果」的變數，而用來解釋結果的各種可能原因，則為「自變項」，是我們假設為「因」

的變數。一般實證研究所探討的「因果關係」，在統計上就可以簡化成下面的操作型定義：自變項和依變項之間的迴歸係數，是否可以排除抽樣風險來推論其共變關係在母體中是實際存在，也就是迴歸係數顯不顯著，其共變的方向為正為負的判定。關於迴歸係數顯不顯著的問題，會在本書第五章假設檢定中進行專論，本節主要涵攝的範圍是有關迴歸係數的統計推估，也就是共變關係的數值推定，

4.4.1 模型設定

　　模型設定是迴歸分析的第一步，由於迴歸分析是探求依變項數值的變異是否能夠被自變項的變異所解釋，形成所謂的共變關係，因此確定依變項是否有足夠的變異來被自變項所解釋，遂成為迴歸模型能夠成立的前提。倘若一組已知資料中，各觀察值的依變項數值皆為定值，那麼也不需要設定模型來解釋了，因為被解釋項本身為定數，所以只要尋找其他皆為定數的可能變因，就可能成為候選的解釋變項，無需使用到模型推估的程序。換句話說，如果依變項為定值而沒有變異，此時適合作為因果推論的方法是約翰・彌爾所提的「一致法」，即以自變項的不變來解釋依變項的不變，分析上通常採質化方法，並不適合用「共變法」來進行量化分析。

　　在確定依變項具有足夠變異的條件下，我們需要對於解釋依變項變化的各種相關理論進行考量，決定是否應該清楚的以自變項標明並納入模型設定中。一般而言，針對研究者主要希望驗證的理論，在模型設定中需要設立相應的自變項來代表，這些研究者重點關切的自變項稱為「解釋變項」；有些理論在過去研究中被發現有相關性，但並非研究者關注的焦點，代表這些理論的自變項，連同其他我們預期有共變關係的其他變項，則可視為「控制變項」；至於其他一切有可能與依變項有系統性的共變關係，但研究者無法一一在模型中標明且納入的自變量，最後都會透過常數項的設定來統括其綜合影響。

　　本節對於迴歸分析的說明，將會使用一個共同的範例來貫穿，由於

「解釋變項」和「控制變項」在操作上的意義並無差別，因此下面的討論並不對其進行區分。範例的敘述如下：

例 4.1：黃老師在教育界工作了 35 年之後退休隱居田園，他的嗜好是種植果樹，特別是荔枝，他的鄰居農友好心告訴黃老師種植荔枝樹的訣竅，關鍵在於荔枝的產量和雨量、氣溫、日照有密切的關係。黃老師為此做出了三個假設：一、當年度上半年雨量越多（一月到六月），會造成開花率降低，同時也會增加落果率，因此產量會減少。二、荔枝樹開花期（二月至四月）間最適合的氣溫是攝氏 16 度，如果這段時間氣溫過高或過低，與攝氏 16 度相差度數越大，荔枝在開花時的花芽分化率越低，則果實越少，因此產量會減少。三、荔枝果實的生長狀況與日照天數有密切關係，從結果開始到採收（四月到七月），日照時數越多，空氣的濕度越低，越有利於果實成果率，荔枝產量會增加。現在黃老師希望透過他過去七年的種植結果，來檢驗一下上面的三個假設是否成立，下表所列是過去七年（2009-2015）的數據：

時間（西元）	2009	2010	2011	2012	2013	2014	2015
產量（公斤）	780	790	750	710	770	700	820
上半年雨量（公釐）	561	670	601	755	597	742	605
開花期均溫差（攝氏）	1	4	3	7	6	3	0
結果期日照時數（小時）	533	597	458	318	566	377	429

令荔枝年產量為 Y，每年上半年雨量為 X_1，開花期間均溫與攝氏 16 度的相差度數為 X_2，而結果期間的日照時數為 X_3，則黃老師所欲驗證的三個因果關係假設如下所述：

假設一：若上半年的與雨量 (X_1) 越多，則會影響該年開花率變低和落果率變高，因此荔枝產量會較少。

⇒　已知 $(X_1, X_2, X_3 \rightarrow Y)$，若 $(X_1\uparrow, X_2, X_3 \rightarrow Y\downarrow)$，則 $(X_1\uparrow \rightarrow Y\downarrow)$

其他條件不變下，純粹 X_1 的變化會帶來 Y 的反向變化，兩者有負向的因果關係。

假設二：若開花期間的平均溫度與攝氏 16 度的相差越多，則開花時的花芽分化率越低，果實越少，因此荔枝產量會較少。

　⇒　已知 $(X_1, X_2, X_3 \rightarrow Y)$，若 $(X_1, X_2\uparrow, X_3 \rightarrow Y\downarrow)$，則 $(X_2\uparrow \rightarrow Y\downarrow)$

其他條件不變下，純粹 X_2 的變化會帶來 Y 的反向變化，兩者有負向的因果關係。

假設三：若結果期間的日照時數越多，則果實成長環境中的空氣濕度越低，越有利於果實成果率，荔枝產量會增加。

　⇒　已知 $(X_1, X_2, X_3 \rightarrow Y)$，若 $(X_1, X_2, X_3\uparrow \rightarrow Y\uparrow)$，則 $(X_3\uparrow \rightarrow Y\uparrow)$

其他條件不變下，純粹 X_3 的變化會帶來 Y 的正向變化，兩者有正向的因果關係。

針對上面的因果假設，迴歸模型應設定為

$$Y = \beta_0 + \beta_1 X_1 + \beta_2 X_2 + \beta_3 X_3 + e$$

可看成

$$\underset{\text{現實結果}}{Y} = \underset{\text{理論預測}}{\underbrace{(\beta_0 + \beta_1 X_1 + \beta_2 X_2 + \beta_3 X_3)}} + \underset{\text{理論與現實的差異}}{e}$$

細部來看，理論預測可以用 $\hat{Y}$ 來表示，Y 上面的三角形符號是「估計」之意，所以 $\hat{Y}$ 的意思是：「我的理論所預測出的依變項值」，也就是

$$\hat{Y} = \beta_0 + \beta_1 X_1 + \beta_2 X_2 + \beta_3 X_3$$

$\hat{e}$ 是「現實結果」與 Y（已知、不會變的現實）和 $\hat{Y}$「理論預測值」之間的差距，也是我的理論解釋不到的「誤差」，嚴格說也是依抽樣樣本所估計出來的結果。所以

$$Y = \hat{Y} + \hat{e}$$

針對 $\hat{Y} = \beta_0 + \beta_1 X_1 + \beta_2 X_2 + \beta_3 X_3$，在概念上，我採用的理論預測值 $(\hat{Y})$，等於下面四者的加總值：一、常數項 (β_0)，亦即除了雨量 (X_1)、溫差 (X_2) 和日照 (X_3) 之外，其他一切有系統影響 Y 但我無法一一列舉之因素對於荔枝產量 (Y) 的總和影響；二、雨量多寡 (X_1) 對於荔枝產量 (Y) 的影響 $\beta_1 X_1$；三、溫差大小 (X_2) 對於荔枝產量 (Y) 的影響 $\beta_2 X_2$；四、日照時數 (X_3) 對於荔枝產量 (Y) 的影響 $\beta_3 X_3$。

常數項 (β_0) 的意義，可以理解為在各種有可能影響依變項 (Y) 數值的因素中，由於我們無法窮舉出來，因此我們將所有這些因素影響的總和影響，包裹地以一個未知參數 β_0 代表之，也就是設定一個「自由參數」來估計所有未納入模型解釋但具有解釋力變因的綜合效果。

至於各個迴歸係數 $(\beta_1, \beta_2, \beta_3)$ 的意義，都可以一般化解讀為在其他條件不變之下，變化一單位自變項值 (X_1) 會造成幾單位依變項值 (Y) 的變化，這可對於模型設定進行思想實驗來推出，比方說 A 年的 (X_1, X_2, X_3) 的值為 (650, 3, 470)，則按模型其預估荔枝產量為 $\beta_0 + 650\beta_1 + 3\beta_2 + 470\beta_3$，倘若我們分別想像三個不同的自變項配對值，代表其他條件不變各自變項單獨增加一單位的天候情況，如 B 年為 (651, 3, 470)、C 年為 (650, 4, 470)、D 年為 (650, 3, 471)，則以數學關係來看，我們分別可以將 B、C、D 年三年的產量預測值分別與 A 年進行比較，得出

$$\hat{Y}_B - \hat{Y}_A = \beta_1$$
$$\hat{Y}_C - \hat{Y}_A = \beta_2$$
$$\hat{Y}_D - \hat{Y}_A = \beta_3$$

亦即 β_1 為其他條件不變下，變化一單位的 X_1 會造成幾單位 Y 的變化數值；β_2 為其他條件不變下，變化一單位的 X_2 會造成幾單位 Y 的變化數值；β_3 為其他條件不變下，變化一單位的 X_3 會造成幾單位 Y 的變化值；其他依此類推。也因此，如果迴歸係數數值為正，代表自變項和依變項有正相關，迴歸係數數值為負則有負相關，而迴歸係數為零則代表不相關。而上面黃老師所主張的三個因果假設，可以分別簡化成

$$H_1 : \beta_1 < 0$$
$$H_2 : \beta_2 < 0$$
$$H_3 : \beta_3 > 0$$

　　上面對於迴歸參數意義的詮釋，顯示了線性關係在迴歸模型設定最重要的優點，就是依變項數值，可由各個自變項產生的影響，獨立加總而得出。也因此當我們進行思想實驗時，我們可以將各個迴歸參數的數值，類比成經過人為控制（或稱統計控制）後某自變項對依變項所產生的共變關係的邊際效果，不需要深究到底經驗世界現實上是否存在我們用來進行思想實驗的自變項值配對組合，而好像我透過數學推理就已經在思考的範疇中，針對實驗組（比方說 B 組）和對照組（比方說 A 組）進行了變化操縱變因（X_1 增加一單位）和產生結果變化 (β_1) 的因果分析。

　　這邊附帶兩點說明，首先是關於常數項的詮釋，常見的習用觀點是用「截距項」來稱呼，表示當所有自變項為零時，依變項所在的數值，就好像在多維空間 ($X_1, X_2, ..., X_n$) 中，原點座標沿 Y 軸與模型預測線（若自變量為單個維度）相交的數值，因此幾何上表截距的意義。但這樣的詮釋有時並不適用，原因在於不是所有自變項的可容許值域都涵蓋零，以本節的範例來說，在雨量、溫差和日照三者中，僅有溫差可容許零值（即均溫正好為攝氏 16 度），雨量和日照在現實上幾乎不會有零值的情況發生，也因此截距項的幾何意義並不適用在對於常數項的詮釋中，還是理解為各種未列舉自變項的總和影響較合適。然而研究者有時仍然希望採用截距項的解釋方法，因此這涉及到了第二個議題，就是依變項和自變項進行「中心化」（centering）在模型設定上的考量，這點與常數項的詮釋密切相關；簡單來說，只要在線性模型中加入常數項，不管自變項還是依變項採不採取中心化操作，都不會影響迴歸係數的估計結果，然而如果要避免常數項難以用「截距」概念來解釋的問題，則可對自變項進行中心化的操作，如此一來「截距」的概念就會精準指稱「以基線模型特質為準的依變項預測值」的意義。如果進一步對於依變項都進行中心化操作，代表將所有系

性變異皆已排除，因此只要對迴歸係數採用不偏估計的推估方法，比方說最小平方法或最大概似法，則模型設定中即便不設常數項，也不會影響其他迴歸係數的推估數值，但須留心這樣的做法會讓依變項的意義產生變化。以黃老師種荔枝的範例來說，若採中心化操作，依變項就變成「該年荔枝產量與歷年平均產量的差額」，而非原來「該年荔枝產量的數額」，關於中心化操作對迴歸模型解釋的影響，請參考附錄四。

4.4.2　參數推估

迴歸分析的關鍵就在於迴歸係數的推估和依其結果對於因果關係的推論，因此參數推估的重要性毋庸置疑，針對線性迴歸模型，最常用的推估方法就屬「最小平方法」和「最大概似法」，兩者都是「最佳化」（optimalization）求極值的數學分析方法，其中關鍵的區別就在「分配假設」及「目標函數」兩者的不同主張。最小平方法並不對依變項進行分配假設，並採用最小誤差平方和作為目標函數的標準，屬於損失函數類型的最佳化問題。最大概似法則需要對於依變項進行分配假設，再依其分配假設，利用逆機率的推論方法，基於概似原則，採取最大概似函數值作為目標函數的標準，屬於機率推估的最佳化問題。下面分別採用 4.4.1 小節所提到的黃老師種植荔枝範例來展示線性迴歸分析的參數推估過程。

一、最小平方法

先寫出線型模型

$$Y = \beta_0 + \beta_1 X_1 + \beta_2 X_2 + \beta_3 X_3 + e$$

使用「最小平方法」，以及極小化誤差平方和，所以

$$Minimize \ \sum_{i=1}^{7} e_i^2$$

也就是

$$Minimize \ \ SSE\,(\beta_0, \beta_1, \beta_2, \beta_3) = e_1^2 + e_2^2 + e_3^2 + e_4^2 + e_5^2 + e_6^2 + e_7^2$$

已知

$$780 = 1 \times \beta_0 + 561 \times \beta_1 + 1 \times \beta_2 + 533 \times \beta_3 + e_1$$
$$790 = 1 \times \beta_0 + 670 \times \beta_1 + 4 \times \beta_2 + 597 \times \beta_3 + e_2$$
$$750 = 1 \times \beta_0 + 601 \times \beta_1 + 3 \times \beta_2 + 458 \times \beta_3 + e_3$$
$$710 = 1 \times \beta_0 + 755 \times \beta_1 + 7 \times \beta_2 + 318 \times \beta_3 + e_4$$
$$770 = 1 \times \beta_0 + 597 \times \beta_1 + 6 \times \beta_2 + 566 \times \beta_3 + e_5$$
$$700 = 1 \times \beta_0 + 742 \times \beta_1 + 3 \times \beta_2 + 377 \times \beta_3 + e_6$$
$$820 = 1 \times \beta_0 + 605 \times \beta_1 + 0 \times \beta_2 + 429 \times \beta_3 + e_7$$

所以

$$
\begin{aligned}
\mathrm{SSE}\,(\beta_0, \beta_1, \beta_2, \beta_3) = {} & (780 - 1 \times \beta_0 - 561 \times \beta_1 - 1 \times \beta_2 - 533 \times \beta_3)^2 + \\
& (790 - 1 \times \beta_0 - 670 \times \beta_1 - 4 \times \beta_2 - 597 \times \beta_3)^2 + \\
& (750 - 1 \times \beta_0 - 601 \times \beta_1 - 3 \times \beta_2 - 458 \times \beta_3)^2 + \\
& (710 - 1 \times \beta_0 - 755 \times \beta_1 - 7 \times \beta_2 - 318 \times \beta_3)^2 + \\
& (770 - 1 \times \beta_0 - 597 \times \beta_1 - 6 \times \beta_2 - 566 \times \beta_3)^2 + \\
& (700 - 1 \times \beta_0 - 742 \times \beta_1 - 3 \times \beta_2 - 377 \times \beta_3)^2 + \\
& (820 - 1 \times \beta_0 - 605 \times \beta_1 - 0 \times \beta_2 - 429 \times \beta_3)^2
\end{aligned}
$$

現在要分別對 $\beta_0, \beta_1, \beta_2, \beta_3$ 微分取一次導數，令其為 0 而求出四方程式，則

$$
\begin{aligned}
\frac{\partial \mathrm{SSE}\,(\beta_0, \beta_1, \beta_2, \beta_3)}{\partial \beta_0} = {} & 2 \times (780 - 1 \times \beta_0 - 561 \times \beta_1 - 1 \times \beta_2 - 533 \times \beta_3) \times (-1) + \\
& 2 \times (790 - 1 \times \beta_0 - 670 \times \beta_1 - 4 \times \beta_2 - 597 \times \beta_3) \times (-1) + \\
& 2 \times (750 - 1 \times \beta_0 - 601 \times \beta_1 - 3 \times \beta_2 - 458 \times \beta_3) \times (-1) + \\
& 2 \times (710 - 1 \times \beta_0 - 755 \times \beta_1 - 7 \times \beta_2 - 318 \times \beta_3) \times (-1) + \\
& 2 \times (770 - 1 \times \beta_0 - 597 \times \beta_1 - 6 \times \beta_2 - 566 \times \beta_3) \times (-1) + \\
& 2 \times (700 - 1 \times \beta_0 - 742 \times \beta_1 - 3 \times \beta_2 - 377 \times \beta_3) \times (-1) + \\
& 2 \times (820 - 1 \times \beta_0 - 605 \times \beta_1 - 0 \times \beta_2 - 429 \times \beta_3) \times (-1) \\
& = 0
\end{aligned}
$$

$$\frac{\partial \text{SSE}\,(\beta_0,\,\beta_1,\,\beta_2,\,\beta_3)}{\partial \beta_1} = 2 \times (780 - 1 \times \beta_0 - 561 \times \beta_1 - 1 \times \beta_2 - 533 \times \beta_3) \times (-561) +$$
$$2 \times (790 - 1 \times \beta_0 - 670 \times \beta_1 - 4 \times \beta_2 - 597 \times \beta_3) \times (-670) +$$
$$2 \times (750 - 1 \times \beta_0 - 601 \times \beta_1 - 3 \times \beta_2 - 458 \times \beta_3) \times (-601) +$$
$$2 \times (710 - 1 \times \beta_0 - 755 \times \beta_1 - 7 \times \beta_2 - 318 \times \beta_3) \times (-755) +$$
$$2 \times (770 - 1 \times \beta_0 - 597 \times \beta_1 - 6 \times \beta_2 - 566 \times \beta_3) \times (-597) +$$
$$2 \times (700 - 1 \times \beta_0 - 742 \times \beta_1 - 3 \times \beta_2 - 377 \times \beta_3) \times (-742) +$$
$$2 \times (820 - 1 \times \beta_0 - 605 \times \beta_1 - 0 \times \beta_2 - 429 \times \beta_3) \times (-605)$$
$$= 0$$

$$\frac{\partial \text{SSE}\,(\beta_0,\,\beta_1,\,\beta_2,\,\beta_3)}{\partial \beta_2} = 2 \times (780 - 1 \times \beta_0 - 561 \times \beta_1 - 1 \times \beta_2 - 533 \times \beta_3) \times (-1) +$$
$$2 \times (790 - 1 \times \beta_0 - 670 \times \beta_1 - 4 \times \beta_2 - 597 \times \beta_3) \times (-4) +$$
$$2 \times (750 - 1 \times \beta_0 - 601 \times \beta_1 - 3 \times \beta_2 - 458 \times \beta_3) \times (-3) +$$
$$2 \times (710 - 1 \times \beta_0 - 755 \times \beta_1 - 7 \times \beta_2 - 318 \times \beta_3) \times (-7) +$$
$$2 \times (770 - 1 \times \beta_0 - 597 \times \beta_1 - 6 \times \beta_2 - 566 \times \beta_3) \times (-6) +$$
$$2 \times (700 - 1 \times \beta_0 - 742 \times \beta_1 - 3 \times \beta_2 - 377 \times \beta_3) \times (-3) +$$
$$2 \times (820 - 1 \times \beta_0 - 605 \times \beta_1 - 0 \times \beta_2 - 429 \times \beta_3) \times (-0)$$
$$= 0$$

$$\frac{\partial \text{SSE}\,(\beta_0,\,\beta_1,\,\beta_2,\,\beta_3)}{\partial \beta_3} = 2 \times (780 - 1 \times \beta_0 - 561 \times \beta_1 - 1 \times \beta_2 - 533 \times \beta_3) \times (-533) +$$
$$2 \times (790 - 1 \times \beta_0 - 670 \times \beta_1 - 4 \times \beta_2 - 597 \times \beta_3) \times (-597) +$$
$$2 \times (750 - 1 \times \beta_0 - 601 \times \beta_1 - 3 \times \beta_2 - 458 \times \beta_3) \times (-458) +$$
$$2 \times (710 - 1 \times \beta_0 - 755 \times \beta_1 - 7 \times \beta_2 - 318 \times \beta_3) \times (-318) +$$
$$2 \times (770 - 1 \times \beta_0 - 597 \times \beta_1 - 6 \times \beta_2 - 566 \times \beta_3) \times (-566) +$$
$$2 \times (700 - 1 \times \beta_0 - 742 \times \beta_1 - 3 \times \beta_2 - 377 \times \beta_3) \times (-377) +$$
$$2 \times (820 - 1 \times \beta_0 - 605 \times \beta_1 - 0 \times \beta_2 - 429 \times \beta_3) \times (-429)$$
$$= 0$$

整理之後為

$$7\beta_0 + 4531\beta_1 + 24\beta_2 + 3278\beta_3 = 5320$$
$$4531\beta_0 + 2967845\beta_1 + 16137\beta_2 + 2091532\beta_3 = 3428870$$
$$24\beta_0 + 16137\beta_1 + 120\beta_2 + 11048\beta_3 = 17880$$
$$3278\beta_0 + 2091532\beta_1 + 11048\beta_2 + 1597912\beta_3 = 2508150$$

上列線性方程組有四個限制式和四個未知數，恰好可以求出唯一解

$$\beta_0 = 814.444$$
$$\beta_1 = -0.173$$
$$\beta_2 = -5.933$$
$$\beta_3 = 0.167$$

二、最大概似法

首先界定符號意義：

E：過去七年（2009~2015）荔枝產量是

$\{y_1 = 780, y_2 = 790, y_3 = 750, y_4 = 710, y_5 = 770, y_6 = 700, y_7 = 820\}$ 公斤

H：迴歸係數 $\{\beta_0, \beta_1, \beta_2, \beta_3\}$ 分別為多少。

根據概似原則 $P(H\,|\,E) \propto P(E\,|\,H)$，概似函數要推論的問題是事後機率 $P(H\,|\,E)$：即在西元 2009~2015 年荔枝產量分別是 780、790、750、710、770、700、820 公斤的條件之下，何組迴歸係數 $\{\beta_0, \beta_1, \beta_2, \beta_3\}$ 值為真的機率最大？但在操作上，概似原則推論標的是事前機率 $P(E\,|\,H)$，即在「何組迴歸係數 $\{\beta_0, \beta_1, \beta_2, \beta_3\}$ 值為真的條件之下，會發生西元 2009~2015 年荔枝產量分別是 780、790、750、710、770、700、820 公斤此一事實的機率最大。」

我們需要對於依變項的機率分配做出假設，否則無法定義 $P(E\,|\,H)$。在此我們假定依變項依循常態分配，即 $Y \sim N(\mu, \sigma^2)$，則可以寫出最大概似法的目標式

Maximize $\mathrm{L} \equiv P(E\,|\,H)$

$$= f(y_1, y_2 \cdots y_7 \,|\, \mu, \sigma^2)$$

$$= f(y_1\,|\,\mu, \sigma^2) \times f(y_2\,|\,\mu, \sigma^2) \times \cdots \times f(y_7\,|\,\mu, \sigma^2)$$

$$= \prod_{i=1}^{7} \frac{1}{\sqrt{2\pi}\sigma} e^{-\frac{(y_i-\mu)^2}{2\sigma^2}}$$

$$= \left(\frac{1}{\sqrt{2\pi}\sigma}\right)^7 e^{\frac{-1}{2\sigma^2}\sum_{i=1}^{7}(y_i-\mu)^2}$$

這邊我們假設「荔枝產量依循常態分配」，是指自然界的荔枝產量本來就是循著平均數 μ，變異數 σ^2 的母數而變化，這兩者是固定參數，是被我們假設已知的，所以這裡看成已知常數，寫成符號是 $Y \sim N(\mu, \sigma^2)$，$E(Y) = \mu, V(Y) = \sigma^2$。此外，原本呈象事件是指過去七年的荔枝產量，但由於我們假定每年荔枝產量都是彼此相互獨立且背後具有相同分配的資料產生機制，因此可將原本的以多維形式表示的密度函數 $f(y_1, y_2 \cdots y_7\,|\,\mu, \sigma^2)$，等同一維密度函數的連乘積 $\prod_{i=1}^{7} f(y_i\,|\,\mu, \sigma^2)$。

接下來，我們需要將線性模型與事前機率的母數 (μ, σ^2) 聯繫在一起，這樣才能具體將迴歸係數與概似函數的數學關係明確化，由於我們主張所提出的理論對於荔枝產量是「不偏估計」，意指大體而言我們理論對於荔枝產量的猜測是正確的，即 $E(\hat{Y}) = E(Y)$，所以隨機誤差期望值是零 $E(e) = 0$，又從事後推論的角度（記得迴歸分析的本質是事後歸納），雨量、溫差、日照 (X_1, X_2, X_3) 等自變項數值都是已知資訊，加上事後分配中的母體迴歸參數 $(\beta_0, \beta_1, \beta_2, \beta_3)$ 亦為未知定值（即我們希望探求的），因此

$$E(\hat{Y}) = E(\beta_0 + \beta_1 X_1 + \beta_2 X_2 + \beta_3 X_3) = \beta_0 + \beta_1 X_1 + \beta_2 X_2 + \beta_3 X_3 = \mu$$

將上面關係式帶入概似函數中

$$Maximize \ L \equiv \left(\frac{1}{\sqrt{2\pi}\sigma}\right)^7 \exp\left(\frac{-1}{2\sigma^2}\sum_{i=1}^{7}(y_i - \beta_0 - \beta_1 X_{1i} - \beta_2 X_{2i} - \beta_3 X_{3i})^2\right)$$

$$= \left(\frac{1}{\sqrt{2\pi}\sigma}\right)^7 \exp\left(\frac{-1}{2\sigma^2}\sum_{i=1}^{7}e_i^{\,2}\right)$$

因為 $e_i = y_i - \beta_0 - \beta_1 X_{1i} - \beta_2 X_{2i} - \beta_3 X_{3i}$，是每個觀察值在模型預測值和實際數據值之間的誤差。

接下來就可以具體對於概似函數進行極大化的最佳化數學運算，來找出線性迴歸模型中的各個迴歸係數解。在解題上，由於取對數的操作不會改變函數曲線的形狀，但又可簡化指數函數的運算，因此一般指數族函數的最佳化問題，都會先取對數（詳見附錄二）

$$\ln L = -\frac{7}{2}\ln(2\pi\sigma^2) - \frac{1}{2\sigma^2}\sum_{i=1}^{7}e_i^{\,2}$$

在上述對數概似函數中，包含了五個未知變數，分別為 $(\beta_0, \beta_1, \beta_2, \beta_3, \sigma)$，其中原本的母數 μ 已由線性模型中的四個迴歸參數取代。求參數解時，只要分別對於 $(\beta_0, \beta_1, \beta_2, \beta_3, \sigma)$ 進行偏微分並令其為零，就可以形成聯立線性方程組求得五個未知變數的參數解。

$$\frac{\partial \ln L}{\partial \beta_0} = 0 \ , \quad \frac{\partial \ln L}{\partial \beta_1} = 0 \ , \quad \frac{\partial \ln L}{\partial \beta_2} = 0 \ , \quad \frac{\partial \ln L}{\partial \beta_3} = 0 \ , \quad \frac{\partial \ln L}{\partial \sigma} = 0$$

若進一步考慮對數概似函數的最佳化問題特性，可以發現，如果僅僅要求迴歸係數解，我們只需要對於 $(\beta_0, \beta_1, \beta_2, \beta_3, \sigma)$ 進行偏微分求聯立方程組的解即可。此外，由於對數函數值為必然為負數，極大化負數函數值等於極小化函數的絕對數值，因此上述的最大概似法的最佳化問題，可以視同最小平方法的最佳化問題

$$Maximize \ \ln L = -\frac{7}{2}\ln(2\pi\sigma^2) - \frac{1}{2\sigma^2}\sum_{i=1}^{7}e_i^{\,2}$$

$$\Rightarrow \quad Minimize \quad -\ln L = \frac{7}{2}\ln(2\pi\sigma^2) + \frac{1}{2\sigma^2}\sum_{i=1}^{7}e_i^2$$

　　這證明了最小平方法和最大概似法在線性迴歸模型中，對於迴歸係數的估計是在做同一件事，當然會求得相同的迴歸係數估計值，計算過程詳見最小平方法求解的演算展示，至於 σ^2 的推估，我們可以將四迴歸參數的推估值 $(\hat{\beta}_0, \hat{\beta}_1, \hat{\beta}_2, \hat{\beta}_3)$ 帶入 σ^2 的一次偏微分關係式（亦可用 σ 來進行偏微分運算）

$$\frac{\partial \ln L}{\partial \sigma^2} = \frac{7}{2\sigma^2} + \frac{-1}{2\sigma^4}\sum_{i=1}^{7}e_i^2 = 0$$

$$\Rightarrow \quad \sigma^2 = \frac{\sum_{i=1}^{7}(y_i - \beta_0 - \beta_1 X_1 - \beta_2 X_2 - \beta_3 X_3)^2}{7}$$

即可求出 $\hat{\sigma}^2 = 528.994$，代表母體中每年荔枝產量的標準差 $\hat{\sigma}$ 為 23.000（四捨五入）公斤。

4.4.3　結果解釋

　　迴歸模型結果的解釋，特別是針對迴歸係數的意義，則與基線模型的設定有著密切的關係。基線模型是指研究者在模型設定時所預設的比較基準，內容是各個自變項的預設基準值，以本節的範例來說，假設黃老師針對過去三十年的天氣紀錄進行分析，認為上半年平均雨量應該是 650 公釐、開花期均溫是攝氏 19 度（即與攝氏 16 度的均溫差是攝氏 3 度）、結果期平均日照是 470 小時，則基線模型可表為 (650, 3, 470)，或以數學式來表示（$\hat{Y}$ 的下標 0 代表基線模型之意）

$$\hat{Y}_0 = \beta_0 + \beta_1(X_1 - 650) + \beta_2(X_2 - 3) + \beta_3(X_3 - 470)$$

　　換句話說，當 (X_1, X_2, X_3) 為 (650, 3, 470)，不管迴歸係數 $(\beta_1, \beta_2, \beta_3)$ 數值為何，因為對於基線模型進行中心化，所以 $\hat{Y}_0 = \beta_0$，即常數項數值就

是基線模型的依變項估計值。如此一來，常數項的意義再也不是現實上往往不存在的「截距項」，也不是抽象上所有未列舉解釋變量對依變項的影響效果總和，而直接代表著預設比較基準下的依變項數值。這點不但讓常數項有現實上的意含，同時在多群組、多層次、還有非線性迴歸分析的應用上，都有重要的解釋作用。

比方說，在多群組的分析上，如果將基線模型設為各群組的群組平均數，則各群組所產生的常數項變異，就成為群際之間的依變項變異，這通常需要由群組層次的變量來進行解釋，這在社會科學中的比較研究上十分重要。而如果將群組分類的定義，延伸至時間、國別或者其他總體屬性上，則多群組分析就成為多層次分析，而常數項就代表各層分析單元上的依變項。又在非線性迴歸分析中，由於自變項與依變項之間的共變關係是基於非線性數學函數的轉換計算上，所以自變項的邊際影響效果數值不是固定數值，而是依基線模型的不同而不同，需要以基線模型作為計算基準，因此基線模型的設定在解讀非線性迴歸模型上也非常重要。

除了自變項對於依變項的邊際影響外，當自變項本身為類別變項，迴歸係數就具有群組變項的解釋特性。比方說，對於二分變項如性別，假定在編碼時將男性設為 0 而女性設為 1，則對應性別的迴歸係數就代表女性相比於男性在依變項上的增量為何；如果是組別在三組或以上 (n)，則需要設定兩個或 ($n-1$) 個自變量當作群組變量，而未設定自變量的剩餘群組即被當作「參考組別」（reference category）或「預設組別」（default category），而每個迴歸係數的解釋，都是各個組別相比於預設組別在依變項數值上的增量，至於預設類別的依變項數值，則由常數項來代表。換句話說，當迴歸模型中有超過一組的類別變項，常數項同時代表了多組預設組別的依變項估計值，而當類別變項僅有兩組別時，一般將此群組變項稱為虛擬變量（dummy variable），數值僅有 0 或 1 兩者，而在多組別的情況下，各群組變量則由 ($n-1$) 個群組變項的組合配對來標記。以台灣的五大族群為例「閩南、客家、外省、原住民、新住民」，若以「閩南」為預設組別，則可以用四個二分的虛擬變量來「客家、外省、原住民、新住

民」設為 (X_1, X_2, X_3, X_4)，換句話說，台灣的五大族群可表為下面的五種群組變項配對：「閩南」$(0, 0, 0, 0)$、「客家」$(1, 0, 0, 0)$、「外省」$(0, 1, 0, 0)$、「原住民」$(0, 0, 1, 0)$、「新住民」$(0, 0, 0, 1)$。

由於基線模型的設定皆不影響線性迴歸模型中常數項以外其他迴歸係數的估計，因此其重要性常常被忽視，也往往會出現不符合依變項可容許值域的預估數值，這點讓常數項的詮釋，不管是用截距項或是自由參數的設想，都產生難以理解的問題。因此，對於常數項比較正確的理解，都應該回到基線模型上，就算模型設定上沒有明確說明，解讀時也都需要將常數項數值回推到有意義的基線模型設定上，這樣才不會將不合邏輯的結果生硬的用抽象解釋來含混帶過。

先前提到迴歸係數數值的大小方向代表了研究者提出的因果假設是否通過了檢證，在方向上可單純由係數推估的正負數值來判定，而在大小上需要採用假設檢定的方法來判定（詳細內容會在第五章來涵蓋）。最後就整體模型解釋力的評估，則依推估方法有不同的評估準則：若用最小平方法，一般採用依變項總變異正交分割成解釋變異和誤差變異的方法來評估模型解釋力，若用最大概似法，則採概似函數值為基礎的模型適合度數值來評估不同模型解釋力的相對優劣。而在依變項依循常態分配的線性迴歸模型設定下，由於最小平方法和最大概似法會產生相同的迴歸係數推估值，因此兩種模型適合度的評價方式都可同時並用。

以最小平方法來說，由於變異數採均方差的定義，因此當依變項被設定成模型解釋和隨機誤差時，在隨機誤差和模型預測值相互獨立的假設下，兩者交乘項的期望值為零，依變項的變異數就可以分解成解釋變異和誤差變異兩者的總和，以數學關係式來表示

$$E\left\{[Y - E(Y)]^2\right\}$$

$$= E\left\{\left[\hat{Y} + \hat{e} - E(Y)\right]^2\right\}$$

$$= E\left\{\hat{Y}^2 + \hat{e}^2 + [E(Y)]^2 + 2\hat{Y}\hat{e} - 2E(Y)\hat{Y} - 2\hat{e}E(Y)\right\}$$

$$= E(\hat{Y}^2) + E(\hat{e}^2) + [E(Y)]^2 + 2E(\hat{Y}\hat{e}) - 2E(Y)E(\hat{Y}) - 2E(\hat{e})E(Y)$$

其中因為線性迴歸模型為不偏估計，可知 $E(\hat{e}) = 0$、$E(\hat{Y}) = E(Y)$，又隨機誤差和模型預測值相互獨立，$E(\hat{Y}\hat{e}) = 0$，所以

$$E\left\{[Y - E(Y)]^2\right\}$$

$$= E(\hat{Y}^2) + E(\hat{e}^2) + [E(Y)]^2 - 2E(Y)E(\hat{Y})$$

$$= E\left\{\left[\hat{Y} - E(Y)\right]^2\right\} + E\left\{[\hat{e} - E(\hat{e})]^2\right\}$$

以白話來說，就是

依變項數值總變異 ＝ 模型預測值解釋變異 ＋ 隨機誤差值變異

此即為正交分割的明確定義。依此，我們可以將模型解釋力的評估，以解釋變異占總變異的百分比來定義，即所謂的「判定係數」（Coefficient of determination），又稱為「R 平方」（R-squared），其數值介於 0 與 1 之間：0 代表迴歸模型沒有任何解釋力，1 代表迴歸模型有完全的解釋力。判定係數以數學關係式表之為

$$R^2 = 1 - \frac{RSS}{TSS} = \frac{ESS}{TSS}$$

其中

總變異（Total Sum of Square）$TSS = \sum_{i=1}^{n}(Y_i - \bar{Y})^2$

解釋變異（Explained Sum of Square）$ESS = \sum_{i=1}^{n}(\hat{Y}_i - \bar{Y})^2$

誤差變異（Residual Sum of Square）$RSS = \sum_{i=1}^{n}(Y_i - \hat{Y})^2$

$TSS = ESS + RSS$

值得注意的是，上面三者皆有另種稱呼，很容易搞混。總變異可

簡稱為 *SST*，解釋變異也稱為「迴歸變異」（Sum Squared Regression, *SSR*），誤差變異又稱為 Sum Squared Error（*SSE*）。

　　由於「R 平方」數值會隨著納入模型的自變項數目增加而變大，因此在評估模型的解釋效率時，往往會將自由度的概念納入，而具體的思路，就是將構成誤差變異和總變異的自由度數值拿來平準，來評估多放了自變項後是否相對會減少足夠大的誤差變異數值，如果減少得不夠多，就會發現「R 平方」數值不見得會依自變項數目增加而變大。此外，當總樣本數量較小時，由於自變量個數相比總樣本的數額較接近，因此在平準誤差變異時，就會有比較顯著降低「R 平方」數值的效果。上述的對於「R 平方」數值的調整，被稱為「校正後的 R 平方」（adjusted R-squared），其數學定義如下

$$adj\ R^2 = 1 - \frac{RSS/_{n-p-1}}{TSS/_{n-1}}$$

其中 $(n-p-1)$ 為誤差變異的自由度，n 是樣本數，p 自變項個數。

　　若迴歸係數估計是採最大概似法，則評估模型好壞的依據全來自於概似函數值，概似函數值越大，代表產生此概似函數值背後的迴歸模型解釋力越好，也就是基於特定參數假設下產生已發生現象的機率越大。利用上面的特點，進行模型解釋力評估時，會先設立僅含常數項和誤差項的「空模型」（null model）作為比較基準，以其產生的概似函數值 L_{null} 作為基數，然後將欲驗證的模型帶入概似函數產生「對立模型」（alternative model）的概似函數值 L_{alt}，這兩者的數值差距，就是「對立模型」相比「空模型」在解釋力上增進的數值大小。一般來說，空模型因為沒有放任何自變項，所以基本上不具解釋力，而加入數量不等的自變項進入對立模型中，只要自變項的解釋越高，概似函數值就會越大，此時的權衡在於：到底多放的自變項個數相較於增進的適合度，是否在統計上是值得？而關於這點的評估，一般採用的是「概似比檢定」（likelihood ratio test），其統計量 D 的數學公式如下：

$$D = 2 \times (\ln L_{alt} - \ln L_{null})$$
$$= 2 \times \ln\left(\frac{L_{alt}}{L_{null}}\right)$$

由於對立模型概似函數值 L_{alt} 恆大於等於空模型概似函數值 L_{null}，因此概似比永遠大於等於 1，而取對數並乘上 2，則是將概似比數值轉換成依循卡方分配（χ^2 distribution）的統計量，據此來對於卡方分配進行檢定，這邊的自由度即是對立模型和預設模型所包括的自由參數個數差，在線性迴歸模型中則指涉迴歸係數（包含常數項）的數目差。如果假設檢定的結果是顯著的，則代表對立模型所加進來的自變項是具有實質的解釋力，因此是值得放這麼多的迴歸係數進入模型；反之則代表對立模型相比預設模型的解釋力相差不大，不值得放那麼多自變量進入模型裡。

由上可知，採最小平方法之變異數正交分割方式來評估模型解釋力，可以得出一個較為標準化的測量指標，即模型解釋變異占全部依變項變異的百分比；然而採用最大概似法，所得是一個相對的模型適合度比較結果。因此，在線性迴歸模型中，變異數正交分割的方法較受歡迎而較常為外界使用，但就一般性來說，其實最大概似法可以應用的範圍較廣，可以涵攝任何以機率推估為目標式的統計推論問題，具有很大的重要性，而就模型適合度的標準化來說，統計學家也創造不少類似的統計量評估方法，因此也是統計初學者應該要了解的模型評估方法。

參考方塊 4.8　線性迴歸分析結果的解釋

下面使用 4.4.3 節所提出的基線模型，來對於 4.4.1 節所提出「黃老師種荔枝」的例 4.1 案例進行線性迴歸分析結果的解釋。模型設定以及最小平方法參數推估的結果如下：

$$Y = \beta_0 + \beta_1(X_1 - 650) + \beta_2(X_2 - 3) + \beta_3(X_3 - 470) + e$$

$$\hat{\beta}_0 = 762.358$$

$$\hat{\beta}_1 = -0.173$$

$$\hat{\beta}_2 = -5.933$$

$$\hat{\beta}_3 = 0.167$$

對照 4.4.2 節的參數推估結果，會發現除了常數項 β_0 外，其餘的迴歸係數估計值不受到「中心化」設定的影響（請參考附錄四），而這個特質所具有的便利性，使得研究者的解釋目的若不在常數項，而在自變項的因果關係推論上，則可以不需要進行基線模型的設定，直接將自變項原始數值帶入線性迴歸模型進行估計。

倘若上面的迴歸係數在統計上都是顯著的，則其結果可解釋如下：「若該年度上半年雨量為 650 公釐、開花期均溫與攝氏 16 度相差 3 度、結果期平均日照為 470 小時，則預測黃老師荔枝的收成量為 762.358 公斤 $(\hat{\beta}_0)$，若該年度上半年雨量每增加 1 公釐，收成量則減少 0.173 公斤 $(\hat{\beta}_1)$，若該年度開花期均溫與攝氏 16 度多相差 1 度，收成量則減少 5.933 公斤 $(\hat{\beta}_2)$，若該年度結果期平均日照多增加 1 小時，收成量則增加 0.167 公斤 $(\hat{\beta}_3)$。」

假設黃老師對於雨量 (X_1) 影響收成量的理論有所修正，從原先主張「上半年雨量與收成量呈等量反向關係」，現在主張「雨量的影響與收成量呈區間群組的不同關係，即小於 600 公釐（A 組）、600 公釐以上但不足 700 公釐（B 組）、700 公釐以上（C 組）分別為三級距，每個級距內的收成量相同，但不同級距則有不同產量」，此時我們可以將模

型重新設定為：

$$Y = [\beta_0 + \beta_{1A}X_{1 \cdot A} + \beta_{1B}X_{1 \cdot B}] + \beta_2(X_2 - 3) + \beta_3(X_3 - 470) + e$$

其中可將原有的常數項與其他群組變量視為一組參數來解釋，即 $(X_{1A},$ $X_{1B})$ 代表了 A(1, 0)、B(0, 1)、C(0, 0) 三群組的標示，而 β_0、β_{1A}、β_{1B} 的意義為

β_0：在其他基線模型設定不變下，C 群組的產量公斤數。
β_{1A}：在其他基線模型設定不變下，A 群組比 C 群組增加的產量公斤數。
β_{1B}：在其他基線模型設定不變下，B 群組比 C 群組增加的產量公斤數。

　　換句話說，基線模型現在已經固定在 C 群組（對應 X_1 自變量）的設定上，而 β_{1A}、β_{1B} 則分別顯示 A、B 兩個群組與 C 群組在產量上的差額，代表常數項在群組變數設定上必然帶有預設類別（default category）的意義，而其他群組變量迴歸係數則代表各個類別與預設類別在依變項數值的差距。

　　按上面設定，迴歸係數的最小平方法參數推估結果如下：

$$\hat{\beta}_0 = 711.588$$
$$\hat{\beta}_{1A} = 65.359$$
$$\hat{\beta}_{1B} = 72.838$$
$$\hat{\beta}_2 = -3.461$$
$$\hat{\beta}_3 = -0.003$$

　　倘若上面的迴歸係數在統計上都是顯著的，在基線模型設定不變下，上半年雨量在 700 公釐以上的年份，模型預測平均產量為 711.588 公斤，而上半年雨量在 600 公釐以上但不足 700 公釐的年份，模型預測平均產量為 711.588 加上 72.838 公斤，至於上半年雨量不足 600 公釐的年份，模型預測平均產量為 711.588 加上 65.359 公斤。從模型設定來看，此模型與原有模型已不相同，因此 $\hat{\beta}_2$ 和 $\hat{\beta}_3$ 的估計值也有所不同。

最後就模型解釋力來看，由於兩模型具有相同的依變項資料，因此模型解釋力可以相互比較。就原模型來說，其模型解釋力（校正後）為0.339，而將雨量設成群組變量後，其模型解釋力（校正後）為0.407，因此可以看出更改後的模型的解釋力較高，優於原來的模型解釋力。

4.5　非線性迴歸分析

上節所介紹的線性迴歸模型分析，有兩點根本的假設，一是依變項的值域是屬於沒有上下界的連續任意實數，二是理論預測值為自變項和迴歸係數的線性組合。在這兩個假設中，前者具有關鍵性的地位，是決定線性迴歸適用與否的主要假設；後者則是研究者自行設定的，唯自變項和依變項若有非線性關係皆可由透過變數替換轉為線性關係，故此一假設較為次要，可視研究者的因果關係假設進行必要的模型轉換操作。

市面上多數統計學教科書多主張：線性迴歸分析若採最小平方法時，其依變項並沒有分配假設[157]。然而本書第 1 章已從統計史的角度說明，當最小平方法採用均方差當作變異數定義時，而又主張其理論預測值為不偏估計時，已經與常態分配之假設——「理論預測值等同其位置參數母數，變異數為均方差的主張」，從最大概似法的推論角度來看，兩者是等價的關係。因此進行線性迴歸分析時，儘管不需要一開始就對於依變項作任何分配假設，但是一旦採取最小平方法來推估參數，就已經隱然主張了常態分配之假設，而這點更是從前段所述第一點有關值域的預設可以得到呼應。因為在所有統計分配中，隨機變量值域能夠涵攝連續性任意實數、又不受上下界限制、且其密度函數在值域全域皆可連續可微的，就屬常態分配是最常被使用的，而常態分配密度函數中以算術平均數為位置參數設定，均方差為尺度參數設定兩特質，就充分反映了線性迴歸模型採最小平方法分析時的各種設定，是故已隱然對於依變項進行了常態分配的預設。

本節的要旨是介紹非線性迴歸分析，主要內容側重於依變項的值域特性若違反常態分配隨機變量的假設時，要如何應用非線性迴歸分析來進行

因果關係的驗證，在章節安排上，本節內容與 4.4 節線性迴歸分析相同，首先介紹在模型設定上要如何處理不同依變項假設的議題，其次針對各個不同的模型設定說明迴歸係數的統計推估，最後則針對各模型中迴歸係數的意義和解釋進行講解。

4.5.1　非線性關係的設定

在進行迴歸分析時，如果依變項不符合常態分配值域假設時，就有使用非線性迴歸分析的必要，原因在於使用線性迴歸模型所產生的理論預測值會超過依變項值域的容許值，這個問題不單是應用在已知資料的預測值如此，只要是在思想實驗中可能如此就需要改正，否則迴歸分析的結果就會有邏輯上的謬誤。在處理此問題上，一般採取兩種策略，一是對於依變項進行非線性轉換，將原先違反常態分配值域的假設，透過非線性函數的套用，將隨機變量轉成滿足常態分配假設的新依變項；二是直接採用相對應的依變項分配假設，不過此法仍需要在參數推估過程中確保迴歸模型的預測值滿足依變項值域限制。關於前者，在依變項的非線性轉換中會應用適當函數使得模型預測值不會違反依變項值域，而後者則需要透過最佳化問題中的參數空間限制，強制模型預測值在依變項許可值的範圍內。

依變項的分配以及模型的解釋關係是息息相關的，事實上依變項分配的主張就是對於經驗事實的刻劃，如果對被解釋項顯而易見的現象描述都出現邏輯錯誤，則按此錯誤描述所進行的迴歸分析也必然發生錯誤。而首要的關鍵就是值域空間的準確界定，比方說，我們想要預測台北在今年七月的降雨量，那麼降雨量明顯就是一個連續（continuous）的區間（interval）變數，雖然有一個預測的下界是大於等於零（不可能有負數的降雨量），而如果我們要預測的是今年與去年降雨量的增減量，則依變項就是沒有界限的連續性區間變數（可以用常態分配來描述）。倘若我們要預測的是某種事件會不會發生，依變項就是離散的二分變數（可以用伯努力分配來描述）。若要預測的是對於某種政治主張的認同度（非常不同

意、不同意、沒意見、同意、非常同意），依變項就是離散的多分變數（可以用離散的常態分配或多項分配來描述）。若要預測的是某年全球所發生的戰爭數目，依變項就是大於或等於零的離散次數變數（可以用卜瓦松分配來描述）。若要預測某種事件發生的間隔時間，依變項就是大於或等於零的連續區間變數（我們不用常態分配來描述，而是用指數分配來描述，因為其「非記憶性」的函數特值）。

由於不同特性的依變項有各自最佳的分配假設，因此我們需要應用最適當的機率分配來進行模型關係式的建構。先從二分的依變項談起，假設我們要預測某種事件會成功或失敗，並且最後的結果一定是「成功」或「失敗」，不會有第三種結果的模糊空間，則我們希望有一個具代表性的統計量來描述「成功」或「失敗」的可能性，也就是藉由觀察過去這類事件的結果，得出某種經驗法則，來提供未來我們對於這類事件結果的預期。在伯努力分配中，這個統計量就是事件成功或失敗的機率。比如說在國際關係研究中，我們要研究即期嚇阻（immediate deterrence）的成功或失敗率（通常以戰爭會不會發生來判定），首先我們必須依「即期嚇阻」的定義來找出過去所有的事件，然後判定在這些事件中個別的即期嚇阻是成功或失敗，最後求出其機率。

換句話說，y_i 是獨立的即期嚇阻事件，p_i 是即期嚇阻的成功機率，則 $P(y_i = 1) = p_i$；$P(y_i = 0) = 1 - p_i$；$y_i = 1$ 表成功，$y_i = 0$ 表失敗。一般而言，我們並不知道 p_i 真正的值為多少，而且可觀察的結果是二分的，但我們猜測 y_i 和 p_i 的關係如圖 4.2。

在圖 4.2 中，當 p_i 小於 0.5 時，也就是說失敗的機率較大時，我們選擇猜嚇阻會失敗；反之，則選擇猜嚇阻會成功。特別要注意的是，上面的關係是我們「猜測的」，不是「真實的」，因為只要 p_i 不是零，y_i 都有可能是 1，儘管平均而言這樣的機率很低，所以圖 4.2 中的粗體線正代表了我們對於 y_i 和 p_i 關係的猜測。

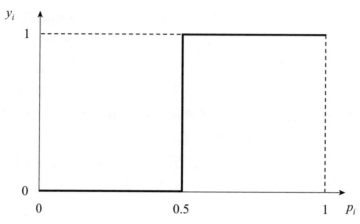

圖 4.2　事件可觀察結果（y_i）與發生機率（p_i）的關係

　　嚴格來說，我們現在預測的標的已經從 y_i 轉為 p_i，一旦估計出 p_i，我們就可以利用上面的關係，來對個別的例子做出預測。但問題是：我們要如何估計出 p_i？什麼樣的模型關係式可以估計出符合 p_i 值域的結果？

第一種選擇 —— 線性模型

$$p_i = \beta_0 + \beta_1 X_{1i} + \beta_2 X_{2i} + \cdots + \beta_n X_{ni} + \varepsilon_i$$
$$= X_i \beta + \varepsilon_i$$

　　這個模型關係式的優點在於直觀上易於了解，並且只要用最小平方法（OLS）就可以得出最佳的不偏估計量，但它有一個嚴重的缺點，就是 p_i 的值域是介於 0 和 1 之間，但 $X_i \beta$ 的值域是介於 $-\infty$ 到 ∞ 之間；換句話說，我們可能會預測出 $p_i > 1$ 或 $p_i < 0$ 這種無法詮釋的結果。當然有些人主張當上述結果發生時，就視其等同於 $p_i = 1$ 或 $p_i = 0$，這樣的做法從實用主義出發並無不可，但就強調「解釋」的社會科學家而言，這可能就無法接受。

第二種選擇 —— 非線性模型

其實選擇非線性函數的目的就是在解決 p_i 與 $X\beta$ 值域不符的問題，也因此，只要是能解決這個問題的函數，理論上都是可以使用的，稱為「轉換函數」（linking function）。最常用的兩個轉換函數，就是 Logit 和 Probit 函數，兩者若以數學式表示，則在下面式子中的參數 θ_i（潛藏變數，又稱為對數勝敗比 log odds ratio）就是用 $X_i\beta$（模型預測值）來估計的，為簡化表達，下面的陳述皆忽略 θ_i 和 $X_i\beta$ 下標中的 i。

Logit 函數式

$$p_i = \frac{e^{\theta}}{1+e^{\theta}}$$

$$\theta = \ln\left(\frac{p_i}{1-p_i}\right) = X\beta$$

Probit 函數式

$$p_i = \int_{-\infty}^{\theta} \frac{1}{\sqrt{2\pi}} \exp\left(\frac{-t^2}{2}\right) dt$$

$$\theta = \Phi^{-1}(p_i) = X\beta$$

θ 是任意實數；當 $\theta \to -\infty$ 時，$p_i \to 0$；當 $\theta \to 0$ 時，$p_i \to \frac{1}{2}$；當 $\theta \to \infty$ 時，$p_i \to 1$。

此外有人提倡更廣義的 Burr-10 函數（Scobit）函數

Scobit 函數式 [158]

$$p_i = \frac{1}{(1+e^{-\theta})^{\alpha}}$$

$$\theta = -\ln(p_i^{\frac{-1}{\alpha}} - 1) = X\beta$$

$\alpha > 0$；當 $\alpha = 1$ 時，Burr-10 函數等同於 Logit 函數，當 $\alpha < 1$ 時，函數左偏，當 $\alpha > 1$ 時，函數右偏。

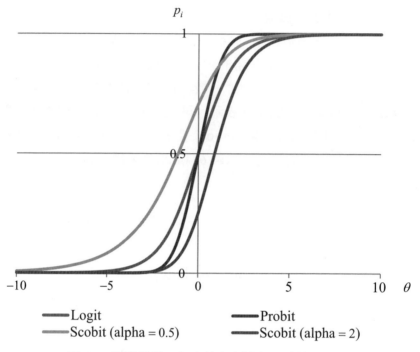

圖 4.3　潛藏變數 θ 與事件發生機率 p_i 的轉換函數

　　關於三者的選擇，有學者指出，如果依變項要測量的潛藏變數是質化的概念，基本上應採 Logit 函數，因為其密度函數是二項分配；若要測量的潛藏變數是量化的概念，則應採 Probit 函數，因為其密度函數是累積常態分配；如果樣本中二分選項的比例極為懸殊（比方說 5%-95%），則可以 Scobit 函數來解決估計上的問題。儘管有上面的分野，多數學者認為利用 Logit 和 Probit 函數進行迴歸分析出來的結果差不多，所以使用哪一個在多數情況下沒有太大差別。

第三種選擇 ── 直接假設依變項分配

　　由於依變項僅有二分結果為伯努力分配隨機變量，而多次實驗則讓依變項值依循了二項分配，其中我們可讓二項分配中的目標事件出現機率 p_i 假定依循貝他分配 $p_i{\sim}Beta(a, b)$，可以直接對於依變項主張「貝他二項分配」（beta-binominal distribution），是一個複合分配「compound distribution」

$$P(k \mid n, p) = \binom{n}{k} p^k (1-p)^{n-k}$$

$$f(p \mid a, b) = \frac{p^{a-1}(1-p)^{b-1}}{B(a,b)}$$

$$\Rightarrow\ f(k \mid n, a, b) = \int_0^1 P(k \mid n, p) f(p \mid a, b) dp$$

$$= \binom{n}{k} \frac{B(k+a, n-k+b)}{B(a,b)}$$

在此我們將每一次的實驗結果，也就是嚇阻成功或失敗，表為下面的數學關係

$$f(y_i \mid n = 1, a, b) = \frac{B(y_i + a, 1 - y_i + b)}{B(a,b)}$$

其中我們可將迴歸模型 $X\beta$ 與依變項分配母體參數連結，這邊可以選擇 (a, b) 其一，比方說

$$a = \exp(X\beta)$$

則可對於 $(\beta_0, \beta_1, \beta_2, b)$ 進行模型參數的推估。

4.5.2　參數推估

就依變項的角度來說，4.5.1 節所提出的三大類五種模型設定都預設了伯努力分配，其中每次實驗結果的依變項值是二分的（0 或 1），而依變項為 1 的結果其機率為 p，依變項為 0 的結果其機率為 $(1-p)$，若樣本有 n 個觀察值，則其概似函數 L 為

$$L \equiv \prod_{i=1}^{n} (p)^{y_i} (1-p)^{1-y_i}$$

這邊我們真正將迴歸模型與伯努力分配的母數聯繫在一起，若採最大

概似法分析，則此 4.5.1 節所提到的五種模型設定其概似函數為

一、線性模型

$$L(\beta) \equiv \prod_{i=1}^{n} (X\beta)^{y_i} (1 - X\beta)^{1-y_i}$$

二、Logit 非線性模型

$$L(\beta) \equiv \prod_{i=1}^{n} \left(\frac{e^{X\beta}}{1+e^{X\beta}} \right)^{y_i} \left(1 - \frac{e^{X\beta}}{1+e^{X\beta}} \right)^{1-y_i}$$

三、Probit 非線性模型

$$L(\beta) \equiv \prod_{i=1}^{n} \left(\int_{-\infty}^{X\beta} \frac{1}{\sqrt{2\pi}} \exp\left(\frac{-t^2}{2} \right) dt \right)^{y_i} \left(1 - \int_{-\infty}^{X\beta} \frac{1}{\sqrt{2\pi}} \exp\left(\frac{-t^2}{2} \right) dt \right)^{1-y_i}$$

四、Scobit 非線性模型

$$L(\alpha, \beta) \equiv \prod_{i=1}^{n} \left(\frac{1}{(1+e^{-X\beta})^\alpha} \right)^{y_i} \left(1 - \frac{1}{(1+e^{-X\beta})^\alpha} \right)^{1-y_i}$$

五、直接假設依變項為貝他二項分配

$$L(\beta, b) \equiv \prod_{i=1}^{n} \frac{B(y_i + e^{X\beta}, 1 - y_i + b)}{B(e^{X\beta}, b)}$$

例 4.2： 下面分別是五種概似函數的最大概似參數推估數學推演，為了讓推演過程具象化，這邊針對一組虛擬的即期嚇阻資料，其中依變項是指一組與即期嚇阻情境相關的國家配對在某年嚇阻結果 (y)，若結果為嚇阻成功沒有發生戰爭則 $y = 1$，反之嚇阻失敗戰爭發生為 $y = 0$，而為簡化推導過程，自變項僅包括兩國國家能力大小差距 (x_1)，而相應的假設為兩國國家能力相差越大，嚇阻失敗的可能性越高，即迴歸係

數 $\beta_1 < 0$，這邊國家能力出自「戰爭相關性」（Correlates of War）資料庫[159]中的國家綜合能力指標（National Composite Capability Index），其值介於 0 到 1 之間，令我們用來推估非線性迴歸係數的樣本資料如下：

OBS#	y	x_1
1	0	0.35
2	0	0.20
3	1	0.10
4	0	0.10
5	0	0.30
6	0	0.05
7	0	0.25
8	1	0.00
9	1	0.15
10	0	0.40

請依 4.5.1 節的五種模型設定分別推估其迴歸係數 $(\hat{\beta}_0, \hat{\beta}_1)$ 的最大概似估計值。

一、線性模型

先對概似函數取對數（若採最大概似估計，則 $p_i = X_i\beta$，不必設定誤差項 ε_i）

$$\ln L = \prod_{i=1}^{n}(\beta_0 + \beta_1 x_{1i})^{y_i}(1 - \beta_0 - \beta_1 x_{1i})^{1-y_i}$$

$$= \sum_{i=1}^{n} y_i \ln(\beta_0 + \beta_1 x_{1i}) + \sum_{i=1}^{n}(1 - y_i)\ln(1 - \beta_0 - \beta_1 x_{1i})$$

再分別對 (β_0, β_1) 進行一次偏微分

$$\frac{\partial \ln L}{\partial \beta_0} = \sum_{i=1}^{n} \left\{ \frac{y_i}{\beta_0 + \beta_1 x_{1i}} - \frac{(1-y_i)}{1-\beta_0 - \beta_1 x_{1i}} \right\} = 0$$

$$\frac{\partial \ln L}{\partial \beta_1} = \sum_{i=1}^{n} \left\{ \frac{y_i x_{1i}}{\beta_0 + \beta_1 x_{1i}} - \frac{(1-y_i)x_{1i}}{1-\beta_0 - \beta_1 x_{1i}} \right\} = 0 \qquad \text{--(4.2)}$$

如果將資料帶入，上式有二個未知數也有二個限制式，可以解出唯一解。唯這二個限制式皆為非線性函數，因此需要利用數值分析的方法來解上面的非線性方程組，找出 $(\hat{\beta}_0, \hat{\beta}_1)$ 最大概似估計值。

上面的解題需要應用到非線性方程組的數學方法，由於函數形式複雜，加上樣本數若大，往往分析解題不若以數值方法來得有效率，因此在實際操作上，往往採用數值方法來進行最大概似函數的極大值推估。在數值分析上，可採「牛頓法」進行疊代來求出參數解，其數學關係式如下

$$\beta_{(n+1)} = \beta_{(n)} - H[\beta_{(n)}]^{-1} g(\beta_{(n)})$$

其中 $\beta_{(n)}$ 和 $\beta_{(n+1)}$ 分別為疊代第 (n) 和第 $(n+1)$ 回的迴歸係數解，而 $g(\beta_{(n)})$ 和 $H[\beta_{(n)}]$ 為對數概似函數的一次微分向量和二次微分矩陣

$$g(\beta_{(n)}) = \begin{pmatrix} \dfrac{\partial \ln L}{\partial \beta_0} \\ \dfrac{\partial \ln L}{\partial \beta_1} \end{pmatrix}$$

$$H[\beta_{(n)}] = \begin{bmatrix} \dfrac{\partial^2 \ln L}{\partial \beta_0^{\,2}} & \dfrac{\partial^2 \ln L}{\partial \beta_0 \partial \beta_1} \\ \dfrac{\partial^2 \ln L}{\partial \beta_1 \partial \beta_0} & \dfrac{\partial^2 \ln L}{\partial \beta_1^{\,2}} \end{bmatrix}$$

這邊 $g(\beta)$ 已由 (4.2) 式的一次微分結果所示，至於 $H[\beta]$ 則為

$$H[\beta] = \begin{pmatrix} \sum_{i=1}^{n}\left[\dfrac{-y_i}{(\beta_0+\beta_1 x_{1i})^2}-\dfrac{1-y_i}{(1-\beta_0-\beta_1 x_{1i})^2}\right] & \sum_{i=1}^{n}\left[\dfrac{-x_{1i}y_i}{(\beta_0+\beta_1 x_{1i})^2}-\dfrac{x_{1i}(1-y_i)}{(1-\beta_0-\beta_1 x_{1i})^2}\right] \\[3mm] \sum_{i=1}^{n}\left[\dfrac{-x_{1i}y_i}{(\beta_0+\beta_1 x_{1i})^2}-\dfrac{x_{1i}(1-y_i)}{(1-\beta_0-\beta_1 x_{1i})^2}\right] & \sum_{i=1}^{n}\left[\dfrac{-x_{1i}{}^2 y_i}{(\beta_0+\beta_1 x_{1i})^2}-\dfrac{x_{1i}{}^2(1-y_i)}{(1-\beta_0-\beta_1 x_{1i})^2}\right] \end{pmatrix}$$

經過牛頓法的數值推估，可以得出迴歸係數的最大概似推估值為

$$\beta_0 = 1.141 \text{；} \beta_1 = -6.654$$

二、Logit 非線性模型

先對概似函數取對數

$$\ln L = \sum_{i=1}^{n} y_i \ln\left(\frac{e^{\beta_0+\beta_1 x_{1i}}}{1+e^{\beta_0+\beta_1 x_{1i}}}\right) + \sum_{i=1}^{n}(1-y_i)\ln\left(1-\frac{e^{\beta_0+\beta_1 x_{1i}}}{1+e^{\beta_0+\beta_1 x_{1i}}}\right)$$

$$= \sum_{i=1}^{n} y_i(\beta_0+\beta_1 x_{1i}) - \sum_{i=1}^{n}\ln(1+e^{\beta_0+\beta_1 x_{1i}})$$

再分別對 (β_0, β_1) 進行一次和二次偏微分，可得 $g(\beta)$ 和 $H[\beta]$

$$g(\beta) = \begin{pmatrix} \sum_{i=1}^{n}\left[y_i - \dfrac{e^{\beta_0+\beta_1 x_{1i}}}{1+e^{\beta_0+\beta_1 x_{1i}}} \right] \\[3mm] \sum_{i=1}^{n}\left[y_i x_{1i} - \dfrac{x_{1i}e^{\beta_0+\beta_1 x_{1i}}}{1+e^{\beta_0+\beta_1 x_{1i}}} \right] \end{pmatrix}$$

$$H[\beta] = \begin{pmatrix} \sum_{i=1}^{n}\dfrac{-e^{\beta_0+\beta_1 x_{1i}}}{(1+e^{\beta_0+\beta_1 x_{1i}})^2} & \sum_{i=1}^{n}\dfrac{-x_{1i}e^{\beta_0+\beta_1 x_{1i}}}{(1+e^{\beta_0+\beta_1 x_{1i}})^2} \\[3mm] \sum_{i=1}^{n}\dfrac{-x_{1i}e^{\beta_0+\beta_1 x_{1i}}}{(1+e^{\beta_0+\beta_1 x_{1i}})^2} & \sum_{i=1}^{n}\dfrac{-x_{1i}{}^2 e^{\beta_0+\beta_1 x_{1i}}}{(1+e^{\beta_0+\beta_1 x_{1i}})^2} \end{pmatrix}$$

經過牛頓法的數值推估，可以得出迴歸係數的最大概似推估值為

$$\beta_0 = 1.346 \text{；} \beta_1 = -14.773$$

三、Probit 非線性模型

先對概似函數取對數

$$\ln L = \sum_{i=1}^{n} y_i \ln\left(\int_{-\infty}^{\beta_0+\beta_1 x_{1i}} \frac{1}{\sqrt{2\pi}} \exp\left(\frac{-t^2}{2}\right) dt \right)$$

$$+ \sum_{i=1}^{n} (1-y_i) \ln\left(1 - \int_{-\infty}^{\beta_0+\beta_1 x_{1i}} \frac{1}{\sqrt{2\pi}} \exp\left(\frac{-t^2}{2}\right) dt \right)$$

再分別對 (β_0, β_1) 進行一次和二次偏微分，可得 $g(\beta)$ 和 $H[\beta]$，這邊皆以 $\Phi(\beta_0+\beta_1 x_{1i}) = \int_{-\infty}^{\beta_0+\beta_1 x_{1i}} \frac{1}{\sqrt{2\pi}} \exp\left(\frac{-t^2}{2}\right) dt$ 表示之

$$g(\beta) = \begin{pmatrix} \displaystyle\sum_{i-1}^{n} \frac{[y_i - \Phi(\beta_0+\beta_1 x_{1i})]\left[\dfrac{\partial}{\partial \beta_0}\Phi(\beta_0+\beta_1 x_{1i})\right]}{[\Phi(\beta_0+\beta_1 x_{1i})][1-\Phi(\beta_0+\beta_1 x_{1i})]} \\ \displaystyle\sum_{i-1}^{n} \frac{x_{1i}[y_i - \Phi(\beta_0+\beta_1 x_{1i})]\left[\dfrac{\partial}{\partial \beta_0}\Phi(\beta_0+\beta_1 x_{1i})\right]}{[\Phi(\beta_0+\beta_1 x_{1i})][1-\Phi(\beta_0+\beta_1 x_{1i})]} \end{pmatrix}$$

其中

$$\frac{\partial}{\partial \beta_0}\Phi(\beta_0+\beta_1 x_{1i}) = \frac{1}{2\sqrt{2\pi}}\exp\left(\frac{-t^2}{2}\right) h_{-\frac{1}{2}}^{\frac{-t^2}{2}} - \frac{t^2}{2\sqrt{2\pi}}\exp\left(\frac{-t^2}{2}\right) h_{\frac{1}{2}}^{\frac{-t^2}{2}} \Big|_{-C}^{\beta_0+\beta_1 x_{1i}}$$

關於 h_s^c 此收斂的無窮級數，請參見 Huang（2011）[160]。

在定積分的計算上，C 是標準常態分配的標準差個數，一般來說，可取在 $C=10$ 之上，可以精確到 10^{-23} 次方。

由於 Hessian 矩陣較複雜，故以矩陣內部純量 $\{h_{11}\ h_{12}\ h_{21}\ h_{22}\}$ 表示之，其中 $h_{12} = h_{21}$：

$$H[\beta] = \begin{pmatrix} h_{11} & h_{12} \\ h_{21} & h_{22} \end{pmatrix}$$

$$h_{11} = \sum_{i-1}^{n} \frac{-\left[\dfrac{\partial}{\partial \beta_0}\Phi(\beta_0 + \beta_1 x_{1i})\right]^2 + [y_i - \Phi(\beta_0 + \beta_1 x_{1i})]\left[\dfrac{\partial^2}{\partial \beta_0^2}(\Phi(\beta_0 + \beta_1 x_{1i}))\right]}{[\Phi(\beta_0 + \beta_1 x_{1i})][1 - \Phi(\beta_0 + \beta_1 x_{1i})]}$$

$$+ \sum_{i-1}^{n} \frac{[y_i - \Phi(\beta_0 + \beta_1 x_{1i})]\left[\dfrac{\partial}{\partial \beta_0}\Phi(\beta_0 + \beta_1 x_{1i})\right]^2 [2 \cdot \Phi(\beta_0 + \beta_1 x_{1i}) - 1]}{[\Phi(\beta_0 + \beta_1 x_{1i})]^2 [1 - \Phi(\beta_0 + \beta_1 x_{1i})]^2}$$

$$h_{12} = \sum_{i-1}^{n} \frac{x_{1i}\left\{-\left[\dfrac{\partial}{\partial \beta_0}\Phi(\beta_0 + \beta_1 x_{1i})\right]^2 + [y_i - \Phi(\beta_0 + \beta_1 x_{1i})]\left[\dfrac{\partial^2}{\partial \beta_0^2}(\Phi(\beta_0 + \beta_1 x_{1i}))\right]\right\}}{[\Phi(\beta_0 + \beta_1 x_{1i})][1 - \Phi(\beta_0 + \beta_1 x_{1i})]}$$

$$+ \sum_{i-1}^{n} \frac{x_{1i}[y_i - \Phi(\beta_0 + \beta_1 x_{1i})]\left[\dfrac{\partial}{\partial \beta_0}\Phi(\beta_0 + \beta_1 x_{1i})\right]^2 [2 \cdot \Phi(\beta_0 + \beta_1 x_{1i}) - 1]}{[\Phi(\beta_0 + \beta_1 x_{1i})]^2 [1 - \Phi(\beta_0 + \beta_1 x_{1i})]^2}$$

$$h_{22} = \sum_{i-1}^{n} \frac{x_{1i}^2\left\{-\left[\dfrac{\partial}{\partial \beta_0}\Phi(\beta_0 + \beta_1 x_{1i})\right]^2 + [y_i - \Phi(\beta_0 + \beta_1 x_{1i})]\left[\dfrac{\partial^2}{\partial \beta_0^2}(\Phi(\beta_0 + \beta_1 x_{1i}))\right]\right\}}{[\Phi(\beta_0 + \beta_1 x_{1i})][1 - \Phi(\beta_0 + \beta_1 x_{1i})]}$$

$$+ \sum_{i-1}^{n} \frac{x_{1i}^2[y_i - \Phi(\beta_0 + \beta_1 x_{1i})]\left[\dfrac{\partial}{\partial \beta_0}\Phi(\beta_0 + \beta_1 x_{1i})\right]^2 [2 \cdot \Phi(\beta_0 + \beta_1 x_{1i}) - 1]}{[\Phi(\beta_0 + \beta_1 x_{1i})]^2 [1 - \Phi(\beta_0 + \beta_1 x_{1i})]^2}$$

其中

$$\frac{\partial^2}{\partial \beta_0^2}\Phi(\beta_0 + \beta_1 x_{1i}) = -\frac{3t}{2\sqrt{2\pi}}\exp\left(\frac{-t^2}{2}\right)h_{\frac{1}{2}}^{\frac{-t^2}{2}} + \frac{t^3}{2\sqrt{2\pi}}\exp\left(\frac{-t^2}{2}\right)h_{\frac{3}{2}}^{\frac{-t^2}{2}}\Big|_{-C}^{\beta_0 + \beta_1 x_{1i}}$$

經過牛頓法的數值推估，可以得出迴歸係數的最大概似推估值為

$$\beta_0 = 0.834 \ ; \ \beta_1 = -9.070$$

四、Scobit 非線性模型

先對概似函數取對數

$$\ln L = \sum_{i=1}^{n} y_i \ln(1 + e^{-\beta_0 - \beta_1 x_{1i}})^{-\alpha} + \sum_{i=1}^{n} (1 - y_i) \ln\left(1 - \frac{1}{(1 + e^{-\beta_0 - \beta_1 x_{1i}})^{\alpha}}\right)$$

在 Scobit 模型中，由於 α 絕對值越小會讓概似函數有較大值，因此若將之視為極大化所需推估的自由參數，則在求解上會傾向往 $\alpha \to 0$ 的方向逼近，造成數值分析的失敗。也因此，我們可以先設定 α 為一固定數值，然後再求出 (β_0, β_1) 的參數解；至於 α 數值的選用，則端視我們對於聯結函數左偏、不偏、右偏的假設來訂立，在此我們以 $\alpha = 2$、$\alpha = 1$、$\alpha = 0.5$ 為例，其中 $\alpha = 1$ 時 Scobit 和 Logit 為等價模型。

再分別對 (β_0, β_1) 進行一次和二次偏微分，可得 $g(\beta)$ 和 $H[\beta]$

$$g(\beta) = \begin{pmatrix} \sum_{i=1}^{n} \dfrac{\alpha e^{-\beta_0 - \beta_1 x_{1i}}[y_i(1 + e^{-\beta_0 - \beta_1 x_{1i}})^{\alpha} - 1]}{(1 + e^{-\beta_0 - \beta_1 x_{1i}})[(1 + e^{-\beta_0 - \beta_1 x_{1i}})^{\alpha} - 1]} \\ \sum_{i=1}^{n} \dfrac{\alpha x_{1i} e^{-\beta_0 - \beta_1 x_{1i}}[y_i(1 + e^{-\beta_0 - \beta_1 x_{1i}})^{\alpha} - 1]}{(1 + e^{-\beta_0 - \beta_1 x_{1i}})[(1 + e^{-\beta_0 - \beta_1 x_{1i}})^{\alpha} - 1]} \end{pmatrix}$$

跟 Probit 模型一樣，Scobit 模型的 Hessian 矩陣較複雜，故以矩陣內部純量 $\{h_{11}\ h_{12}\ h_{21}\ h_{22}\}$ 表示之，其中 $h_{12} = h_{21}$：

$$H[\beta] = \begin{pmatrix} h_{11} & h_{12} \\ h_{21} & h_{22} \end{pmatrix}$$

$$h_{11} = \sum_{i=1}^{n} \left(\frac{-\alpha y_i e^{-\beta_0 - \beta_1 x_{1i}}}{(1 + e^{-\beta_0 - \beta_1 x_{1i}})^2} + \right.$$

$$\left. \frac{\alpha(1 - y_i)e^{-\beta_0 - \beta_1 x_{1i}}\left\{[(1 + e^{-\beta_0 - \beta_1 x_{1i}})^{\alpha} - 1] - e^{-(\beta_0 + \beta_1 x_{1i})}(1 + e^{-\beta_0 - \beta_1 x_{1i}})^{\alpha}\right\}}{[(1 + e^{-\beta_0 - \beta_1 x_{1i}})^{\alpha} - 1]^2 (1 + e^{-\beta_0 - \beta_1 x_{1i}})^2} \right)$$

$$h_{12} = \sum_{i=1}^{n} x_{1i} \left(\frac{-\alpha y_i e^{-\beta_0 - \beta_1 x_{1i}}}{(1 + e^{-\beta_0 - \beta_1 x_{1i}})^2} + \right.$$

$$\frac{\alpha(1-y_i)e^{-\beta_0-\beta_1x_{1i}}\left\{[(1+e^{-\beta_0-\beta_1x_{1i}})^{\alpha}-1]-e^{-(\beta_0+\beta_1x_{1i})}(1+e^{-\beta_0-\beta_1x_{1i}})^{\alpha}\right\}}{[(1+e^{-\beta_0-\beta_1x_{1i}})^{\alpha}-1]^2(1+e^{-\beta_0-\beta_1x_{1i}})^2}\Bigg)$$

$$h_{22}=\sum_{i=1}^{n}x_{1i}^{2}\left(\frac{-\alpha y_i e^{-\beta_0-\beta_1x_{1i}}}{(1+e^{-\beta_0-\beta_1x_{1i}})^2}+\right.$$

$$\left.\frac{\alpha(1-y_i)e^{-\beta_0-\beta_1x_{1i}}\left\{[(1+e^{-\beta_0-\beta_1x_{1i}})^{\alpha}-1]-e^{-(\beta_0+\beta_1x_{1i})}(1+e^{-\beta_0-\beta_1x_{1i}})^{\alpha}\right\}}{[(1+e^{-\beta_0-\beta_1x_{1i}})^{\alpha}-1]^2(1+e^{-\beta_0-\beta_1x_{1i}})^2}\right)$$

經過牛頓法的數值推估，可以得出迴歸係數的最大概似推估值為

$$\beta_0=0.647\text{；}\beta_1=-21.034\ (if\quad\alpha=0.5)$$
$$\beta_0=1.346\text{；}\beta_1=-14.773\ (if\quad\alpha=1)$$
$$\beta_0=2.043\text{；}\beta_1=-12.093\ (if\quad\alpha=2)$$

五、直接假設依變項為貝他二項分配

在不失一般性前提下，我們可以主張 $b=1$ 來縮減未知參數數目，而使 $a=e^{\beta_0+\beta_1x_{1i}}$ 作為定義貝他函數的控制參數

$$L(\beta,1)\equiv\prod_{i=1}^{n}\frac{B(y_i+e^{\beta_0+\beta_1x_{1i}},2-y_i)}{B(e^{\beta_0+\beta_1x_{1i}},1)}$$

根據貝他函數的遞迴關係式

$$B(x+1,y)=B(x,y)\frac{x}{x+y}$$

$$B(x,y+1)=B(x,y)\frac{y}{x+y}$$

$B(y_i+e^{\beta_0+\beta_1x_{1i}},2-y_i)$ 可表為 $B(e^{\beta_0+\beta_1x_{1i}},1)$ 的函數，因此

$$B(y_i+e^{\beta_0+\beta_1x_{1i}},2-y_i)=B(e^{\beta_0+\beta_1x_{1i}},1)\frac{e^{y_i(\beta_0+\beta_1x_{1i})}}{e^{\beta_0+\beta_1x_{1i}}+1}$$

$$L\equiv\prod_{i=1}^{n}\frac{e^{y_i(\beta_0+\beta_1x_{1i})}}{e^{\beta_0+\beta_1x_{1i}}+1}$$

先對概似函數取對數

$$\ln L = \sum_{i=1}^{n} y_i(\beta_0 + \beta_1 x_{1i}) - \sum_{i=1}^{n} \ln(e^{\beta_0 + \beta_1 x_{1i}} + 1)$$

我們發覺跟 Logit 非線性模型的對數概似函數一模一樣，因此兩者為等價模型，會得出相同的最大概似迴歸參數推估值 $\beta_0 = 1.346$；$\beta_1 = -14.773$。這說明了，在二分依變項的迴歸模型中，若採用最大概似法的估計，主張依變項為伯努力分配且採用 Logit 非線性模型的迴歸係數估計值，會等於直接對依變項假設為貝他二項分配的非線性模型迴歸係數的推估結果。這個結論相當重要，因為二分依變項的迴歸模型是可以不用主張「轉換函數」，而直接選取適合的依變項分配來進行最大概似分析，而上面所證明的等價模型關係，給予了採用 Logit 非線性轉換函數在最大概似分析上的分配假設正當性。基於此，轉換函數的選擇可以不是全然「武斷的」或「工具的」，而這可讓統計初學者更了解非線性迴歸模型的推估模式，其實與線性迴歸模型具有一致性：即在採用最大概似法的推論前提下，線性迴歸模型中依變項最適合的分配假設常態分配，分析結果會等同於採用最小平方法但不對依變項進行分配假設的結果；而在二分依變項的非線性迴歸模型中，若直接主張依變項為貝他二項分配，分析結果會等同於採用 Logit 非線性轉換函數而僅對依變項主張為伯努力分配假設的結果。

最後，在不考慮依變項的有限界域前提下，針對線性模型迴歸係數採用最小平方法推估，則可得參數解為

$$\beta_0 = 0.682；\beta_1 = -2.013$$

上述六種迴歸模型的推估結果，將會在 4.5.3 節來進行分析結果的解釋。

參考方塊 4.9　二分依變項模型的最大概似數值分析

在 4.5.2 節中所提到的六種模型，僅有「最小平方法」的線性迴歸係數估計是直接可以帶入 $(X'X)^{-1}X'Y$ 的公式算出，但是缺點非常明顯，不但在二分依變項的界域上違反隨機變量為任意實數的界域假設，在分配主張上，二分依變項也顯然不符合常態分配的主張，這兩點都使得設定為線性模型的最小平方參數估計，會產生違反邏輯性而無法詮釋的結果。

至於其他五種模型，由於都具有非線性模型的特質，因此在求其迴歸參數解時，必須借助數值分析的程序來進行參數推估，這也就是 4.5.2 節中作者很仔細將各模型概似函數的一次微分向量 $g(\beta)$ 和二次微分矩陣 $H(\beta)$ 明確推導出結果的原因，兩者都是採用牛頓法進行極大或極小值問題求解的基本方法，關於牛頓法的說明，請參考附錄五。而下表則是五種模型分別執行數值分析的結果，起始值皆設為最小平方法的參數解，$\hat{\beta}_1$ 收斂條件的容忍值設為 10^{-4}，即牛頓法的數值分析中疊代估計的停止條件，結果如下：

模型設定	疊代次數	參數估計值 $(\hat{\beta}_0, \hat{\beta}_1)$	$\hat{\beta}_1$ 增值
線性模型	5	$(1.141, -6.654)$	1.62×10^{-5}
Logit 轉換函數	6	$(1.346, -14.773)$	-1.06×10^{-5}
Probit 轉換函數	6	$(0.834, -9.070)$	-3.53×10^{-6}
Scobit 轉換函數 $(\alpha = 0.5)$	7	$(0.647, -21.034)$	-3.19×10^{-7}
Scobit 轉換函數 $(\alpha = 2)$	6	$(2.043, -12.093)$	-1.44×10^{-7}
貝他二項分配	6	$(1.346, -14.773)$	-1.06×10^{-5}

上表的牛頓法數值分析皆透過撰寫 Matlab 軟體程式來執行，具體程式的內容請參閱補充材料三至六。

4.5.3　結果解釋

　　二分依變項模型由於有嚴格的邏輯界域（介於 0 到 1 之間），因此直接套用最小平方法的線性模型估計，往往會造成模型預測值超出界域無法解釋的問題，以 4.5.2 的模型為例，最小平方法的線性模型估計結果為：

$$\hat{y} = 0.682 - 2.013x$$

　　如果分別把依變項模型預測值算出，分別在第一和第四觀察值可得出 $\hat{y} = -0.526$ 和 $\hat{y} = -0.123$ 的結果，這完全不符合依變項可允許的值域，而就算將依變項詮釋成「嚇阻成功的機率」（p_i），負值的機率值也無法滿足邏輯有效性，這就是最小平方法的線性模型估計不適用在二分依變項迴歸模型的主要原因。

　　然而如果就線性模型的最大概似法估計來說，依變項預測值違反界域的情形，如果沒有在最佳化的過程中採用適當的限制式強制參數符合界域限制，仍然會產生一樣的違反界域問題，以 4.5.2 節顯示的推估結果來看：

$$\hat{p} = 1.141 - 6.654x$$

　　在七個觀察值中，只有第三觀察值可以估計出符合界域的預測值 $\hat{p} = 0.476$ 其餘六個觀察值都預測出負值的「嚇阻成功的機率」，分別介於 $\hat{p} = -0.190$ 和 $\hat{p} = -2.851$ 之間，顯然在依變項預測值滿足邏輯定義此基本條件上沒有達到基本的要求，因此該模型很難在實際上被有效的運用。

　　至於下面採用轉換函數強制讓依變項預測值滿足界域限制的三類模型，包括「Logit 非線性模型」、「Probit 非線性模型」、「Scobit 非線性模型」，下面分別將其參數推估結果，以及依變項最大和最小預測值列出如下：

Logit 模型， $\hat{p} = \dfrac{\exp(1.346 - 14.773x)}{1 + \exp(1.346 - 14.773x)}$, $\hat{p}_{min} = 0.001$, $\hat{p}_{max} = 0.467$

Probit 模型，$\hat{p} = \int_{-\infty}^{0.834-9.070x} \frac{1}{\sqrt{2\pi}} \exp\left(\frac{-t^2}{2}\right) dt$，$\hat{p}_{min} = 0.000$，$\hat{p}_{max} = 0.471$

Scobit 模型 $(\alpha = 0.5)$，$\hat{p} = \dfrac{1}{[1+\exp(-0.647+21.034x)]^{0.5}}$，$\hat{p}_{min} = 0.003$，$\hat{p}_{max} = 0.435$

Scobit 模型 $(\alpha = 2)$，$\hat{p} = \dfrac{1}{[1+\exp(-0.647+21.034x)]^{2}}$，$\hat{p}_{min} = 0.000$，$\hat{p}_{max} = 0.486$

　　至於直接主張依變項為貝他二項分配的最大概似模型估計，結果如下：

貝他二項模型，$\hat{p} = \begin{pmatrix}1\\1\end{pmatrix} \dfrac{B[1+\exp(1.346-14.773x),1]}{B[\exp(1.346-14.773x),1]}$，$\hat{p}_{min} = 0.001$，$\hat{p}_{max} = 0.467$

　　由上可知，不管是採用轉換函數還是直接對於依變項分配做出合於界域的分配主張，都可以解決依變項預測值違反界域所造成迴歸係數失去有效性的問題，其中 Logit 模型與貝他二項模型的等價性，使得此 Logit 函數在轉換函數的主張上具備了分配假設的正當性基礎。而 Probit 轉換函數由於在逼近二分依變項結果上有較佳的貼合性，意即從 $\hat{p}=0$ 到 $\hat{p}=1$ 有較小的 $\hat{\theta}=x\hat{\beta}$ 區間（較陡峭的轉換函數斜率，意義上可理解為鑑別度），因此有些學者偏好 Probit 模型。至於 Scobit 模型，可以看出其主要意義在考慮「不平衡的依變項資料型態」，也就是當二分依變項資料上呈現過度偏斜到一方結果時，採用左偏（如果 $\alpha<1$，則 $\hat{p}=0.5$ 時 $\theta<0$）和右偏（如果 $\alpha>1$，則 $\hat{p}=0.5$ 時 $\theta>0$），可以修正過高或過低的門檻機率，也就是當機率預測值普遍顯示一方結果時，可以採用較嚴格（或寬鬆）的 $\hat{p}$ 門檻來預測 $\hat{y}$ 值的呈象，比方說當事件的機率預測值一面倒向嚇阻成功 $\hat{p}\rightarrow1$，我們可以採取 $\alpha>1$ 的 Scobit 模型，以較高的 $\hat{p}>0.5$ 來判定嚇阻案例的模型預測結果。

　　在滿足依變項的界域性條件下，上述的迴歸模型都是非線性關係，而迴歸係數在非線性關係下，代表自變項單位變化所產生的邊際影響力會隨著基線模型水準而不同，為了闡明這一點，下面皆採用 Logit 模型來進行

相關的討論，至於其他的模型，除了數值上有些微差別，其他的道理都與
Logit 模型相同。在 4.5.2 節的「即期嚇阻」例子中，倘若 A 與 B 兩國間
長年具有歷史上的仇恨關係，而反映在模型關係上，即其常數項並非基於
樣本所估計的 $\hat{\beta}_0 = 1.346$，而是數值較為偏低的 $\hat{\beta}_{0AB} = 0.5$，倘若 AB 兩國
的國家能力相當 $(x = 0)$，則模型預測嚇阻成功的機率從原來的

$$\hat{p} = \frac{\exp(1.346 - 14.773 \times 0)}{1 + \exp(1.346 - 14.773 \times 0)} = 0.794$$

變成

$$\hat{p} = \frac{\exp(0.5 - 14.773 \times 0)}{1 + \exp(0.5 - 14.773 \times 0)} = 0.623$$

意即這兩國的國家配對比一般國家配對較容易產生嚇阻失敗的現象，此即
為基線模型所帶來的區別。這邊要提醒讀者，在本例中由於僅有一個自變
量，這邊所設的基線模型水準是在 $x = 0$ 下的 $\hat{\theta} = x\hat{\beta}$ 值，剛好等於常數項
的值，如果我們分析的例子中有許多自變量，基線模型就是等於各個自變
項的中心化設定。

　　為了讓討論的意旨更明顯，我們加入另一國家配對 B 和 C，兩國長年
具有非常友好的關係，其常數項為 $\hat{\beta}_{0BC} = 5$，則我們可以分別對於 AB 兩
國配對、一般國家配對、BC 兩國國家配對，從國家能力完全實力相當到
完全失衡，計算出嚇阻成功機率，如下：

國力差距	AB 配對即期嚇阻		一般配對即期嚇阻		BC 配對即期嚇阻	
	成功機率	機率變化	成功機率	機率變化	成功機率	機率變化
0.0	62.2%	—	79.3%	—	99.3%	—
0.1	27.3%	−34.9%	46.7%	−32.6%	97.1%	−2.2%
0.2	7.9%	−19.4%	16.7%	−30.0%	88.5%	−8.6%
0.3	1.9%	−6.0%	4.4%	−12.3%	63.8%	−24.7%
0.4	0.4%	−1.5%	1.0%	−3.3%	28.7%	−35.1%
0.5	0.1%	−0.3%	0.2%	−0.8%	8.4%	−20.3%
0.6	0.0%	−0.1%	0.1%	−0.2%	2.1%	−6.4%
0.7	0.0%	0.0%	0.0%	0.0%	0.5%	−1.6%
0.8	0.0%	0.0%	0.0%	0.0%	0.1%	−0.4%
0.9	0.0%	0.0%	0.0%	0.0%	0.0%	−0.1%
1.0	0.0%	0.0%	0.0%	0.0%	0.0%	0.0%

　　換句話說，雖然在三個基線模型中，$\beta_1 = -14.773$ 的數值是固定的，但綜合國力差距在不同水準的邊際影響力，都端視於基線模型所處的水準之上，以綜合國力差距從 $x = 0$ 增加到 $x = 0.1$ 而言，基線模型水準較低的 AB 配對，其嚇阻成功的機率從 62.2% 下降到 27.3%，其邊際影響力有 −34.9%；但就基線水準稍高的一般國家配對來說，相同的綜合國力變化，其嚇阻成功機率從 79.3% 下降到 46.7%，邊際影響力稍低，為 −32.6%；但就基線水準非常高的 BC 配對來說，其嚇阻成功機率從 99.3% 下降到 97.1%，邊際影響力僅僅只有 −2.2%。這說明了，光是從迴歸係數數值是無法完整的解釋二分依變項模型中自變項的影響力，而必須將基線模型的設定與迴歸係數數值帶回其非線性模型中，然後以邊際影響力來進行解釋較為適當。

　　上面的例子顯示，當基線模型所推算出的「對數勝敗比」(θ) 越接近 0，也就是帶入轉換函數後越接近 $p = 0.5$，迴歸係數的邊際影響力越大，

因為轉換函數的斜率越大；而如果基線模型所推算出的「對數勝敗比」越遠離 0，由於兩端曲線的斜率因為值域上下邊界值的限制，因此斜率非常的平緩，使得迴歸係數的邊際影響力就非常小了。由此可知，要評估二分依變項迴歸係數的因果影響力，必須要將基線模型的設定說明清楚，並且需要按實際的自變項變化區間來評估邊際影響力，而不是單純依迴歸係數的正負號和顯著性就可以充分評估的。

最後，針對二分依變項的模型解釋力議題，從最大概似法的觀點，一切比較的基準都是來自概似函數值，因此最直觀的模型適合度比較，就是先前在 4.4.3 節所提到的「概似比檢定」，以統計量 D 來判定對立和預設模型的相對適合度，這邊的預設模型不一定是「空模型」（null model），可以包括任何作為比較基準的模型設定，只要滿足依變項是同一筆資料的前提即可。

然而，對於習慣採用線性迴歸模型中「R 平方」統計量的人來說，概似比檢定總是一個兩兩相比較的相對指標，很難從其中可以得到類似「R 平方」這種可以一般化比較的絕對指標，也因此，許多學者針對二分依變項迴歸模型發展出類似「R 平方」來做為參考，這些統計量被稱為「類 R 平方」（Pseudo-R^2）。比如說最常見為 Cox and Snell R^2 和 Nagelkerke R^2，以 Cox and Snell R^2 來說，概念上被稱作「廣義的判定係數」，因為其值可以類比與線性迴歸模型中總變異的正交分割，其中 L_0 為空模型時的概似函數值（類比於誤差變異），L_M 為待評估模型的概似函數值（類比於總變異），其數學定義為：

$$R^2_{CS} = 1 - \left(\frac{L_0}{L_M}\right)^{\frac{2}{n}}$$

概似函數值 L_M 最小會等於空模型的概似函數值 L_0，代表待評估模型沒有任何解釋力，此時 $R^2_{CS} = 0$，而理論上概似函數極限上最大值為 1，也就是依變項發生機率為百分之百，此時類判定係數最大值為 $R^2_{CS(max)} = 1 - (L_0)^{\frac{2}{n}}$，而此數值通常會小於 1，使得 Cox and Snell R^2 與 L_M

呈正比關係且介於 0 和 $R^2_{CS(\max)}$ 之間的模型適合度指標,這基本上與線性模型中的判定係數在概念上是一致的。至於 Nagelkerke R^2 則是進一步將 R^2_{CS} 的值域從原來 $[0, R^2_{CS(\max)}]$ 調整成 $[0, 1]$,即

$$R^2_N = \frac{R^2_{CS}}{R^2_{CS(\max)}}$$

這樣就可以將類判定係數的值域調整成介於 0 與 1 之間,可以完全類比線性迴歸分析中利用變異數正交分割所產生的判定係數。

關於類判定係數,其實學者們還發展出許多不同的指標來評估,不管

參考方塊 4.10 非線性迴歸模型(二分依變項)分析結果的解釋

下面使用 4.5.3 節一般國家配對的基線模型,來解釋 Logit 模型的迴歸分析結果。由 4.5.2 節的最大概似法迴歸係數推估可得

$$\hat{p} = \frac{\exp(1.346 - 14.773x)}{1 + \exp(1.346 - 14.773x)}$$

其中當兩國綜合國力差距為 0 時,可算出一般嚇阻的成功機率為 79.3%,若國力差距上升到 0.1、0.2、0.3 時,一般嚇阻的成功機率下降為 46.7%、16.7%、4.4%。

有人質疑上面所估計的嚇阻成功率太低,主張應該用質化類別來處理兩國綜合國力的差距,提出應該將差距在 0 到 0.10(A)、超過 0.10 到 0.3(B)、超過 0.3(C) 分成 ABC 三級距,則 Logit 迴歸模型設定可改成

$$p_i = \frac{e^\theta}{1 + e^\theta}$$

$$\theta = \ln\left(\frac{p_i}{1 - p_i}\right) = \beta_0 + \beta_1 x_1 + \beta_2 x_2 + \varepsilon$$

其中 A 組的群組變項值為 $(x_1 = 1, x_2 = 0)$，B 組為 $(x_1 = 0, x_2 = 1)$，C 組為 $(x_1 = 0, x_2 = 0)$，採用最大概似法估計可得結果如下：

$$\beta_0 = -21.203$$
$$\beta_1 = 21.203$$
$$\beta_2 = 20.104$$

換算成組別機率，在一般國家配對中，若如果兩國實力差距為 C 組，超過 0.3 $(\theta = \beta_0)$，則戰爭發生機率為 0%；兩國實力差距為 B 組，超過 0.10 到 0.3 $(\theta = \beta_0 + \beta_2)$，則戰爭發生機率為 25%；兩國實力差距為 A 組，在 0 到 0.10 $(\theta = \beta_0 + \beta_1)$，則戰爭發生機率為 50%。

上面說明了，當模型設定不同時，即便是同一筆數據資料，都會產生不同的依變項估計數值和模型解釋力，因此在進行統計分析時，研究者必須要能夠提出有說服力的研究假設和其背後的理論基礎，這樣才能讓迴歸分析的結果具有意義。

就計算類判定係數的過程來說，首先我們必須先將「空模型」(L_0) 和「待評估模型」(L_M)，算出概似函數值。以空模型為例，若將 Logit 對數概似函數做一次微分令其為零，可得

$$\beta_0 \sum_{i=1}^{n} y_i - \sum_{i=1}^{n} \ln[1 + \exp(\beta_0)] = 0$$

把資料帶入後，可得出空模型的常數解。而分別將空模型和待評估模型的迴歸係數帶入對數概似函數中，可分別求得兩概似值 $L_0 = \exp(-6.1087)$，$L_M = \exp(-4.2345)$，因此帶回公式 $R^2_{CS} = 0.313$。而就校正後的類判定係數計算，須要先將 $R^2_{CS(max)}$ 找出來當作除數，其算法為 $1 - (\exp(-6.1087))^{\wedge}(2/10)$，答案是 $R^2_{CS(max)} = 0.7053$，因此將 0.3126 除以 0.7053 就可以得出校正後的類判定係數，答案為 $adj\ R^2_{CS(max)} = 0.4432$。

在數學定義和評量目的上都不盡相同，也各有利弊，這部分的介紹請參閱附錄六。

延伸閱讀

一、統計學與社會科學方法論

統計學是社會科學實證主義學派在進行因果關係推論時不可或缺的工具，這主要是基於認識論上的著落主義觀點，特別指涉經驗主義和邏輯法則為科學理性依歸的立場。嚴格來說，實證主義學派最理想的因果關係考察方法是實驗法，但在社會科學中，基於社會客體的「相對恆常性」，以及時空因素無法複製、控制，加上社會情境的複雜性，使得事後蒐集經驗資料並透過邏輯分析來進行因果考察，就變成能夠滿足經驗主義和邏輯法則規範的最佳方式。統計學在這個意義上，就是針對經驗資料進行嚴密數理邏輯推理的工具，因此「邏輯正確性」自然成為實證主義者認為是「真理知識」的必要條件。關於社會科學實證主義的科學哲學立場，請參考 Isaak（1984）[161]，至於統計學與實證主義學派的關聯性，請參考 Keat（1979）[162]。

二、「依變項缺乏變異」的方法論問題

被解釋項或依變項，如果在資料中皆為同一數值，或者其數值的變異程度非常小，則通常在因果關係推論上很容易犯了選樣偏差的問題，原因在於當依變項的結果都一樣時，研究者傾向會先從結果的一樣，來回推究竟是哪些自變項數值的不變造成結果的不變。而若以此來進行因果推論，往往在取樣上容易忽略那些自變項數值雖一樣、但依變項結果不同的案例。此外，如果依變項變異程度非常小，統計工具在進行推估上很難具有顯著的發現，因為僅僅只需要以定值就可以解釋依變項，根本不需要納入任何自變項進入解釋。關於此議題，核心的關鍵在於究竟依變項在母體中是否真的缺乏變異，如果是，則依變項缺乏變異並不是問題，是事物本質原來如此，但如果在母體並不缺乏變異，而是可得樣本中的缺乏變異，那

麼首要之道是蒐集樣本來增加變異，而不在於統計方法的操作。關於依變項缺乏變異的方法論問題，請參考 Gary King, Rober Kohane and Sidney Verba（1994）Designing Social Inquiry 一書中的第四章[163]。

三、科學理性的「著落主義」和「相對主義」論辯

　　在科學哲學的認識論立場上，實證主義和後實證主義最重要的區別之一，就在於「著落主義」和「相對主義」不同立場。著落主義是指在認識論上主張真理存在有客觀的知識基礎；而這樣的立場尤其以實證主義堅持邏輯法則和經驗主義最為明顯。更廣義來說，著落主義認為判斷知識是否為真理的標準是有「放諸四海皆準」一致法則，這就是科學活動的理性基礎，也是為什麼科學會不斷前進的原因；但相對主義則認為，判斷知識是否為真理的標準從不存在一致的法則，而科學活動的理性基礎也不在於是否具備這樣的法則，事實上科學雖然長遠來說是有進步的，但科學發展在任何時間上都可能受到各種因素的左右，除了經驗主義和邏輯法則外，包括如同宗教般的信仰因素、權力鬥爭的人際因素，以及其他被認為與知識內容或本質無關的非理性因素，因此科學理性總是相對的。關於科學史家對於著落主義與相對主義的論辯，請參考 Smith（1995）[164]，而在社會科學中的相關辯論，請參考 Outhwaite（1987）[165]。

四、個案研究法的多樣性

　　社會科學的實證主義學派並不反對個案研究法的採用，但是強調個案研究法先天在因果推論上的侷限性，特別在於小樣本在一般化和驗證上缺乏效力，以及其所產生「不足認定」（under-identified）的推論問題，即有太多的自變項數值組合可以適配出依變項的結果，造成每個人都可以有一套自己的說法來解釋同一現象，缺乏裁斷不同理論對同一結果的解釋效力的共同基礎。然而實證主義學者也並非完全反對個案研究法的採用，反倒在不同的情況下，也認可對於個案研究法的使用，而在這個立場上，個案研究法的多樣性是有各自不同的優點的。比方說研究者想要了解一項

事物的因果環節如何緊扣在一起的，可以採用「過程追蹤法」；又如研究者想要理解行為者的真實動機，可以採用「觀察參與法」，實際已參與者將研究者的客體角色與被研究者的主觀角色兩個合而為一；再如「反事實分析法」，基本上採取各種與已發生事實相左的情境狀況，來進行假設分析，並且佐以其他事例來推敲出解釋已發生事實最合理的解釋。關於個案研究法的多樣性，請參考 Feagin et. al.（1991）[166]。

五、迴歸分析的因果關係推論效力

　　儘管按照實證主義因果觀的推論，迴歸分析在形式上已經具備「共變法」的統計控制和思想實驗，但許多人仍然對於迴歸分析在因果關係上的推論效力抱有很大的懷疑，這些疑問可以分成下列幾類：一、對於非虛假關係的排除，沒有任何迴歸分析可以權威性的主張達成。二、在自變項的產生上，統計控制和思想實驗並沒有考慮到自變項的資料產生機制與依變量的資料產生機制是否真有內在連結。三、任何迴歸分析都是侷限在某種時空範圍的歸納之作，是無法窮盡和達成不受時空侷限的真理。四、甚至有些人主張因果關係僅僅是存在於人類的心理感受，事物之間是否真有因果關係存在，與其說是外於主體的客觀真理，倒不如說是依認知主體存在的主觀感受，而顯然迴歸分析不足以回答後者的問題。對於迴歸分析在因果關係推論效力上的質疑，請參考 Keat and Urry（1975）[167]。

Chapter 5

假設檢定

假設檢定是完成社會科學因果關係推論的最後步驟，也是最關鍵的論理程序，之所以需要進行假設檢定，原因皆來自研究者用以分析的資料僅是抽樣資料所致。這裡所謂的抽樣資料，涵義上包括了真正的抽樣資料，或者是過去已發生但可視為某一特定抽樣結果的經驗資料。假設檢定的推理形式，主要是針對模型參數的推估值，基於其抽樣分配的資訊，對於理論上重要參數的特定數值進行機率評估的一種思想實驗。假設檢定真正權衡的是決策錯誤和抽樣風險兩種因子所帶來的決策成本，所仰賴的工具是邏輯思考的框架及數學機率的推導，其中主要應用的數學理論為「中央極限定理」，也就是任意樣本統計量，只要在抽樣樣本數夠大的前提下，其抽樣分配皆會趨近於常態分配的數學定理。這個定理雖然不能保證應用假設檢定於任一隨機抽樣樣本所得結論可以百分百正確，但至少可以將抽樣程序中產生的不確定性納入決策成本的風險評估，而這往往才是科學研究在論理上所真正需要的。事實上，沒有一種推理方法可以不必承受決策錯誤所帶來可能損失，這點對於「頻率學派」或「貝氏學派」都是如此。

頻率學派和貝氏機率兩派在假設檢定議題上的論爭，用最簡單的話來說，頻率學派的假設檢定是透過數理方法推導出樣本統計量的抽樣分配，然後針對特定參數值形成假設（一般稱虛無假設），主張基於虛無假設前提為真的條件下，有多少機率會發生實現的（已發生且被觀察到）抽樣樣本資訊，然後依此進行決策判斷，拒絕或者不拒絕虛無假設。對貝氏機率來說，頻率學派用以推論的抽樣分配是事前條件機率的概念，即給定參數假設的前提下觀察到實現資料的機率，而這本身誤解了假設檢定的事後機率本質，應該是給定實現資料的前提下來評估何種參數假設為真的機率。以數學式表示

$$\text{頻率學派評估的是 } P(X \mid H)$$
$$\text{貝氏學派評估的是 } P(H \mid X)$$

其中 X 是已發生且被觀察到的抽樣樣本資訊，H 是研究者欲檢定的參數假設。

　　兩者究竟有何不一樣呢？就頻率學派來說，對於 $P(X|H)$ 的評估依據都是來自樣本統計量的抽樣分配而來，這邊就算沒有主張特定假設，$P(X|H)$ 的抽樣分配也可以從 X 的樣本性質，令 H 為已知母體參數假設，在沒有任何特定樣本實現下，透過中央極限定理推導出一般化的關係式來，而將欲檢定的參數假設 H 視為給定條件的做法，並不代表時間序上 H 在 X 之前發生，或 H 對於 X 的值域空間有所限定，而是透過研究者的思想實驗（thought experiment），將參數假設和實證資料以條件機率的關係聯繫起來，因此 H 和 X 誰為條件、誰為欲評估事件是人為的邏輯推論預設。事實上頻率學派亦可採用事後分配的概念來詮釋其假設檢定的做法，即主張在實現資料的樣本資訊下，有多大的可能性被檢定的參數假設值會發生，此為頻率學派在假設檢定上對於 $P(H|X)$ 的認定。

　　上面的做法，對於貝氏機率論者而言，犯了機率推論最基本的錯誤，也就是事前機率不等同事後機率的概念，以數學關係表之

$$P(X|H) \neq P(H|X) = \frac{P(X|H)P(H)}{P(X)}$$

　　貝氏機率者認為，現實資料的發生 $P(X)$ 和參數空間所有假設 $P(H)$ 都是先驗的，在沒有對於參數空間所有假設 $P(H)$ 進行考察以前，根本無法真正評估事後機率標的 $P(H|X)$，而對於頻率論者僅僅針對一虛無假設進行事前機率評估，不但扭曲了假設檢定的事後機率本質（假設檢定必定是在抽樣資料實現後才能進行，所以 X 永遠是條件），同時也沒有真正對於參數空間中的任一或所有參數假設 $P(H)$ 進行明確的機率推估。因此，他們批判頻率學派在假設檢定時所做拒絕或不拒絕虛無假設的決策判斷，與主張任一參數值為真的事後機率 $P(H|X)$ 是兩件事。

　　貝氏機率者的批評真的有道理嗎？從形式邏輯的觀點，貝氏機率者對於事前機率不等同事後機率的批評是對的，但兩方論辯的關鍵並不在於形式邏輯，而在於基本統計概念的不同哲學主張，比方說樣本統計量的抽樣分配究竟有沒有先驗的存在，顯然頻率論者認為有，但貝氏機率者是否

定的。頻率學派主張有是因為自從 1733 年隸美弗從二項分配逼近出常態曲線後，統計學家就具備下面的數理知識 —— 對任意母體分配進行抽樣所形成的樣本統計量抽樣分配，只要在抽樣樣本數夠大的前提下，就會依循常態分配的規律。這是由純粹數理推導所產生的理型知識，其真理特質不會因為特殊經驗而受到任何減損，其本體存在的道理就如同「一加一等於二」的邏輯真理一樣。而對於任何參數假設來說，其定義必然是從資料一般性質而來，這裡的一般性質指涉最基本的資料產生機制，包括呈象事件、參數、規律性等，不需要特定抽樣資料在經驗世界中呈現，我們就可以利用中央極限定理推導出未實現樣本統計量 ($\tilde{X}$) 的抽樣分配 $P(\tilde{X}|H)$；換句話說，欲檢定的參數假設 H 也是基於最基本的資料產生機制才存在的，當我們一旦定義研究標的當下，就已經同時確立理論物 $P(X)$ 和 H 的本體存在，而未實現樣本統計量的抽樣分配 $P(\tilde{X}|H)$ 也因此取得邏輯真理的地位，剩下將參數假設 H 和特定實現資料機率 $P(X)$ 聯繫在一起的推論，是人類意識活動中的邏輯推理，不是同型對應到現實事件的發生時間順序。換句話說，時間只是樣本載體，可以無窮無盡反覆而概念上產生抽樣分配（詳見 6.4 節的問題一回覆）。因此貝氏機率者的批評誤解了頻率學派的「機率」概念，而這從統計哲學的角度來看是非常清楚的。

　　頻率學派和貝氏機率在統計哲學上的差異，也體現在兩派對於實現資料和參數假設是否有先驗機率 $P(X)$、$P(H)$ 看出。對於貝氏機率者，實現資料和參數假設的先驗機率，只要反映研究者對於實現資料發生和參數假設為真的先驗可能性，不需要深究模型參數是否具有本體上的存在；但是對於頻率學派來說，參數的存在除非具有經驗或理論參照物，否則無所謂先驗機率的概念，而一般說來，由於實現資料確有經驗世界的指涉物，其本體上的經驗參照物沒有太大疑義，因此實現資料的先驗機率確實可被定義。然而參數假設必須依附在實現資料的理論內涵中，其存在必然是「資料負載」（data-laden）的，成為事前機率 $P(X|H)$ 在定義上不可或缺的一部分；因此頻率學派者對於貝氏機率者所主張的事後機率 $P(H|X)$ 推論，儘管在邏輯推演的恆等性上很難質疑，但是其中使用了無法定義的參

數先驗機率 $P(H)$，使得頻率學派很難接受貝氏機率論者的統計推理。

由上面的討論可以知道，由於頻率學派和貝氏機率基於不同的統計哲學傳統，因此對於假設檢定的看法有所不同，但這兩者的差異，顯然不是簡單說誰對錯就可以將問題說清楚的，反而是需要深入不同的統計哲學典範中，才能清楚的理解真正的辯論何在。而最近在社會科學界又興起方法學者批判頻率學派的假設檢定做法聲浪 [168]，特別是針對「p 值法」的使用和詮釋，主張「p 值法」有許多謬誤和不合理的地方，強調只有使用貝氏機率推論，如「貝氏因子法」[169]，才能真正的進行假設檢定，其實反映的是方法學者普遍缺乏統計哲學的背景知識，誤解了古典機率論中對於假設檢定的真正主張及原由。而作者認為，頻率學派和貝氏機率所主張的假設檢定，是兩種基於不同本體論觀點的統計推論方法，因此關於古典機率論採「p 值法」和貝氏機率論採「貝氏因子法」在推論上誰比較正確，正如同拿蘋果比橘子一樣，不存在誰對誰錯，而是基於各自統計哲學為出發點的不同推論方法。關於頻率學派和貝氏機率兩派假設檢定議題上的論爭，請參閱參考方塊 5.1，關於當代統計學議題的非技術性介紹，請參考延伸閱讀一。

參考方塊 5.1 頻率學派和貝氏機率兩派在假設檢定議題上的論爭

美國統計學會在 2016 年 3 月 7 日正式在官網上發表一篇題目名為「美國統計學會對 p 值的聲明：脈絡、程序、目的」（The ASA's Statement on p-Values: Context, Process, and Purpose）[170]，這篇文章主旨在於說明 p 值法的使用需要謹慎的考慮其使用的脈絡、推理的程序，以及最終意圖達到的推論目的，不宜盲目的當作是否具有科學發現的唯一標準。這篇文章在發表後，在人文社會科學界引起很多的討論，許多聲音都呼應這個聲明，主張應該摒棄使用 p 值法作為假設檢定的標準推論方法，而應該改採其他更為適當的統計方法，其中貝氏機率論者所主張的「貝氏因子法」是被點名的替代法之一。在本篇參考方塊中，作者

將說明，這兩種方法在理論上並沒有誰優誰劣的問題，更確切的說，是兩種基於不同統計哲學下的類似推論方法，有各自在推論上優缺點。

在「美國統計學會對 p 值的聲明：脈絡、程序、目的」一文，提醒讀者 p 值法在使用上有六點需要注意的原則：

一、p 值法可以顯示資料和特定統計模型兩者間的相容程度。

二、p 值法並不量測研究假設的真確機率或者資料被隨機產生的機率。

三、不能單憑 p 值是否通過某個門檻值來產生科學結論和商業或政策決定。

四、妥適的〔統計〕推論需要完整的〔分析〕報告和全然的〔程序〕透明。

五、p 值或顯著水準，並不量測一個統計發現的效果大小或重要性高低。

六、p 值本身並不提供一個模型或假設在評價證據好壞上的量測值。

上述六點的聲明，看似批評古典機率者在假設檢定上傳統所採取的 p 值法，但是真正熟稔古典機率論的學者，並不會有偏離上述六點聲明的推論，作者對於六點聲明的相應看法如下：

一、這本來就是 p 值法的目的，特別是在抽樣風險對統計推論的評估上。

二、p 值法是評估思想實驗的方法，由一次或少數次抽樣資料來推論。

三、p 值法從未主張某種門檻值是神聖的，都是依決策風險的損益評估決定。

四、採取任何方法進行統計推論的學者都不會反對，包括採用 p 值法。

五、從數學上雖說如此，但此說法太過簡略模糊，較為細緻的討論請參考 6.4 節的問題六回覆。

六、這端視模型或假設的證據設定，與 p 值法本身欲達到的推論目的無關。

　　事實上在該文中所建議採用的替代法，如貝氏因子法，其實在邏輯主張上與 p 值法並無不同。下面以線性迴歸分析為例，來說明此點。

說明：p 值法事後機率的推論目標式

$$1 - p = \frac{P(H_1 \mid x, y)}{P(H_0 \mid X, Y)}$$

　　令母體依變項自變項資料為 X, Y，實現的抽樣資料為 x, y。在 p 值法中，虛無假設定義為 $\{H_0 : \beta = 0\}$（前提是存在真實但未知的母體資料），對立假設定義為 $\{H_1 : \beta = (x'x)^{-1} x'y\}$（前提是存在已經實現的抽樣資料），則推論目標式為

$$\frac{P(H_1 \mid x, y)}{P(H_0 \mid X, Y)} = \frac{\dfrac{P(H_1, x, y)}{P(x, y)}}{\dfrac{P(H_0, X, Y)}{P(X, Y)}} = \frac{P(H_1, x, y)}{P(H_0, X, Y)} \cdot \frac{P(X, Y)}{P(x, y)} = \frac{P(H_1, x, y)}{P(H_0, X, Y)}$$

其中 $P(X, Y)$ 與 $P(x, y)$ 的比值為 1，因為能夠進行假設檢定的前提是存在有一固定的母體樣本且其抽樣結果已實現，因此 $P(X, Y) = P(x, y) = 1$，換句話說 $\dfrac{P(H_1, x, y)}{P(H_0, X, Y)}$ 就是 $\hat{\beta}$ 的抽樣分配。如果 p 值太小，代表基於已知母體資料和實現的樣本資料，如果母體樣本中的迴歸係數為零，則在抽樣樣本中會發生 $\hat{\beta}$ 或偏離零更遠的推估值之機率為 p，也就是該事件發生的機率高度不可能；所以在事後，既然抽樣已實現 $P(H_1, x, y) = 1$，則 p 值與 $P(H_0, X, Y)$ 成正比，即 $P(H_0, X, Y)$ 的可能性越小，所以拒絕虛無假設。

　　在貝氏因子法中，有兩件事情改變了古典機率論者在推論上的想法。一是貝氏機率論者不把母體參數視為定值，而是可以變動的隨機變量，二是我們可借助「多餘參數」（nuisance parameter）來進行後驗機率的

推估 [171]。貝氏因子法事後機率的推論目標式為

$$\frac{P(H_1 \mid x, y)}{P(H_0 \mid x, y)} = \frac{\dfrac{P(x, y \mid H_1)P(H_1)}{\int P(x, y \mid H)P(H)dH}}{\dfrac{P(x, y \mid H_0)P(H_0)}{\int P(x, y \mid H)P(H)dH}} = \frac{P(x, y \mid H_1)}{P(x, y \mid H_0)} \cdot \frac{P(H_1)}{P(H_0)}$$

其中

$$BF = \frac{P(x, y \mid H_0)}{P(x, y \mid H_1)}$$

根據「非充分理則原則」，可以將 $\dfrac{P(H_0)}{P(H_1)}$ 視為 1，但也可以直接假設虛無和對立假設的先驗機率。從概念上來說，貝氏因子就是在計算不同參數假設概似值的比例，而這邊概似值的計算需要考慮到參數作為隨機變量的特性，所以採用邊際概似值的計算方式，倘若線性迴歸模型有下列的假設

$$y = x\beta + \varepsilon, \quad \varepsilon \sim N(0, \sigma^2 I)$$

$$p(\phi) \propto \frac{1}{\phi},$$

$$p(\beta \mid \phi, g, x) \sim N\left[\beta_0, \frac{g}{\phi}(x'x)^{-1}\right]$$

其中 $p(\phi)$，即誤差精準度（變異數倒數）的先驗分配，而 β_0 為一超參數（hyperparameter），也就是主張母體中的 β 為隨機變量，因此 β 的分配可以建立在 g 的先驗分配主張上，目前學界對於 g 的先驗分配選用有許多不同的方法，以 Liang et al.（2008） [172] 為例，我們可以主張 g 的先驗分配

$$p(g) = \frac{(\frac{n}{2})^{\frac{1}{2}}}{\Gamma(\frac{1}{2})} g^{\frac{-3}{2}} e^{\frac{-n}{2g}}$$

得出 β 的後驗分配為

$$P(\beta \mid \sigma^2, g, x) = \int_{\Omega_g} N[0, g\sigma^2 (x'x)^{-1}] p(g) dg$$

透過上面的迴歸參數後驗分配，我們可以評估虛無和對立假設相對上受到資料支持的程度。

p 值法最大的缺點是無法直接評估迴歸參數的後驗機率，因而當假設檢定呈現不顯著的結論時，我們只能推論既有迴歸係數的推估值無法顯著地排除抽樣風險來否定虛無假設中母體參數為零的說法。然而如果我們限縮推論的目的僅質性判定接受或否定虛無假設，則在古典機率論的推論架構下，仍然是評估抽樣風險是否影響相關性推論的有效方法之一。

5.1　抽樣與代表性

假設檢定所追求的推論目的，是在僅具有抽樣樣本資訊下，如何可以正確推論母體樣本中的資訊。其中最重要的工作，就是如何可以找到聯繫抽樣樣本資訊和母體樣本資訊之間的法則，關鍵因素就在於抽樣方法和其所產生抽樣樣本的代表性。在本節的內容中，若沒有特別提及採用的抽樣方法，作者指涉的就是「簡單隨機抽樣」（simple random sampling）[173]，一般而言，假設檢定中對於母體和抽樣樣本之間的關係，也是預設為簡單隨機抽樣。

為什麼簡單隨機抽樣被當作是預設方法，因為這是歷史最悠久且直觀上最公正的抽樣方法，主要優點在其樣本代表性上的正當性，正如同我們透過抽籤來決定多選一時的決策正當性一樣。下面將以例 5.1 來說明簡單隨機抽樣在公正性和代表性上的數理性質。

例 5.1：設想有一袋不同顏色的 10 顆球，其中紅、藍兩色的球分別有 7、3
顆，在不知道袋中兩色球數的分配前提下，我們僅能透過抽出袋中有
限個數的色球來推論，所以我們決定抽出 n 顆球來推論各色球所占的
比例，令抽出紅、藍色球數分別為 x 和 $n-x$，抽樣方法為「抽出後不
放回」，以經驗資料來推估兩色球分配比例為

$$P（紅球 = x；n）= \frac{x}{n}, \quad P（藍球 = n-x；n）= 1-\frac{x}{n}$$

但若以邏輯推論的觀點，則應為

$$P（紅球 = x；n）= \frac{C_x^7 C_{n-x}^3}{\sum_{i=0}^{n} C_i^7 C_{n-i}^3},$$

$$P（藍球 = n-x；n）= 1-\frac{C_x^7 C_{n-x}^3}{\sum_{i=0}^{n} C_i^7 C_{n-i}^3}$$

將所有抽出球數 $\{n = 1, 2, ..., 10\}$ 和抽中紅球數配對 (x) 帶入上述公
式，可以得出表 5.1 的結果。

表 5.1　例 5.1 中所有抽出組合的列舉結果

紅球數 x	抽出球數 n 組合數（組合配對 $x, n-x$）									
	1	2	3	4	5	6	7	8	9	10
0	3(0, 1)	3(0, 2)	1(0, 3)							
1	7(1, 0)	21(1, 1)	21(1, 2)	7(1, 3)						
2		21(2, 0)	63(2, 1)	63(2, 2)	21(2, 3)					
3			35(3, 0)	105(3, 1)	105(3, 2)	35(3, 3)				
4				35(4, 0)	105(4, 1)	105(4, 2)	35(4, 3)			
5					21(5, 0)	63(5, 1)	63(5, 2)	21(5, 3)		
6						7(6, 0)	21(6, 1)	21(6, 2)	7(6, 3)	
7							1(7, 0)	3(7, 1)	3(7, 2)	1(7, 3)

註：抽出紅球的平均期望值不管抽出球數 n 值皆為 0.7。

　　首先我們可以注意到，不管抽出球數 n 設定為多少，抽出紅球的平均期望值皆為 0.7，這可由抽樣結果算出

抽出 1 球中紅球比例期望數值 $\left\{\dfrac{3}{10}\times 0+\dfrac{7}{10}\times 1\right\}\div 1=0.7$

抽出 2 球中紅球比例期望數值 $\left\{\dfrac{3}{45}\times 0+\dfrac{21}{45}\times 1+\dfrac{21}{45}\times 2\right\}\div 2=0.7$

抽出 3 球中紅球比例期望數值 $\left\{\dfrac{1}{120}\times 0+\dfrac{21}{120}\times 1+\dfrac{63}{120}\times 2+\dfrac{35}{120}\times 3\right\}\div 3=0.7$

$\vdots$

抽出 10 球中紅球比例期望數值 $\left\{\dfrac{1}{1}\times 7\right\}\div 10=0.7$

　　這個結果顯示了隨機抽樣的公正性意含，也就是不管抽樣樣本數的大小，抽樣樣本的期望值永遠與母體紅球數比例值是一致的。然而就代表性來說，抽樣的結果分別僅有下面的可能

抽出 1 球中的紅球數值和機率 $x=0\left(\dfrac{3}{10}\right),\quad 1\left(\dfrac{7}{10}\right)$

抽出 2 球中的紅球數值和機率 $x=0\left(\dfrac{3}{45}\right),\quad 1\left(\dfrac{21}{45}\right),\quad 2\left(\dfrac{21}{45}\right)$

抽出 3 球中的紅球數值和機率 $x=0\left(\dfrac{1}{120}\right),\quad 1\left(\dfrac{21}{120}\right),\quad 2\left(\dfrac{63}{120}\right),\quad 3\left(\dfrac{35}{120}\right)$

$\vdots$

抽出 10 球中的紅球數值和機率 $x=7\left(\dfrac{1}{1}\right)$

　　換句話說，當抽出球數僅為 1 時，結果就是紅球數為 0 或 1，如果以此推估母體中的紅球比例，推估值僅能為 0% 或 100%；當抽出球數為 2 時，結果就是紅球數為 0、1、2，如果以此推估母體中的紅球比例，推估值僅能為 0%、50%、100%；當抽出球數為 3 時，結果就是紅球數為 0、1、2、3，如果以此推估母體中的紅球比例，推估值僅能為 0%、33.3%、

66.7%、100%。儘管每個推估值背後實現的機率並不一樣，但此實現機率的推估需要母體資訊，而這恰恰是不可知而需要透過抽樣結果來推估的，所以就實驗者的角度來說，他們唯一知道的資訊是抽樣次數的設定和實現的抽樣結果，以這點來看，只有當抽樣次數就是母體樣本數時，抽樣樣本會重現所有母體樣本資訊，所以具有完全的代表性，但是只要抽樣樣本數少於母體樣本數，那麼就不可能有完全的代表性。

　　然而就上述推理，除非窮盡母體樣本資訊，否則就無法具有完全代表性，如此一來，不是等於宣告抽樣樣本勢必有代表性的偏誤嗎？事實上這個看法一點都沒錯，既然是抽樣樣本，就意指要以較少的樣本數來代表母體的資訊特質，必然會有所偏誤，只是這種偏誤的大小，還是可以透過數理邏輯來評估出來，在上面例子中，我們可以用紅球比例推估數值與母體紅球比例真值的均方差期望值來評估，結果如表 5.2 所示。

表 5.2　例 5.1 中樣本數與代表性的關係

抽出球數	紅球比例推估數值與母體紅球比例 真值的均方差期望值
1	0.210
2	0.093
3	0.054
4	0.035
5	0.023
6	0.016
7	0.010
8	0.006
9	0.003
10	0.000

其中表 5.2 均方差期望值的計算公式如 (5.1) 式

$$E[(\hat{p} - p)^2] = \sum_i (\hat{p}_i - p)^2 \times P(\hat{p}_i) \qquad \text{--(5.1)}$$

如表 5.2 所示，均方差期望值越大，意味著樣本代表性越差，而當抽樣樣本數與母體樣本數相同時，均方差期望值為零，指涉完全代表。顯而易見的，當抽出球數越接近母體的個數時，均方差期望值會越小，代表性越好；也因此，我們可以得到下面的結論：當採取抽出不放回的簡單隨機抽樣方法時，抽樣樣本數越大，則抽樣樣本與母體樣本之間的代表性越高。

這個結論自然會引伸出兩個相關的問題，首先如果母體樣本數極大或者近乎無限大，那麼是否有適當代表性的抽樣樣本數？其次是如果母體樣本的觀察值所含有的變量不只一個，那麼如何衡量多個變量的代表性，以及究竟要多少抽樣樣本數才能達到適切的代表性？

針對母體樣本數趨近無限大時的適切抽樣樣本數問題，我們可以用相同的例子來進行討論，倘若例 5.1 所有的情況描述都沒有變化，唯獨母體樣本數為一千萬個，而母體樣本中紅、藍球個數為七百萬、三百萬，則我們可以依表 5.2 的格式算出表 5.3 呈現的代表性數值。

表 5.3　母體樣本數趨近無限大的樣本代表性

抽出球數	均方差期望值	邊際遞減值	抽出球數	均方差期望值	邊際遞減值
1	0.210000	—	300	0.000700	0.000004
2	0.105000	0.105000	500	0.000420	0.000001
3	0.070000	0.035000	1000	0.000210	0.000000
5	0.042000	0.014000	1500	0.000140	0.000000
10	0.021000	0.004200	2000	0.000105	0.000000
20	0.010500	0.001050	2500	0.000084	0.000000
30	0.007000	0.000350	3000	0.000070	0.000000
50	0.004200	0.000140	5000	0.000042	0.000000
100	0.002100	0.000042	7500	0.000028	0.000000
200	0.001050	0.000011	10000	0.000021	0.000000

由表 5.3 結果可知，抽出球數從 1 增加到 100 時，均方差期望值迅速遞減，顯示樣本代表性大幅增加，大於 100 之後均方差期望值呈緩步邊際遞減，而在 500 之後，增加抽樣樣本對於代表性的程度的影響已經微乎極微了。此例說明，當母體樣本數極大或是近乎無限，則抽樣樣本只要有相當規模（500~1000），在樣本統計量上的比例代表性通常沒有太大問題。

至於當母體所含的變量不只一個，如果我們希望樣本資料在結構上與母體能夠越趨近越好，此時抽樣代表性應該要同時考慮多個變量聯合分配，以例 5.1 來說，倘若除了紅藍二色外，所有球尚有深淺二種類別，若母體樣本數為 10 個，紅藍球比例仍為七比三，深淺色比例為四比六，母體樣本結構如表 5.4 所示。

此時母體中深紅 p_1、深藍 p_2、淺紅 p_3、淺藍 p_4 的比例分別為 $\{0.2, 0.2, 0.5, 0.1\}$，而樣本中特定一組深紅、深藍、淺紅、淺藍配對機率的邏輯推論值為

$$P(x_1, x_2, x_3, x_4) = \frac{C_{x_1}^2 C_{x_2}^2 C_{x_3}^5 C_{x_4}^1}{\displaystyle\sum_{i=0}^{x_1}\sum_{j=0}^{x_2}\sum_{k=0}^{x_3}\sum_{l=0}^{x_4} C_i^2 C_j^2 C_k^5 C_l^1}\Big|_{n=\sum x_i}$$

對應抽出球數的組合配對種類如表 5.5。

表 5.4 母體含兩個變量（顏色、深淺）的樣本結構設定

	紅球	藍球
深色	2(X_1)	2(X_2)
淺色	5(X_3)	1(X_4)

表 5.5　母體含兩變量（顏色、深淺）所有抽出組合的列舉結果

抽出球數 n	組合數（組合配對 $x_1\,x_2\,x_3\,x_4$）
1	2(1000), 2(0100), 5(0010), 1(0001)
2	1(2000), 1(0200), 10(0020), 2(1001), 10(1010), 4(1100), 2(0101), 10(0110), 5(0011)
3	10(0030), 2(2100), 5(2010), 1(2001), 2(1200), 5(0210), 1(0201), 20(1020), 20(0120), 10(0021), 20(1110), 10(1011), 10(0111), 4(1101)
4	5(0040), 20(1030), 20(0130), 10(0031), 1(2200), 10(2020), 10(0220), 10(2110), 2(2101), 5(2011), 10(1210), 2(1201), 5(0211), 40(1120), 20(1021), 20(0121), 20(1111)
5	1(0050), 10(1040), 10(0140), 5(0041), 10(2030), 10(0230), 40(1130), 20(1031), 20(0131), 5(2210), 1(2201), 20(2120), 10(2021), 20(1220), 10(0221), 10(2111), 10(1211), 40(1121)
6	2(1050), 2(0150), 1(0051), 5(2040), 5(0240), 20(1140), 10(1041), 10(0141), 20(2130), 10(2031), 20(1230), 10(0231), 40(1131), 10(2220), 5(2211), 20(2121), 20(1221)
7	1(2050), 1(0250), 4(1150), 2(1051), 2(0151), 10(2140), 5(2041), 10(1240), 5(0241), 20(1141), 10(2230), 20(2131), 20(1231), 10(2221)
8	2(2150), 1(2051), 2(1250), 1(0251), 4(1151), 5(2240), 10(2141), 10(1241), 10(2231)
9	1(2250), 2(2151), 2(1251), 5(2241)
10	1(2251)

註：抽出深紅、深藍、淺紅、淺藍球數的期望值不管抽出球數 n 值皆為 0.2, 0.2, 0.5, 0.1。

　　表 5.5 中，不管抽出球數 n 值為何，抽出深紅、深藍、淺紅、淺藍球數的期望值皆為 0.2, 0.2, 0.5, 0.1，這結果再次顯示了簡單隨機抽樣程序的公正性。然而我們更有興趣的是，究竟增加了顏色深淺的變量面向，會不會使得在抽出相同隨機樣本數目的前提下，抽樣代表性會隨之減少，關於此點，我們仍然援引先前所提 (5.1) 式的均方差期望值作為標準，惟在此的類別為多分名目類別，均方差期望值公式因之有所變化，如 (5.2) 式，

表 5.6　母體樣本的結構複雜度與樣本代表性的比較

抽出球數	紅藍、深淺色球比例推估數值與母體紅球比例真值的均方差期望值	紅藍色球比例推估數值與母體紅球比例真值的均方差期望值
1	0.660	0.420
2	0.293	0.187
3	0.171	0.109
4	0.110	0.070
5	0.073	0.047
6	0.049	0.031
7	0.031	0.020
8	0.018	0.012
9	0.008	0.005
10	0.000	0.000

代表性的數值評估則顯示於表 5.6。

$$E[(\hat{p} - p)^2] = \sum_i \left[\sum_j (\hat{p}_{ij} - p_j)^2 \times P(\hat{p}_{ij}) / n_j \right] \cdot P(\hat{p}_i) \qquad \text{--(5.2)}$$

　　表 5.6 的結果說明了，在抽出球數相同的前提下，樣本資料結構越複雜，即隨機變量的個數越多，則均方差期望值越大，代表性越低。這提醒讀者，當我們指涉的樣本代表性牽涉到母體樣本中越多隨機變量時，則需要較多的抽樣樣本數才能達到相同的代表性程度。

參考方塊 5.2 常用的抽樣方法

　　從最簡單的意義來說，如果抽樣程序希望達成公正性和代表性的目的，我們就需要能夠精確的評估每一個中選樣本的被抽中機率。這個概念雖然可以用例 5.1 的例子來類比，但往往在現實中母體過於龐大，無法用排列組合的數學推理來窮盡每一個呈象事件的機率值；儘管如此，我們有許多抽樣方法可以簡化抽樣程序中對於中選機率的評估方式，同時又便利於抽樣執行的進行，這些方法如下：

● 「群集抽樣法」（cluster sampling）：在進行簡單隨機抽樣時，往往由於母體所涵括的範圍過於廣大，因此在設計抽樣程序中，先不以最終樣本單位當作抽樣標的，而以較大的集體單位當作抽樣標的，然後在中選的集體單位中，再去進行最終樣本單位的抽樣。常見的例子是將一國按地理行政區域劃歸成集體單位，然後執行抽樣選出中選的集體單位後，在對這些集體單位進行個體層次的抽樣。「群集抽樣」的樣本特色是 —— 群集間的樣本同質性高，群集內的樣本同質性低。

● 「系統抽樣法」（systemic sampling）：在進行簡單隨機抽樣時，往往在執行上要反覆隨機抽樣的程序過於繁雜，因此可以採用系統抽樣的方法，先將所有抽樣樣本進行排序編碼（可以採用任意標準），確定沒有系統週期性後，以所有樣本和目標樣本數兩者除法的商數當作間隔數，並在 1 至間隔數數值間取一起始值，然後依間隔數一一累加取得中選號碼以決定中選的隨機樣本。「系統抽樣法」在進行排序編碼時，務必要確定其排列不受特定規律性、週期性的因素影響。

● 「分層抽樣法」（stratified sampling）：儘管是隨機樣本，有時在抽樣上我們希望可以確保樣本的某種特性，因此在進行抽樣設計時，我們可以先對於樣本進行分層，以確保總體樣本在此特性上與母體樣本具有較佳的代表性。比方說在跨國調查研究中，居住地的現代化程度通常在分析上有很重要的區隔性，但是通常「第一抽樣單位」（primary sampling unit），如鄉鎮，都是散布在大的行政單位之下，

而該行政單位所涵攝的鄉鎮發展程度的異質性又很大，此時我們有必要打破原有第一抽樣單位與行政單位的隸屬，重新按現代化程度（可能是數個發展指標的因素分析得點）排序，然後進行系統抽樣來選出中選的第一抽樣單位，使得中選的第一抽樣單位能夠較為全面的覆蓋不同發展程度的特性。「分層抽樣法」的樣本特色是─群集間的樣本同質性低，群集內的樣本同質性高。

● 「分階段抽樣法」（multi-stage sampling）：在大型的抽樣程序中，往往由於樣本散布在廣大的地理或行政區域中，為了節省成本，同時能夠確保抽樣結果符合研究目的，因此常常會兼採「群集抽樣法」和「分層抽樣法」，來達到成本較低的隨機抽樣結果。比方說，在跨國調查研究中，往往地理區域的代表性是相當重要的，因此在抽樣設計時，會先針對大區塊的地理單位進行群集抽樣的設計，但在每一地理區域進行群集抽樣時，又會為簡化抽樣程序和減少成本，會分階段來進行不同分層，抽出第一抽樣單位、第二抽樣單位、第三抽樣單位……等，如此多階段兼採「群集抽樣法」和「分層抽樣法」的抽樣方法，就是「分階段抽樣法」的具體意義。

● 「地理資訊抽樣」（geographical information sampling）：在一般抽樣程序中，需要有母體資訊作為抽樣程序的樣框資訊，此樣框資訊可以是政府的戶籍資料、全國家戶的郵寄地址、全民健康保險等等的人口統計資料，然而在許多的調查情境中，我們無法取得任何可信的人口統計資料來覆蓋全部的母體樣本，此時採用地理資訊為基礎來建立抽樣樣本與樣框資訊間的關係，便成為最佳的替代選項之一。由於現今科學技術的發展，地理資訊的取得已經十分便利可靠，因此透過地理資訊覆蓋全球的優勢，加上其取得已不再受限科技和政治因素，可以純然以經緯度資訊，搭配人口密度或燈光資料抽出完全基於地理資訊的隨機抽樣樣本。

關於抽樣方法，請參考 Levy and Lemeshow（2008）[174] and de Smith, Goodchild, and Longley（2007）[175]。

在實務上的抽樣方法，除了簡單隨機抽樣外，還有許多不同的方法，主要可分為「群集抽樣法」（cluster sampling）、「系統抽樣法」（systemic sampling）、「分層抽樣法」（stratified sampling）、「分階段抽樣法」（multi-stage sampling）、「地理資訊抽樣」（geographical information sampling）與其他方法，這些方法通常是在考量成本和執行效率的前提下，為達成一個公正且具有代表性所採用的抽樣程序。抽樣的結果通常需要滿足兩個要件：一、所有可能被抽中的樣本是否有相等機率被選中，或者至少其被選中的機率可以清楚的估計；二、在所有的抽樣程序中，其抽樣所產生的變異程度是否可以被精準的估計。倘若這兩個要件滿足，研究者就可以明確的評估抽樣的代表性，以及其所可能產生的抽樣風險。上述這些抽樣方法，在執行上往往可以兼採之，其基本定義和介紹請詳見參考方塊 5.2，有關於抽樣與民意調查方法的中文入門讀本，請參考延伸閱讀二。

　　實務的應用上，以一國的面訪調查（face-to-face interview）為例，通常會先以地理分群，然後再依人口基本變量分布，採多階段分層隨機抽樣。在每一階段抽樣中，會依抽樣框的特質，採取分層抽樣、系統抽樣，或兼採之的操作。比方說，若在一個幅員較大的國家進行具有機率代表性的抽樣，第一步通常先以主要行政區單位（省、州）分成群集，如北部、中部、南部，東部、西部等，然後按都市化比例，先將樣本分層；第二步分別在都市和鄉村地區，以區縣為單位，按人口基本變項特質排序形成樣框並進行等比例（按區縣人口計算）的系統抽樣；第三步則以抽出的區縣為單位，在每一區縣進行下一階段的系統抽樣，抽出下一級行政單位，然後在接下來每個階段都反覆相同程序，直到抽到家戶為止；最後，則在中選家戶中，按隨機取樣的程序，比方說 Kish 表的使用，選出符合資格的受訪者。關於上述具有全國代表性的面訪實例，詳見參考方塊 5.3。

參考方塊 5.3　具有全國代表性面訪調查的抽樣實例

　　第四波亞洲動態民主調查的緬甸調查於 2014 年 5 月到 2015 年 3 月間進行，其中抽樣的部分是由台灣總部團隊與緬甸調查團隊聯合親自執行。在抽樣設計上，採用緬甸人口與移民部所提供 2013 年資料，採用地理區域和都市化的群集抽樣設計，分階段分層抽出第一（鄉鎮）、第二（村里）、第三（家戶）抽樣單位，然後入戶之後再採用 Kish 表抽選出中選的受訪者。總樣本數為 1620 人，涵蓋緬甸全境 15 個州，317 個鄉鎮。在第一階段抽樣時，所採用資料為緬甸人口和移民部所提供的人口普查資料將全國的鄉鎮名單按其地理區域和都市化程度排列，然後以一村里 15 個家戶數為準，依「等比機率抽樣」（probability proportional to size sampling）決定隨機抽樣中選的 36 個鄉鎮個別所在的行政州；第二階段則由緬甸調查團隊派出人員到 36 個中選鄉鎮蒐集人口資料，然後依「等比機率抽樣」選出每個鄉鎮中的中選村里；第三階段則採用「地標抽樣法」（landmark sampling），按中選村里的家戶數量，以目標成功樣本的兩倍當作除數，相除之後取的系統抽樣的間隔家戶數，然後再以地標排列表按隨機碼取出起始訪問的隨機地標，之後依間隔家戶數進行入戶家庭的受訪者取樣。

　　第三階段之所以沒有採用依戶口資料進行系統隨機抽樣的原因，在於緬甸地方政府幾乎沒有個別的戶籍資料，因此戶口資料在村里層次不可得，有鑑於每個緬甸村里幾乎都有佛塔、學校、村里長等地標，所以抽樣採用替代方法，先估計村里的家戶數量，再隨機抽出可得的地標，最後採用系統抽樣的方式來選出中選家戶。地標抽樣中的間隔家戶數，由於考慮到失敗樣本的可能，所以目標成功樣本的兩倍數值當作除數以取得較小的間隔數。上述地標抽樣的採用，是在缺乏人口統計資料情況下，最接近「等比機率抽樣」的替代方式，而類似方式實際上也常在許多現代化程度較低的國家中施用。

　　關於緬甸抽樣的中選鄉鎮，可見圖 5.1 的深灰色部分。

　　至於非機率抽樣方法，常見的如「方便抽樣」、「定額抽樣」、「立意抽樣」、「滾雪球抽樣」等，主要的缺點就是難以評估抽樣樣本與母體

■ 中選鄉鎮

圖 5.1　第四波亞洲民主動態調查緬甸調查抽樣圖

之間的代表性，好處則是容易執行，且通常成本較小。這些方法在不同研究目的上有其實質的作用，但由於樣本公正性和代表性難以評估，使得依抽樣樣本資訊所做出的推論具有很大的抽樣風險，也因此無法符合嚴謹的科學標準。在實務上的應用，通常集中在講求速度、成本，以及反覆執行的商業運作，而較不受學術界的喜愛。儘管如此，這些抽樣方法在對於了解現況、產生解釋說法、理解目標人群等作用上，還是有一定的價值。因此熟知這些方法應用的條件和限制，便成為能夠適切使用這些抽樣方法的關鍵之處。關於上述非機率抽樣方法的介紹，詳見 Henry（1990）[176]。

　　究竟什麼是抽樣風險？抽樣風險要如何評估？這攸關採用抽樣樣本進行因果推論的科學性。以最淺白的方式來說，抽樣風險就是實現的抽樣樣本和母體樣本之間的代表性落差，以例 5.1 為例，母體樣本有 10 顆球，其中紅藍分別為 7 顆和 3 顆，倘若我們將這 10 顆球都編上號碼，號碼 1-7 皆為紅球，號碼 8-10 皆為藍球，然後我們將這 10 顆球放進滾筒中不停轉動，然後從中隨機取出 5 顆球，會產生的不同組合可分類成下面四種（亦可見表 5.1）

第一種組合：紅球 2 顆，藍球 3 顆，共 21 種排列組合，紅球比例為 40%。
第二種組合：紅球 3 顆，藍球 2 顆，共 105 種排列組合，紅球比例為 60%。
第三種組合：紅球 4 顆，藍球 1 顆，共 105 種排列組合，紅球比例為 80%。
第四種組合：紅球 5 顆，藍球 0 顆，共 21 種排列組合，紅球比例為 100%。

　　在這四種可能發生的結果中，第一和第四種情形各自發生的機率為 8.33% (21/252)，第二和第三種情形各自發生的機率為 41.67% (105/252)，以母體樣本中的紅球比例占 70% 的事實來說，最終抽樣實現的結果紅球可能為 40%、60%、80%、100%，因此母體比例與樣本比例有某種程度的落差，這就是抽樣風險。這邊要特別注意，不管最終抽樣程序實現的樣本是所有 252 種結果中的何者，這個抽樣程序是公正的（期望值為 0.7）

$$E（樣本紅球比例）=(0.4+1)\times\frac{21}{252}+(0.6+0.8)\times\frac{105}{252}=0.7$$

而且所有可能產生結果的排列組合，其次數頻率，以及結果所得的樣本紅球比例都可清楚由數學推導算出，因此這個程序滿足隨機抽樣的代表性要求；但即便如此，仍然有可能產生紅球比例為 40% 或 100% 等推論誤差較大的結果。所以嚴格說來，隨機抽樣的公正性和代表性，無法保證任一隨機抽樣程序實現的結果，只能讓我們清楚估算這種較大誤差結果發生的機率，以此例而言，產生正負誤差為 30% 的結果機率為 16.67%，其中來自嚴重低估（40%）和嚴重高估（100%）的機率各占一半，皆為 8.33%，而這 16.67% 的機率在此就代表著抽樣風險的意義。

　　廣義來說，抽樣風險可以一般化為抽樣樣本和母體樣本在目標統計量上的差距，而這差距全然都是由抽樣操作後實現的特定樣本所產生。也因此，若要能從實現的抽樣樣本特性來評估樣本和母體統計量的差距，我們需要一套統計理論來評估因抽樣操作所產生樣本統計量的變動規律，而這個規律是可以描述抽樣樣本與母體樣本之間的聯繫關係，也就是「抽樣分配」所描述和解釋的。換句話說，「抽樣分配」是一種想像的分配，是在抽樣操作還沒有進行前，研究者已經從母體樣本的特質中，可以推論若進行無限多次隨機抽樣程序來抽出樣本，這些樣本統計量會呈現怎樣的分配，而這分配是可以用具體已知的分配形式來進行描述和解釋的。一旦具備這樣的知識，我們就可以透過實現的樣本資訊，來回推母體樣本的統計性質，這就是評估抽樣風險的真正意義。

　　上述的抽樣分配，在電腦發明之前，完全是透過數學推導來建立的統計法則，因此名為想像，其實意指研究者並沒有真正進行無限多次的隨機抽樣程序來抽出樣本，而是像例 5.1 一樣，採用數學方法來進行思想實現，透過邏輯推理的想像，來找出真正進行無限多次的隨機抽樣程序之後的規律。但這想像的抽樣分配透過電腦科技的運用，可以不再是想像的分配，我們可以隨時透過數學軟體的程式編碼，來實際進行近似於無限多次的隨機抽樣程序，並求出現實已發生的抽樣分配，而不再是套用數學推導

所產生的想像分配。在稍後 5.2 節和 6.3 節中，作者將會實際的運用數學推導和電腦模擬兩種不同路徑，來說明抽樣風險的評估，以及不同方法所產生結論的差別。

　　統計史上對抽樣風險評估最主要的依據，其實來自於棣美弗在 1733 年採用二項分配逼近常態分配的數學推導及結論，如果將問題轉換至抽樣分配的形式上，棣美弗基本上證明了將伯努力分配進行了 n 次實驗之後，結果總和會呈現常態分配的規律，因而可以推論出任意分配為母體的樣本平均數，只要樣本數夠大，其抽樣分配會呈現常態分配的統計理論，又稱為「中央極限定理」，其中抽樣分配的參數特值，可由抽樣樣本取得，並且直接用來推估母體參數，以及作為評估抽樣風險的數理推論基礎。5.2 節將針對中央極限定理的數理推導、理論意涵、實際應用進行介紹和說明。

5.2　中央極限定理

　　中央極限定理的內涵，最早可以從棣美弗在 1733 年 [177] 以二項分配逼近常態曲線的數學證明中，就可以清楚的推導出來，其數學結論和理論意涵可陳述如下：

數學結論：當 n 個伯努力分配的隨機變量 x 相加之後形成一個新的隨機變量 $S\left(S = \sum_{i=1}^{n} x_i\right)$，若 $n \to \infty$，則隨機變量 S 的分配曲線越趨近常態分配。

理論意涵：不論原來母體樣本是否為常態分配，樣本平均數 $\bar{x}\left(\bar{x} = \dfrac{S}{n}\right)$ 組成之抽樣分配，會隨著抽樣樣本數增加，越逼近常態分配。

理論說明：比方說 x 是任意分配的隨機變數，若隨機抽出 $x_1, x_2 ..., x_n$ 個樣本觀察值，只要樣本數 n 夠大（一般來說要 30 以上大樣本性質才成立），樣本觀察值總和 S 會呈現常態分配。又 $S = n\bar{x}$，因此樣本平均值可以表示為 $\bar{x} = \dfrac{S}{n}$，據此我們亦可推論隨機變

量 S 除以常數 n 的結果 $\bar{x}$，即樣本平均數的抽樣分配也會依循常態分配。

下面講述隸美弗使用二項分配逼近常態分配的推導過程 [178]：

令二項分配 $X \sim Bin(p, n)$，K_{max} 是指機率最高的結果，比方說以投擲銅板為例，n 次中丟出 K_{max} 次正面結果的機率最大，在二項分配中即為 $E(X) = np$，則

$$K_{max} = np, \quad n - K_{max} = nq$$

其中 $q = (1 - p)$，q 是投擲銅板出現反面的機率。

想像機率次高的結果應是比 K_{max} 少一次，即 $K_{max} - 1$。為求一般化，我們先將 K_{max} 用 k 代表，所以投擲一個出現正面機率為 p 的銅板 n 次中會出現 k 次正面的機率 $b_n(k)$ 和 $k-1$ 次正面的機率 $b_n(k-1)$ 的比值為

$$\frac{b_n(k)}{b_n(k-1)} = \frac{c_k^n p^k q^{n-k}}{c_{k-1}^n p^{k-1} q^{n-k+1}} = \frac{(n-k+1)p}{kq}$$

這邊我們可以用 $k = k_{max} + i$ 替換

$$\frac{(n-(k_{max}+i)+1)p}{(k_{max}+i)q} = \frac{(n-k_{max}+1-i)p}{(k_{max}+i)q} \approx \frac{(nq-i)p}{(np+i)q}$$

分子分母都同除 npq，可得結果為

$$\frac{b_n(k)}{b_n(k-1)} = \frac{1 - \dfrac{i}{nq}}{1 + \dfrac{i}{np}} \qquad \text{--(5.3)}$$

要化簡 (5.3) 式，我們需要用到下面兩個近似關係式

$$近似式一：\lim_{x \to 0}[\log(1+x)] \approx x$$

$$近似式二：\lim_{m \to \infty}\left[\frac{1}{2}m(1+m)\right] \approx \frac{1}{2}m^2$$

利用近似式一，將 (5.3) 式結果取對數，可得

$$\log\left[\frac{b_n(k)}{b_n(k-1)}\right] = \log\left(1-\frac{i}{nq}\right) - \log\left(1+\frac{i}{np}\right)$$

$$= -\frac{i}{nq} - \left(\frac{i}{np}\right)$$

$$= \frac{-i}{npq}$$

其中如果 $n \to \infty$，則滿足近似式一的條件，因為 $\left(-\dfrac{i}{nq}\right) \to 0$，$\left(\dfrac{i}{np}\right) \to 0$。

至此我們可以將 $\log\left[\dfrac{b_n(k)}{b_n(k-1)}\right]$ 用 $\log\left[\dfrac{b(k_{max}+i)}{b(k_{max}+i-1)}\right]$ 來表示之。

近似式二成立的原因是因為當 m 很大的時候，$\dfrac{1}{2}m$ 與 $\dfrac{1}{2}m^2$ 相比幾乎微不足道，因此 $\lim\limits_{m \to \infty}\left[\dfrac{1}{2}m(1+m)\right] \approx \dfrac{1}{2}m^2$。

令 $m \geq 1$ 且 $k_{max}+m \leq n$，我們可以推導出投擲一個出現正面機率為 p 的銅板 n 次會出現 $(k+m)$ 次正面的機率 $b_n(k+m)$ 和 k 次正面的機率 $b_n(k)$ 之比值

$$\log\left[\frac{b(k_{max}+m)}{b(k_{max})}\right] = \log\left[\frac{b(k_{max}+1)}{b(k_{max})} \cdot \frac{b(k_{max}+2)}{b(k_{max}+1)} \cdots\cdots \frac{b(k_{max}+m)}{b(k_{max}+m-1)}\right]$$

$$= \log\left[\prod_{i=1}^{m} \frac{b(k_{max}+i)}{b(k_{max}+i-1)}\right]$$

$$= \sum_{i=1}^{m} \log\frac{b(k_{max}+i)}{b(k_{max}+i-1)}$$

$$= \sum_{i=1}^{m} \frac{-i}{npq}$$

$$= \frac{-1}{npq} \cdot \frac{1}{2}m(1+m)$$

$$\approx \frac{-m^2}{2npq}$$

上式的最後我們用上了近似式二，如果 $n \to \infty$，m 的數值也會逼近無限大，因此也會滿足近似式二的條件。

接下來，我們對 $\log\left[\dfrac{b(k_{max} + m)}{b(k_{max})}\right]$ 取指數運算

$$\frac{b(k_{max} + m)}{b(k_{max})} = \exp\left(\frac{-m^2}{2npq}\right)$$

$$b(k_{max} + m) = b(k_{max})\exp\left(\frac{-m^2}{2npq}\right) \qquad \text{--(5.4)}$$

將 (5.4) 式所有機率加總，按照機率的定義，總和為 1，隸美弗發現當 $p = \dfrac{1}{2}$ 時，$b(k_{max})$ 以 $\dfrac{2}{B\sqrt{n}}$ 速度減少，B 為常數。但麻煩的是，$b(k_{max})$ 需要展開，但 $b(k_{max}) = \dfrac{n!}{k_{max}!(n - k_{max})!} p^{k_{max}} q^{n-k_{max}}$，所以我們必須處理掉階層項，才能找到機率 $b(k_{max})$ 遞減的法則，這裡必須使用「斯特林公式」（Stirling Formula）

$$n! \approx \sqrt{2\pi}\, n^{n+\frac{1}{2}} e^{-n}$$

這意味著當 $n \to \infty$，左右邊兩項的比值趨近 1，因此

$$\lim_{n \to \infty} \frac{n!}{n^{n+\frac{1}{2}} e^{-n}} = \sqrt{2\pi}$$

關於斯特林公式的數學證明請參考附錄七。

讓我們回到 (5.4) 式中處理展開的 $b(k_{max})$ 的問題，這裡唯一的技巧就是使用斯特林近似公式，讓我們用 k 來取代 k_{max} 表示一般化

$$b(k) = \frac{n!}{k!(n-k)!} p^k q^{n-k}$$

$$\approx \frac{n^{n+\frac{1}{2}} e^{-n+k+n-k}}{\sqrt{2\pi}(np)^{k+\frac{1}{2}}(np)^{n-k+\frac{1}{2}}} p^k q^{n-k} \qquad \text{--(5.5)}$$

$$= \frac{1}{\sqrt{2\pi npq}}$$

其中

$$n! \approx \sqrt{2\pi} \cdot n^{n+\frac{1}{2}} \cdot e^{-n}$$

$$k! \approx \sqrt{2\pi} \cdot n^{k+\frac{1}{2}} \cdot e^{-k}$$

$$(n-k)! \approx \sqrt{2\pi} \cdot n^{(n-k)+\frac{1}{2}} \cdot e^{-(n-k)}$$

因此，(5.5) 式的結果代入 (5.4) 式之中

$$p(x = k_{max} + m) \approx b(k_{max}) \exp\left(\frac{-m^2}{2npq}\right)$$

$$\approx \frac{1}{\sqrt{2\pi npq}} \exp\left(\frac{-m^2}{2npq}\right) \qquad \text{--(5.6)}$$

已知 $k_{max} = np$，若將 $k_{max} + m$ 寫成 k，$np + m = k$，$m = k - np$，將上述變數代換帶進 (5.6) 式便可改寫為

$$p(x_n = k) \approx \frac{1}{\sqrt{2\pi npq}} \exp\left[\frac{-(k-np)^2}{2npq}\right]$$

已知二項分配的平均數 $\mu_x = np$，變異數 $\sigma_x^2 = npq$，所以

$$p(x_n = k) \approx \frac{1}{\sqrt{2\pi}\sigma_x} \exp\left[\frac{-(x-\mu_x)^2}{2\sigma_x^2}\right]$$

即完成二項分配逼近常態曲線的數學證明。關於統計史家對棣美弗以二項分配逼近常態曲線證明的闡釋，請參考延伸閱讀三。

下面以例 5.2 說明中央極限定理的應用實例。

例 5.2：假設我們想知道一個人到底有幾根毛髮，但問題是全世界將近 70 億人，我們不可能全部都來測量每個人的毛髮量，而且每秒有人在出生、也有人在死亡，更何況每個人的毛髮量本來就都不一樣，我們到底要如何才能得到一個令人信服的答案呢？

● **思考的第一步**

既然我們不可能窮盡母體來進行測量，而且我們都知道每個人的毛髮數量是不同的，為了方便描述全人類所具有毛髮量的規律，基於當代統計學典範以算術平均數為最佳估計元，而以平均離差平方值當作變異數測量資料歧異度的定義，所以我們事先假設母體分配為

$$x \sim \square(\mu, \sigma^2)$$

x 是全世界每人所具有毛髮量之隨機變數，$\square$ 代表未知的母體樣本分配曲線，μ 是全人類所具有毛髮量的平均值，σ^2 是全人類所具有毛髮量的變異數，這邊我們採用 μ 作為描述全世界人類的平均毛髮數量答案。

● **思考的第二步**

但現在問題來了，μ 和 σ^2 我們都不會知道，所以統計學告訴我們唯一的方法是在你時間成本許可底下，隨機抽樣任意 n 個（比方說 $n = 1000$）人出來測量其毛髮量，此時這 n 個人可以當作一個適切代表 70 億人的樣本，這時我們所有的推論就基於這 n 個人的樣本來推論。此處的關鍵問題就是，我們的抽樣樣本真的能夠適切地反映這 70 億人各方面的樣本特質嗎？而從 5.1 節的討論可以得知，在抽樣程序是公正的前提下，樣本數只要夠大。隨機抽樣的樣本是具有母體代表性的。

● **思考的第三步**

既然我們的推論都必須基於這 1000 個人的樣本來推論，所以我們現

在有的資料是 $\{x_1, x_2, \ldots x_{1000}\}$ 的數列，根據我們直觀的想法，如果 70 億人的算術平均數是把 70 億人每人的毛髮量相加取平均，然後變異數是算出這 70 億個樣本的平均離差平方值，那我們就當這 1000 人是那 70 億人，所以

$$\hat{\mu} = \overline{x} = \frac{1}{1000}\sum_{i=1}^{1000} x_i \text{ , } \hat{\sigma}^2 = S^2 = \frac{1}{1000-1}\sum_{i=1}^{1000}(x_i - \overline{x})^2$$

這裡我們是用樣本平均數 $\overline{x}$ 來當作母體平均數估計值 $\hat{\mu}$，而以樣本變異數 S^2 來當作母體平均數估計值 $\hat{\sigma}^2$，$\hat{\mu}$ 和 $\hat{\sigma}^2$ 都僅是估計 μ, σ^2 的一個特殊值，是基於某特定的這 1000 樣本組合而來，言下之意，如果不同人抽另一個 1000 人之樣本，則會有不同 $\hat{\mu}, \hat{\sigma}^2$，這即先前所提的「抽樣風險」的概念。

● 思考的第四步

因為上面的引伸，我們了解這 1000 個人只是理論上代表了 70 億人，不一定能真正就完全代表 70 億人，也因此如果我們真的做很多次實驗，其實就會發現每一次的 1000 人樣本算出的 $\hat{\mu}, \hat{\sigma}^2$ 當然都不一樣，想像真的有人做了無限多次的 1000 人樣本，而把這無限多次的樣本平均數 $\overline{x}$ 和變異數 S^2 都當作 $\hat{\mu}, \hat{\sigma}^2$ 來估計 μ, σ^2，則會得到

$$\left\{ (\overline{x}_{(1)}, S^2_{(1)}), (\overline{x}_{(2)}, S^2_{(2)}), \ldots (\overline{x}_{(\infty)}, S^2_{(\infty)}) \right\}$$

無限多組的 $\hat{\mu}, \hat{\sigma}^2$。

中央極限定理告訴我們：如果將上面無限多個 $\overline{x}_{(n)}$ 畫成一個分配，則我們會發現

$$\overline{x} \sim N\left(\mu, \frac{\sigma^2}{n} \right)$$

這裡 $n = 1000$，因為每一個 $\overline{x}$ 代表 $\frac{1}{1000}\sum_{i=1}^{1000} x_i$，是涵蓋了 1000 個樣本點的資訊，由於我們定義隨機誤差會正負抵消，且期望值為 0，所以 1000 個樣本點之資訊的變動量是 1 個樣本點變動量的 $\frac{1}{1000}$ 倍，這是為什麼 $\overline{x}$ 變

異數是 $\dfrac{\sigma^2}{n}$ 的原因。然而，由於我們只有一個抽樣樣本的資訊來推估母體參數，所以我們僅能用剛剛的樣本統計量來推論 μ 和 σ^2，因此

$$\bar{x} \sim N\left(\frac{1}{1000}\sum_{i=1}^{1000} x_i, \frac{S^2}{n}\right)$$

至於 $\bar{x}$ 的分配如何與隸美弗扯上關係，只要將 $\bar{x}$ 乘上 n 就知道了，即

$$n\bar{x} = \sum_{i=1}^{n} x_i \sim N(n\mu, n\sigma^2)$$

也就是某一實驗反覆進行 n 遍的結果總和會依循常態分配，這就是隸美弗用二項分配（或想成 n 次伯努力實驗結果和）來逼近常態分配的數學證明所顯示的規律。

此處可以對於樣本分配和抽樣分配做一觀念澄清，$X \sim \square(\mu, \sigma^2)$ 是樣本分配，每一個樣本點僅包括一個樣本觀察值資訊。$\bar{x} \sim N(\mu, \dfrac{\sigma^2}{n})$ 是抽樣分配，每一個樣本點包括 n 個樣本觀察值資訊，而我們取算術平均數此統計量來表示。由於隨機誤差相互抵消的特質，以及我們對於隨機誤差的分配性質假設，所以算術平均數所根據的樣本數越大，其誤差越小，這是為什麼其變異數與 n 成反比的原因。總之，樣本分配是一個一個觀察值所構成的樣本，抽樣分配是一個一個統計量（比方說算術平均數）數值所構成的分配。

通常我們使用中央極限定理是為了假設檢定之用，假設檢定中最重要的就是找出推估參數的抽樣分配，這裡常見的中央極限定理的應用為

1. 只要 n 夠大，不管 $x \sim \square(\mu, \sigma^2)$ 為何種分配，$\bar{x} \sim N(\mu, \dfrac{\sigma^2}{n})$。

2. 若 $n < 30$，中央極限定理不適用，不過若 $x \sim N(\mu, \sigma^2)$，則 $\bar{x} \sim t$ 分配；如果 x 不是常態，在小樣本中則需要用無母數方法來推估。

t 分配類似於常態，不過較高狹一點，當樣本數超過 30 就與常態分

配沒有太大差別。關於中央極限定理的驗證，可以採用電腦模擬的方式進行，詳見參考方塊 5.4。

參考方塊 5.4 採用電腦模擬方法來驗證中央極限定理

例 5.3：中央極限定理的模擬驗證

● 欲驗證命題：不論原來母體是否為常態，任意樣本統計量組成之抽樣分配接近常態分配。

● 驗證程序：請執行 ex5_3.m (dist, type, n, iter, p) 的 Matlab 函數（程式碼詳見補充材料七），變換母體分配（dist）、抽樣樣本的樣本數（n）、實驗次數（iter）、樣本統計量（type）、樣本百分位分量（p），來評估中央極限定理，看看不同的樣本統計量抽樣分配是否如同中央極限定理所述皆為常態分配？

● 程式說明：ex5_3.m (dist,type,n,iter,p) 是個實驗機器，可以設定母體分配（dist），然後進行 n 次抽樣形成一個「抽樣樣本」（sample distribution，每個樣本點就是一個樣本資訊），然後依此抽樣樣本取一統計量（type），將這個實驗反覆 iter 次，最終有 iter 個的統計量產生，而這 iter 的統計量，就會形成一個「抽樣分配」（sampling distribution，每個樣本點是由一個樣本數為 n 的抽樣樣本所形成的統計量，所以一個樣本點包括了 n 個資訊），ex5_3.m 程式最後會給出抽樣分配是否接近常態分配的檢驗結果（Jarque-Bera test），還有樣本 #1 的樣本分配圖，以及樣本統計量的抽樣分配圖，ex5_3.m 程式提供讀者自己做實驗來驗證中央極限定理的學習工具。

● 參數設定：

一、分配參數 dist: 1 是連續均等分配 U (0, 1)；2 是常態分配 N (0, 1)；3 是貝他分配 Beta (0.5, 2)；4 是貝他分配 Beta (2, 0.5)；5 是二項分配 Bin (1, 0.5)〔等價於伯努力分配〕；6 是卜瓦松分配 Possi (6)；7 是指數分配 exponential (6)；8 是在 [0, 100] 之間的任意數值。

二、樣本統計量 type: 1 是算術平均數；2 是中位數；3 是樣本百分位分量 p（介於 0 和 1 之間），若 $p = 0$，則樣本 p 百分位分量為樣本最小值，若 $p = 1$，則樣本 p 百分位分量為樣本最大值。

三、抽樣樣本的樣本數為 n，抽樣實驗次數 iter，樣本百分位設定 p。

● 實驗次數限制：Matlab 中的常態分配檢定（jbtest）實驗次數要小於 2000。

● 範例：假設我們想測試在極端狀況下中央極限定理是否成立，所以我們採下面的設定 —— (1) dist = 8，在 [0, 100] 之間的任意數值 (2) type = 3，樣本百分位 (3) $n = 1000$，抽樣樣本的樣本數 (4) iter = 1000，實驗次數 (5) $p = 0.95$，百分之 95 位數，則執行 ex5_3(8, 3, 1000, 1000, 0.95)，可得到結果

⋯⋯⋯⋯⋯⋯⋯⋯⋯⋯⋯ 上面結果略 ⋯⋯⋯⋯⋯⋯⋯⋯⋯⋯⋯

正在進行第　995 次抽樣實驗
正在進行第　996 次抽樣實驗
正在進行第　997 次抽樣實驗
正在進行第　998 次抽樣實驗
正在進行第　999 次抽樣實驗
正在進行第　1000 次抽樣實驗
樣本統計量的抽樣分配滿足常態分配假設

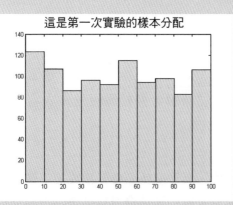

這是第一次實驗的樣本分配

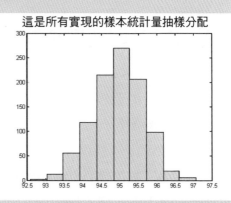

這是所有實現的樣本統計量抽樣分配

5.3　樣本統計量的假設檢定

　　由 5.2 節的討論可知，中央極限定理最強大的應用，是可以用來評估抽樣過程中母體樣本和抽樣樣本所產生資訊變異的程度，也就是得出抽樣分配的特定規律。這個規律，一般來說僅受限於抽樣樣本數的大小影響，樣本統計量分配除了小樣本外，皆可以由常態曲線來描述，在位置參數上為不偏估計，而在尺度參數上與抽樣樣本個數成反比。因此，只要事前知道欲檢定假設所對應的資料一般性質，比方說單參數還是雙參數、隨機變量尺度和值域空間等，就可以設定一套制式的標準程序來進行假設檢定。這裡的假設檢定，並不試圖窮盡參數空間內所有的假設來評估其可能性，而僅就與決策者利害相關的事實假設來權衡不同決策行為的相對損益，最後做出假設檢定的判斷。

　　假設檢定的步驟：

一、定義決策選項與事實假設。

二、設定虛無假設和對立假設。

三、應用中央極限定理推導出樣本統計量的抽樣分配。

四、實際進行隨機抽樣，並用抽樣資訊來進行假設檢定。

　　可否將對立假設當作先入為主的判斷？可以，但虛無假設必須要是等號或者含有等號的不等號。

5.3.1　樣本統計量假設檢定的論理框架

　　在 5.3 節和 5.4 節中，作者將會分別以實際例子來分別說明樣本統計量和迴歸參數的假設檢定全部過程，以加深讀者對於假設檢定內容的印象，並熟悉其應用。

例 5.4：身為「誠信牌」沙拉油的資方老闆，為了避免商譽受損或被消費者認為偷斤減兩到消基會申訴，你希望工廠的裝填機器在裝填時不要低於

產品外觀所標示的三公升,但又為了節省成本起見,你也不希望工廠裝填機器在裝填時超過三公升。最近有某些理由讓你懷疑裝填機器的精準度有問題,因此你希望來檢定看看,到底目前工廠所有的這些裝填機器,是不是正如其製造廠商所宣稱的裝填量正好三公升?

裝填沙拉油的機器精準度(事實假設)

		正好三公升 (精準度夠高) $\mu = 3$	不是三公升 (精準度不夠) $\mu \neq 3$
作為老闆的決策選項	接受廠商說法 (沒有行動) 接受 $\mu = 3$,否定 $\mu \neq 3$	決策正確 (P)	決策錯誤 (Q)
	否定廠商說法 (提起訴訟) 否定 $\mu = 3$,接受 $\mu \neq 3$	決策錯誤 (R)	決策正確 (S)

　　此時你所面臨的情境,是到底裝填機器的精準度夠不夠,使得誠信牌沙拉油的裝填量正好為三公升,如果是的話,當然無須對於製造裝填機器的廠商有任何法律行動,但如果不是的話,基於對於其商譽或成本控管的可能損失,站在老闆的立場你會向法院提起民事訴訟,希望就其違約的部分(機器的精密度不夠)要求機器製造商賠償。

● **假設檢定的第一步**:想清楚你作為決策者的決策選項有哪些?決策錯誤的相對成本有多大?

　　理論上當決策者做任何決策時,都可能冒著某種決策錯誤的風險,在概念上,如果決策者只有兩種互斥的選項時,損失較大的就是「第一型決策錯誤」(Type I Error),損失較小的就是「第二型決策錯誤」(Type II Error)。換句話說,針對「裝填沙拉油的機器精準度」是否符合標準($\mu = 3$ 代表精準度夠;$\mu \neq 3$ 代表精準度不夠),你的決策有兩種,一是「認定精準度夠高而接受廠商說法而沒有任何訴訟行為」,另一是「認定精準度不夠而否定廠商說法進而對其提起民事訴訟來求償」,所以針對不同結果,總共有四種可能性發生:

一、正確判定裝填沙拉油的機器精準度夠高（如 P 所示），因此接受廠商說法而沒有任何訴訟行為，沒有決策錯誤產生的損失。

二、誤以為沙拉油的機器精準度夠高 （如 Q 所示），但事實上並非如此，所以廠商實質上受到了商譽或成本上的損失，這是決策錯誤產生的。

三、誤以為沙拉油的機器精準度不夠（如 R 所示），但事實上機器是符合標準的，所以廠商提起訴訟但敗訴，還被反控誣告，這損失是決策錯誤產生的。

四、正確判定裝填沙拉油的機器精準度不夠（如 S 所示），向廠商提起損害賠償訴訟，所以決策正確，沒有決策錯誤產生的損失。

　　現在的問題是，作為老闆的你，必須權衡 Q 和 R 兩種決策錯誤的損失何者為大，如果你認為 Q 遠遠大於 R 的話，Q 就是「第一型錯誤」而 R 是「第二型錯誤」，若你認為 R 遠遠大於 Q 的話，R 就是「第一型錯誤」而 Q 是「第二型錯誤」。如果 Q 和 R 差不多，則「第一型錯誤」和「第二型錯誤」的分別意義就不大了。

● **假設檢定的第二步：**決定何者為假設檢定的虛無假設 —— 即先入為主的判斷為何？

　　承上例，如果你認為輕啟訴訟的損失 (R) 遠大於商譽和成本的損失 (Q)，因此 R 為「第一型錯誤」，這時你應該極小化犯此錯誤的可能性，否則所可能帶來的損失是難以接受的，這可由此決策錯誤所帶來損失之期望值看出

R 的決策錯誤期望值 = 犯 R 錯誤的機率 × 犯 R 錯誤的損失

　　在統計學上，我們必須對於最大限度可以容忍犯「第一型錯誤」(R) 錯誤的機率下一個決斷，這就是所謂的「α 顯著水準」，即如果犯「第一型錯誤」(R) 錯誤的損失越大，容許犯「第一型錯誤」(R) 的機率 (α) 就要越小。

參考方塊 5.5 顯著水準 $\alpha = 0.05$ 的爭議

近年來社會科學界對於 p 值法很大的質疑來自於「顯著水準 $\alpha = 0.05$ 的爭議」，這點也反映在參考方塊 5.1 中所述「美國統計學會對 p 值的聲明」第四點：「不能單憑 p 值是否通過某個門檻值來產生科學結論和商業或政策決定。」這邊批判的就是顯著水準 $\alpha = 0.05$ 的武斷性。

嚴格說在古典統計學中，從來沒有人主張顯著水準非得 $\alpha = 0.05$ 不可，事實上在管理學的教學中，α 顯著水準就是被定義為第一型錯誤（Type I Error）的決策成本，而顯著水準的決定，都是在權衡第一型和第二型決策錯誤的風險所產生的相對成本。比方說，倘若 Type I（錯誤否定虛無假設）和 Type II（錯誤否定對立假設）決策錯誤的機率如果為 p 和 q，而犯錯的損失成本為 c 和 d，則 p 值的顯著門檻就設為 $p = q \times (d/c)$，因此從來沒有絕對的規定 p 值必為 0.05，這個批評本身犯了「稻草人論證」的謬誤。

如果這個批評有道理，通常是指涉類似像迴歸係數這種被假定有因果關係意義，但研究者不是很確定 Type I 和 Type II 決策錯誤成本如何評量的情況，但在此點上，其實當代社會科學哲學中有很清楚的邏輯思路。簡單說，在迴歸分析的假設檢定中，Type I Error 意指母體迴歸係數為零（沒有因果關係）但判定不為零（有因果關係），Type II Error 意指母體迴歸係數不為零（有因果關係）但判定為零（沒有因果關係），在實證主義哲學觀下，前者要極力避免，否則科學知識正確性就嚴重受到威脅，所以 $\alpha = 0.05$ 只是一個概念上要「極力避免」的標準，這個標準的數值可以依不同研究有所不同，不是絕對的規定。如果外界對於顯著水準 $\alpha = 0.05$ 有質疑，與其說是對於 p 值法的質疑，倒不如說是對於一般學界如此的規約的質疑，但問題是，古典統計學從未主張非得此門檻值不可，因此顯著水準 $\alpha = 0.05$ 的問題與假設檢定的 p 值法事實上並沒有任何關係。

　　對於事實假設的設定，特別是定義虛無假設，也就是決策者所意圖推翻的事實假設，在訣竅上應設為「第一型錯誤所對應事實宣稱」。這是為了極小化決策錯誤的損失，除非我們看到證據足夠充分可以推翻第一型錯誤所對應事實宣稱，否則我們寧願以較為寬鬆的標準接受此事實宣稱，即便這會造成較大機會第二型錯誤的發聲也在所不惜。以例 5.4 來說，如果 R 為第一型錯誤的話，那虛無假設應該設為「廠商所製造的裝填機器精準度夠高，正好是三公升」（$\mu = 3$）。

● **假設檢定的第三步：** 假設檢定的邏輯是用最嚴苛的標準來否定我們想要推翻的虛無假設

　　虛無假設是從英文直譯過來的（Null Hypothesis），意味著我們想推翻的假設，但是為了使我們推翻此假設的理由夠充分，能夠說服大多數的人，所以我們應該展現的證據是：如果虛無假設為真的話（未知事實真假的宣稱），那會出現我們所看到的證據（無法改變的客觀證據）是微乎極微，意味著，不是虛無假設的宣稱有誤，就是證據有誤，否則不會出現一個微乎極微的現象，既然證據是鐵的事實無法否定，那麼我們就只有否定虛無假設的宣稱，這時整個邏輯推論的說服力才夠強。（如果反向推論，我們是用寬鬆的標準來接受虛無假設的宣稱。）

　　這裡所謂的虛無假設是我們先入為主的判斷，由於我們想用最強的證據來說這個假設在事實上根本不可能成立，所以我們希望得到一個很離譜的現實證據，來說如果這個先入為主的看法根本不可能導出這個離譜證據的發生，所以虛無假設有誤。反過來想，如果證據不夠離譜，我們會覺得先入為主的看法還是相當有可能會導出這個證據的發生，因此我們想要推翻虛無假設的說服力就不夠強。

　　不過即便證據再離譜、發生的機會微乎極微，畢竟還是有可能發生，所以假設當虛無假設為真而出現離譜證據的機率為 p 時，代表我們若否定虛無假設的宣稱，還是有可能犯了決策錯誤，因為有 p 的機率是虛無假設為真而離譜證據也真的發生，此時應該想到的，是我們到底能夠容許多少的決策錯誤風險。記得，這裡的決策錯誤是錯誤地否定虛無假設，也就是

廠商製造的機器之精準度夠高，但我們卻否定其宣稱而提起訴訟，即先前我們認為的「第一型錯誤」。換句話說，如果我們認為 α 是最大限度可以容許犯第一型錯誤的機率，比方說 $\alpha = 0.05$，那麼如果 p 小於 α，代表我們犯第一型錯誤的機率還在可以容許的範圍內。所以既然虛無假設在現實證據之下顯得高度不可能為真，而我們否定虛無假設的所產生決策錯誤的風險又在可容許的範圍內，自然我們可以放心的否定虛無假設，而宣稱「否定虛無假設的決定是已經排除了抽樣風險之後的判斷」，所以 α 被稱為「顯著水準」，就是說「p 要小到多小的程度下我們才能說虛無假設是顯著的為偽，這裡『顯著的』是指排除了抽樣風險所造成的影響」。

● **假設檢定的第四步：**做實驗或者蒐集證據來進行假設檢定的決策

　　前面所談的各個步驟都是尚未進行實驗或蒐集證據前的動腦運動，這裡面已經包括了進行假設檢定所需具備事前知識，就是欲檢驗資料的一般性質（在此就是沙拉油裝填量的隨機變量特性）和樣本統計量的抽樣分配（這邊可以直接套用中央極限定理），而剩下的最後這一步，就是對現實出現的證據評斷「在虛無假設為真的狀況下這個證據發生的機率有多高」，也就是 p 的大小，一旦發現 p 大於 α，則代表證據不夠離譜，或者在虛無假設為真的狀況下現實證據發生的機率還是相當高，因此我們不能說虛無假設「顯著的」為偽，因為不能完全排除抽樣的風險；相反地，如果發現 p 小於 α，則代表證據夠離譜，或者在虛無假設為真的狀況下現實證據幾乎不可能發生，因此我們可以判定虛無假設「顯著的」為偽，因為證據的離譜遠超過抽樣風險可解釋的。

參考方塊 5.6　「抽樣風險」的意義

　　上面的說明一直談到抽樣風險概念，到底什麼是抽樣風險呢？簡單來說，抽樣風險就是我們的推論，比方說誠信牌沙拉油隨機抽樣 1000 罐取平均數，會隨著不同次抽樣而變所產生的推論風險。在誠信牌沙拉油的例子中，假設 A 真的做了 1000 罐的隨機抽樣而算出 $\overline{x}_{(A)} = 3.05$，則 B 也可以去做隨機抽樣 1000 罐而算出 $\overline{x}_{(B)} = 2.96$，那麼凡是不同的人來做抽樣，就會有不同的 $\overline{x}$ 值，這就是抽樣風險的意義。回顧中央極限定理的統計論理意義，就是前人已用數學推導告訴我們抽樣風險可以用絕對理性（邏輯和數學）的推導來進行評估，不用一直去做抽樣實驗，只要從一個特定的實驗結果中，我們就可以評估抽樣風險有多高。換言之，當我們在設定最大限度可以容許犯第一型錯誤的機率 α 值時，我們已經在做抽樣風險的控管和定義，這可從 α 的另一種詮釋中看出，也就是「我們都知道 $\overline{x}$（誠信牌沙拉油隨機抽樣 1000 罐的平均值）會因為不同的抽樣實驗得出不同的樣本而變，但是根據中央極限定理我們知道 $\overline{x}$ 的變動會依尋 $N(\mu, \dfrac{\sigma^2}{n})$，這裡的 μ 和 σ^2（母體參數）可由我們已得的樣本平均數和變異數來推估，而 n 已知（比如說 1000 罐），所以我們可以知道在 $\alpha = 0.05$ 的水準下，所謂離譜的證據（可排除抽樣風險，因為證據發生的機率太小）是界定在哪，而這正是抽樣風險的意義」。

　　至於在假設檢定時應該採取「雙尾檢定」或「單尾檢定」，取決於實現樣本資料在對應虛無假設參數值時被判定為「離譜證據」的方向，在邏輯上是否同時包括大於和小於兩方向，還是僅來自於大於或小於其中一方向。比方說，倘若被檢驗參數是沙拉油裝填量而虛無假設參數值是正好三公升，那麼邏輯上裝填機器是有多裝或少裝的可能性，這在真正裝填前都不能排除，而裝填量過多或過少都構成決策者認為在虛無假設成立前提下實現資料太離譜的證據，也因此在假設檢定上應該採取的是雙尾檢定。然

而，倘若我們將虛無假設改為沙拉油裝填量至少應該為三公升，那麼僅有裝填量過少的情況可當作實現資料太離譜的證據，因此假設檢定上應採用單尾檢定。關於「離譜證據」的邏輯方向判定，主要是來自於虛無假設的設定，但是被檢定資料的基本性質也有密切關係，比方說欲檢定某迴歸式中的常數項是否顯著不等於零（虛無假設設為常數項等於零），而此常數項代表在一般條件下某果園的荔枝的年產量（公斤），因為荔枝產量邏輯上不可能為負值，所以只有可能是正的方向的「離譜證據」（遠大於零），因此在假設檢定上必然要採用單尾檢定。

下面分別針對例 5.4 進行雙尾檢定和單尾檢定在操作上的說明。

一、例 5.4 的雙尾檢定

所有的步驟都如同先前所述，這裡所謂雙尾檢定，是因為我們的虛無假設是 $\mu = 3$（裝填機器的精準度夠高正好三公升），因此不論是 $\mu > 3$ 或 $\mu < 3$ 都是不符虛無假設之宣稱，所以否定虛無假設的狀況有 $\mu > 3$ 或 $\mu < 3$ 的兩種情況，也因此當我們說容忍第一型錯誤的機率值 $\alpha = 0.05$ 時，代表將犯錯的兩種情況均分成 $\alpha/2 = 0.025$。即 (i) $\mu = 3$ 為真，但我們卻認為 $\mu > 3$ (ii) $\mu = 3$ 為真，但我們卻認為 $\mu < 3$。一旦我們抽樣而推算出的樣本平均數落在最左邊（$\bar{x} \ll 3$，"$\ll$" 代表遠小於），或者落在最右邊（$\bar{x} \gg 3$，"$\gg$" 代表遠大於），都代表著我們推翻虛無假設可能冒著第一型決策錯誤的風險，如果犯錯只有可能存在於單邊（$\bar{x} \ll 3$ 或 $\bar{x} \gg 3$），那麼就沒有必要做雙尾檢定，只要做單尾檢定即可。

在假設檢定前需要預備知識，即實現資料的抽樣分配法則，這邊必須應用中央極限定理來推導出來。比方說，我們真的隨機抽樣出 1000 罐誠信牌沙拉油，得知樣本分配為 $X \sim \square(3.05, 0.5^2)$（這裡的 0.5^2 已經是用分母為 $(n-1)$ 來算出），假定為不偏抽樣具有充分代表性，我們推論誠信牌沙拉油容積之母體的分配為 $\square(3.05, 0.5^2)$，然後按照中央極限定理，我們可知 $\bar{X} \sim N\left(3.05, \dfrac{0.5^2}{1000}\right)$，但這時我們要檢定的虛無假設是

$\mu = 3$，而 μ 的樣本統計量估計值之抽樣分配（隨機變量表為 $\hat{\mu} = \overline{X}$），

基於上面的推導，我們可以主張為 $\hat{\mu} \sim N\left(3, \dfrac{0.5^2}{1000}\right)$，即 $\hat{\mu}$ 的標準差為

$\sigma = \sqrt{\dfrac{0.5^2}{1000}} = 0.0158$，$\dfrac{\alpha}{2}$ 處是 1.96σ 處，也就是接受域（如圖 5.2 所示）

在 $(3 - 1.96 \times 0.0158, 3 + 1.96 \times 0.0158)$ 之間，即 $(2.969, 3.031)$，因此 $\overline{X} = 3.05 > 3.031$，證據 $\overline{X}$ 落於拒絕域中，所以我們否定虛無假設 $\mu = 3$ 之宣稱。

二、例 5.4 的單尾檢定

由於單尾檢定是基於邏輯上做為離譜證據的實現資料是否在方向性上僅為單邊，而在誠信牌沙拉油的裝填量上，並沒有邏輯上僅有單邊的自然原因（類似雨量、產量、變異數必為大於等於零），因此單尾檢定僅有在基於虛無假設限制的前提下才有可能，因此下面我們必須重新檢視本節所講述的四步驟。

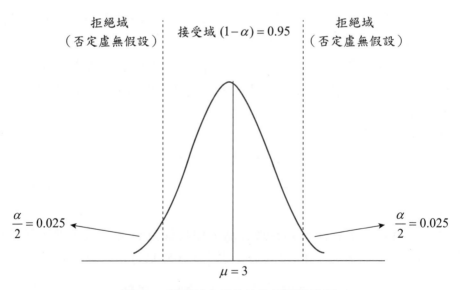

圖 5.2　雙尾檢定沙拉油的機器裝填量

- **假設檢定的第一步：**承例 5.4，假定作為誠信牌沙拉油老闆的你並不擔心裝填機器裝超過三公升的情況，這部分的成本公司可以自行吸收，但是你十分擔心的是裝填不夠三公升而損失商譽，這會造成銷售量的重大傷害，還有被消費者提起訴訟的潛在風險，所以這時你面對的事實假設是「裝配沙拉油的機器裝填量不足三公升」或「裝配沙拉油的機器裝填量至少三公升」，你的決策選項是「接受廠商宣稱沙拉油的機器裝填量至少三公升」或「否定廠商宣稱沙拉油的機器裝填量至少三公升」，而你的決策結果可能有四種情況：

沙拉油裝填量的多寡（事實假設）

		至少三公升 （裝填適量） $\mu \geq 3$	不足三公升 （裝填太少） $\mu < 3$
作為老闆的決策選項	接受廠商說法 （沒有行動） 接受 $\mu \geq 3$，否定 $\mu < 3$	決策正確 (P)	決策錯誤 (Q)
	否定廠商說法 （提起訴訟） 否定 $\mu \geq 3$，接受 $\mu < 3$	決策錯誤 (R)	決策正確 (S)

一、正確判定裝填沙拉油的容量至少三公升（如 P 所示），因此接受廠商說法而沒有任何訴訟行為，沒有決策錯誤產生的損失。

二、誤以為沙拉油的裝填容量至少三公升（如 Q 所示），但事實上並非如此，所以廠商實質上受到了商譽的損失，這是決策錯誤產生的。

三、誤以為沙拉油的裝填容量不足三公升（如 R 所示），但事實上機器是符合標準的，所以廠商提起訴訟但敗訴，還被反控誣告，這損失是決策錯誤產生的。

四、正確判定裝填沙拉油的容量不足三公升（如 S 所示），向廠商提起損害賠償訴訟，所以決策正確，沒有決策錯誤產生的損失。

- **假設檢定的第二步：**如同雙尾檢定的設想，作為老闆的你，在目前決策

情境中，「輕啟訴訟」的決策錯誤 (R) 遠比「商譽受損」的決策錯誤 (Q) 在損失上大很多，因此你應該設定「輕啟訴訟」的決策錯誤 (R) 為「第一型錯誤」，而「商譽受損」的決策錯誤 (Q) 為「第二型錯誤」，是故你應該設「第一型錯誤」所對應的事實宣稱為虛無假設，即虛無假設為「裝配沙拉油的機器裝填量至少三公升」。

● **假設檢定的第三步：** 在「裝配沙拉油的機器裝填量在三公升以上」為真的情形下，到底有多少的機會「我們會看到抽出 n 罐誠信牌沙拉油而其平均數為 $\bar{X}$（含）以下的狀況發生」（實現的抽樣證據），如果這個機會太小（小於 $\alpha = 0.05$），我們認為這整個現象的發生高度不可能，因此否定先入為主（即虛無假設）的認定，認為「裝配沙拉油的機器裝填量不足三公升」。

● **假設檢定的第四步：** 我們真的隨機抽樣出 n（比方說 1000）罐誠信牌沙拉油，得知樣本分配為 $X \sim \square(2.97, 0.5^2)$（這裡的 0.5^2 已經是用分母為 $(n-1)$ 來算出）。依此，我們推論誠信牌沙拉油容積之母體分配為 $\square(2.97, 0.5^2)$，然後按照中央極限定理，我們可知 $\bar{X} \sim N(2.97, \dfrac{0.5^2}{1000})$。

但這時我們要檢定的虛無假設是 $\mu \geq 3$，所以可以推論 $\hat{\mu} \sim N\left(3, \dfrac{0.5^2}{1000}\right)$，而所謂離譜的證據僅會出現在左尾的部分（如圖 5.3 所示），此時 $\hat{\mu}$ 的標準差為 $\sigma_{\hat{\mu}} = \sqrt{\dfrac{0.5^2}{1000}} = 0.0158$，$\alpha$ 處是指距離 $(\hat{\mu} = 3)$ 的左邊 1.645σ 處，也就是接受域在 $(3 - 1.645 \times 0.0158, \infty)$ 之間，即 $(2.974, \infty)$ 間，因此 $\bar{X} = 2.97 < 2.974$，證據 $\bar{X}$ 落於拒絕域中，所以我們否定虛無假設 $\mu \geq 3$ 之宣稱。

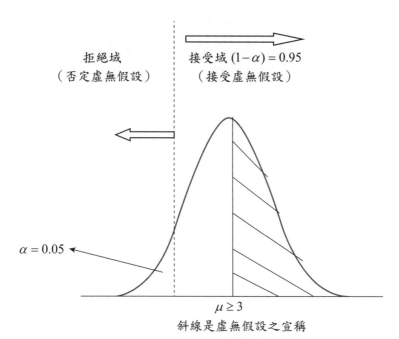

圖 5.3　單尾檢定沙拉油的機器裝填量

5.4　迴歸係數的假設檢定

第四章說明迴歸係數的意義是代表研究者對於某種因果關係的假設，而現實上這樣的假設是否被經驗資料所驗證，必須求助於統計方法，從抽樣、參數推估、到假設檢定來形成我們對於「因果關係假設是否通過驗證」的判斷。

以例 4.1 來說，有幾項前提是在進行迴歸係數的假設檢定的背景知識：

一、如果我們有母體資料（黃老師果園的荔枝年產量 Y、每年上半年雨量 X_1、開花期間均溫與攝氏 16 度的相差度數 X_2、結果期間的日照時數 X_3），那麼我們只要將這些資料帶進去迴歸模型中，應用「最小平方法」將母體迴歸參數 β 推估出來即可。留心這裡的迴歸參數 β 是母體參數，不是推估值（非 $\hat{\beta}$），因為當你已經有母體資料時，β 是不

會變的參數真值，可是如果帶進去迴歸模型的不是母體而是樣本資料時，則 $\hat{\beta}$ 是會變動的參數推估值，所以符號上要加帽子來表示為推估而非真值之意。

二、正因為母體資料取得不易，所以我們希望藉由隨機抽樣來取得一個具有代表性的樣本，將其看作是母體的同形縮小版（microcosm），使得我們從此樣本所推估出的參數，能夠十分接近由母體資料所算出的參數真值。但要注意的是，隨機抽樣對於取得一個有推論效力、代表性足夠的樣本之先決要件，是建立在大數法則的基礎下，也就是樣本數要夠大，才能藉由各種隨機誤差的相互抵消，使得樣本性質能夠接近母體性質；這個法則一般來說是成立的，但是對於特定樣本來說，我們都不能排除在特定性質，或整體代表性上有運氣不好、抽到與母體相差甚多的偏差樣本之可能性，這一點必須謹記在心。

三、既然我們的推論都來自於樣本，而且是某一次隨機抽樣的特定樣本，那麼當然就有抽樣造成推論風險的問題。比方說，假使將母體資料帶進去迴歸模型，得到 $\beta = 2$，但是由於我們僅抽了 100 人的樣本來進行參數推估，所以得出 $\hat{\beta} = -2$，此時我們因為這個結果而宣稱 $\beta < 0$，但事實上這是錯的，是因為抽樣所取得的樣本讓我在參數推估上得出一個錯誤的參數估計，這問題不在「最小平方法」（因為不管是 β 或 $\hat{\beta}$，我們都用相同的推估方法），而在兩者所用的資料不同，一是母體、一是抽樣樣本，所以 β 和 $\hat{\beta}$ 的不一樣是來自抽樣，這就是抽樣風險所造成參數推估上的誤差。

四、上面所述，也適用在不同人從相同母體抽出不同樣本而得出不同迴歸參數推估值 $\hat{\beta}$ 上。試想，某甲認為你的參數推估是基於你自己抽樣的特定樣本，他不信任這個樣本以及參數推估出來的結果，而自己也抽出了一個樣本來進行參數推估，結果 $\hat{\beta} = 0$，他非常興奮，覺得可以反駁了過去所有人的說法，但某乙同樣也不服氣，他也去重做一遍但得到 $\hat{\beta} = 5$，此刻某乙對某甲和你說你們都是錯的，只有某乙自己才對。對於以上的現象，讀者必須理解，不管是你、某甲、某乙，

三人的迴歸參數推估值 $\hat{\beta}$ 都是基於特定樣本所推估出來的，三人都承受了推論的風險，所以三個人之間的推估數字並沒有誰比較正確的問題，三人的答案可能都是錯的，因此抽再多的樣本，並無法解決哪一個參數推估結果較佳的問題，而這一點必須藉助「迴歸參數假設檢定」的方式來解決。

明瞭了上面的道理，現在所面臨的問題是 $\hat{\beta}$ 會如何變動，以及要怎麼樣對於 $\hat{\beta}$ 進行假設檢定來進行思考。首先要確定目標：先不管正向或負向，我們想知道 X 和 Y 是否真的具有因果關係，這由 β 來表示，如果沒有因果關係，$\beta = 0$，如果有因果關係，則 $\beta \neq 0$。

● **假設檢定的第一步：**想清楚你作為決策者的決策選項有哪些？決策錯誤的相對成本有多大？

　　就迴歸係數的假設檢定而言，事實假設是關乎在母體樣本中的迴歸係數值究竟是否為零，如果母體迴歸係數值為零，代表事實上 X 和 Y 沒有因果關係，如果母體迴歸係數值不為零，代表事實上 X 和 Y 有因果關係。而以研究者的立場來說，我們對於這兩個事實宣稱，有判定「X 和 Y 具有因果關係」和「X 和 Y 不具有因果關係」兩種決策。換句話說，事實假設和研究者決策有四種配對情況，其中兩種是決策正確的情況無須擔心，另兩種是決策錯誤情況，我們需要思考哪一種犯的錯誤比較嚴重、不能輕易承擔的「第一型錯誤」（Type I Error），哪一種錯誤我們認為較輕微、相對來說不必要太在乎的「第二型錯誤」（Type II Error）。

事實上 X 和 Y 是否具有因果關係

你作為科學家是否判定 X 和 Y 具有因果關係		事實上有因果關係（$\beta \neq 0$）	事實上無因果關係（$\beta = 0$）
	判定有因果關係（$\hat{\beta} \neq 0$）	決策正確 (P)	決策錯誤 (Q)
	判定無因果關係（$\hat{\beta} = 0$）	決策錯誤 (R)	決策正確 (S)

一、決策正確 (P) 指「事實上 X 和 Y 有因果關係，你也判定有因果關係」。

二、決策錯誤 (Q) 指「事實上 X 和 Y 沒有因果關係，但你判定有因果關係」。

三、決策錯誤 (R) 指「事實上 X 和 Y 有因果關係，但你判定沒有因果關係」。

四、決策正確 (P) 指「事實上 X 和 Y 沒有因果關係，你也判定沒有因果關係」。

　　關鍵的問題是，究竟決策錯誤 (Q) 還是決策錯誤 (R) 比較嚴重？對於當代的「實證主義者」來說，科學知識是寧缺勿濫的，我們寧願用最嚴格的標準，以最保守的心態來主張某種知識是否是禁得起考驗的，也不要濫竽充數，輕易地將一些未經嚴格檢證的發現當作科學知識，也因此「科學知識寧缺勿濫」的這個價值和信念，使得決策錯誤 (Q)，即「產生浮濫知識」讓我們會覺得所承受的損失較大，因為「知識無中生有」（事實上 X 和 Y 沒有因果關係，但你判定兩者有因果關係）正是決策錯誤 (Q) 的問題，這也是當代大多數科學家們所認知的「第一型錯誤」。

　　相對於決策錯誤 (Q)，決策錯誤 (R) 就是採取過度嚴格的標準而錯誤地否認正確的科學發現，即「事實上 X 和 Y 有因果關係，但你判定兩者沒有因果關係」。這個「寧缺」的錯誤對於許多科學家來說，一般來說學界認為造成的損失較小，因為在各領域中科學家早已不知道犯過多少次了；但科學史告訴我們，科學家往往在經過無數次的忽略或錯誤判斷中，終究還是正式確認了某些過去未能接受的科學知識。所以「寧缺」的錯誤損失較小，因為科學的嚴謹性並不會受影響，而這些被捨棄掉的知識，未來仍有可能再被發現甚至是驗證而回到科學知識的體系。對於主張以嚴格的標準來評判科學發現的思考，請參考延伸閱讀四。

● **假設檢定的第二步：**決定何者為假設檢定的虛無假設 ── 即先入為主的判斷為何？

　　如同 5.3 節所述的，虛無假設所對應的事實宣稱，就是「第一型錯

誤」（決策錯誤 Q）所對應的「事實上 X 和 Y 沒有因果關係」主張，可以表為 $H_0 : \beta = 0$，因而對立假設表為 $H_1 : \beta \neq 0$。由於對於迴歸分析來說，迴歸係數的定義除了常數項有可能會對應到現實世界中特定自然或人文事物，因此有不同的界域和限制，一般對於迴歸係數的參數空間並沒有特別限制，加上 $\beta = 0$ 與 $\beta \neq 0$ 兩互斥事件在因果關係上有重大意義，所以都採用 $\beta = 0$ 作為虛無假設的一般預設。

- **假設檢定的第三步：** 假設檢定的邏輯是用最嚴苛的標準來否定我們想要推翻的虛無假設

　　在確定 $\beta = 0$ 為虛無假設之後，我們需要找出在其成立下，$\hat{\beta}$ 到底會怎麼受到抽樣影響而如何變化的規則，這裡記得，「先入為主（即虛無假設）」是我們想像的，並沒有涉及經驗資料，但是我們用以作為推論的參數推估值 $\hat{\beta}$，是一個會變動的參數推估值，其數值全部是基於我們抽樣所得的特定樣本。而使用「最小平方法」所推估出 $\hat{\beta}$ 的值，其變動的法則，即迴歸參數估計值的抽樣分配，基本上透過「中央極限定理」，可以知道迴歸參數推估值 $\hat{\beta}$ 是會依循著常態分配，其變動的法則如下所述：

$$\hat{\beta}_{OLS} \sim N\left(\beta, \frac{\hat{e}'\hat{e}}{n-k}(X'X)^{-1} \right)$$

關於上述迴歸參數估計值的抽樣分配數理推導，詳見參考方塊 5.7。

參考方塊 5.7　迴歸參數估計值的抽樣分配

以最小平方法來推估線性迴歸模型的迴歸係數值為

$$\hat{\beta}_{OLS} = (X'X)^{-1} X'y$$

套用中央極限定理，$\hat{\beta}_{OLS}$ 的抽樣分配依循 $N\left[E(\hat{\beta}_{OLS}), V(\hat{\beta}_{OLS})\right]$，這邊我們必須推估出 $E(\hat{\beta}_{OLS}), V(\hat{\beta}_{OLS})$，數理推導如下

古典線性迴歸模型有下列假設

1. $y = X\beta + e$
2. $E(e) = 0$
3. $V(e) = \sigma^2 I_n$
4. $E(e \mid X) = 0$
5. X 是非隨機（non-stochastic）且滿秩（full rank）。

因此，可推導出 $\hat{\beta}_{OLS}$ 是 β 是不偏的估計量

$$
\begin{aligned}
E(\hat{\beta}_{OLS}) &= E[(X'X)^{-1} X'y] \\
&= E[(X'X)^{-1} X'(X\beta + e)] \\
&= E[(X'X)^{-1} X'X\beta + (X'X)^{-1} X'e] \\
&= (X'X)^{-1} X'X E(\beta) + (X'X)^{-1} E(X'e) \\
&= \beta
\end{aligned}
$$

而 $V(\hat{\beta}_{OLS})$ 可推導出為 $\sigma^2 (X'X)^{-1}$（請參見附錄八），其中 σ^2 可由 $\dfrac{\hat{e}'\hat{e}}{n-k}$ 來估計

$$
\begin{aligned}
\hat{e}'\hat{e} &= (y - X\hat{\beta}_{OLS})'(y - X\hat{\beta}_{OLS}) \\
&= (X\beta + e - X\hat{\beta}_{OLS})'(X\beta + e - X\hat{\beta}_{OLS}) \\
&= e'(I - X(X'X)^{-1} X')(I - X(X'X)^{-1} X')e \\
&= e'e - e'X(X'X)^{-1} X'e \\
&= tr(ee') - tr[(X'X)^{-1} X'ee'X]
\end{aligned}
$$

$$= tr(\sigma^2 I) - tr[(X'X)^{-1} X' \sigma^2 IX]$$

$$= \sigma^2 tr(I_{n \times n}) - \sigma^2 tr(I_{k \times k})$$

$$= \sigma^2 n - \sigma^2 k$$

$$= \sigma^2 (n - k)$$

$$\Rightarrow \sigma^2 = \frac{\hat{e}'\hat{e}}{n - k}$$

是故

$$\hat{\beta}_{OLS} \sim N\left(\beta, \frac{\hat{e}'\hat{e}}{n-k}(X'X)^{-1} \right)$$

　　這個結論很重要，不但假設檢證會用到，也可以說明為什麼一般在求樣本變異數時是除 $(n-1)$ 而不是 n（假設我們不知道母體的平均數為何），以及為什麼迴歸模型總是需要是樣本數 n 大於解釋變數 k（即統計學本質上是探索「過度認定」的問題，詳見參考方塊 1.1）。

● **假設檢定的第四步：**做實驗或者蒐集證據來進行假設檢定的決策

　　到目前為止的假設檢定步驟都僅停留在「思想實驗」階段，我們已知道 $\hat{\beta}$ 會是常態分配，而 $\hat{\beta}$ 的變動法則 $V(\hat{\beta})$ 也都確切知道，剩下就是真正去進行隨機抽樣，得到樣本資料然後代進迴歸模型中推估出「事實證據」的 $\hat{\beta}$ 值，然後由 $\hat{\beta}$ 值可推出 $V(\hat{\beta}) = \frac{\hat{e}'\hat{e}}{n-k}(X'X)^{-1}$，此時我們可以透過對於母體參數 $\beta = 0$ 的虛無假設主張，推出

$$\hat{\beta} \mid \beta = 0 \sim N\left(0, \frac{\hat{e}'\hat{e}}{n-k}(X'X)^{-1} \right)$$

如圖 5.4，我們可以用將迴歸參數估計值的抽樣分配以圖示之。

　　假設我們將隨機抽樣後的資料代入模型，求出 $\hat{\beta} = 2$，又將這些資料帶入 $V(\hat{\beta})$，得到 $V(\hat{\beta}) = 0.49$，$SE(\hat{\beta}) = \sqrt{V(\hat{\beta})} = 0.7$，所以 $t = \frac{\hat{\beta}}{SE(\hat{\beta})} = \frac{2}{0.7} = 2.857$，大於 1.96，所以 $\hat{\beta} > 0$（顯著大於 0，應判定有正

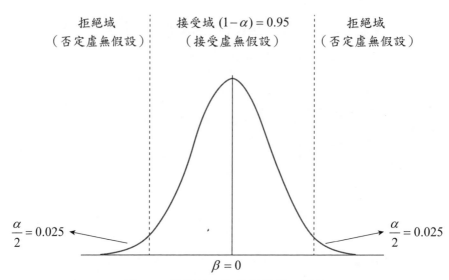

圖 5.4　雙尾檢定迴歸係數是否顯著

向因果關係）。若用臨界值的觀點來看，接受域的區間應為 $\{0-1.96\times0.7,$ $0+1.96\times0.7\}$，也就是 $\{-1.32,1.32\}$ 間，換句話說，$\hat{\beta}=2>1.32$，所以是落在正向的拒絕域，所以拒絕虛無假設，也就是應判定 $\hat{\beta}>0$（顯著大於 0，有正向因果關係）。

　　絕大多數迴歸係數的假設檢定問題都預設了雙尾檢定的邏輯，也就是迴歸係數在理論上可負可正，至於經驗上是正是負則有賴於實現資料的驗證，而只要是非常數項的迴歸係數，一般來說都不會有特定值域的限制，更不會僅容許正負單一方向的限制，因此單尾檢定鮮少被使用。值得注意的是，研究者不管採取任何理由想要合理化單尾檢定在迴歸係數假設檢定上的使用，必然要能夠提出在母體樣本中迴歸係數真值在值域上的相對應限制，這點必須是邏輯上和理論上都說得通才行，而非咨意假設或有限經驗就可以構成充分的理由。有些研究者試圖以採用單尾檢定的方式，在相同顯著水準下（比方說 $\alpha=0.05$，在單尾檢定下拒絕域僅包括一個方向的區間，因此其結果等同於 $\alpha=0.1$ 的雙尾檢定）來放寬拒絕虛無假設的標準，讓迴歸係數估計值比較容易被認定為顯著，這個做法是缺乏正當性

的。倒不是研究者不可以放寬假設檢定的顯著水準設定，而是與其在沒有提出充分理由對迴歸係數估計值進行單尾檢定的情況下，應該直接提出放寬顯著水準的主張，而非以單尾檢定的主張來掩飾在操作上放寬顯著水準的實質作為。

參考方塊 5.8 「單尾檢定」可否應用在迴歸係數假設檢定上？

一般來說，迴歸係數在假設檢定上鮮少有「單尾檢定」的應用時機，除非可以從迴歸係數的定義上證明其值域僅含攝「非正數」或「非負數」空間。如果無法在設定迴歸模型時就以數理邏輯或科學證據充分證明其值域的單邊性質，那麼在進行假設檢定時就不能宣稱在經驗上有採用「單尾檢定」的理由，而這不論事後出現多少次單邊數值結果都無法合理證成的。

比方說假設有一養豬場主人，決定在豬飼料中添加不同比例的營養品，他直覺認為，只要控制所有一切因素不變，當然是添加越多比例營養品，豬隻的換肉率越高（豬吃進飼料和增加重量的比例），因此他記錄養豬場過去一個月中所有豬隻的進食飼料的營養品比例，然後以每隻豬增加的重量當作依變量，每隻豬吃進的營養品占飼料比例當作主要解釋變量，然後加進其他認為相關的變量當作控制變量。他是否可以基於其直覺設想，認為豬隻進食飼料中營養品比例與豬隻體重增重兩者關係的迴歸係數必然為正數，因此自然可以證成對其進行單尾檢定呢？

對於這個問題並沒有簡單的答案，端視畜牧學界在養豬學上在「養豬飼料中營養品比例與豬隻體重增加重量兩者關係」是否必然有正向關係而定。倘若營養品添加過多反而影響食慾，或者容易致病而增加死亡率，抑或脂肪增量過大影響運動量和食慾反影響增重等等，代表在理論上此迴歸關係有負向的可能性，則無論如何就不應該用過去經驗資料值主張在假設檢定上採用單尾檢定。如果我們將此案例換成果園澆水，那麼反對採用單尾檢定的理由更加明顯了，因為在常識上多數人都知道植

物生長需要適當水分供給，但絕非沒有限制的線性相關，特別水分供給超過一定限度，過多水分反而造成植物生長的危害，因此水分供給量與植物生長好壞在邏輯上絕非僅具有正向關係。

　　總體而言，在迴歸分析中對迴歸係數進行單尾和雙尾檢定差別，實際上就是對於否定虛無假設的容易程度不同，若採單尾檢定，因為僅有單邊拒絕域，所以比較容易拒絕虛無假設，而主張迴歸係數顯著不為零；在這點上，如果將顯著水準放寬為原來的兩倍，其實也有一樣的效果。因此，既然顯著水準可由研究者來決定，並且提出適當理由來說服讀者，研究如果沒有辦法在數理邏輯或科學證據來證成單尾檢定的正當性，就應該採用雙尾檢定，但可以放寬顯著水準來設定假設檢定的操作，這樣可以使得論理上更為清晰透明。

　　究竟上面所述「頻率學派」的假設檢定做法在實際上能否可被驗證，其實可以透過簡單的電腦模擬來測試。但這邊要提醒讀者，電腦模擬可以真正做到測試的範疇，是自取得抽樣資訊後的推理過程，而這是基於抽樣樣本為母體統計量不偏估計的前提才成立的，如果抽樣樣本在母體統計量有顯著的偏誤，則問題已超出電腦模擬可以測試的範疇。事實上相同的問題也困擾著貝氏機率者，因為除非有人可以超驗地知道母體樣本的資訊，否則對於一次性抽樣樣本與未知母體樣本之間的代表性問題，頻率學派和貝氏機率兩派都無法解決。而如果人類可以用超驗方式解決先驗真理的問題，那麼根本沒有必要進行假設檢定，因為統計學的基本假設 ── 「人類對世界的認識有限性」（詳 1.2 節）已經不存在了，而統計學的主要功能 ── 「對於不確定性進行有系統的猜」也因為全知全能的超驗能力失去智識上的意義。

5.5　其他樣本統計量的假設檢定

　　假設檢定作為評估隨機抽樣所帶來推論風險的統計方法，在應用上不限於 5.3 節或 5.4 節所呈現的算術平均數或迴歸係數，相同的邏輯也可以使用在其他任何有抽樣風險的推論問題上，也因此，在本節的討論中，作者希望將假設檢定的方法拓展到其他樣本統計量的檢定上，包括變異數、相關係數、團體平均數等等。然而如前兩節所述，假設檢定主要所依靠的資訊是來自樣本統計量的抽樣分配，而這正是假設檢定最為困難的部分，特別在抽樣分配的推導上，所涉及的統計理論和數學推導需要初學者花費很大的耐心才能了解。用最簡單的話來說，由於各種統計量的抽樣分配推導十分繁複和困難，因此統計學家透過把常用的標準常態分配當作標的，推論出其自身、平方項，以及平方項比例值等的抽樣分配，形成三個統計檢定的機率分配：Student's t 分配、χ^2 分配、F 分配，據此透過中央極限定理的推論，來進行樣本統計量假設檢定的推論。下面先就三分配進行簡要說明，然後針對假設檢定的一般性理論進行解釋。

　　對於這三個分配來說，它們有兩個重要的共通性。首先，它們都是假設檢定中主要使用的統計量；其次，三者都與常態分配有關，更確切的說，三者都是常態分配某種的變形。以 Student's t 分配來說，這個分配是由 William Sealey Gossett（1908）[179] 所正式發表，之所以叫 Student，是因為這個分配在 20 世紀初剛發明時，被 Gossett 的雇主（健力士酒廠）視為商業機密，但又因為這個分配在統計學上的重要性，最後 Gossett 被允許以 Student 的假名發表，這就是 Student's t 名稱的由來。

　　基本上 t 分配是要解決小樣本的假設檢定問題，如果我們省略繁複的數學式來理解 t 分配（概念上的推導理路詳見 [180]），可以將其視作我們在一個符合標準常態分配的母體中，來抽出個數小於 30 的樣本（比方說 n），然後用這 n 個觀察值的平均數來估計母體的均值，這就是 t 分配的基本概念。

$$t = \frac{\sum_{i=1}^{n} x_i}{n}, \ x_i \sim N(0,1), \ n \leq 30,$$ 當 $n \to \infty$ 時，$t \to z$，此處 z 是標準常態分配。

其中 t 分配的機率密度函數為

$$f(x \, ; v) = \frac{\Gamma(\frac{v+1}{2})}{\sqrt{v\pi} \, \Gamma(\frac{v}{2})} \left(1 + \frac{x^2}{v}\right)^{-\frac{v+1}{2}}$$

其中

$$E(x) = 0 \ \ if \ \ v > 1$$

$$V(x) = \frac{v}{v-2} \ \ if \ \ v > 2$$

所以任何樣本統計量只要能夠進行變數轉換成以標準常態分配隨機變量構成的結果，都可以採用 t 分配來進行檢定，t 分配可以視為是樣本平均數的抽樣分配。比方說，有一隨機變量

$$x \sim \Box(\mu, \sigma^2)$$

我們可以從中央極限定理知道

$$\bar{x} \sim N\left(\mu, \frac{\sigma^2}{n}\right)$$

又我們可以對其進行標準化的變數轉換，令其為 $z = \dfrac{\bar{x} - \mu}{\sigma / \sqrt{n}}$

$$z \sim N(0,1)$$

當 n 的數值相當大時（一般以 $n \geq 30$），因為誤差互相抵消的關係，上述的逼近性質較好，但當 n 的數值較小時，則我們需要找出相同變數轉換之後的分配結果，根據自由度為 n 的 t 分配來進行檢定

$$\frac{\bar{x} - \mu}{\sigma / \sqrt{n}} \sim t_n$$

卡方 (χ^2) 分配是由 Friedrich Robert Helmert（1875-1876）於 1875 年提

出 [181]，接著 1876 年證明 [182]，動機在於 Helmert 想發表一套估計機率誤差的改良方法，而發現如果 $X_1, X_2, \ldots X_n$ 是獨立的一常態分配 $N(\mu, \sigma^2)$，則 $\sum_{i=1}^{n}(X_i - \mu)^2 \sim \sigma^2 \chi_n^2$。也就是說，如果 x_i 是符合標準常態分配時，則 $\sum_{i=1}^{n} X_i^2$ 就是自由度為 n 的卡方分配（推導理路詳見 [183]）；由於卡方分配是從誤差論而來的，因此常常用在評估模型的誤差項程度有多大，一般而言，卡方值越大，代表估計值的誤差越嚴重，當 $n \to \infty$ 時，卡方分配將逼近於常態分配，即

$$\chi^2 = \sum_{i=1}^{n} X_i^2, \quad X_i \sim N(0,1) \text{；當 } n \to \infty, \quad \chi^2 \to N(n, 2n)$$

其中 χ^2 分配的機率密度函數為

$$f(x; v) = \frac{1}{2^{\frac{v}{2}} \Gamma(\frac{v}{2})} x^{\frac{v}{2}-1} e^{\frac{-x}{2}}$$

其中

$$E(x) = v$$
$$V(x) = 2v$$

所以任何樣本統計量只要能夠進行變數轉換成以標準常態分配隨機變量平方項構成的結果，都可以採用 χ^2 分配來進行檢定，χ^2 分配可以視為是樣本變異數的抽樣分配。比方說 $x \sim N(\mu, \sigma^2)$，x_i 是 n 個獨立的隨機抽樣結果，以樣本資訊來進行母體變異數的不偏估計為

$$s^2 = \frac{\sum_{i=1}^{n}(x_i - \overline{x})^2}{n-1}$$

對 x_i 進行變數轉換，$\frac{x_i - \mu}{\sigma} \sim N(0,1)$，可以進一步將此標準化常態隨機變數的平方值表為

$$\sum_{i=1}^{n}\left(\frac{x_i - \mu}{\sigma}\right)^2 = \frac{\sum_{i=1}^{n}\left[(x_i - \overline{x}) + (\overline{x} - \mu)\right]^2}{\sigma^2}$$

$$= \frac{\sum_{i=1}^{n}(x_i - \overline{x})^2}{\sigma^2} + \frac{\sum_{i=1}^{n}(\overline{x} - \mu)^2}{\sigma^2} + \frac{2\sum_{i=1}^{n}(x_i - \overline{x})(\overline{x} - \mu)}{\sigma^2}$$

$$= \frac{n-1}{\sigma^2} \cdot \frac{\sum_{i=1}^{n}(x_i - \overline{x})^2}{n-1} + \frac{n(\overline{x} - \mu)^2}{\sigma^2}$$

$$= \frac{(n-1)s^2}{\sigma^2} + \frac{(\overline{x} - \mu)^2}{\sigma^2/n} \qquad\qquad --(5.7)$$

根據卡方分配所知，$\sum_{i=1}^{n}\left(\dfrac{x_i - \mu}{\sigma}\right)^2$ 是自由度為 n 的卡方分配隨機變量，又根據中央極限定理，樣本平均數的標準化常態分配隨機變數 $\dfrac{(\overline{x} - \mu)^2}{\sigma^2/n}$ 為自由度為 1 的卡方分配隨機變數，則可由根據動差生成函數證明卡方分配隨機變數的結合律 $\chi_a^2 + \chi_b^2 \sim \chi_{a+b}^2$ 推論，$\dfrac{(n-1)s^2}{\sigma^2} \sim \chi_{n-1}^2$。

這裡最常見的問題是母體參數未知的問題，然而我們可以設想標準化後的樣本平均數和變異數的抽樣分配性質

$$z = \frac{\overline{x} - \mu}{\sqrt{\sigma^2/n}} \sim N(0,1)$$

$$\frac{(n-1)s^2}{\sigma^2} \sim \chi_{n-1}^2$$

由上面兩式，我們可以形成一個新的「比例分配」（Ratio Distribution）

$$T = \frac{\dfrac{\overline{x} - \mu}{\sqrt{\sigma^2/n}}}{\sqrt{\left((n-1)s^2 / \sigma^2\right)/n-1}} = \frac{\overline{x} - \mu}{\sqrt{s^2/n}} \sim t_{n-1}$$

這個比例分配的性質由 Fisher 在 1925 年 [184] 證明會依循自由度為 $(n-1)$ 的 t 分配，因此我們可以使用 t 分配來對 T 進行假設檢定，而 T 在這裡就被稱為是「檢定統計量」（test statistic）。假設檢定就是利用「檢定統計量」，以及其所依循的分配性質來進行假設檢定的操作。特別注意，此處所呈現樣本平均數 $\bar{x}$ 的 T 檢定統計量中，並不需要知道母體變異數 σ^2，至於母體位置參數 μ，通常已經在虛無假設中被人為設定為特定值了，所以也是已知資訊。至此，我們可以從「欲檢定假設」、「樣本資訊」、「樣本統計量的抽樣分配」充分得知樣本平均數假設檢定的所有資訊，並據此得出假設檢定的推論結果。

參考方塊 5.9　三個統計分配機率密度函數的推導概述

　　本參考方塊將針對 Student's t 分配、χ^2 分配、F 分配分別說明其數理推導的思路。這三個分配中，χ^2 分配的在推導上理路最能反映當代統計學典範，以簡單的方式來總結 χ^2 分配的推導過程如下 [185]：

一、拉普拉斯在 1812 年 [186] 已經嘗試推導 n 次離差絕對值和 $\sum |\varepsilon_i|^r$ $(r=1,2,...)$ 的機率分配。

二、拉普拉斯（1818）[187] 和高斯（1823）[188] 分別提出在線性常態模型中 $(e_i = x_i - \bar{x})$，$e'e/n$ 和 $e'e/(n-m)$ 分別是估計母體變異數 σ^2 的最佳估計解。拉普拉斯的推導有敘明要 n 很大的條件才成立，高斯則推導出今日所公認的不偏估計。

三、Helmert（1876）[189] 是第一位直接導出樣本變異數 (s^2) 機率分配的統計學者，他推導的目的是要接續拉普拉斯和高斯對於 $m_{|r|} = \sum_{i=1}^{n} |\varepsilon_i^r| \Big/ n$ 的機率分配推導，而他推導出的結果就是今日所認知的樣本平均數和變異數的聯合機率分配 $f(\bar{x}, s^2)$，也是當代統計學中小樣本抽樣理論的起點。

四、Helmert 所推導出的分配又稱 Helmert 分配，其中只要樣本是從常態分配母體中抽出，樣本平均數和變異數兩者的分配可被證明是獨

立的，而其中樣本變異數的分配就是今天所定義的卡方分配形式。

五、卡方分配從數學上來說就是伽瑪分配（最早在 1882-1883 美國學者 E. L. de Forest [190] 一般化總結出）的一個特例，而伽瑪分配其實早在拉普拉斯 1818 年 [191] 在推導大地測量學中的三角剖面測量誤差問題時就已經導出，也因此 Lancaster（1966）[192] 和 Sheynin（1977）[193] 認定卡方分配最早是拉普拉斯導出；但是就 Hall [194] 的看法，儘管拉普拉斯當時在數學上已經導出伽瑪分配，但 Helmert 是第一位從抽樣分配（母體假設為常態分配）出發導出樣本變異數抽樣分配的學者，因此認定他是最早發現卡方分配的學者。

六、卡方分配與卡方檢定指涉是不同的統計概念，卡方分配是由誤差論出發所推導出來的樣本變異數抽樣分配，而卡方檢定是由 Karl Pearson 於 1900 年 [195] 所創立用來檢定理論預期和經驗資料之間是否一致的檢定方法，其中的聯結是卡方檢定所採用的檢定統計量是標準化的殘差平方值和，其數值分配可證明依循著卡方分配。關於這兩者的區別，請參考延伸閱讀五。

第三個分配是 F 分配，這是比例分配的主要應用，由美國學者 George Snedecor 於 1934 年 [196] 所正式推導出，而為紀念費雪而命名為 F 分配（費雪從 1924 年 [197] 就提變異數比例的檢定，但他當時採用 Z 分配來進行檢定，直到 Snedecor 之後以 F 分配來取代 Z 分配的檢定），又叫「變異數比例分配」（Variance Ratio Distribution）。費雪在任職羅森斯得（Rothamsted）農業研究所時，發展出來了「變異數分析」（ANOVA, Analysis of Variance）的概念和技巧，來解決實驗農場中的一些統計問題。簡單來說，費雪發現兩個卡方分配的比例，會形成一個趨近於常態分配的右偏分配，以數學式來說：

$$F = \frac{\chi_m^2/m}{\chi_n^2/n}, \quad if\ m \to \infty\ and\ n \to \infty, \quad F \sim N\left(1, 2\left(\frac{1}{m} + \frac{1}{n}\right)\right);\ if\ n \to \infty, F \sim \chi_m^2;$$

$$if\ X \sim F(m, n),\quad \frac{1}{X} \sim F(n, m)$$

F 分配的機率密度函數為

$$f(x\,;m, n) = \frac{1}{B(\frac{m}{2}, \frac{n}{2})}\left(\frac{m}{n}\right)^{\frac{m}{2}} x^{\frac{m}{2}-1}\left(1 + \frac{m}{n}x\right)^{-\frac{m+n}{2}} \qquad\text{--(5.8)}$$

其中 $B(\frac{m}{2}, \frac{n}{2})$ 是貝他函數，可表為下列積分式

$$B(a, b) = \int_0^1 t^{a-1}(1-t)^{b-1}dt$$

　　當兩變異數的自由度 (m, n) 都趨近於無限大時，F 分配會趨近於常態分配；當分母的自由度趨進無限大時，F 分配會趨近於自由度為分子 m 的卡方分配；當 X 屬於分子分母自由度為 (m, n) 的 F 分配時，$\frac{1}{X}$ 就屬於分子分母自由度為 (n, m) 的 F 分配。如同先前所說，由於 F 分配都是大於零（因為分子分母都是變異數具有平方項），所以大多採用單尾檢定，若是要用到雙尾檢定時，因為兩側尾端的機率分配曲線並不一樣，所以必須分別來找 $\frac{\alpha}{2}$ 的左右臨界值，以確定 $(1-\alpha)$ 的信賴區間在哪。

　　由上可知，這三個分配都可以說是從標準常態分配發展出來的抽樣分配，其隨機變數分別對應標準常態分配一次項、二次項、二次項比例值，都是假設檢定時用來估量樣本統計量抽樣分配機率的必要工具。然而這三個分配對於統計初學者來說是十分難懂的，原因在於這三個分配缺乏現實自然世界中的意義參照，同時其機率密度函數的推導十分複雜難懂，連帶使其與假設檢定密切相關的數理推論，往往也讓統計初學者一頭霧水。

　　下面的講述內容，分成主要兩部分，首先是針對樣本統計量與檢定統計量的關係，以及統計檢定量的抽樣分配進行討論，其次是針對檢定統計量進行假設檢定的說明。所涉及的檢定標的包括常態分配變異數、兩連續變量的相關係數、變異數分析中的團體平均數、百分比值的假設檢定、兩獨立樣本的假設檢定。

參考方塊 5.10 機率分配之間的轉換關係

　　從本書先前的許多討論我們可知道，機率分配之間，特別是以數學形式而言，許多分配透過參數變換或者代數運算都是可以互相轉換，比方說伯努力隨機變數相加之後會變成二項分配，而伽瑪分配在特定的參數值配對下就變成了卡方分配等。下表援引陳文賢教授在其《統計學》[198]一書中機率分配的關係圖（引自該書第 177 頁），讓讀者對於不同分配之間的轉換關係有較為全面的了解。

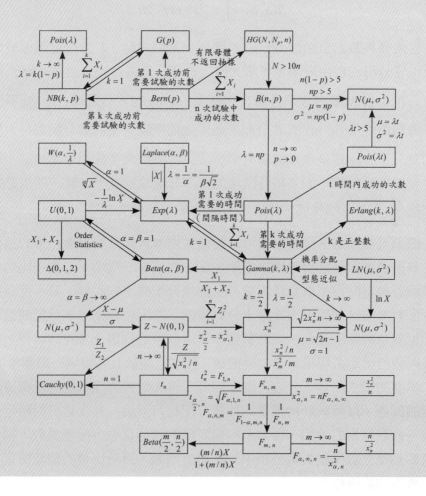

一、樣本統計量的與檢定統計量的關係

　　理解上述三個機率分配與假設檢定的關係，最重要的就是找出欲檢定假設的檢定統計量，以上面所提的五個檢定標的來說，其檢定統計量分別為：

常態分配變異數 $T_1 = \dfrac{(n-1)s^2}{\sigma^2} \sim \chi^2_{n-1}$

兩連續變量的相關係數 $T_2 = \dfrac{r\sqrt{n-2}}{\sqrt{1-r^2}} \sim t_{n-2}$

變異數分析中的 a 個團體平均數 $T_3 = \dfrac{MSA}{MSE} \sim F_{a-1,\,a(n-1)}$（其中 MSA 和 MSE 分別為組間和組內變異數）

百分比值的假設檢定 $T_4 = \hat{p} \sim N\left(\dfrac{x}{n}, \dfrac{p(1-p)}{n}\right)$

兩獨立樣本平均數的假設檢定 $T_5 = (\overline{x}_1 - \overline{x}_2) \sim N\left(\mu_1 - \mu_2, \dfrac{\sigma_1^2}{n_1} + \dfrac{\sigma_2^2}{n_2}\right)$

　　檢定統計量 T_i 的設定，最重要的就是將欲檢定的樣本統計量，在此分別為 $\{T_1 : S^2\}$、$\{T_2 : r\}$、$\{T_3 : \overline{x}_i\}$、$\{T_4 : \hat{p}\}$、$\{T_5 : \overline{x}_1 - \overline{x}_2\}$，找出其與標準常態分配隨機變量 Z 的轉換關係，然後視其欲檢定的樣本統計量為一次項、二次項、比例項、還是其他數學形式，應用 t 分配、χ^2 分配、F 分配以及其他可能應用到的抽樣分配，進行檢定統計量的抽樣機率評估。

　　上面 T_1 到 T_5 的檢定統計量中，T_1 與 χ^2_{n-1} 分配的關係已於 (5.7) 式證明了，T_2 的樣本統計量為皮爾森積差相關 r，其定義已於 (4.1) 式解釋，T_2 與 r 可由單變量迴歸分析，關係如下

$E(y\,|\,x) = \alpha + \beta x$

$$\beta = \frac{\dfrac{1}{n-1}\sum_{i=1}^{n}(x_i - \overline{x})(y_i - \overline{y})}{\dfrac{1}{n-1}\sum_{i=1}^{n}(x_i - \overline{x})^2} = \frac{\sum_{i=1}^{n}(x_i - \overline{x})(y_i - \overline{y})}{\sqrt{\sum_{i=1}^{n}(x_i - \overline{x})^2}\sqrt{\sum_{i=1}^{n}(y_i - \overline{y})^2}} \cdot \frac{\sqrt{\sum_{i=1}^{n}(y_i - \overline{y})^2}}{\sqrt{\sum_{i=1}^{n}(x_i - \overline{x})^2}} = r\frac{S_y}{S_x}$$

$$V(\beta) = \frac{e'e}{n-k}(x'x)^{-1} = \frac{\sum_{i=1}^{n}\left(y_i - r\frac{S_y}{S_x}x_i\right)^2}{(n-2)} \cdot \frac{1}{\sum_{i=1}^{n}(x_i - \overline{x})^2} = \frac{(n-1)(1-r^2)S_y^2}{(n-2)(n-1)S_x^2}$$

$$= \frac{(1-r^2)S_y^2}{(n-2)S_x^2}$$

這 邊 經 過 推 導， 可 得 $\sum_{i=1}^{n}\left(y_i - r\frac{S_y}{S_x}x_i\right)^2 = (n-1)(1-r^2)S_y^2$ 和

$(x'x)^{-1} = \dfrac{1}{\sum\limits_{i=1}^{n}(x_i - \overline{x})^2}$，因此對於迴歸係數的假設檢定可以設為

$$t = \frac{\beta - 0}{\sqrt{V(\beta)}} = \frac{r\dfrac{S_y}{S_x}}{\sqrt{\dfrac{(1-r^2)S_y^2}{(n-2)S_x^2}}} = \frac{r\sqrt{n-2}}{\sqrt{1-r^2}}$$

換句話說，相關係數的假設檢定，等同於帶有常數項的單變量迴歸係數假設檢定，其虛無假設為 $\{H_0 : \beta = 0\}$，即 $\{H_0 : r = 0\}$，因為 $\beta = r\dfrac{S_y}{S_x}$ 而 $\dfrac{S_y}{S_x}$ 必不為零。

上面的推導說明了，我們將相關係數 r 透過與單變量迴歸分析的等價關係，轉換成迴歸係數 β 對其等於零的假設檢定，因此與 t 分配聯繫上關係，其自由度為 $(n-2)$，其中 n 為樣本數，而扣掉的兩個自由度一為常數項，另一為 x 自變量。

至於 T_3 的檢定統計量，則牽涉到 F 分配的機率密度函數證明，簡單來說，F 分配的推導是由兩構成分配的比例值，及 χ_m^2 和 χ_n^2 的隨機變量 U 跟 V 的聯合機率分配而來，若 U 跟 V 相互獨立，則

$$f_{U,V}(u,v) = \left(\frac{1}{2^{\frac{m}{2}}\Gamma(\frac{m}{2})}u^{\frac{m}{2}-1}e^{\frac{-u}{2}}\right)\left(\frac{1}{2^{\frac{n}{2}}\Gamma(\frac{n}{2})}v^{\frac{n}{2}-1}e^{\frac{-v}{2}}\right)$$

$$= \frac{1}{\Gamma(\frac{m}{2})\Gamma(\frac{n}{2})2^{\frac{m+n}{2}}}u^{\frac{m}{2}-1}v^{\frac{n}{2}-1}e^{-(\frac{u}{2}+\frac{v}{2})}$$

然後對 $f_{U,V}(u,v)$ 在 $U \le xV$ 區域進行積分，即可得到 U/V 的累加機率分配

$$F_{U|V}(x) = P(U/V \le x) = P(U \le Vx)$$

$f_{U/V}(x)$ 則可以由 U/V 的累加機率分配 $F_{U/V}(x)$ 進行一次微分 d/dx 即可得到 (5.8) 式的 F 分配機率密度函數，而對於 T_3 而言，分子分母的兩個卡方分配數值，分別代表組間平均變異數（MSA）和組內平均變異數（MSE）的比例，如果比例值顯著過高，代表各組平均數有顯著的差異使得組間變異數值比組內變異數較大，因此有分組的必要；反之，當組間和組內變異數值比例值接近一或者更小時，代表各組平均數之間沒有顯著差異，使得組間變異（系統特徵）並不比組內變異（個體差異）大。這邊組間變異和組內變異都與各組平均數 $\overline{y}_{i.}$ 有關

$$MSA = \frac{\sum\limits_{i=1}^{a} n_i(\overline{y}_{i.} - \overline{y}_{..})^2}{a-1}, \quad MSE = \frac{\sum\limits_{i=1}^{a}\sum\limits_{j=1}^{n_i} n_i(\overline{y}_{ij} - \overline{y}_{i.})^2}{N-a}$$

所以 $\overline{y}_{i.}$ 的變異程度會顯著影響 $T_3 = \dfrac{MSA}{MSE}$，直接與 F 分配的機率密度函數聯繫上關係。

百分比值的檢定統計量 T_4 相對單純，就是樣本百分比值 $\hat{p}$，而樣本百分比值的抽樣分配，已經在二項分配逼近常態分配的證明中得到

$$\hat{p} \sim N\left[p, \frac{p(1-p)}{n} \right]$$

因此在假設檢定上可以直接用常態分配來進行抽樣機率評估，不過當樣本數太小時，即 $np \le 10$ 或 $n(1-p) \le 10$，可以直接用二項分配來進行假設檢定，此時檢定的標的變成二分事件發生次數 x

$$x \sim B(n, p)$$

最後是關於 T_5 的檢定，根據生成函數法，可將兩個獨立樣本平均數的差，證明其抽樣分配，令兩個獨立樣本平均數隨機變數 $\overline{x}_1$ 和 $\overline{x}_2$

$$\bar{x}_1 \sim N\left(\mu_1, \frac{\sigma_1^2}{n_1}\right), \quad \bar{x}_2 \sim N\left(\mu_2, \frac{\sigma_2^2}{n_2}\right)$$

我們可以輕易的利用動差生成函數推出

$$\varphi_{-x_2}(t) = \exp\left[\left(-\mu_2 t + \frac{(\sigma_2^2/n_2)t^2}{2}\right)\right]$$

因此

$$\varphi_{x_1}(t) \cdot \varphi_{-x_2}(t) = \varphi_{x_1-x_2}(t)$$

$$= \exp\left[\mu_1 t + \frac{(\sigma_1^2/n_1)t^2}{2}\right] \cdot \exp\left[\left(-\mu_2 t + \frac{(\sigma_2^2/n_2)t^2}{2}\right)\right]$$

$$= \exp\left[(\mu_1 - \mu_2)t + \frac{t^2}{2}\left(\frac{\sigma_1^2}{n_1} + \frac{\sigma_2^2}{n_2}\right)\right]$$

所以兩個獨立樣本平均數差的抽樣分配為

$$\bar{x}_1 - \bar{x}_2 \sim N\left(\mu_1 - \mu_2, \frac{\sigma_1^2}{n_1} + \frac{\sigma_2^2}{n_2}\right)$$

所以我們可以利用上面的抽樣分配來進行假設檢定。

二、檢定統計量的假設檢定說明

前面的討論顯示五個檢定統計量的抽樣分配分別為卡方分配、t 分配、F 分配和兩常態分配，因此在進行假設檢定時，需要設定在思想實驗中的虛無假設和對立假設，而這兩個假設的設定，都需要滿足其抽樣分配隨機變量的特性，特別是在雙尾、單尾檢定的主張上，以及虛無和對立假設所對應的第一型與第二型的決策誤差定義。

以常態分配變異數的檢定統計量 $T_1 = \dfrac{(n-1)s^2}{\sigma^2}$ 來說，由於其抽樣分配依循自由度為 $(n-1)$ 的 χ^2 分配，其隨機變量的值域空間為任意正實數，

因此檢定統計量 T_1 只能為正不能為負，這意味著虛無假設必須是主張 $\{T_1 = \theta\}$，即不論採取單尾或雙尾假設時，虛無假設都需要檢定統計量帶有等於特定值的假設，這亦可由變異量的數理定義必為正數理解，而此處 θ 便指涉此特定值。以兩連續變量的相關係數 $T_2 = \dfrac{r\sqrt{n-2}}{\sqrt{1-r^2}}$ 來說，由於 T_2 值顯然可能為正或負值，並且相關係數本身是否為零代表因果之間是否具有關聯性，因此 $T_2 = 0$ 便成為最常見的虛無假設，並且多採雙尾檢定，這是因為沒有進行實際抽樣前，研究者很難直接假定母體中兩變量的相關係數必為正或負值，在這條件下雙尾假設是最符合論理邏輯的假設。至於 $T_3 = \dfrac{MSA}{MSE}$，由於其值依循著卡方分配值的比例，必為正值，且組間變異和組內變異的相對大小，特別是希望檢測的推論目的：如果組間變異若明顯大於組內變異，則資料就有區分組別的必要性；如果組間變異若沒有明顯大於組內變異則沒有分組的必要。而因此檢定上多採右尾檢定，其虛無假設 H_0 和對立假設 H_1 的設定為 $\{H_0 : T_3 \leq 1;\ H_1 : T_3 > 1\}$，其中虛無假設代表組間變異小於等於組內變異，而對立假設為組間變異大於組內變異。而就百分比值的檢定統計量 $T_4 = \hat{p}$ 而言，由於其數值為百分比，其值域的邏輯定義必然介於 0 和 1 之間的正數，然而其抽樣分配所依循為常態分配（嚴格說應該為截斷的常態分配，但除非極端值很多，否則其抽樣分配不會受到邊界限制影響而呈現截斷的性質），因此其檢定上也通常會應用雙尾檢定，設其虛無假設主張等於目標檢定值 $\{T_4 = p\}$，對立假設主張不等於目標檢定值 $\{T_4 \neq p\}$，基於與 T_2 相同的理由，除非抽樣前有明確理由主張欲檢定百分比必然為大於等於或小於等於目標值，否則一般以雙尾檢定來進行假設檢定。最後是兩獨立樣本平均數的假設檢定 $T_5 = (\bar{x}_1 - \bar{x}_2)$，如其抽樣分配所顯示的，不論依研究旨趣採取雙尾或單尾檢定，其目標檢定值必然包括一個帶有等號關係的參數值 $\{T_5 = d\}$，而對立假設依其單尾雙尾設定，來調整其等號或不等號的設定。以上皆為檢定統計量與抽樣隨機變量之間的關係考量。

　　下面便舉出實際例子來呈現 T_1 到 T_5 的假設檢定程序：

例 5.5（T_1 的例子）： 食品製造工廠中裝填機器的裝填量滿足常態分配，今天工廠經理想要透過對 10 個裝填結果 {993, 1002, 999, 1000, 995, 997, 998, 996, 1000, 1001}（單位是毫升）進行裝填量變異數的檢定，若顯著水準為 $\alpha = 0.1$，欲檢定變異數值為 6 平方毫升，請問檢定結果為何？

答： 因為母體參數未知，因此可以按 $s^2 = \left(\sum_{i=1}^{n} x_i - \mu \right)^2 \Big/ n - 1$ 求出 $s^2 = 8.1$，則可帶入檢定統計量 T_1 的公式，求出 $T_1 = \dfrac{9 \times 8.1}{6} = 12.15$，此時欲檢定的虛無假設為 $\{H_0 : \sigma^2 = 6\}$，而雙尾檢定兩臨界值 $\chi^2_{0.95,9} = 16.919$、$\chi^2_{0.05,9} = 3.235$，T_1 介於兩個臨界值之間在接受域內，代表虛無假設 H_0 成立下仍相當可能性發生 $T_1 = 12.15$ 的結果，因此接受虛無假設，接受裝填量變異數值為 6 平方毫升的假設。

倘若例 5.5 改為工廠經理希望在相同顯著水準下檢定變異量是否小於等於 4 平方毫升，此時為單尾檢定，虛無假設為 $\{H_0 : \sigma^2 \leq 4\}$，$T_1 = \dfrac{9 \times 8.1}{4} = 18.225$，而雙尾檢定臨界值 $\chi^2_{0.90,9} = 14.684$，檢定統計量大於臨界值，代表虛無假設 H_0 成立下發生 $T_1 = 18.225$ 的機會太小，因此拒絕虛無假設，否定裝填量變異數值小於 4 平方毫升的假設。

例 5.6（T_2 的例子）： 某農夫觀察每期稻作抽穗期下雨天數（天）和產量（公噸）的關係，得出下面 12 期的結果

雨天數	10	18	22	13	12	15	11	15	11	8	12	10
產量	3.6	3.2	3.4	2.8	3	3.1	3.6	4	2.6	3.5	3.3	3

該農夫想要知道究竟下雨天數是否會影響到產量的多寡？

答： 為嚴謹起見，這邊的顯著水準採用較高標準 $\alpha = 0.01$。由於理論上下雨是否會造成產量較多或較少這邊並沒有提出邏輯上的必然說法，因

此採雙尾檢定，先算出相關係數估計值 $r = 0.092$，然後帶入檢定統計量 $T_2 = \dfrac{0.092 \times \sqrt{12-2}}{\sqrt{1-(0.092)^2}} = 0.292$，此時欲檢定的虛無假設為 $\{H_0 : r = 0\}$，雙尾檢定兩臨界值 $t_{0.005,10} = 3.169$、$t_{0.095,10} = -3.169$，T_2 介於兩臨界值間，因此不否定虛無假設，判定按照既有經驗資料無法得出抽穗期下兩天數與產量有顯著的相關性。

例 5.7（T_3 的例子）：某社會學家採用亞洲民主動態調查第四波資料，研究東亞五個宗教自由國家（日本、香港、韓國、蒙古、台灣）中宗教虔誠民眾（每周至少禮拜一次）的比例，得出下面結果

日本	香港	南韓	蒙古	台灣
32%	13%	23%	21%	17%

　　除此之外，還得出平均組間變異量（MSA）5.977、平均組內變異量（MSE）0.161，請利用上面的資訊，以顯著水準 $\alpha = 0.05$ 進行組別平均數是否相等的檢定。

答：上面的例子雖然明顯可見五國民眾（總樣本數 6358）的宗教虔誠比例不同，但是仍然需要進行假設檢定才能明確的判定，這邊按平均組間和組內變異的比例可算出檢定統計量 $T_3 = \dfrac{5.977}{0.161} = 37.21$，此時欲檢定的虛無假設為 $\{H_0 : \mu_1 = \mu_2 = \cdots = \mu_5\}$，這邊應採單尾檢定，臨界值 $F_{0.05,4,6354} = 2.37$，結果 T_3 顯然大於臨界值在拒絕域中，因此拒絕虛無假設，判定五國民眾的宗教虔誠比例顯著不同。

例 5.8（T_4 的例子）：某政治學者在立委選舉前一個月在 A 選區對於某候選人進行民意調查，發現在成功受訪的 920 具有合格選民資格的受訪者

中，受到 334 位的第一支持，請問在顯著水準 $\alpha = 0.05$ 下，此候選人在 A 選區的支持度是否顯著不同於 40%？

答：在此例中，問題指涉的是進行調查時 A 選區所有具有合格選民資格民眾中這位候選人的支持度，目前所做出來的抽樣結果，僅僅是一次的隨機抽樣調查結果，不保證再進行一次抽樣調查所評估出支持率的點估計會和這次一樣，因此不能僅憑這次得到的 36.3% (334/920) 就斷定其支持率低於 40%，然而我們可以透過樣本百分比的抽樣分配，來對於虛無假設 $\{H_0: \hat{p} = 0.4\}$ 進行假設檢定的決策判斷。這邊我們可以從調查結果得出基於虛無假設成立下的樣本百分比抽樣分配應該為 $\hat{p} \sim N\left[0.4, \dfrac{0.4(1-0.4)}{920}\right]$，因而 $\sigma_{\hat{p}} = 1.615\%$，所以百分之九十五的信賴區間是介於 $[\hat{p} - 1.96\sigma_{\hat{p}}, \hat{p} + 1.96\sigma_{\hat{p}}]$，即 [36.834%, 43.166%]，由於 36.3% 位於接受域之外，是故拒絕虛無假設，判定這位候選人目前在 A 選區的支持率顯著低於 40%。

例 5.9（T_5 的例子）：下列是甲乙兩校在大學學科能力測驗的抽樣資料，甲校有 15 個抽樣資料 {67, 68, 74, 52, 59, 71, 65, 63, 70, 68, 51, 66, 62, 61, 73}，乙校有 20 個抽樣資料 {54, 56, 74, 75, 71, 50, 66, 62, 71, 68, 69, 69, 72, 59, 73, 64, 69, 68, 71, 73} 請問在顯著水準 $\alpha = 0.02$ 下，甲校的大學學測成績是否低於乙校？

答：首先算出兩校抽樣資料的平均數和標準差，得出 $\{\bar{x}_{甲} = 64.67,\ s_{甲} = 6.85\}$、$\{\bar{x}_{乙} = 66.7,\ s_{乙} = 7.06\}$，這邊檢定上的虛無假設是 $\{H_0: \mu_{甲} - \mu_{乙} \leq 0\}$，檢定統計量 $T_5 \sim N\left[0, \dfrac{(6.85)^2}{15} + \dfrac{(7.06)^2}{20}\right]$，其抽樣分配依循 $N(0, 5.62)$，此時可以算出其接受域的區間為 $\left[0 - 2.33\sigma_{\bar{x}_{甲} - \bar{x}_{乙}},\ \hat{p} + 2.33\sigma_{\bar{x}_{甲} - \bar{x}_{乙}}\right]$，即 [−5.52, 5.52]，由於 $\bar{x}_{甲} - \bar{x}_{乙} = -2.03$，處於接受域區間，因此接受虛無假設，判定按照既有抽樣資料無法得出甲校的大學學測成績低於乙校的結論。

延伸閱讀

一、 當代統計學議題的非技術性介紹

作者在撰寫本書時，特別是有關統計史的部分，受到安得斯‧霍爾、史蒂芬‧史坦格勒、邱吉爾‧艾森哈特的影響甚深，然而這三位統計史家研究取向的時間架構是較為根本且宏觀的，往往在討論統計的概念時，都會追溯到統計學發端、甚至是統計學尚未被學者有意識為一門獨立學問之前，因此作者在討論上的許多切入點，很可能會與當代統計學者對於統計學的基本知識論設定有所牴觸，比方說本章所談的頻率學派和貝氏學派的爭論。為了使統計學初學者對於當代的統計學發展有較為符合目前典範的理解，作者推薦一本介紹當代統計學發展的非技術性讀本，由大衛‧豪依（David Howie）所著《詮釋機率：20 世紀初期的爭辯和發展》（Interpreting Probability: Controversies and Developments in the Early Twentieth Century）[199]，主要內容聚焦在兩大學派的代表人物羅納德‧費雪（頻率學派）和哈羅德‧傑弗里斯（貝氏學派）對於機率思考上的兩種不同典範。事實上直至今日，統計學中頻率學派和貝氏學派的爭論仍可追溯到和涵攝於 20 世紀初期成型的當代統計學。

二、抽樣與民意調查方法

抽樣在民意調查中是非常重要的一環，除了量化研究的資料蒐集外，其實質化研究也有廣義的取樣研究問題，而其討論的焦點則會更專注在實質的代表性討論上，而這些都是人文社會科學在方法論上的重大課題。在中文的入門教材上，由陳義彥等（2016）所著的《民意調查研究》一書[200]是兼具理論和實務內容的專業讀本，而由瞿海源等（2012）所著的《社會及行為科學研究法》一套三冊教材[201]更將有關抽樣和資料分析的各種方法都進行完整的介紹。

三、 統計史家對棣美弗逼近常態曲線證明的闡釋

棣美弗以二項分配逼近常態曲線的證明在歷史上是十分重要的，統計

學界在當整個推導的脈絡是源自於對誤差分配的研究，因此仔細了解當時的學術背景，以及細部的數學推導過程都對於學習統計學有莫大幫助。在既有的統計史學者中，史坦格勒在 1986 年在其所著《統計史：西元 1900 年以前對於不確性的測量》（The History of Statistics: The Measurement of Uncertainty before 1900）[202] 第 2 章中有對於整個統計學當時的背景有十分精湛的非技術性闡釋，至於技術性上的數學推理，則以霍爾在 1990 年所著《西元 1750 年以前的機率與統計史及其應用》（A History of Probability and Statistics and Their Applications before 1750）[203] 第 24 章有詳盡的闡釋。

四、以嚴格的標準來評判科學發現的思考

近年來興起對於古典機率學在假設檢定上的批判，其中有兩點十分重要：一、假設檢定僅僅是對於單獨一個虛無假設進行機率評估，而缺乏對於其他所有可能造成觀察資料的其他假設的機率評估；二、假設檢定在顯著水準的設定上，過於偏斜到避免錯誤否定虛無假設的思考，而忽略錯誤的接受虛無假設所帶來的成本。然而，這兩個批評其實忽略了假設檢定背後所預設的科學哲學思考，也就是如果虛無假設中的參數值有明確在因果關係推論上的意義（母體中自變量依變量間不具有因果關係），則類似 $\alpha = 0.05$ 的顯著水準設定，反映的是對於對立假設（母體中自變量依變量間具有因果關係）嚴格性測試（severity test），而這種測試在實證主義科學觀下是有道理可循的。關於科學哲學上對於嚴格性測試的思考，請詳見黛博拉・梅奧（Deborah G. Mayo）在 1996 年所著《誤差與實驗知識的增長》（Error and the Growth of Experimental Knowledge）[204] 第六章。

五、卡方分配與卡方檢定

當代在指涉卡方分配時，往往會將由 Helmert（1875-1876）由誤差論發展而來的卡方分配，與 Pearson（1900）未主張任何分配假設的殘差平方值所推出的卡方檢定搞混在一起。事實上在 Pearson 後續的著作中，

其中可以看出其 1900 年之作背後是預設了隨機變量的誤差依循常態分配的統計假設，而這樣的假設在當時統計學界的時空背景下是不難理解的。只不過當幾十年後統計學的發展已經遠遠轉移到其他主題時，後來的學生如果沒有適當的統計史知識，就難以理解卡方分配和卡方檢定的關聯性。關於這個議題，請參考 R. L. Plackett 在 1983 年於《國際統計學評論》（International Statistical Review）中所著的「卡爾‧皮爾森與卡方檢定」（Karl Pearson and the Chi-Square Test）一文 [205]。

Chapter 6

基本統計學議題的釐清

本書主要的內容是在探討統計學的學問本質，從統計史的觀點來介紹當代統計學發展的思考理路，以及利用統計學方法進行社會科學研究的因果關係推論。第一章說明統計學的來龍去脈及發展脈絡，第二章介紹統計學的主體內涵，第三章講述統計學的推估方法，第四章則將統計學推估方法應用在因果關係推論上，第五章進一步從抽樣風險的角度來釐清假設檢定如何提供決策者進行因果假設判斷上的依據。上述內容雖然並沒有完全覆蓋今日統計學教科書的所有主題，但對於人文社會科學背景的統計初學者而言，前五章的內容已經大致說明統計學如何能作為理性思考和決策判斷的論理工具。

　　然而前五章對於統計學的介紹，不免在許多需要特別精細處理的主題上，考量避免干擾到內容的流暢性，並沒有提供完整的說明，因此當讀者思索到相關問題時，可能會在基本概念上產生相當的困惑。作為本書的結尾，本章的主要目的就在提供這些困惑的解答，也因此，作者將分別針對（一）最大概似法的理論議題；（二）最大概似解的數理統計性質；（三）假設檢定結論的方法論議題；（四）假設檢定應用在歷史資料的適用性；（五）統計推估和統計描述等重要問題，來進行主題式的專論，提供讀者對於這些乍看似是而非問題的一些看法。

　　這五個主題之所以常常困擾著統計初學者，反映了當代統計學教育上很大的盲點，即缺乏統計史歷史縱深的脈絡知識，讓統計初學者認為統計學是與時俱進的線性累積學問，主觀認為新的潮流、新的方法、新的教科書一定比舊的優越，因此不需要重蹈前人四百年的思考過程，彷彿我們讀懂一本當今的統計學教科書後，就已經站在巨人的肩膀上，在技術上、思考上、推論上，超越前人的智慧。這個心態雖然可以理解，也有部分道理，但是站在巨人肩膀上所見的視角和速成的知識，由於並非親自走過的，因此在活用這些知識、甚或了解這些知識上，都有許多自己未曾察覺的盲點存在。這造成了一個負面的現象，當統計初學者試圖真正在日常生活中應用統計學知識時，往往發現無法通曉其論理思路，最後不是人云亦云，就是對統計學產生根本的懷疑。

參考方塊 6.1 有母數統計推論學的三次大革命

統計史學者 Anders Hald 在其統計史著作「從柏努力到費雪的有母數統計推論史，從 1713 至 1935」（A History of Parametric Statistical Inference from Bernoulli to Fisher, 1713-1935）[206] 指出有母數統計推論學（parametric statistical inference）在統計史上有三次大革命，分別為：

一、「正機率」（direct probability）的統計推論，問題的形式是在已知事前機率分配的前提下 $p(x|\theta)$，假設隨機從母體抽出一組樣本，其中含有 n 個獨立且來自相同分配的觀察值 $\underset{\sim}{x} = (x_1, x_2, \cdots, x_n)$，而從此樣本我們可以推出樣本統計量 $t(\underset{\sim}{x})$ 的抽樣分配 $p[t(\underset{\sim}{x})|\theta]$，因此我們可以依此抽樣分配來評估在任一特定的參數值 θ 假設下 $t(\underset{\sim}{x})$ 統計量的機率極限值。最早有系統界定和發展正機率統計推論問題的是拉普拉斯，他在 1776 年至 1799 年間透過人口學、誤差分配、還有自然科學的相關問題發展出此推論理則方法，正機率推論問題可用 $p(\underset{\sim}{x}|\theta)$ 來表示。

二、「逆機率」（inverse probability）的統計推論，問題的形式是指在已知一組被人觀測到的樣本資料 $\underset{\sim}{x} = (x_1, x_2, \cdots, x_n)$ 下，我們如何找出其參數 θ 機率極限估計值。貝葉斯是最早了解到需要將參數 θ 視為一隨機變量並且具有統計分配來進行推論的統計學者，依此我們需要評估條件機率 $p(\underset{\sim}{x}|\theta)$ 和先驗機率 $p(\theta)$，然後我們可以估計任何基於一組樣本資料 $\underset{\sim}{x}$ 下參數 θ 的機率極限值 $p(\theta|\underset{\sim}{x})$。此法雖然拉普拉斯在 1774 年就已提出，高斯在 1809 年利用逆機率推論的關鍵證明：「基於逆機率的推論下，假定常態分配為觀察值誤差分配可以導出位置參數為算術平均數此一最佳估計元」，使得高斯後來被認為是逆機率推論的先驅，逆機率推論問題可用 $p(\theta|\underset{\sim}{x})$ 表示。

三、「概似值」（likelihood）的統計推論，問題形式是指何種估計元（estimator）會在「一致性」、「有效性」、「充分性」等評價標

準上有最好的表現。費雪在 1912-1956 年間奠定了今日我們在統計推論上應用最多且最廣的最大概似法。費雪發展最大概似法的脈絡背景，是他試圖回答當時許多的統計推論問題，他首先摒棄損失函數法（最小平方法就是其一），認為其無關乎統計推論；他拒絕逆機率的推論法，認為其結論受到參數先驗分配的武斷假設影響甚鉅；他也不支持採用「類比方法」（analogy methods）─假設母體參數和母體樣本的關係，也會類比到樣本參數和抽樣樣本之間的關係，動差法為類比方法之一，上述推論原則為「類比原則」（analogy principle），費雪認為類比方法的估計元一般來說不具有效性。費雪最後提出最大概似解，並且證明其在上述估計元的評價標準中的優越性，最大概似法的推論問題可用 $L_x(\theta)$ 表示。

Anders Hald 在該書結尾 [207] 提到，他對於有母數統計推論的討論停在 1930 年代，是因為後來的統計推論發展都不出這三種革命的思潮。他說在 1922 年之前都是正機率和逆機率的推論，之後則受到費雪的概似推論很大的影響其中包括現在所稱的頻率學派和貝氏學派，前者如澤西‧黎曼（Jerzy Neyman）、艾根‧皮爾森（Egon S. Pearson）、亞伯拉罕‧華德（Abraham Wald），後者如哈洛德‧傑佛瑞（Harold Jeffreys）、威爾弗雷德‧柏克（Wilfred Perks）、布魯諾德福內帝（Bruno de Finetti）、李奧納多‧沙維奇（Leonard J. Savage）等。

6.1　最大概似法的理論議題

一言以蔽之，最大概似法在論理上的基本預設是「已得資料在未發生前原本要發生的機率（相比其他可能發生但未發生的任何結果）就是最大」，其推論的特性是「合理化所有已發生事件」，因而分析上僅需專注在既成事實，不用理會那些經驗上未觀測到的資訊。這個論理原則十分符合實證主義的認識論立場，也就是以「經驗主義」為依歸的知識著落，但與近年影響人文社會科學的後實證科學哲學立場有許多相互扞格的地方。

最大概似法的直觀定義，在一般統計教學被說明為「在獨立且相同分布（independently and identically distributed，簡稱 i.i.d.）條件下，概似函數是隨機樣本值帶入機率密度函數的連乘積」此一公式，卻鮮少解釋最大概似法被提出的原因、假設、思考邏輯和可能的問題，作者已在 3.2 節介紹最大概似法的統計論理原則和推估方法，本節中作者將針對這些理論問題來進行討論。

6.1.1 最大概似法提出的原因

費雪（Ronald Fisher）還在就讀大學時（1912），就發表了一篇批判「最小平方法」的論文《論適配次數曲線的絕對準則》（On an Absolute Criterion for Fitting Frequency Curves）[208]，Fisher 批判「最小平方法」的理由，在於其解僅適用在既有的坐標系中，如果將現有自變項的坐標軸重新縮放，那麼最佳的參數估計值又不一樣了[209]，所以 Fisher 主張使用最大概似法來求解，因為他證明最大概似法有「不變性」（Invariance），也就是說參數估計值的數學形式是不受自變項坐標軸的變化而有所影響[210]。

比方說，假設我們有一組依變項觀察值 $y = (y_1, y_2, \cdots, y_9)$，現在我們已經決定用一自變項以及某種函數形式來進行曲線套配，假設我們分別用 x 和 t 尺度來測量此自變項，x 和 t 的關係為 $x = 2t + 1$，曲線的函數為 $f(m) = c_m m^2$，其中 c_m 是未知的參數，y, x, t 的資料如表 6.1。

如果自變項採 x 尺度，最小平方法的目標式是

表 6.1 曲線配套的依變項和自變項觀察值

y	3	8	5	−3	7	−2	10	2	5
x	1	7	4	9	−5	−3	6	2	3
t	0	3	1.5	4	−3	−2	2.5	0.5	1

$$Minimize \quad \sum_{i=1}^{9}(y_i - c_x x_i^2)^2$$

但假如自變項採 t 尺度，則新目標式變成

$$Minimize \quad \sum_{i=1}^{9}(y_i - c_t t_i^2)^2$$

結果得到，$c_x = 0.07$ 時，殘差的平方和是最小的，為 232.178；而 $c_t = 0.33$ 時，殘差的平方和是最小的，為 236.739，圖 6.1 正是結果的圖解。

如果都改用最大概似法，令 $y \sim N(\mu, \sigma^2)$，且 $\mu = c_m m^2$，所以概似函數分別為

$$L(c_x \mid x, y) = \prod_{i=1}^{9} \frac{1}{\sqrt{2\pi}\sigma} e^{\frac{-(y_i - c_x x^2)^2}{2\sigma^2}}$$

$$L(c_t \mid t, y) = \prod_{i=1}^{9} \frac{1}{\sqrt{2\pi}\sigma} e^{\frac{-(y_i - c_t t^2)^2}{2\sigma^2}}$$

分別對兩概似函數取對數後進行一次微分取其為零，可以分別得到

$$c_x = \sum_{i=1}^{9} x_i^2 y_i \bigg/ \sum_{i=1}^{9} x_i^4$$

$$c_t = \sum_{i=1}^{9} t_i^2 y_i \bigg/ \sum_{i=1}^{9} t_i^4$$

可以同樣算出 $c_x = 0.07$、$c_t = 0.33$，但區別是，採用最大概似法求解時，不管自變項的尺度怎麼變（$m = x$ 或 t），最大概似參數解的數學形式是一致的，即 $c_m = \sum_{i=1}^{9} m_i^2 y_i \bigg/ \sum_{i=1}^{9} m_i^4$，而這個特質就是最大概似解的「不變性」特質，可以讓參數推估的問題變得很簡單，且易於一般化。

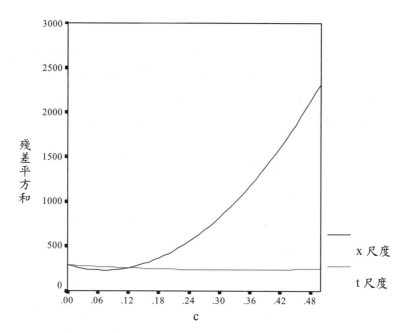

圖 **6.1**　使用不同尺度測得的自變項對參數估計之影響

6.1.2　假設及思考邏輯

　　最大概似法成立的先決要件在於「概似原則」的證成，但長久以來，有關「概似原則」的證成一直是爭論不休的問題，最常被提出的的三種觀點，分別是 (1) 主觀機率或逆機率的觀點；(2) 費雪所主張的「信用機率論」（fiducial probability）；(3)「充分性」（sufficiency）和「條件性」（conditionality）論證，除了第二者之外，另兩種說法都普遍被接受 [211]。

　　關於第一種觀點證成的理路，已在本書 3.2 節透過概似原則的論證，特別是採用主觀機率論的觀點，主張「非充分理則原則」，也就是「不帶資訊的事前分配」（non-informative prior）假設，來推論所有參數假設的先驗機率是相等的。然而這樣的假設對於客觀機率論者是荒謬的，理由很簡單，缺乏所欲推估參數的資訊不代表每一個參數值假設的正確機率是相等的，擅自假設一個沒有根據的先驗機率是說不通的，所以客觀機率論者

對於此證成理路持保留的態度。

費雪在這點上是鮮明地站在客觀機率論的立場，強烈的駁斥「非充分理則原則」能夠做為證成「概似原則」的依據，因此他主張「信用機率論」，尋求能由事後機率直接推論事前機率的方法，避免涉及逆機率論中主觀分派先驗機率的問題，簡言之，他試圖要論證的是

$$p(H \mid E) = p(E \mid H)$$

在過去文獻中（Seidenfeld, 1992: 361）[212] 有一例可以說明信用機率論的推理。令 $x \sim N(\mu, 1)$，假設 $S_A : \mu = q$ 為真，$p(-1 \le x - q \le 1 \mid S_A) \approx 0.68$，現在令 $v = x - \mu$，$(x - \mu) \sim N(0, 1)$，v 是標準常態分配，所以 $p(-1 \le v \le 1 \mid S)$ ≈ 0.68，這裡 S 指的是統計的背景假設。如果事後我們觀測到 $x = 7$，因為 $-1 \le v \le 1$，所以 $6 \le \mu \le 8$，也就是說 $p(6 \le \mu \le 8 \mid S, x) \approx 0.68$。由此可看出從原先未知 x 的事前分配 $p(-1 \le x - q \le 1 \mid S_A)$，即 $p(E \mid H)$，其中 H 表 $\mu = q$，E 表 x，推導出 $p(6 \le \mu \le 8 \mid S, x)$，即 $p(H \mid E)$，而明顯的 $p(H \mid E) = p(E \mid H)$。

統計學者在 1930 到 1950 年代對於「信用機率論」有很多的討論，但後來多數學者認為這個論證是失敗的，不管是從主觀還是客觀機率論的觀點，事實上「信用機率論」僅在非常特定的條件下才有可能成立，關於這部分的討論已超出本書的範圍，有興趣的讀者請參考延伸閱讀一。

直觀上信用機率論的問題是，既然原先我們知道 $x \sim N(\mu, 1)$，那 μ 就不是隨機變數，而是一個未知的固定參數值。但是到了後來，當我們在推論 $p(6 \le \mu \le 8 \mid S, x)$ 時，μ 反倒成為了隨機變數，如果是這樣的話，前者對於 μ 的概念就是屬於客觀機率論中的母體參數值，後者則是將 μ 的參數空間和 $f(\cdot)$ 的分配形式看成是獨立的，而這是典型的主觀機率論觀點，正如同先前所提到的從逆機率來證成概似原則的想法一樣。換句話說，費雪在主張「信用機率論」時使用了兩種衝突的機率觀點，而他以為自己發現了可以從事後機率直接推導出事前機率的論證，最後終被學界證明為誤而從統計學的教科書中消失了，這個在 1930 到 1950 年代間成為統計學課本中

標準教材的主題，今日已鮮有教科書提及了 [213]。

　　雖然如此，概似原則在今日卻是被廣而接受的統計定理，除了主觀機率論的論證外，從客觀機率論者亦可從「充分性原則」和「條件性原則」兩性質找到證成概似原則的理由。簡單來說，在參數估計上，「充分性原則」指「獨立於充分統計量的觀察值是不相關的」，「條件性原則」指「沒有真正執行的實驗部分是不相關的」 [214]。

　　進一步來說，充分性原則的定義如下：

　　「如果 Ex 指實驗，其樣本空間為 {x}，而令 t(x) 是任一充分統計量，假定 Ex' 是具有相同參數空間所進行的實驗，使得 Ex 的任何結果 x 被觀察到時，Ex' 的任何結果 t = t(x) 也會被觀察到，此時任一個 x，Ev(Ex, x) = Ev(Ex', t)，其中 t = t(x)。」 [215]

　　換句話說，在這樣的情形下，在參數空間 ($\theta \in \Theta$) 相同下，如果有兩個實驗結果 x 和 y，在任一相同 θ 下，概似函數 f(x, θ) 和 g(y, θ) 成某種定值的比例關係，因此可以推論，如果 y 是充分統計量 t(x) 所得之結果，則根據 x 和 y 可以得出相同的概似函數。以數學式表示，其實可以寫成

$$f(x, \theta) = k(x)g[t(x), \theta]$$

這就是充分性原則下的「因子分解定論」（factorization theorem） [216]，這也就是說，以 x 和 t(x) 來推估是沒有差別的，所以「獨立於充分統計量的觀察值是不相關的」。

　　而這也符合概似原則的定義，即

$$f(x, \theta) = h(x, y)g(y, \theta), \text{其中 } h(x, y) = k(x), y = t(x)$$

其中這裡對於概似原則的定義仍是 $p(H|E) \propto p(E|H)$，其中 H 指的是函數形式的假設，如 f(·) 或 g(·)，而 E 是指相對應的結果 x 及 y。另一方面，就「條件性原則」來說，定義如下：

　　「如果一個實驗 Ex 是由許多部分 {Ex_h} 所構成，而發生的結果為 (Ex_h, x_h)，則 Ev(Ex, (Ex_h, x_h)) = Ev(Ex_h, x_h)，即除了相對應結果 x_h 的實驗

Ex_h 的部分外，Ex 其他不相關的部分可以忽略掉也不會影響參數估計。」[217]

在此，我們要尋找是所謂的「輔助統計量」（ancillary statistics）$a = a(x)$ [218]，其值為 x 的函數但獨立於推估參數 θ，因此

$$f(x, \theta) = f_{x|a}(x, \theta \mid a) f_a(a)$$

換句話說，若 x 所形成的概似函數 $f(x, \theta)$，也可以分解成為 $f_{x|a}(x, \theta \mid a) f_a(a)$，其中 $f_a(a)$ 與參數估計無關，所以「沒有真正執行的實驗部分是不相關的」。與「充分性原則」相似的，這裡要被忽略的是無關乎 θ 的 $f_a(a)$，但與之不同的是，找出輔助統計量並不等於找出充分統計量，我們只能說輔助統計量幫我們篩掉了不相關的資訊。若已知 $y = t(x)$ 是推論 θ 的充分統計量，而 a 和 b 分別為輔助統計量，則

$$\frac{f(x, \theta)}{g(y, \theta)} = \frac{f_{x|a}(x, \theta \mid a) f_a(a)}{g_{y|b}(y, \theta \mid b) f_b(b)} = h(x, y) , \quad h(x, y) = k \cdot \frac{f_a(a)}{f_b(b)}$$

所以 $f(x, \theta) = h(x, y) g(y, \theta)$，這就證成了概似原則。

上面的討論說明了，概似原則如何可以用「充分性」和「條件性」兩原則來證成，而這也是目前學者們廣為接受概似原則很重要的理由 [214]，進一步的內容可以詳見延伸閱讀二。

6.1.3　概似與機率

關於概似是不是機率的問題，從客觀機率論來看，最簡單的回答是否定的，概似並不是機率，其直接的理由是，將所有參數假設的概似函數值加總其結果並不會一定等於 1，這違反了 2.1 節中所述滿足機率定義的必要邏輯條件。以參考方塊 3.5 的例子來說，擲五次銅板出現三次正面，其參數假設（即擲銅板一次出現正面機率 p）的概似函數值為

$$L \equiv C_3^5 p^3 (1 - p)^2$$

　　換句話說，如果概似是機率，則必須滿足所有參數假設的概似加總值為 1 的要件，即

$$\int_0^1 L(p)dp = 1$$

這邊參數只有一個 p，是個連續的變量，值域是 [0, 1]。針對上面的條件，我們可以進行積分的運算，結果

$$\begin{aligned}
&\int_0^1 C_3^5 p^3 (1-p)^2 dp \\
&= C_3^5 \int_0^1 p^3 (1-2p+p^2)dp \\
&= 10 \cdot \int_0^1 (p^3 - 2p^4 + p^5)dp \\
&= 10 \cdot \left(\frac{1}{4}p^4 - \frac{2}{5}p^5 + \frac{1}{6}p^6 \right)\Big|_0^1 \\
&= \frac{1}{6}
\end{aligned}$$

--(6.1)

　　如果把擲出正面機率 p 視為連續性機率的隨機變量，在 p 值域空間所有的機率密度函數值加總為 $\frac{1}{6}$，顯然不符合所有事件機率值為 1 的定義。

　　這邊很自然的會有一個疑問，只要有辦法給出概似函數中參數假設的參數定義、維度、值域，那麼透過級數加總（若參數是離散的）或積分運算（若參數是連續的），就可以找出所有參數值的概似函數加總值，那麼再取其倒數當作常數項，就可以讓概似滿足機率的定義！這樣難道不能說概似是機率嗎？

　　上面的想法講白了，只要我們在定義概似函數時加上常數 k，令

$$L \equiv k \cdot C_3^5 p^3 (1-p)^2$$

然後如 (6.1) 式所演示的，就可求出 $k = 6$，因為

$$\int_0^1 6 \cdot C_3^5 p^3 (1-p)^2 dp = 1$$

從主觀機率的觀點，常數 k 的加入（參數）並且令 p 值域空間中所有的機率密度函數加總值為 1（必要邏輯定義），就已經足以證成概似函數 $L(p) = 6 \cdot C_3^5 p^3 (1-p)^2$ 滿足機率密度函數的定義（規律性），而 p 作為連續變量的定義、維度、值域也很明確（呈象事件），因此只要配上機率式的本體論（資料產生機制）的說明，概似可以被定義成機率。

然而對於客觀機率論者來說，概似是否可以被定義為機率，主要的問題出在資料產生機制的基本概念上，特別就上述的例子而言，明明原始問題就已經是在預設事前機率依循二項分配的前提下，否則概似函數不會定義為 $L \equiv C_3^5 p^3 (1-p)^2$，因此概念上 p 是未知但在母體中其值為定值的參數，這完全牴觸將 p 視為隨機變量的資料產生機制的看法。除非客觀機率論放棄其對於機率的根本定義，主張即便連神所創造的世界，母體參數值也完全是隨機決定；換句話說，真理唯一性並不成立，連全知全能的神也擲骰子來決定自然和社會的規律。

另一個困擾客觀機率論者的問題是，即便接受未知參數為定值的看法，上述例子的事前機率假設並不具有唯一性，如 3.2 節所述，我們可以主張其事前機率依循負二項分配，即概似函數 $L \equiv C_2^4 p^3 (1-p)^2$，也就是以擲出三次銅板正面為目標而剛好在第五次擲出結果；我們也可以主張每次的結果都是獨立的，但決定成功和失敗的結果有各自的規律，其中每一次出現正面的機率都是依循截斷常態分配，即 $p \sim TN(\mu_p, \sigma_p^2; 0, 1)$，而出現負面的機率都是依循 $q \sim TN(\mu_q, \sigma_q^2; 0, 1)$，因此概似函數 $L \equiv C_3^5 p^3 q^2$，或者更完整表為

$$L \equiv C_3^5 \prod_{i=1}^{5} \left\{ \frac{\exp\left[\dfrac{-(p-\mu_p)^2}{2\sigma_p^2}\right]}{\displaystyle\int_0^1 \exp\left[\dfrac{-(p-\mu_p)^2}{2\sigma_p^2}\right] dp} \right\}^{y_i} \left\{ \frac{\exp\left[\dfrac{-(q-\mu_q)}{2\sigma_q^2}\right]}{\displaystyle\int_0^1 \exp\left[\dfrac{-(q-\mu_q)}{2\sigma_q^2}\right] dq} \right\}^{1-y_i}$$

在上面的概似函數中，參數的數目從原先的一個變成了四個 $(\mu_p, \sigma_p^2, \mu_q, \sigma_q^2)$，而我們欲推估的隨機變量則為 (p, q)。這說明了，事前機

率的資料產生機制主張決定了概似函數的全部資訊，如果我們將事前機率中的未知參數視為概似函數中的隨機變量，因而使得概似值可以滿足機率定義的主張，那麼該機率所指涉的分配主張，已經在研究者做出事前機率分配假設時確定了。換句話說，事前機率的分配假設是決定一切推論的基礎，如果被研究的標的具有恆常存在的本體，那麼事前機率的資料產生機制就應該反映出此真實本體，而這又回到客觀機率者對於未知參數為定值的看法：統計推論的目的是要找出客觀支配世界的真理，而非反映人們對於已發生事物的主觀猜想。

6.2　最大概似解的數理統計性質

　　最大概似法是當代統計學中最常見的推估方法，多數的統計分析，當涉及到母數或參數估計時，都會把最大概似法當作預設方法。事實上即便是貝氏機率推論，也都是基於最大概似法的基本統計性質和思考理路，所以不管是客觀機率論者，還是貝氏機率論者，最大概似法都是統計推論上的最大公約數，也因此有必要對於最大概似法如何能夠成為當代統計學的主流典範，特別是概似函數成為通用機率概念的理論，進行更為仔細的介紹。

　　最大概似法的基本推論原則就是「概似原則」，而概似原則除了主張事前事後機率成等比例關係外，最重要的假設就是所有統計推估的資訊全部都已經包含在概似函數中。換句話說，如果在設定統計模型沒有將必要資訊涵攝在概似函數中，那麼模型設定就會發生錯誤，連帶也使得參數推估結果失去信度，即便是運氣好猜中在邏輯上也必須排除。這意味著，儘管概似值在最純粹的古典機率論者中不是機率，依概似函數所推論出來的各種統計量，包括模型參數點估計、模型參數變異數、模型適合度等，必須具備某種可以互相比較好壞的標準，而最直接的方式，就是證明概似函數值可以作為通用的機率單位，數理邏輯上可以證成其基本統計特質符合某種已知的統計分配。如此一來，我們就可以採用概似函數值進行模型

之間的好壞評估，也可以對於各種依照概似函數所推出的模型參數或統計
量進行更深入的性質評估。本節的主旨，在於說明最大概似解的定義和性
質，以及對數概似函數值與卡方分配之間的關係，最後就概似函數與假設
檢定的關係進行闡述。

　　假設有一組 n 個已經觀測到的經驗資料 $\{ \underset{\sim}{y} : y_1, y_2, \cdots, y_n \}$，其中每個觀
測資料都滿足來自「獨立且相同分布」的條件，而此分配的資料產生機
制中帶有 k 個參數 $\{ \underset{\sim}{\theta} : \theta_1, \theta_2, \cdots, \theta_k \}$，描述分配的數學規律可用函數 $f(\cdot)$ 表
示，根據概似原則，概似函數可定義為 y 的事前機率

$$L(\underset{\sim}{\theta}) \equiv f(\underset{\sim}{y} \mid \underset{\sim}{\theta})$$
$$= \prod_{i=1}^{n} f(y_i \mid \underset{\sim}{\theta})$$

　　未知參數 θ 的最大概似估計就是利用「最佳化」的數學方法，找出讓
概似函數有最大值時的最大概似解 $\hat{\theta}_{MLE}$，以數學符號表示

$$\left\{ \hat{\theta}_{MLE} \right\} \subseteq \{ \arg \max L(\underset{\sim}{\theta}, y_1, y_2, \ldots, y_n) \}$$

其中 arg 符號是指給出讓函數 $L(\underset{\sim}{\theta}, y_1, y_2, \ldots, y_n)$ 有極值的參數值 $\underset{\sim}{\theta}$。

　　顯而易見的，用來推論資訊都含攝在概似函數 $L(\underset{\sim}{\theta})$ 中，所以求極值
上，我們只要將 $L(\underset{\sim}{\theta})$ 進行對參數向量 $\underset{\sim}{\theta}$ 的一次微分，得出方程組後令其
為零，然後解出參數向量 $\underset{\sim}{\theta}$ 的解析解就可以得出 $\underset{\sim}{\theta}$ 最大概似解

$$\frac{\partial L(\underset{\sim}{\theta})}{\partial \underset{\sim}{\theta}} \Big|_{\underset{\sim}{\theta} = \hat{\theta}_{MLE}} = 0$$

　　這邊有三個重要的問題需要說明，一是概似函數的數學函數形式究竟
為何？二為什麼一般在進行最大概似解推導時，都會將概似函數先取自然
對數值然後再進行對數概似函數的極值求解，這裡取自然對數的運算是必
要的嗎？三是概似函數對參數一次微分的方程組必然有解析解嗎，如果沒
有那需要怎麼進行求解？

　　針對第一個問題，其實概似函數的數學形式就是依變量的事前機率連乘積，因此確切形式端視依變量的分配假設而定，然而在大多數的狀況下，特別是常用的機率分配，比方說常態分配、二項分配、卜瓦松分配等等，可以發現概似函數都呈現單峰（unimodal）的形狀，因此存在有極大值使得最大概似解有唯一解。然而這樣的函數性質不一定在所有狀況下都成立，概似函數是有可能不存在唯一解、甚至是無解的狀況。至於第二個問題，最簡單的回答是，因為概似函數的設定通常前提是依變量每個觀察值都來自「相同且獨立的分配」，這使得其函數形式都是連乘積的形式，而在數學上處理連乘積最便利於計算的方式，就是取對數，又基於許多分配都與指數函數有密切關係的緣故，所以將概似函數取自然對數值可以輕易的簡化許多複雜的計算問題。更重要的是，由於將一函數取自然對數值並不會改變原有函數的極值，或者更精確的說，原函數中各參數值（輸入值）所產生函數值大小的排序關係，會在對於該函數取自然對數值之後保持不變，所以取了自然對數值之後，新函數和原函數在求極值上會有相同答案。因此嚴格說，在求最大概似解時並沒有絕對的必要去取自然對數值，但是取了自然對數值後，通常計算上較為簡單。然而更深層的原因，是最大概似解的一般性統計特質需要取自然對數才能證明，這點在 6.2.1-6.2.4 節中有關最大概似解的數理說明中會清楚呈現，是故概似函數取自然對數值是有必要的。關於第三個問題，概似函數對參數進行的一次微分所產生的方程組，除了在少數的情況下可以得出容易解答的解析解，在多數情況下，常見的形式為解析解不可得的非線性高次方程組，因此需要進行數值分析來找出數值解，正如我們在 4.5.2 節所演示二分依變項的迴歸係數最大概似解估計過程一樣。數值分析是--門很專業的學科，概念上最簡單的方法就是「牛頓法」，有興趣的讀者可以參閱附錄五有關牛頓法的說明，以及參考方塊 4.9 和補充材料三至六實際應用牛頓法求極值的例子。

　　所以最大概似法的統計推估在原理上十分簡單，就是找出讓概似函數有最大值的參數解，一旦只要有依變項的統計分配假設，我們就可以運用

此法找出被估計參數的最大概似解。此法與最小平方法相比，不但在應用上可以涵蓋更廣的分配假設，並且其解的數學形式不受推估參數的尺度影響，反觀最小平方法，求出來的解除了在依變項為常態分配假設下具有不偏且最小變異的最佳解性質，多數狀況下其解的推估並不比最大概似法簡單，並且同樣需要利用到數值分析，更甚者，其求出解的統計性質並不一定比最大概似法好。基於上面的理由，最大概似法是當代統計推論中應用最廣，也最常被使用的方法。

　　然而僅僅是運算或應用上的便利，並無法證成最大概似法在理論上的優越性，因此下面主要的內容，聚焦在最大概似解的數理統計性質，如能充分了解，將會對掌握最大概似法的實際求解操作有很大的幫助。在滿足正則性（regularity）的條件下，最大概似解在統計推估理論中有下面四項良好的漸進性質：

一、最大概似解滿足一致性（consistency），即 $p\lim\hat{\theta}=\theta_0$，$\theta_0$ 為參數的真值。

二、最大概似解具有漸進常態性 （asymptotic normality）， 即 $\hat{\theta}\overset{a}{\sim}N[\theta_0,\{I(\theta_0)^{-1}\}]$，其中 $I(\theta_0)$ 是費雪訊息矩陣（Fisher information matrix），$I(\theta_0)=-E_{\theta_0}[\partial^2\ln L/\partial\theta_0\partial\theta_0']$。

三、最大概似解具有漸進有效性（asymptotic efficacy），即隨著樣本數增加，在所有符合漸一致性、漸進常態性的估計元中具有最小變異。

四、最大概似解具有不變性（Invariance），即如果 $\hat{\theta}$ 是 θ_0 的最大概似解，則對於參數真值構成的另一函數 $c(\theta_0)$ 而言，$c(\hat{\theta})$ 也會是 $c(\theta_0)$ 的最大概似解。

参考方塊 6.2　正則性的條件

　在證明最大概似解的良好漸進性質時，需要用到三項正則性的條件，如下：

一、對滿足值域限制中的所有 y_i 和 θ 來說，對數概似函數 $\ln f(y_i | \theta)$ 都存在有限且連續的前三階導函數。

二、滿足對數概似函數 $\ln f(y_i | \theta)$ 前兩階導函數具有期望值的條件。

三、對值域範圍內的所有 θ 參數值，其對數概似函數的三階導函數值絕對值 $\left| \partial^3 \ln f(y_i | \theta) / \partial \theta_j \partial \theta_k \partial \theta_l \right|$ 會小於某一函數的有限期望值。

　第一項正則性條件是確保對數概似函數的微分結果可以被泰勒展開式逼近，同時具備有限變異數值，第二項正則性條件是確保最大概似解的一次二次動差存在，第三項正則性條件是僅取前兩項泰勒展開式逼近對數概似函數一次導函數的必要條件。關於三項正則性條件的說明，請參考 Davidson and MacKinnon（2004）[220]。

　在進行上述四項最大概似解的統計性質說明前，讀者需要謹記下列的背景知識：

一、最大概似解的求解過程中，隨機變量是指未知的依變項分配參數。

二、依變項分配參數有唯一真值，但除非有母體資料，否則我們永遠不知道。

三、從事後的觀點來看，唯一確定的是根據實現樣本所得到的最大概似解，而真正欲求的是依變項分配參數的真值解。

四、討論最大概似解的統計性質時，針對的隨機變量是具體抽出的隨機樣本組合，因為造成最大概似解數值變化的資料產生機制，是從母體隨機抽樣出樣本的過程，即從母體隨機抽出的樣本不同，得到的最大概似解就不同。

五、基於上面三項前提，最大概似解是一個具有抽樣分配性質的樣本統計量。

六、在抽樣分配的統計特性上，最大概似解廣義來說並不具備「不偏性」。

參考方塊 6.3 ─ 最大概似解並不總是滿足「不偏性」

作為統計推論的最常用的估計元，最大概似解並不總是滿足「不偏性」，下面是常見的例子，都是由相同母體隨機抽出的 n 個樣本觀察值 $\{x_1, x_2, ..., x_n\}$，來推估母體參數：

一、常態分配 $N(\mu, \sigma^2)$ 的變異數 σ^2，最大概似解為 $\hat{\sigma}^2_{mle} = \sum_{i=1}^{n}(x_i - \bar{x})^2 \Big/ n$，不偏估計為 $\hat{\sigma}^2_{unbiased} = \sum_{i=1}^{n}(x_i - \bar{x})^2 \Big/ n-1$。

二、均等分配 $U(0, \theta)$ 的上界參數 θ，最大概似解為 $\hat{\theta}_{mle} = \max(x_1, x_2, ..., x_n)$，不偏估計為 $\hat{\theta}_{unbiased} = \dfrac{n+1}{n}\max(x_1, x_2, ..., x_n)$。

三、指數分配 $Exp(\lambda)$ 的速率參數 λ，最大概似解為 $\hat{\lambda}_{mle} = n \Big/ \sum_{i=1}^{n} x_i$，不偏估計為 $\hat{\lambda}_{mle} = \dfrac{n}{(n-1) \cdot \bar{x}}$。

上面例子讀者可以輕易地自行推導。一般來說，最大概似法應用在小樣本參數推估值的偏誤較大，但隨著當樣本數增加，偏誤問題可以顯著的減小。

6.2.1 最大概似解的一致性

首先我們說明最大概似解的一致性統計特質，若以白話解釋之，一致性的意義在邏輯推論上有三個環節：

一、基於已實現樣本數為 n 的依變項資料 $\underset{\sim}{y}$，依變項分配參數 θ 的最大概似解 $\hat{\theta}$ 讓對數概似函數 $\ln L_n(\theta)$ 有最大值。

二、如果我們知道母體資料，則依變項分配參數 θ 有真值 θ_0 的存在，帶入 θ_0 會使得對數概似函數 $\ln L_N(\theta_0)$ 有最大值，此時指涉的樣本數為

母體樣本數 N（固定值），已知實現資料為依變項的所有母體樣本值 Y_i。

三、隨著已實現樣本數 n 增加，將參數推估值帶入樣本對數概似函數（由 n 個 y_i 算出）所產生的數值會趨近於帶入母體對數概似函數（由 N 個 Y_i 算出）所產生的數值，上述結論對於任何滿足值域限制的參數推估值都成立。

從事後的觀點，我們知道對於所有的參數值來說

$$\ln L_n(\hat{\theta}) \geq \ln L_n(\theta)$$

這是透過求極值的數學運算所確立的，所以第一個環節已確立。然而我們並不滿足任何一次具體的最大概似解 $\hat{\theta}$ 的答案，因為這僅僅是基於已實現依變項資料 y 所得出的參數估計，並非母體參數真值 θ_0。此時在我們心中，抽樣真正造成的變異是哪些母體樣本的組合形成了抽樣樣本，儘管在事後這些資料被視為定值，而我們可以把基於抽樣樣本資訊下的母體參數真值視為隨機變量，因此可以採對比的方式的來評估任意參數估計值與母體參數真值的對數概似函數抽樣期望值

$$E_0\left[\ln \frac{L_n(\theta)}{L_n(\theta_0)}\right]$$

我們可透過「延森不等式」（Jensen's Inequality）定理（如附錄九），基於對數函數為凹函數（concave），所以可知道

$$E_0\left[\ln \frac{L_n(\theta)}{L_n(\theta_0)}\right] < \ln E_0\left[\frac{L_n(\theta)}{L_n(\theta_0)}\right] \qquad \text{--(6.2)}$$

這邊期望值符號註明 E_0，就是提醒讀者期望值內真正的變數，是在隨機抽樣所實現的樣本組合，換句話說，母體的參數真值 θ_0 沒有變，抽樣樣本數 n 沒有變，是 y 產生變化，所以基於固定母體樣本 Y 之下會產生所有 y 的抽樣組合可能，就定義了 E_0 中變量的值域空間 Ω_y，(6.2) 式等號右

項自然對數內的期望值又可進一步運算如下

$$E_0\left[\frac{L_n(\underset{\sim}{\theta})}{L_n(\underset{\sim}{\theta_0})}\right] = \int_{\Omega_y}\left(\frac{L_n(\underset{\sim}{\theta})}{L_n(\underset{\sim}{\theta_0})}\right)f(y\,|\,\underset{\sim}{\theta_0})dy$$

$$= \int_{\Omega_y}\left(\frac{f(y\,|\,\underset{\sim}{\theta})}{f(y\,|\,\underset{\sim}{\theta_0})}\right)f(y\,|\,\underset{\sim}{\theta_0})dy$$

$$= \int_{\Omega_y}f(y\,|\,\underset{\sim}{\theta})dy$$

$$= 1$$

將結果帶回 (6.2) 式

$$E_0[\ln L_n(\underset{\sim}{\theta})] < E_0[L_n(\underset{\sim}{\theta_0})] \qquad\qquad --(6.3)$$

　　換句話說，我們不需要基於特定以實現的依變項資料 y，就可以推論將參數真值代入樣本對數概似函數的期望值，大於將任何參數值代入所產生的期望值。此時在第二環節推論上，唯一的區別是當 $n \to N$ 時，上式中期望值符號 E_0 就可以去掉，因為如果是百分百的母體資料都用上，則 $y \to Y$，變量就變成確定量，而這就是第三個環節的推論，所以 (6.3) 式可表為

$$\ln L_n(\underset{\sim}{\theta}) < L_n(\underset{\sim}{\theta_0}) , \quad n \to N$$

基於推論第一個環節的推論 $\ln L_n(\hat{\underset{\sim}{\theta}}) \geq \ln L_n(\underset{\sim}{\theta})$，我們可知

$$\lim_{n \to N}\Pr\left[\left|\ln L_n(\hat{\underset{\sim}{\theta}}) - \ln L_n(\underset{\sim}{\theta_0})\right| - \varepsilon\right] = 0$$

因此

$$\lim_{n \to N}\Pr\left[\left|\hat{\underset{\sim}{\theta}}_{MLE} - \underset{\sim}{\theta_0}\right| - \varepsilon\right] = 0$$

上面就說明了依變項參數的最大概似解 $\hat{\underset{\sim}{\theta}}_{MLE}$ 的一致性。

6.2.2　最大概似解的漸進常態性

關於最大概似解 $\hat{\theta}$ 的漸進常態性，我們需要證明在抽樣樣本數越多，最大概似解 $\hat{\theta}$ 的抽樣分配趨近以參數真值為平均數向量、費雪訊息矩陣為共變異矩陣的常態分配機率越大，也就是 $\hat{\theta} \overset{a}{\sim} N[\theta_0, \{I(\theta_0)^{-1}\}]$。

這個證明的起點，是從對數概似函數的一次微分，也就是「梯度向量」$g(\hat{\theta})$（gradient vectot）的泰勒展開式開始推導，這邊梯度向量的維度，是由待推估的參數個數決定，在此為 k，因為 $\{\theta : \theta_1, \theta_2, \cdots, \theta_k\}$。對 $g(\hat{\theta})$ 進行三階的泰勒展開式

$$g(\hat{\theta}) \approx g(\theta_0) + \frac{g'(\hat{\theta})}{1!}(\hat{\theta} - \theta_0) + \frac{g''(\hat{\theta})}{2!}(\hat{\theta} - \theta_0)^2$$

這邊 $g'(\hat{\theta}) = \dfrac{\partial^2 \ln f(y \mid \theta)}{\partial \theta \partial \theta'}\big|_{\hat{\theta}}$ 為「赫斯矩陣」$(\mathbf{H}(\theta_0))$，即對數概似函數的二次微分，同理類推，$g''(\hat{\theta})$ 為即對數概似函數的三次微分結果，在正則條件一中我們需要確定對數概似函數的前三階導函數在包含參數真值的區間中平滑可微，而三階導函數的項目在正則條件三中可知其期望值收斂至一有限常數。

由於先前提到的最大概似解的一致性 $p\lim(\hat{\theta} - \theta_0) = 0$，因此泰勒展開式中三階導數值也會收斂至零（以機率的概念而言），換句話說

$$g(\hat{\theta}) = g(\theta_0) + \mathbf{H}(\theta_0)(\hat{\theta} - \theta_0) = 0$$

這個關係式也可以從「均值定理」（Mean Value Theorem）得到，有興趣讀者請參閱附錄十。移項之後我們可以得到

$$(\hat{\theta} - \theta_0) = [-\mathbf{H}(\theta_0)]^{-1} g(\theta_0)$$

這邊同乘 $\sqrt{n}$，在等式右邊在 $\mathbf{H}(\theta_0)$ 和 $g(\theta_0)$ 分別同除同乘 n，整理後

$$\sqrt{n}(\hat{\theta} - \theta_0) = \left[-\frac{1}{n}\mathbf{H}(\theta_0)\right]^{-1}\left[\sqrt{n} \cdot \frac{1}{n}g(\theta_0)\right]$$

這邊由於 $p\lim(\hat{\theta}-\theta_0)=0$，所以 $\sqrt{n}(\hat{\theta}-\theta_0)$ 為一最大概似解 $\hat{\theta}$ 為隨機變量的分配，其漸進分配（即抽樣樣本數由 $n \to N$）的關係亦如下

$$\sqrt{n}(\hat{\theta}-\theta_0) \xrightarrow{d} \left[-\frac{1}{n}\mathbf{H}(\theta_0)\right]^{-1}\left[\sqrt{n}\cdot\frac{1}{n}g(\theta_0)\right] \qquad \text{--(6.4)}$$

這邊我們將等式右邊兩項乘積的後項寫成 $\left(\sqrt{n}\cdot\frac{1}{n}g(\theta_0)\right)$ 而非化簡後的結果 $\left(\frac{1}{\sqrt{n}}g(\theta_0)\right)$ 是有原因的，因為在推理上，$\frac{1}{n}g(\theta_0)=\bar{g}(\theta_0)$ 是樣本統計量，只要基於任何一套實現的抽樣樣本（基於固定樣本數 n）的梯度向量平均值。此時我們可以將 $\left(\sqrt{n}\cdot\frac{1}{n}g(\theta_0)\right)$ 看成 $\sqrt{n}$ 個的 $\bar{g}(\theta_0)$ 樣本統計量，套用中央極限定理，我們可以推論

$$\sqrt{n}\bar{g}(\theta_0) \xrightarrow{d} N\left\{0, -E_0\left[\frac{1}{n}\mathbf{H}(\theta_0)\right]\right\} \qquad \text{--(6.5)}$$

細部的推導詳見參考方塊 6.4。

參考方塊 6.4　對數概似函數導數的一次和二次期望值

在 (6.5) 式的推理上，$\sqrt{n}\bar{g}(\theta_0)$ 的統計分配，可以視為是中央極限定理的應用，事實上 $\bar{g}(\theta_0)$ 可視為樣本統計量，每一個樣本點涵蓋了 n 個梯度向量觀察值 $g_i(\theta_0)$ 的資訊。換句話說，只要我們可以推導出 $g_i(\theta_0)$ 的樣本分配，就可以利用 5.2 節的中央極限定理，來推出 $\bar{g}(\theta_0)$ 的抽樣分配。

就中央極限定理來說，只要抽樣的樣本數夠大，樣本統計量的抽樣分配就會逼近常態曲線，但這邊需要確切推導出對數概似函數導數的一次和二次期望值，即 $E_0[g_i(\theta_0)]=0$ 和 $Var[g_i(\theta_0)]=-E[H_i(\theta_0)]$，推導過程闡述如下：

令在樣本 n 數下所實現的 y 抽樣組合其值域上下界皆為參數真值的函數 $A(\theta_0)$ 和 $B(\theta_0)$，這邊為簡化討論，將應該視為多維度積分的隨機變量以單維度積分式表之，因此所有事件的機率密度函數總和為 1，即

$$\int_{A(\theta_0)}^{B(\theta_0)} f(y_i \mid \theta_0)\, dy_i = 1$$

嚴格說，從事後觀點來看，我們也不知道母體中參數真值 θ_0 為何，這邊亦將之視為變量，對其進行一次微分，根據萊布尼茲理論（Leibnitz's Theorem）

$$\frac{\partial \int_{A(\theta_0)}^{B(\theta_0)} f(y_i \mid \theta_0)\, dy_i}{\partial \theta_0}$$

$$= \int_{A(\theta_0)}^{B(\theta_0)} \frac{\partial f(y_i \mid \theta_0)}{\partial \theta_0} dy_i + f(B(\theta_0) \mid \theta_0)\frac{\partial B(\theta_0)}{\partial \theta_0} - f(A(\theta_0) \mid \theta_0)\frac{\partial A(\theta_0)}{\partial \theta_0}$$

$$= 0$$

我們希望能夠確立等式左邊和等式右邊第一項的等號關係，即

$$\frac{\partial \int_{A(\theta_0)}^{B(\theta_0)} f(y_i \mid \theta_0)\, dy_i}{\partial \theta_0} = \int_{A(\theta_0)}^{B(\theta_0)} \frac{\partial f(y_i \mid \theta_0)}{\partial \theta_0} dy_i \qquad \text{--(6.6)}$$

這邊我們需要引用正則條件二，來確保上面等式的成立。一旦成立，

$$\int_{A(\theta_0)}^{B(\theta_0)} \frac{\partial f(y_i \mid \theta_0)}{\partial \theta_0} dy_i$$

$$= \int_{A(\theta_0)}^{B(\theta_0)} \frac{\partial \ln f(y_i \mid \theta_0)}{\partial \theta_0} f(y_i \mid \theta_0) dy_i$$

$$= E_0\left(\frac{\partial \ln f(y_i \mid \theta_0)}{\partial \theta_0} \right)$$

$$= 0$$

此即證明了 $E_0[g_i(\theta_0)] = 0$。

上面證明中 (6.6) 式要能成立，需要概似函數積分的上下界為常數，概似函數在積分上下界時其值為 0，這樣才能確保是微分和積分運算可以互換順序並得到相同計算結果，關於「萊布尼茲」法則的說明，請參考附錄十一。利用相同的道理，我們可以進一步對

$$\frac{\partial \int_{A(\theta_0)}^{B(\theta_0)} f(y_i \mid \theta_0) \, dy_i}{\partial \theta_0} = 0 \text{ 再微分一次}$$

$$\frac{\partial^2 \int_{A(\theta_0)}^{B(\theta_0)} f(y_i \mid \theta_0) \, dy_i}{\partial \theta_0 \partial \theta_0'}$$

$$= \frac{\partial}{\partial \theta_0'} \left\{ \int_{A(\theta_0)}^{B(\theta_0)} \frac{\partial \ln f(y_i \mid \theta_0)}{\partial \theta_0} f(y_i \mid \theta_0) dy_i \right\}$$

$$= \int_{A(\theta_0)}^{B(\theta_0)} \frac{\partial^2 \ln f(y_i \mid \theta_0)}{\partial \theta_0 \partial \theta_0'} f(y_i \mid \theta_0) dy_i + \int_{A(\theta_0)}^{B(\theta_0)} \frac{\partial \ln f(y_i \mid \theta_0)}{\partial \theta_0} \frac{\partial \ln f(y_i \mid \theta_0)}{\partial \theta_0'} f(y_i \mid \theta_0) dy_i$$

$$= Var_0 \left[\frac{\partial \ln f(y_i \mid \theta_0)}{\partial \theta_0} \right] + E_0 \left[\left(\frac{\partial \ln f(y_i \mid \theta_0)}{\partial \theta_0} \right) \left(\frac{\partial \ln f(y_i \mid \theta_0)}{\partial \theta_0'} \right) \right]$$

$$= 0$$

因此

$$Var_0 \left[\frac{\partial \ln f(y_i \mid \theta_0)}{\partial \theta_0} \right] = -E_0 \left[\left(\frac{\partial^2 \ln f(y_i \mid \theta_0)}{\partial \theta_0 \partial \theta_0'} \right) \right]$$

這證明了 $Var[g_i(\theta_0)] = -E[H_i(\theta_0)]$。

由於赫斯矩陣函數值在有極值的的狀況下（也就是帶入最大概似解 θ_0）為常數，可知 (6.4) 式右邊乘積項第一項 $p\lim \left[-\frac{1}{n} \mathbf{H}(\theta_0) \right] = -E_0 \left[\frac{1}{n} \mathbf{H}(\theta_0) \right]$，因此可推論

$$\left[-\frac{1}{n}\mathbf{H}(\theta_0)\right]^{-1}\sqrt{n}\overline{g}(\theta_0)\xrightarrow{d}N\left\{0,-E_0\left[\frac{1}{n}\mathbf{H}(\theta_0)\right]\right\}$$

即

$$\sqrt{n}(\hat{\theta}-\theta_0)\xrightarrow{d}N\left\{0,-E_0\left[\frac{1}{n}\mathbf{H}(\theta_0)\right]\right\}$$

$$\hat{\theta}\overset{a}{\sim}N[\theta_0,\{I(\theta_0)^{-1}\}]$$

這說明最大概似解 $\hat{\theta}$ 具有漸進常態性。

6.2.3 最大概似解的漸進有效性

一言以蔽之,最大概似解的漸進有效性,是指在所有的不偏估計解中,其變異數矩陣所具有的「克萊莫羅變異數下界」(Cramér-Rao Lower Bound),就是最大概似解的變異數矩陣,即資訊矩陣的反矩陣。基於最大概似解的漸進一致性,加上其滿足克萊莫羅變異數下界條件,我們可以得出最大概似解的漸進有效性。

在數學上說明漸進有效性,我們先從不偏估計解的期望值和變異數說起。不偏估計解的期望值數學定義為

$$E_y(\theta^*)=\int_{\Omega_y}\theta^*f(y\,|\,\theta^*)dy=\theta_0 \qquad\qquad --(6.7)$$

注意期望值的下標為 y,代表隨機變量是從母體隨機抽出的樣本組合,既然是不偏估計解,期望值會等於母體的參數真值。將 (6.7) 式兩邊對 θ_0 進行微分

$$1=\int_{\Omega_y}\theta^*\frac{\partial f(y\,|\,\theta^*)}{\partial\theta_0}dy$$

$$=\int_{\Omega_y}\left[\theta^*\cdot\frac{\partial f(y\,|\,\theta^*)}{\partial\theta_0}\bigg/f(y\,|\,\theta^*)\right]f(y\,|\,\theta^*)dy$$

$$= E_y\left[\underset{\sim}{\theta}^* \cdot \frac{\partial \ln f(y \mid \underset{\sim}{\theta}^*)}{\partial \underset{\sim}{\theta}_0} \right] \qquad\qquad \text{--(6.8)}$$

$$= E_y\left[\underset{\sim}{\theta}^* \cdot \frac{\partial \ln f(y \mid \underset{\sim}{\theta}^*)}{\partial \underset{\sim}{\theta}_0} \right] - E_y[\underset{\sim}{\theta}^*]E_y\left[\frac{\partial \ln f(y \mid \underset{\sim}{\theta}^*)}{\partial \underset{\sim}{\theta}_0} \right]$$

$$= Cov\left[\underset{\sim}{\theta}^*, \frac{\partial \ln L(\underset{\sim}{\theta}^*)}{\partial \underset{\sim}{\theta}_0} \right]$$

其中 $\ln L(\underset{\sim}{\theta}^*)$ 為對數概似函數，$\ln L(\underset{\sim}{\theta}^*) = \ln f(y \mid \underset{\sim}{\theta}^*)$，因為 $\underset{\sim}{\theta}^*$ 為不偏估計解，所以 $E_y\left[\dfrac{\partial \ln f(y \mid \underset{\sim}{\theta}^*)}{\partial \underset{\sim}{\theta}_0} \right] = 0$（詳見參考方塊 6.4）。

基於「柯西‧施瓦茨不等式」（Cauchy-Schwartz Inequality，詳見參考附錄十二）

$$[Cov(x, y)]^2 \le Var(x)Var(y)$$

可以將 (6.8) 式表為

$$\left\{ Cov\left[\underset{\sim}{\theta}^*, \frac{\partial \ln f(y \mid \underset{\sim}{\theta}^*)}{\partial \underset{\sim}{\theta}_0} \right] \right\}^2 = 1 \le Var(\underset{\sim}{\theta}^*)Var\left(\frac{\partial \ln f(y \mid \underset{\sim}{\theta}^*)}{\partial \underset{\sim}{\theta}_0} \right)$$

因而

$$Var(\underset{\sim}{\theta}^*) \ge \left[Var\left(\frac{\partial \ln f(y \mid \underset{\sim}{\theta}^*)}{\partial \underset{\sim}{\theta}_0} \right) \right]^{-1} = [I(\underset{\sim}{\theta}_0)]^{-1}$$

這說明了不偏估計的參數解有最小變異的下界，而此下界與最大概似解的變異矩陣相同，所以當抽樣樣本數趨近無限大，最大概似解趨近參數真值的機率就越大，而其變異數滿足克萊莫羅變異數下界的特性就證成了其漸進有效性。

　「克萊莫‧羅變異數下界」

　　在概似法統計推估中有一重要的理論「克萊莫羅變異數下界」（Cramér-Rao Lower Bound），也就是在所有不偏估計解中存在有一最小變異數值下界，此下界為「費雪訊息矩陣」（Fisher Information matrix）的倒數。

$$Var(\hat{\theta}_{unbiased}) \geq [I(\theta_0)]^{-1}$$

　　這個理論之所以重要，是因為我們可以透過最小變異的界定，確定不偏估計中的最佳解，比方說線性迴歸分析中的最小平方解（OLS estimator），就是所有不偏估計參數空間中的最小變異估計量，被稱為「最小變異不偏估計量」（uniformly minimum-variance unbiased estimator, UMVUE），意指最佳的估計量。

　　這個理論之所以被命名為克萊莫‧羅，就是要紀念瑞典統計學家哈洛‧克萊莫（Harald Cramér）和印度統計學家勞氏（Calyampudi Radhakrishna Rao）分別在 1945-1946 年間導出此解上的貢獻 [221][222]。關於統計史中與推導出「克萊莫‧羅變異數下界」有關的學者，請參考延伸閱讀三。

6.2.4　概似函數值的分配性質

　　概似函數在應用上，可以做為模型適合度（Fit Statistics）的比較數字，其數學形式通常以不同參數假設間概似函數的比值作為標準，而數理推論的基礎，是在 1938 年由美國統計學家山謬‧威爾克斯（Samuel Stanley Wilks）[223] 所證明概似比的大樣本卡方漸進分配性質，又稱「威爾克斯理論」（Wilks Theorem），這個理論使得概似比檢定變成十分受歡迎的統計檢定量，只要是採用最大概似法進行統計分析，都可以方便的套用概似比檢定來進行不同模型在相對適合度優劣上的比較，下面將簡單說明該理論的思路。

跟先前所有的最大概似法討論一樣，我們假定存在一組具有相同資料產生機制且彼此間相互獨立的 n 個觀察值 $\{x_1, x_2, ..., x_n\}$，其中資料產生機制中有 k 個參數 $\{\theta_1, \theta_2, ..., \theta_k\}$，概似函數為

$$L(\underset{\sim}{\theta}) = \sum_{i=1}^{n} f(x_i \mid \underset{\sim}{\theta})$$

概似比可以定義為

$$\lambda(x) = \frac{\sup\{L(\underset{\sim}{\theta} \mid x), \underset{\sim}{\theta} \in \Omega\}}{\sup\{L(\underset{\sim}{\theta} \mid x), \underset{\sim}{\theta} \in \omega\}}, \quad x \in \mathbb{R}_X^n$$

以白話來說，$\sup\{L(\underset{\sim}{\theta} \mid x), \underset{\sim}{\theta} \in \Omega\}$ 是指在參數空間 Ω 中最大概似值的最小上界（此即數學符號 sup 的意思，英文表做 least upper bound 或 supremum）；同理，$\sup\{L(\underset{\sim}{\theta} \mid x), \underset{\sim}{\theta} \in \omega\}$ 指在參數空間 ω 中最大概似值的最小上界。注意概似比中的隨機變量是指抽樣樣本 x，是來自於實數系母體樣本 X 中的 n 個隨機抽樣結果，因此 $\lambda(x)$ 的分配是屬於抽樣分配。

在概似比檢定中的虛無假設為 $H_0 : \underset{\sim}{\theta} \in \Omega$，即參數假設值在 Ω 的參數空間中，對立假設為 $H_1 : \underset{\sim}{\theta} \in \omega$，言下之意，虛無和對立假設的參數空間彼此互斥。檢定中的臨界域可以定義為

$$C_1 = \{x : \lambda(x) \le k\}$$

C_1 是指支持對立假設，而否定虛無假設的概似比的臨界值 k 及其區域。換句話說，我們可以將顯著水準 α 定義成，在虛無假設參數空間 Ω 中會產生概似比小於臨界值 k 的最大機率

$$\sup\{p(\lambda(x) \le k, k \in \Omega)\} = \alpha$$

通常在應用上，我們僅針對參數假設的點估計值來檢定，因此上面虛無和對立假設可以只設一個特定的參數值假設，比方說 $\Omega = \{\theta_0\}$、$\omega = \{\theta_1\}$；至於臨界值 k 的數值設定，必須要概似比的檢定統計量 T 可定義為

$$T = -2\ln\lambda(x)$$

亦可將 T 視為虛無和對立假設的對數概似差值乘以負二

$$T = -2\ln\frac{L(\theta_0 \mid x)}{L(\theta_1 \mid x)} = 2[\ln L(\theta_1 \mid x) - \ln L(\theta_0 \mid x)]$$

威爾克斯理論證明，在大樣本的條件下，檢定統計量 T 依循著卡方分配，其自由度 p 為參數的維度，$p = \dim(\theta)$

$$-2\ln\lambda(x) \xrightarrow{d} \chi_p^2$$

證明的思路可以從對數概似函數的泰勒展開逼近式開始。為簡化討論，我們下面把參數的維度設為 1，這邊 $L(\theta_0) = \ln f(x \mid \theta_0)$

$$L(\theta_0) = L(\hat{\theta}) + (\hat{\theta} - \theta_0)L'(\hat{\theta}) + \frac{1}{2}(\hat{\theta} - \theta_0)^2 L''(\hat{\theta}) + \cdots$$

記得概似函數的一階導數在最大概似解處為零，

$$L(\hat{\theta}) - L(\theta_0) \simeq -\frac{1}{2}(\hat{\theta} - \theta_0)^2 L''(\hat{\theta})$$

$$T \simeq (\hat{\theta} - \theta_0)^2 [-L''(\hat{\theta})]$$

經過整理

$$T \simeq (\hat{\theta} - \theta_0)^2 I(\theta_0)\frac{[-L''(\hat{\theta})]}{I(\theta_0)}$$

這邊可以透過下面兩個漸進統計性質

$$(\hat{\theta} - \theta_0)I(\theta_0)^{1/2} \xrightarrow{d} N(0,1)$$

$$\frac{[-L''(\hat{\theta})]}{I(\theta_0)} \xrightarrow{p} 1$$

由於檢定統計量 T 可表為

$$T = \left[(\hat{\theta} - \theta_0)I(\theta_0)^{1/2}\right]^2 \cdot \frac{[-L''(\hat{\theta})]}{I(\theta_0)}$$

　　根據史拉斯基定理（Slutsky's Theorem，請參考附錄十三），若 x_i 隨機變量漸進依循 X 分配，而 y_i 隨機變量在機率上漸進收斂於一常數 c，則 $x_i y_i \xrightarrow{d} cX$，又我們知道卡方分配是標準常態分配隨機變量的抽樣分配，因此

$$\left[(\hat{\theta} - \theta_0) I(\theta_0)^{1/2} \right]^2 \xrightarrow{d} \chi_1^2$$

$$T \xrightarrow{d} \chi_1^2$$

即概似比的檢定統計量 T 漸進依循卡方分配。

　　上面的抽樣分配統計性質，讓概似比檢定可以應用在任意兩組參數所形成的概似值比較上，使得在相同的模型設定下，我們可以比較何組參數假設對於實現資料 $\{x_1, x_2, ..., x_n\}$ 的適配程度較佳。在實際應用上，分析者往往會設定一個參數假設的基準值當作比較基礎，然用運用概似比檢定，來評量目標參數假設的資料適配程度相對好壞。

6.3　假設檢定的方法論議題

　　本書設定的讀者，是那些對於應用統計推論在因果分析上有興趣的人，既然第 4 章將焦點放在實證主義因果觀及分析方法，第 5 章則以假設檢定的方法來評判不同因果假設的相對可信度，第 6 章就有必要從模擬實驗的角度來評估假設檢定方法的一般性表現。在本節的內容中，將搭配實例並以模擬驗證方式來討論下面議題：

一、抽樣樣本要多大才具有代表性？

二、參數推估的優劣表現？

三、樣本統計量的抽樣分配真的符合中央極限定理的預測嗎？

四、抽樣樣本數大小如何影響假設檢定結果？

五、母體資料性質如何影響假設檢定結果？

　　在基本的實驗設定上，統計推論皆採最大概似法，具體實例則包括母數推估和參數推估各一例（分別為例 6.1 和例 6.2）來進行模擬驗證，在執行上皆以 Matlab 進行程式撰寫，而所有模擬驗證的程式碼則詳見補充材料八至十。

例 6.1：母數推估的假設檢定模擬驗證

　　承接例 5.4，倘若「誠信牌」沙拉油老闆有意願聘一位台大工商管理系科管組的黃姓畢業生擔任品管經理，黃經理的任務是需要跟老闆提出有關品管決策的建議，也因此黃經理自己運用其在大學修習程式設計的知識和技巧，寫了一個模擬樣本統計量假設檢定過程的程式檔 ex6_1.m（補充材料八），其中的函數設定為

ex6_1	(pnorm, psize, shape1, shape2, mu, sigma2, samplen, type, pct, exprun)
pnorm	0 指母體樣本中沙拉油裝填量呈現非常態分配，1 指母體樣本中沙拉油裝填量呈現常態分配，值域是任意正實數。
psize	母體樣本數，值域是任意非負整數。
shape1	如果母體非常態分配，以貝他分配來決定分配形狀，這是參數一，值域是任意非負實數。
shape2	如果母體非常態分配，以貝他分配來決定分配形狀，這是參數二，值域是任意非負實數。
mu	母體平均數，如果母體為常態分配，值域是非負任意實數。
sigma2	母體變異數，如果母體為常態分配，值域是非負任意實數。
samplen	欲進行假設檢定的樣本統計量之抽樣樣本大小，值域是小於等於母體樣本數。
type	樣本統計量，1 指算術平均數，2 指中位數，3 指百分位數。
pct	指定百分位數值如果樣本統計量為百分位數，值域是介於 0 和 100 之間。
exprun	實驗次數，值域是正整數。

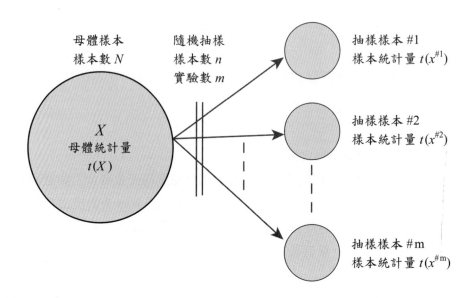

問題 A：樣本統計量的代表性與抽樣樣本數的關係為何？

　　嚴格說，母體樣本與抽樣樣本就是全體資訊和部分資訊的關係，在資訊量上不可能相等，而抽樣程序的隨機和公正，也只能確保抽樣結果完全是由機率決定，每一個實現的樣本組合，都是來自於母體中具有某種實現機率的結果。這邊可以確定的是，當母體與抽樣樣本數的相對比值越接近1，則代表抽樣樣本的資訊量越逼近於母體樣本，若越接近 0，代表受到抽樣樣本所具有的資訊受運氣左右的成分越大。

　　儘管如此，母體和抽樣樣本的代表性問題可以從兩方面來談。首先，任一次實現的抽樣樣本在分配特性上與母體樣本的差異為何？其次，如果具體以母體統計量為標準，那麼樣本統計量與母體統計量真值的差異為多少？上述兩者都會受到隨機抽樣樣本的直接影響，而我們可以使用電腦模擬的方式來找出兩者實際的影響差異。

　　下面所呈現的模擬結果，是設定母體樣本數為 100000，按抽樣樣本數大小最小為 10、最大為 10000，這邊是由結果矩陣中的第一行數值來控制 result1(i, 1)，針對下面六個母體統計分配所進行的代表性分析，模擬所

執行的函數設定如下：

1. 常態分配 ex6_1 (1, 100000, 1, 1, 3000, 100, result1(i, 1), 1, 50, 5000)
2. 均等分配 ex6_1 (0, 100000, 1, 1, 3000, 100, result1(i, 1), 1, 50, 5000)
3. 右偏分配 ex6_1 (0, 100000, 1, 4, 3000, 100, result1(i, 1), 1, 50, 5000)
4. 左偏分配 ex6_1 (0, 100000, 4, 1, 3000, 100, result1(i, 1), 1, 50, 5000)
5. U 型分配 ex6_1 (0, 100000, 4, 4, 3000, 100, result1(i, 1), 1, 50, 5000)
6. 倒 U 型分配 ex6_1 (0, 100000, 0.5, 0.5, 3000, 100, result1(i, 1), 1, 50, 5000)

　　母體分配除了常態分配外，都是由貝他分配的兩個形狀參數所設定，貝他分配在各參數配對時的形狀如圖 6.2 所示。當母體分配設為常態時，平均數設為 3000、變異數設為 100，該函數中的貝他分配形狀參數就不起作用；當母體分配設定為非常態分配時，為了其平均數和變異數與常態分配的可比性，母體樣本值做如下調整

$$X_i = 3000 + 6 \times \sqrt{100} \times [betarnd(shape1, shape2) - 0.5]$$

也就說，母體樣本值皆依平均數為 3000，有鑑於貝他隨機變量值域為 (0, 1)，這邊將其減去 0.5（中間數）分成大於和小於平均數兩區間，並且都乘上 6 倍的標準差值 $\sqrt{100}$，使得平均數左右兩邊理論上的最小和大值為三倍的標準差之處

$$Min(X_i) = 3000 + 6 \times \sqrt{100} \times (0 - 0.5) = 270$$

$$Max(X_i) = 3000 + 6 \times \sqrt{100} \times (1 - 0.5) = 330$$

　　上面的模擬實驗仍以平均數為樣本統計量的主要標的，因此 type 設定為 1，百分位數參數 pct 不起作用，如果 type 設定為 3（百分位數）時，type 的設定就會界定樣本統計量的百分位數（從 0 至 100）。實驗的次數，考量到偏斜樣本的抽樣分配性值可能需要足夠樣本點來呈現，所以將實驗次數設為 5000。

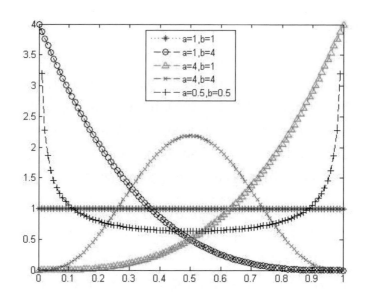

圖 6.2 貝他分配 Beta(a,b) 在不同參數配對時的分配曲線形狀

　　表 6.2 所呈現的是樣本分配的代表性在不同抽樣樣本數大小下的表現，衡量的標準是將母體樣本和抽樣樣本中以間隔數為 1 由 m = 0.5 至 m = 99.5 取出 100 個百分位數（母體百分位數為 P_m，樣本百分位數為 p_m），然後算出這些百分位數的標準化平均方差值 MSE_x，作為抽樣樣本偏離母體樣本分配的評估值，其中標準化的單位定為母體樣本中的標準差。均方差越高，抽樣樣本偏離母體樣本程度越高，代表性越低；反之，均方差越低，偏離程度越低，代表性越高。

$$MSE_x = mean\left(\frac{\sum[(p_m - P_m)/\sigma_X]^2}{100}\right)$$

　　模擬實驗結果顯示，不管分配型態為何，抽樣樣本的分配代表性會隨著抽樣樣本數的增加而提高。如表 6.2 所示，若以樣本數 10 的均方差值比較基準，所有分配中若樣本數增加到 100，則均方差則減為原來的 11%-12%，若以原來均方差數值的 5% 來算，所有分配都需要樣本數 200-

表 6.2 抽樣樣本與母體樣本分配百分位數的標準化平均方差值

樣本數	常態	均等	右偏	左偏	倒 U 形	U 形
10	22.4656	0.5452	0.2381	0.2358	0.2037	0.8724
20	12.2410	0.2798	0.1240	0.1238	0.1080	0.4539
30	8.4034	0.1908	0.0845	0.0823	0.0722	0.3178
40	6.3102	0.1438	0.0654	0.0645	0.0547	0.2323
50	5.0669	0.1169	0.0526	0.0515	0.0444	0.1850
75	3.5341	0.0775	0.0356	0.0349	0.0287	0.1263
100	2.7576	0.0602	0.0273	0.0273	0.0225	0.0960
150	1.8490	0.0392	0.0179	0.0181	0.0152	0.0634
200	1.3767	0.0294	0.0137	0.0130	0.0114	0.0476
250*	**1.1199**	**0.0232**	**0.0109**	**0.0110**	**0.0092**	**0.0382**
300	0.9464	0.0202	0.0093	0.0094	0.0078	0.0323
500	0.5692	0.0118	0.0057	0.0057	0.0047	0.0194
750	0.3790	0.0079	0.0037	0.0037	0.0031	0.0127
1000	0.2869	0.0059	0.0028	0.0028	0.0023	0.0094
1500**	**0.1895**	**0.0039**	**0.0019**	**0.0019**	**0.0015**	**0.0063**
2000	0.1402	0.0029	0.0014	0.0014	0.0012	0.0047
3000	0.0918	0.0020	0.0010	0.0009	0.0008	0.0032
5000	0.0554	0.0012	0.0006	0.0005	0.0004	0.0018
7500	0.0357	0.0007	0.0004	0.0004	0.0003	0.0012
10000	0.0268	0.0005	0.0003	0.0003	0.0002	0.0009

註：* 均方差值小於樣本數為 10 的 5%，** 均方差值小於樣本數為 10 的 1%。母體樣本數 100,000，實驗次數設定為 5,000 次。

250 才能達成，而如果均方差數值要減為原來的 1%，需要的樣本數提高至 1000-1500 之間。這說明了，若以分配形狀的角度來說，抽樣樣本至少要 100 個，偏離程度才會大幅減少至原來的十分之一。若要求更高的分配代表性，則分別需要 200、1,000 個抽樣樣本數。

　　代表性的另一個衡量標準，是直接以樣本統計量和母體統計量的差距來評估。表 6.3 所呈現的，就是樣本統計量與母體統計量平均絕對離差值

$$MAD_{\bar{x}} = mean(\sum |\bar{x}_i - \mu|)$$

其中 $\bar{x}_i$ 代表 5,000 次實驗中的第 i 次的樣本平均數。模擬結果顯示，若以樣本數為 10 的樣本統計量絕對離差值為基準，不管分配型態為何，樣本數為 250 時，絕對離差減少到基準值的 20% 左右，若參數估計偏離程度要減少到原來的 10%，樣本數要增加到 1,000，若要降低到原來的 4%，則樣本數要增加到 5,000。這顯示了，參數估計的偏離程度也顯著地受到抽樣樣本數的影響，樣本數越少，樣本估計量偏離母體統計量的程度就越大。從模擬結果也可看出。樣本統計量作為母體統計量的點估計，偏離程度減少的速度較以樣本分配形狀為標準時慢，而樣本數 250 在這兩個模擬實驗中約略可以作為基本代表性的標準。

　　上面有關代表性的討論，都是基於抽樣樣本數為 10 的表現值相對比較，而且有可能受到母體另一參數「變異量」相對大小的影響，因此在分析上，還需要其他不同設定的模擬分析才能檢驗其模擬結果的一般性；然而，除了代表性外，我們其實更關切的是根據抽樣樣本資訊所進行的假設檢定。根據中央極限定理，樣本平均數的抽樣分配，不管母體為何，只要樣本數夠大，其分配應該都會通過常態性檢定，也因此，根據上兩個模擬實驗所產生的資料，我們先針對樣本平均數的抽樣分配進行常態分配檢定，結果如表 6.4 所示。

表 **6.3**　樣本統計量與母體統計量平均絕對離差值

樣本數	常態	均等	右偏	左偏	倒 U 形	U 形
10	25.11	4.42	2.50	2.48	2.51	5.48
20	17.80	3.10	1.73	1.75	1.80	3.81
30	14.50	2.52	1.42	1.39	1.46	3.17
40	12.58	2.17	1.26	1.24	1.27	2.69
50	11.22	1.96	1.12	1.11	1.14	2.39
75	9.29	1.58	0.91	0.90	0.89	1.96
100	7.95	1.40	0.77	0.79	0.79	1.70
150	6.58	1.12	0.64	0.64	0.66	1.37
200	5.61	0.97	0.57	0.54	0.57	1.20
250	**4.98**	**0.86**	**0.49**	**0.50**	**0.51**	**1.06**
300	4.58	0.80	0.45	0.45	0.47	0.98
500	3.52	0.61	0.35	0.35	0.36	0.76
750	2.93	0.51	0.29	0.28	0.29	0.62
1000[*]	**2.55**	**0.43**	**0.25**	**0.25**	**0.26**	**0.53**
1500	2.00	0.35	0.20	0.20	0.20	0.43
2000	1.80	0.31	0.17	0.17	0.18	0.37
3000	1.42	0.25	0.14	0.14	0.14	0.31
5000[**]	**1.08**	**0.19**	**0.11**	**0.11**	**0.11**	**0.23**
7500	0.91	0.15	0.09	0.09	0.09	0.19
10000	0.77	0.13	0.07	0.07	0.08	0.16

註：* 平均絕對離差值約為樣本數為 10 的 10%，** 平均絕對離差值約為樣本數為 10 的 4%。母體樣本數 100,000，實驗次數設定為 5,000 次。

表 6.4　樣本統計量的抽樣分配常態檢定

樣本數	常態	均等	右偏	左偏	倒 U 形	U 形
10	1	0	0	0	1	0
20	0	1	0	0	1	1
30	1	0	0	0	1	1
40	1	1	0	0	1	1
50	1	1	0	0	1	1
75	1	1	1	0	1	1
100	1	1	0	0	1	1
150	1	1	1	0	1	1
200	1	1	0	0	1	1
250	1	1	1	1	1	1
300	1	1	1	0	1	1
500	1	0	1	1	1	1
750	1	1	1	1	1	1
1000[*]	1	1	1	1	1	1
1500	1	1	1	1	1	1
2000	1	1	1	1	1	1
3000	1	1	0	1	1	1
5000[**]	1	1	1	1	1	1
7500	1	1	1	1	1	1
10000	1	1	1	1	1	0

註：1 代表通過檢定，0 代表沒有通過檢定，常態檢定採用 Jarque-Bera 常態性測試
　　（$\alpha = 1$）。母體樣本數 100,000，實驗次數設定為 5,000 次。

　　從表 6.4 中的樣本平均數抽樣分配常態性檢定結果來看，基本上除
了偏態較大的母體樣本外，多數的樣本統計量的抽樣分配都滿足常態
性，這即便是在小樣本的狀態下也往往如此。其中常態母體只有一例
（$n = 20$）、均等母體只有三例（$n = 10, 30, 500$）、倒 U 形母體沒有例子偏
離常態，U 形母體則在樣本數最小和最大的樣本平均數的抽樣分配不符常

態。至於左偏和右偏母體，樣本數在 250（含）以上其樣本平均數均呈現常態分配。上面的結果，結論跟樣本代表性的分析依樣，只要抽樣樣本數在 250 以上，不管母體的分配性值，樣本平均數的抽樣分配是符合中央極限定理所預期的常態分配。然而上述結果也突顯出一個問題，儘管大多數的狀況下抽樣分配會呈現常態分配，但是仍有少數例子，即便在抽樣樣本數夠大前提下，仍然會無法通過常態性測試，因此我們有必要進一步對於大樣本抽樣樣本進行反覆測試，來判斷這些少數例子發生的機會大小是否足以影響通力的判斷，還是僅僅只是運氣不佳的抽樣結果。

　　針對少數大樣本抽樣分配是否滿足常態性的問題，表 6.5 所呈現的是設定樣本數為 2,000、5,000、10,000 前提下，對於各種不同母體分配，反覆進行 20 次樣本統計量的抽樣分配常態檢定實驗結果。結果顯示，在三個大樣本數的實驗中，都會有不同百分比（5%~25%）的不符常態性檢定的結果，這說明了，儘管抽樣與母體樣本個數比例已經小至十分之一，仍會有極少數運氣不佳的例子，抽樣分配並不滿足中央極限定理所預期的分配曲線規律，這點某種程度合理化許多批判古典機率論對於抽樣分配漸進分配性質的宣稱。然而這種狀況十分稀少，在推論成本上並無法全面否定中央極限定理的有效性。

表 6.5　樣本統計量的大樣本抽樣分配的常態檢定實驗結果

樣本數	常態	均等	右偏	左偏	倒 U 形	U 形
2000	18/20	19/20	17/20	17/20	15/20	18/20
5000	17/20	15/20	19/20	18/20	17/20	18/20
10000	19/20	16/20	15/20	19/20	19/20	20/20

註：各母體分配皆進行 20 次反覆實驗，表中數字分子是通過常態性檢定的例子，分母為實驗次數。常態檢定採用 Jarque-Bera 常態性測試 $(\alpha = 0.1)$。母體樣本數 100,000，每次實驗的抽樣分配皆依據 5,000 個抽樣樣本的樣本平均數產生。

　　最後，基於中央極限定理在大樣本性質下仍具有推論效力的結論，我們希望評估一下假設檢定的結果，是如何受到抽樣樣本數大小和母體資料性質影響。所有實驗的設定都如表6.3、表6.4實驗中的描述相同，而在假設檢定結果的判定上，我們是以母體平均數當作真值，然而透過抽樣樣本的變異數資訊，得出虛無假設的接受域和拒絕域（顯著水準設為$\alpha = 0.05$，接受域為$[\mu - 1.96\hat{\sigma}_s, \mu + 1.96\hat{\sigma}_s]$），之後再以抽樣樣本的平均數當作經驗證據，如果樣本平均數落入拒絕域，這代表經驗證據判定應該拒絕母體平均數真值的虛無假設，因而產生假設檢定的錯誤決策；反之，樣本平均數若入接受域，則正確接受虛無假設的母體真值主張，最終實驗結果會呈現正確接受虛無假設的抽樣樣本百分比。

　　如表6.6所示，在樣本數30（含）以下時，偏態較大的母體分配在假設檢定的正確率下確實略低，但基本上所有母體分配的假設檢定正確率都在接近90%或之上，而樣本數在40（含）以上時，基本上母體分配就不影響假設檢定的正確率了，所有母體分配都有93%以上的正確率。隨著樣本數的增加，假設檢定的正確率緩步上升，直到樣本數為10000時，正確率提高至96%，這結論適用在任一母體分配的情況。上述發現的結論是，基於隨機抽樣所實現的樣本資訊前提下，針對虛無假設是否應該拒絕或接受的判斷，假設檢定是可以作為一個強而有力的質性工具來評估母體統計量真值在抽樣風險下的決策依據，而此工具的適用性，即便是樣本數少到30都仍然相當有效。但問題是，假設檢定嚴格說僅能做出質性的決策判斷，即真正的決策是在於能否排除抽樣風險來拒絕母體統計量真值的虛無假設，而非評估出母體統計量的真值；前者顯然是針對特定參數真值的風險評估，後者才是有關參數真值的點估計。

　　總結例6.1有關母數推估的假設檢定模擬驗證，儘管在樣本分配和參數推估的代表性上，抽樣樣本可能需要比想像較多的樣本數才能顯著的減少代表性偏差，但是就中央極限定理而言，特別是將假設檢定視為質性評估母體統計量假設的抽樣風險工具，其推論是相當有效的。事實上，從古典機率論的觀點，假設檢定的方法從未主張對於母體統計量進行點估計

表 6.6　樣本統計量正確接受的虛無假設的百分比

樣本數	常態	均等	右偏	左偏	倒 U 形	U 形	平均
10	92.4%	91.7%	89.4%	89.2%	92.5%	91.6%	91.1%
20	93.6%	94.1%	92.7%	92.4%	93.2%	93.5%	93.2%
30	94.0%	94.3%	93.1%	93.8%	94.3%	93.8%	93.9%
40	93.7%	94.4%	93.3%	93.4%	94.2%	94.5%	93.9%
50	94.6%	94.5%	93.0%	94.0%	94.4%	94.3%	94.1%
75	94.4%	95.0%	93.8%	94.4%	95.0%	94.4%	94.5%
100	94.6%	94.2%	94.5%	94.4%	95.1%	94.6%	94.6%
150	95.0%	95.0%	94.4%	94.9%	94.8%	94.8%	94.8%
200	94.7%	95.1%	94.6%	95.4%	94.8%	95.0%	94.9%
250	95.0%	95.6%	95.2%	94.5%	94.6%	95.1%	95.0%
300	95.1%	94.8%	95.0%	95.8%	94.7%	94.7%	95.0%
500	95.4%	94.8%	95.1%	94.6%	94.9%	94.9%	94.9%
750	95.0%	94.7%	94.9%	95.0%	95.4%	95.2%	95.0%
1000	94.8%	95.3%	95.4%	94.6%	94.5%	95.3%	95.0%
1500	95.8%	95.2%	95.2%	94.9%	95.5%	94.9%	95.3%
2000	95.1%	95.4%	95.7%	95.1%	95.1%	95.3%	95.3%
3000	95.3%	95.7%	95.2%	95.0%	95.5%	94.9%	95.3%
5000	95.8%	95.2%	95.6%	95.8%	95.9%	95.9%	95.7%
7500	95.6%	95.4%	95.9%	95.4%	96.2%	95.8%	95.7%
10000	96.0%	96.0%	96.1%	96.1%	96.4%	96.0%	96.1%

註：母體樣本數 100,000，實驗次數設定為 5,000 次。

的推論，因此儘管假設檢定被視為量化方法，其分析目的主要在於質性的意義，所以要求假設檢定方法能夠達成其論理上從未主張的母體參數點估計，無異是緣木求魚，強人所難。

例 6.2：迴歸係數的假設檢定模擬驗證

　　假定我們想分析某大城市中影響成年人「身體質量指數」(y) 的四個解釋因子效力，分別為「收入」(x_1)、「年齡」(x_2)、「教育程度」(x_3)、「男性」(x_4)，在知道母體樣本資料的前提下（20 歲以上，200 萬人），我們隨機抽樣產生 5,000 個抽樣樣本，每個樣本皆有 1000 個觀察值，請分別評估下面的模擬結果：

一、針對母體樣本和 5,000 個抽樣樣本進行代表性檢定，有多少比例的抽樣樣本通過檢定？

二、由 5,000 個抽樣樣本分析所產生的迴歸係數估計值，與母體樣本中的迴歸係數真值，平均差距有多大？

三、由 5,000 個抽樣樣本分析所產生的迴歸係數抽樣分配之標準誤，與個別抽樣樣本帶入中央極限定理公式所產生的抽樣分配標準誤，兩者平均差距有多大？

四、利用 5,000 個抽樣樣本進行各自的假設檢定，有多少比例結果是正確的？

　　首先作者寫好產生母體資料的 matlab 程式檔 gpdata.m（參閱補充材料九），執行 gpdata.m 後會產生 200 萬筆 20 歲以上成年人的母體資料 population.mat，其中包括一個依變項 (y) 和四個自變項 (x_1, x_2, x_3, x_4)，假設自變項和依變項之間有下面可能的因果關係：

$$H_1：收入越高，BMI 指數越低。(\beta_1 < 0)$$

$$H_2：年齡越大，BMI 指數越高。(\beta_2 > 0)$$

$$H_3：教育程度越高，BMI 指數越低。(\beta_3 < 0)$$

$$H_4：性別是男性，BMI 指數偏高。(\beta_4 > 0)$$

　　至於母體自變項與依變項與資料產生機制設定，採自變項數值 $\{x_1, x_2, x_3, x_4\}$ 分別由 {80%, 60%, 40%, 20%} 隨機變量值搭配 {20%, 40%, 60%, 80%} 依變項值的方式形成，因此在四項假設中，可以預期母體迴

歸係數假設被抽樣樣本驗證的比例，也會隨著母體迴歸係數的效果大小 $\{\beta'_1 < \beta'_2 < \beta'_3 < \beta'_4\}$（其中撇號代表標準化迴歸係數），呈現通過檢定機率 $\{p(H_1) < p(H_2) < p(H_3) < p(H_4)\}$ 遞增的結果。

若將母體資料帶入線性迴歸模型

$$y = \beta_0 + \beta_1 x_1 + \beta_2 x_2 + \beta_3 x_3 + \beta_4 x_4 + e$$

可得母體參數真值 $(\beta_0, \beta_1, \beta_2, \beta_3, \beta_4) = (25.187, -0.075, 0.087, -2.111, 3.625)$。此時我們執行另一模擬程式 simulate_6_2.m（參閱補充材料十），其中函數中有兩個參數，分別為（n, iter），將 n 設為 1,000 代表每次隨機抽樣的樣本數，iter 設為 5,000 代表從母體隨機抽樣的次數，理想上 iter 數值可以是無限大，這邊設定為 5,000 是考量在有限時間成本下產生足夠多的實驗數據來模擬抽樣分配的性質。在 matlab 環境下執行 simulate_6_2 (1000,5000) 回傳會有下面的結果：（注意每次執行 simulate_6_2.m 的量化結果都會些微不一樣，因為都是重新抽樣的實驗結果，但儘管如此，其質性結論都相同）。

……………………………… 上面結果略 ………………………………

第 4999 次實驗
母體樣本迴歸係數 b0 = 25.187, b1 = −0.075, b2 = 0.087, b3 = −2.111, b4 = 3.625
抽樣迴歸係數推估 b0 = 25.112, b1 = −0.091, b2 = 0.079, b3 = −2.010, b4 = 3.893
其中樣本中第一個被抽到的是原來 2 百萬台北市居民中編號第 425392 號
其中樣本最後一個被抽到的是原來 2 百萬台北市居民中編號第 812080 號
第 5000 次實驗
母體樣本迴歸係數 b0 = 25.187, b1 = −0.075, b2 = 0.087, b3 = −2.111, b4 = 3.625
抽樣迴歸係數推估 b0 = 25.731, b1 = −0.084, b2 − 0.082, b3 = −2.152, b4 = 3.563
其中樣本中第一個被抽到的是原來 2 百萬台北市居民中編號第 1517725 號
其中樣本最後一個被抽到的是原來 2 百萬台北市居民中編號第 1792065 號

而針對上面四項問題，我們分別執行 q1_6_2.m、q2_6_2.m、q3_6_2.m、q4_6_2.m 程式檔來進行模擬分析，結果如下：

一、在 5000 個抽樣樣本中，針對四個自變項 (x_1, x_2, x_3, x_4) 分別進行代表性檢定 ($\alpha = 0.05$)，則通過代表性檢定的比例為（95.28%, 97.48%, 94.68%, 95.10%）。

二、若以迴歸係數母體真值為衡量基準，由 5000 個隨機抽樣所形成迴歸係數估計值，其估計上的平均絕對離差值分別為 (0.017, 0.007, 0.080, 0.109)，而 5000 個隨機抽樣所形成迴歸係數的估計平均值，則分別為 (−0.076, 0.087, −2.111, 3.627)。

三、由 5000 個隨機樣本所形成迴歸係數 $(\beta_1, \beta_2, \beta_3, \beta_4)$ 之標準誤，與個別抽樣樣本帶入中央極限定理公式所產生的抽樣分配標準誤，兩者的平均絕對離差為 (0.001, 0.000, 0.004, 0.017)，而個別樣本迴歸係數標準誤估計絕對離差偏離度，則分別為 (3.15%, 2.90%, 4.03%, 12.18%)。

四、針對 5000 個抽樣樣本分別進行假設檢定，$(\beta_1, \beta_2, \beta_3, \beta_4)$ 的假設檢定結果與母體參數真值一致的比率分別為 (100.00%, 100.00%, 100.00%, 100.00%)。

　　從上面四個問題的模擬分析結果，我們可以得到幾點結論：

一、只要抽樣樣本是滿足隨機抽樣的程序，而且樣本數夠大，大體而言抽樣樣本的資料代表性是足夠的，但仍有少數狀況下抽樣樣本的代表性不佳，約占實驗總數的 3% 至 6% 之間。

二、由隨機抽樣樣本所估計出的迴歸係數，只能說是在平均數的概念上不偏，但基於個別隨機抽樣樣本所得到的迴歸係數估計可能出現相當程度的偏誤。

三、這點也發生在利用特定抽樣樣本資訊帶入中央極限定理公式所推出的迴歸係數標準誤估計，相比於真正隨機抽出大量樣本來估計迴歸係數的標準誤，單憑個別抽樣樣本的迴歸係數標準誤是會有不同程度的差距的，儘管模擬結果顯示差距並不大，若以實驗總數所產生的抽樣分配標準誤為基準，偏離程度約在 3% 至 11% 之間。

四、儘管有上面的差異，模擬研究結果顯示迴歸係數效果大小和抽樣分配標準誤的估計偏誤，並不會顯著影響假設檢定推論的效力，這說明了假設檢定在統計推論上具有很高的可信度，唯獨就迴歸係數值和其標準誤的點估計來說，其推估值會受到母體樣本性質還有抽樣程序的影響。

上面的結論可能會受到隨機抽樣樣本數大小的影響，所以為了更進一步評估樣本數大小如何影響假設檢定的各項性質，作者改變樣本數設定重覆執行相同的模擬程序，除原有的樣本數 $n = 1,000$ 外，增加 $n = 100,$ $500, 5,000, 10,000$ 四種情況，模擬分析的比較結果如表 6.7 所示（參閱補充材料十一）。

為了簡化比較的程序，除了迴歸係數估計值和標準誤仍採四個係數分列呈現外，其他指標皆採取四個係數評估的均值。首先針對樣本代表性，發現樣本數的大小對於樣本代表性數值的影響並不明顯，樣本數從 100 增加到 10,000，四個自變量抽樣樣本通過檢定的平均比率皆在 95% 至 96% 之間，這說明了，只要抽樣程序滿足隨機抽樣的要求，樣本數大小對於樣本代表性的影響是很有限的。其次，就迴歸係數估計的效度來說，不管樣本數大小，迴歸係數估計的平均值都相當接近母體迴歸係數真值，差別並不明顯，代表以最小平方法推估的線性迴歸係數確為不偏估計。第三，但就信度來說，可以發現樣本數從 100 個增加到 10,000 個，迴歸係數估計值與母體真值的平均離差就越小（這邊以 $\sigma(\beta_1)_{n_1}$ 表示之），而且基本上滿足 $\sigma(\beta_1)_{n_1}/\sigma(\beta_2)_{n_2} = \sqrt{n_2/n_1}$，即標準誤（以平均離差計）與樣本數大小平方根成反比的規律，這邊的差距是十分顯著的。第四，若以所有抽樣樣本迴歸係數的估計值進行標準誤的評估，發覺樣本數大小平方根成反比的規律仍然成立，比方說 $\sigma(\beta_1)_{10000}/\sigma(\beta_1)_{100} = \sqrt{100/10000} \doteq 0.043/0.442$。第五，若以模擬實驗總數所產生的迴歸係數之抽樣分配標準誤估計為基準，可以發現依個別抽樣樣本資料帶入中央極限定理公式所推出的迴歸係數標準誤，兩者有相當的差距，但這個差距會隨樣本數增加而減少，換句話

表 6.7　線性迴歸模型模擬驗證結果

指標	操作行定義	100	500	1000	5000	10000
樣本代表性	抽樣樣本通過樣本代表性檢定的百分比均值（綜合 x_1, x_2, x_3, x_4 四自變量的檢驗結果）	95.22%	96.00%	95.63%	95.56%	95.74%
迴歸係數估計的平均值	$mean(\hat{\beta}_1)$（母體 $\beta_1 = -0.075$）	-0.075	-0.076	-0.076	-0.076	-0.075
	$mean(\hat{\beta}_2)$（母體 $\beta_2 = 0.087$）	0.087	0.087	0.087	0.087	0.087
	$mean(\hat{\beta}_3)$（母體 $\beta_3 = -2.111$）	-2.111	-2.110	-2.111	-2.111	-2.110
	$mean(\hat{\beta}_4)$（母體 $\beta_4 = 3.625$）	3.624	3.628	3.627	3.626	3.626
迴歸係數估計的平均絕對離差值	$\dfrac{\sum_{i=1}^{4} MAD(\hat{\beta}_i - \beta_i)}{4}$（綜合 x_1, x_2, x_3, x_4 四自變量的結果）	0.442	0.195	0.137	0.061	0.043
迴歸係數估計的標準誤（根據 5000 個抽樣估計所得的 $\hat{\beta}_i$）	$SE_a(\hat{\beta}_1)$	0.068	0.030	0.021	0.009	0.006
	$SE_a(\hat{\beta}_2)$	0.029	0.013	0.009	0.004	0.003
	$SE_a(\hat{\beta}_3)$	0.320	0.142	0.100	0.044	0.031
	$SE_a(\hat{\beta}_4)$	0.437	0.189	0.137	0.062	0.042
個別樣本迴歸係數標準誤估計絕對離差偏離度	$\dfrac{\sum_{i=1}^{4}\left[\dfrac{SE_b(\hat{\beta}_i) - SE_a(\hat{\beta}_i)}{SE_a(\hat{\beta}_i)}\right]}{4}$	10.49%	7.11%	5.56%	4.31%	5.30%
假設檢定結論與母體迴歸係數真值一致的比例	針對 H_1, H_2, H_3, H_4 假設檢定結果與母體參數真值一致的平均百分比	99.96%	100%	100%	100%	100%

註：$SE_a(\hat{\beta}_i)$ 是指採用 5,000 次抽樣樣本所得到迴歸係數的點估計值所形成的抽樣分配中的標準誤，$SE_a(\hat{\beta}_i)$ 是利用一次抽樣樣本資料，帶入 $V(\hat{\beta}) = \dfrac{e'e}{n-k}(X'X)^{-1}$ 公式後所求得的 $SE_b(\hat{\beta}_i) = \sqrt{V(\beta_i)}$ 的結果。

說，僅僅利用單次抽樣樣本資訊來推估迴歸係數標準誤是會有偏誤的，其規律也呈現偏誤率與樣本數大小平方根成反比的關係，即偏誤可透過增加抽樣樣本數來改善。最後，就假設檢定的結果來說，當樣本數增加到 500 個之上，假設檢定結論與母體迴歸係數一致的比例就都在 100%，可以說是相當準確的。

　　儘管上面的模擬研究結果支持了假設檢定的推論效力，但是同時也顯現了幾點限制：

一、假設檢定真正的目的在於質性推論，也就是推論母體樣本中迴歸係數的正負方向，以及實現資料提供多強的證據來排除抽樣風險、支持迴歸係數背後所指涉的因果關係推論。然而這樣的推論，主要是質性的，因為在迴歸係數估計上，仍可能有相當大的誤差。

二、一般學者主張抽樣樣本數高過一定數目，其增加的推論效力很有限，然而從模擬研究所實際產生迴歸係數點估計的標準誤來看，模擬研究的確可以改進抽樣分配的估計，但若僅僅採用單一抽樣樣本並利用中央極限定理來推估迴歸係數標準誤，則會產生較大的誤差。此結論某種程度上支持貝氏機率者的觀點，但並非立基於否定假設檢定推論效力的前提上。

三、樣本代表性隨著樣本數增加的效果非常有限，事實上只要抽樣程序符合隨機，基本上抽樣的樣本代表性都不大，這點即便樣本數小到 100 也是一樣。然而這裡所指涉的樣本代表性是單變量在樣本統計量和母體參數間的關係，而非樣本迴歸係數估計和母體迴歸係數真值之間的關係。

四、真正對假設檢定推論效力具有殺傷力的質疑，是任何基於特定抽樣樣本的統計推論，都只能在大體上是不偏，所以仍然會有運氣不好的時候，也就是迴歸係數數值的點估計或標準誤估計有很大的偏差，或者甚至是抽樣樣本與母體樣本之間的關係偏離隨機性甚大。要降低上述情形的發生，最好的辦法就是增加樣本數，取得獨立的抽樣樣本、甚

或採取其他的統計方法來達成，包括貝氏機率者的主張。

　　上面的模擬研究中，母體中迴歸係數的效果大小是透過不同程度（20%~80%）相依和隨機成分的資料產生機制所控制，因此上面的結論，有可能是因為過高的迴歸係數效果造成的，以簡單的比喻來說：如果母體中的迴歸係數顯現很強的關係，那麼即便抽樣樣本有偏差，其偏差的程度沒有大到讓假設檢定結果失真的程度。為了檢驗上述的可能性，下面進行另一次相同的模擬實驗，一切的設定皆與表 6.7 相同，唯獨將資料產生機制中母體資料中相依和隨機成分的比例，四個自變項 (x_1, x_2, x_3, x_4) 依序調整為相依成分為 {10%, 7.5%, 5%, 2.5%}、隨機成分為 {90%, 92.5%, 95%, 97.5%}，模擬實驗的結果如表 6.8（參閱補充材料十二）。

　　如果仔細上面的實驗結果，可以得到與先前完全一致的結論：首先，抽樣樣本在絕大多數的情況下會通過代表性檢定，然而仍有少數的機會運氣不佳，這比率約在 5% 左右，這反映了代表性檢定的顯著水準設定。其次，根據樣本資訊所推估的迴歸係數值點估計和標準誤是不偏的，為其推估值的平均離差會隨抽樣樣本數大小的平方根成反比。再者，以抽樣樣本資訊所推估出的迴歸係數抽樣分配標準誤，其偏離度也會隨著抽樣樣本數增加而減少。最後，根據個別抽樣樣本所進行的假設檢定，其對於母體迴歸係數值方向判定上的可性度相當大，與母體真值一致的比率都在 99% 以上。

　　本節所進行的模擬實驗，旨在闡述假設檢定在古典機率中的因果推論理路，不管是在數理邏輯推演上，還是在實際的驗證中，都有堅實的理論和經驗基礎，如果我們能夠理解假設檢定在迴歸分析中的質性推論目的，就不會誤解迴歸方法的分析目的，硬是要求迴歸分析達成不是其分析目的的功能。更確切來說，假設檢定從來沒有意圖解決母體迴歸係數真值的點估計問題，而是基於研究者在面對抽樣風險的決策角度，對於母體迴歸係數真值所代表的因果關係進行主觀認識上的假設檢定評估。在方法上屬於歸納法，邏輯上採彌爾的共變法，統計控制是透過思想實驗的數學推理，

表 6.8　降低迴歸係數效果後（相依成分低於 10%）的模擬驗證結果

指標	操作型定義	100	500	1000	5000	10000
樣本代表性	抽樣樣本通過樣本代表性檢定的百分比均值（綜合 x_1, x_2, x_3, x_4 四自變量的檢驗結果）	95.21%	95.93%	95.62%	95.76%	95.72%
迴歸係數估計的平均值	$mean(\hat{\beta}_1)$（母體 $\beta_1 = -0.131$）	−0.133	−0.131	−0.131	−0.131	−0.131
	$mean(\hat{\beta}_2)$（母體 $\beta_2 = 0.038$）	0.037	0.038	0.038	0.038	0.038
	$mean(\hat{\beta}_3)$（母體 $\beta_3 = -0.189$）	−0.188	−0.189	−0.187	−0.190	−0.189
	$mean(\hat{\beta}_4)$（母體 $\beta_4 = 0.157$）	0.170	0.158	0.163	0.156	0.158
迴歸係數估計的平均絕對離差值	$\dfrac{\sum_{i=1}^{4} MAD(\hat{\beta}_i - \beta_i)}{4}$（綜合 x_1, x_2, x_3, x_4 四自變量的結果）	0.680	0.295	0.211	0.093	0.066
迴歸係數估計的標準誤（根據 5,000 個抽樣估計所得的 $\hat{\beta}_i$）	$SE_a(\hat{\beta}_1)$	0.129	0.056	0.040	0.018	0.013
	$SE_a(\hat{\beta}_2)$	0.050	0.021	0.015	0.007	0.005
	$SE_a(\hat{\beta}_3)$	0.401	0.174	0.123	0.055	0.039
	$SE_a(\hat{\beta}_4)$	0.804	0.361	0.253	0.112	0.079
個別樣本迴歸係數標準誤估計絕對離差偏離度	$\dfrac{\sum_{i=1}^{4}\left[\dfrac{SE_b(\hat{\beta}_i) - SE_a(\hat{\beta}_i)}{SE_a(\hat{\beta}_i)}\right]}{4}$	8.09%	3.69%	2.49%	1.28%	0.86%
假設檢定結論與母體迴歸係數真值一致的比例	針對 H_1, H_2, H_3, H_4 假設檢定結果與母體參數真值一致的平均百分比	99.28%	99.70%	99.89%	100%	100%

註：$SE_a(\hat{\beta}_i)$ 是指採用 5,000 次抽樣樣本所得到迴歸係數的點估計值所形成的抽樣分配中的標準誤，$SE_b(\hat{\beta}_i)$ 是利用一次抽樣樣本資料，帶入 $V(\hat{\beta}) = \dfrac{e'e}{n-k}(X'X)^{-1}$ 公式後所求得的 $SE_b(\hat{\beta}_i) = \sqrt{V(\beta_i)}$ 的結果。

而以抽樣的樣本資訊為唯一的經驗證據，藉由中央極限定理所推導出的迴歸係數點估計和標準誤的抽樣分配法則，來進行研究者對於母體因果關係假設的決策分析。除了上述的分析目的外，過去許多學者所關切的迴歸分析問題，比方說迴歸係數推估值的顯著水準不代表其效果的實質重要性，則是相關但並非迴歸分析因果推論邏輯中的原初分析目的，關於此議題，請詳見 6.4 節中的問題六討論。

6.4 假設檢定應用在歷史資料的適用性

古典機率學派透過假設檢定進行因果推論的研究，除了統計推理上遭到貝氏機率論者的挑戰外，也受到社會科學哲學上不同看法的學者批判，而這樣的批判，可以從根本上反對實證主義的本體論、認識論、方法論任一立場談起，甚至直接否定人們可以將社會現象當作主客分離的外在客體進行研究，或者強烈主張社會本體的主客交融、雙重詮釋，以及牽一髮而動全身的複雜因果網絡。這些不同的社會科學哲學爭辯內容，其實早已超出統計學可以處理的範疇，也因此在本節的內容上，作者將假設檢定的後設理論辯論聚焦在歷史資料的適用性問題，這問題更確切來說，就是歷史資料究竟是母體樣本還是抽樣樣本的問題。討論此問題看似小題大作，但卻是假設檢定在因果推論上最核心的問題，特別我們將具體問題以下面八點表示之：

問題一、如果假設檢定的對象就是母體，還需要假設檢定嗎？

問題二、如果經驗世界的已發生事實不是母體，那甚麼是母體？

問題三、如果超母體存在，那麼其對應的社會科學哲學後設理論為何？

問題四、假設檢定的對象究竟是理論存有物，還是實在存有物？

問題五、如何反思假設檢定在人文社會科學研究上的後設理論假設？

問題六、假設檢定所達成母體統計量或參數的推論意義？

問題七、統計學最基本的知識論基礎？

問題八、如何解決假設檢定不能達成母體統計量或參數點估計的問題？

參考方塊 6.6　社會科學哲學論爭中的詮釋學派

在社會科學哲學論爭中，詮釋學派是與實證主義爭鋒相對的對立典範。詮釋學派主張社會科學的研究目的並非實證因果分析，強調對於社會現象的分析是必須基於意義的理解，反對將社會現象視為外於研究者的主客二元論，認為達成主客交融的意義詮釋才是社會科學的研究目的，而這唯有透過對事物不斷的詮釋過程才能真正的達成。

在詮釋學派的知識論中，社會科學所具有的「雙重詮釋」特質，使得研究者在研究社會現象時必然同時具備雙重身分：一方面作為研究社會現象的主體來說，對於社會現象的理解具有一種詮釋的關係；但在此同時，研究者身為社會中的一分子，本身就屬於其研究客體的一部分，必然對於社會現象也有所詮釋，而這兩種詮釋的觀點會相互影響，也無法完全獨立切割。

詮釋學派通常在指涉上與三個哲學傳統有關，一是可追溯到 18 世紀德國的詮釋哲學（hermenutic philosophy）或人文科學（Geisteswissenschaften）傳統，其哲學體系的重心在於強調對人類的行為應以「理解」（verstehen）的概念來進行研究，並且認為在自然科學和社會科學所研究的問題上是有本質上的差別[224]。二是與後維根斯坦（post-Wittgenstein）的哲學思想有關，並且可與「日常語言學派」（ordinary language school）的奧斯丁（Austin）大致上歸成一類來談[225]，其中最重要的就屬 Peter Winch 在 1958 年所發表的 The idea of social science 一書[226]，因為在這本書中，Winch 對於當時十分興盛、幾乎沒有人挑戰的實證主義哲學做出了強力的批判。三則是與現象學的傳統有關，因為像 Schutz 的「存在現象學」（Existential phenomenology），和 Garfinkel 對於「俗民方法論」（Ethnomethodology）的許多看法，事實上都與詮釋哲學和後維根斯坦的哲學有相當的契合之處，而當代的著名詮釋學者伽達默（Gadamer），事實上也受到以胡塞爾（Husserl）為代表的現象學傳統

非常大的影響 [227]。

　關於社會科學哲學中的詮釋學派和實證主義的辯論，請參考延伸閱讀
四。

　　首先讓我們思考第一個問題，假設檢定的分析目的是對於母體統計量
進行推論，之所以需要假設檢定，就是因為母體樣本不可得，所以才透過
抽樣樣本的資訊來推論母體統計量，也因此有了從抽樣樣本推論母體樣本
性質的抽樣風險問題。換句話說，一旦母體樣本是可得的，母體統計量就
可以明確算出，毋須推論，此時既然母體樣本已知，自然也沒有抽樣的必
要，更無抽樣風險所造成的推論問題。所以針對第一個問題的回答，簡答
之就是不需假設檢定。

● **問題一回覆：**如果假設檢定的對象就是母體，母體的樣本統計量可以直
　接計算出確切值，即為唯一真值，不需推論，也沒有抽樣問題，更無所
　謂抽樣風險。

　　然而如此的答案，顯而易見的牴觸許許多多國際關係的實證研究，
特別是針對國家行為的歷史資料庫的量化分析，比方說「戰爭相關性」
（Correlates of War）資料庫、「政體五」（polity V）資料庫，及許多其
他著名的國際關係資料庫。倘若以國家間戰爭（inter-state war）為分析之
對象，該資料庫已經收錄 1816-2007 年間全世界所有的國家間戰爭，而過
去二十多年來（自 1990 年代起），國際關係大量的量化實證論文皆以此
資料庫進行因果關係的考察，如果按上面所言，則分析結果即為母體迴歸
係數真值，則為何這些論文中都有迴歸係數的假設檢定結果？而其所推論
的母體因果關係究竟又指涉為何？

參考方塊 6.7　「戰爭相關性」計畫

國際關係學界受到實證主義影響源自 1960 年代所興起的「第二次大辯論」──「傳統學派」與「行為學派」的辯論，其中最早對於國際關係實證研究做出重大貢獻的學者非大衛辛格（J. David Singer）莫屬，他於 1963 年所開創的「戰爭相關性」計畫（The Correlates of War Project, COW），大量蒐集從 1816 年起的國際戰爭資料，並且對其進行仔細的概念化和編碼工作，提供國際關係學者最完整的量化資料庫，來對於許多的國際關係理論和假設進行系統性的分析和驗證。這項計畫的影響所及，幾乎與主要的國際關係研究的議題都有密切關係，比方說「國際衝突」、「民主和平論」、「傳統嚇阻」、「核子嚇阻」、「結盟理論」、「貿易與戰爭」、「聽眾成本」、「國際制裁」等。

戰爭相關性計畫從 1963 年創立至 2001 年一直由大衛辛格在美國密西根大學為根據地持續運作，從 2001 年起則移往賓州州立大學，分別歷經不同學者的領導，並仍然持續更新和發展中，至 2013 年起，該計畫由 Scott Bennett and Zeev Maoz 兩位學者負責主持工作，目前收錄有十四個著名的國際關係量化資料庫，詳細資訊請見官方網站 http://www.correlatesofwar.org/，早期的文獻可參考 [228]。

這裡問題的癥結在於母體的定義，就歷史資料而言，如果指涉的時空範疇為封閉且包含所有已發生事件的集合，則上面的回答當無疑義；然而如果時空範疇的指涉為開放且包含尚未發生的事件，則歷史資料就不能視為母體。如此認定的原因很簡單，任何含有未來時空指涉的樣本，都屬未確定狀態的人事物，也因此不符合母體樣本點中的確定資訊定義。事實上更深層的問題是，就算研究者已經在分析目的中指出實證研究的時空範疇為過去特定時空的所有案例，那麼如此設定的分析目的中母體樣本的意旨究竟為何？是僅僅如其字面上所言的特定時空下的所有事例，還是指涉有

一個更純粹、更一般化不受限任何特定時空的真理知識，使得任何特定時空下的歷史資料僅僅為其派生的一個抽樣樣本？

比方說某研究在探求解釋 1816-2007 年（COW War Dataset v4.0）所有國家間戰爭的因素，「1816-2007 年」是一個特定的封閉時空範疇，在其間的「所有國家間戰爭」皆已發生，人類也不可能有第二次機會重新再走過這段歷史，因此就邏輯定義上，其語意僅可能指涉母體樣本，除非存在有一個「超母體樣本」，或者是「超時空資料產生機制」，使得時空範疇的指涉不具備本體殊異性，就如同我們投擲骰子時不會去限定何時何地所進行的投擲結果，而將時空指涉「去殊異化」。在這樣的概念下，真正的母體是指一套支配國家間戰爭發生與否的隨機機制，而任何一段時空指涉物都是該機制可以發生作用並產生結果的隨機樣本，所以時間和空間失去了其個殊性，也不存在本體上的先在性和有限性。換句話說，時空作為承載樣本的基本單位，其存在的意義是呈現隨機樣本的結果，但自身沒有各自不同的意義，也因此作為承載樣本的存在物是可以無窮反覆的，正如同概念上投擲骰子可以無限多次，而不用去區分是何時何地所得到的投擲結果。

討論至此，我們已經點出了問題二的答案了，在當今的國際關係實證量化研究典範中，經驗世界已發生的事實不被視為母體樣本，而是一特定時空範疇下所實現的特定隨機樣本，此隨機樣本的產生，可視為是一「超時空資料產生機制」（真理）下的隨機抽樣結果，而此「超時空資料產生機制」所指涉的，即所謂的「超母體樣本」，是一個外於時空範疇的客觀永恆存在，其本質是無窮無盡，其存在也獨立於研究者的主觀意識之外。

● **問題二回覆**：經驗世界的已發生事實可被視為隨機樣本，其所反映的是母體資料產生機制所實現的特定樣本集合，而母體所指涉的是外於時空範疇的「超時空資料產生機制」，其本質是無窮無盡，其存在也獨立於研究者的主觀意識之外。

　　若將這裡所說的「超時空資料產生機制」簡稱為超母體,基於其無窮無盡的本體性質,自然無法先將其全部樣本找出後再評估母體樣本的統計量真值,因此超母體的真正意義是如同一台生產機器的控制參數,透過操控其數值變化來產生資料變異的結果。然而這樣的比喻是相當含混且抽象的;試想,我們應該主張所有一切有關超母體的存在至始至終都是靜止不變,還是超母體的存在會隨著時空(或其他因素)有所變化?如果是前者,關於超母體的一切應該有唯一真值解,儘管超母體的資料產生機制內涵需要有具體假設;如果是後者,代表時空範疇並不全然失去個殊性,而是依某種分界條件使得超母體具有不同的資料產生機制,但這樣的主張在邏輯上有無限倒退的問題,因為我們永遠可以宣稱任一特定的時空範疇具有其個殊的資料產生機制,而此無限倒退的宣稱,最終會讓超母體的主張與站在其知識論對立面的詮釋學派,弔詭的在因果觀上達成統一,都主張殊異的因果觀。

　　上面的討論揭示,如果主張經驗世界已發生事實為隨機樣本,而存在有一超母體作為產生隨機樣本的資料產生機制,那麼此超母體必然要有一真實存在的不變本體,或者至少有相對恆常的客觀本體存在。而所有迴歸分析的目的,就在揭露研究者對此超母體中迴歸係數真值所代表的因果關係推論。而這裡的因果關係內涵界定,則有賴於研究者對於超母體中所有一切關於資料產生機制的意義設定;比方說,針對 1816~2007 年的國家間戰爭研究,我們所指涉的超母體就是一套支配著國家間戰爭發生與否的不變客觀規律,這套規律不僅可以解釋過去,也可以解釋現在,還有許許多多尚未發生的未來時空範疇,而我們所做的,就是把 1816~2007 年的歷史資料視為其中一套樣本,據此來推論此套支配國家間戰爭的規律性質。

參考方塊 6.8　國際關係國家間戰爭研究中時空單元去殊異化的實例

　　在實證國際關係研究中，研究國際戰爭的發生是個非常重要的議題，學者在使用統計工具分析時，基本的工作假設是主張所有國家在任何時刻都有戰爭發生的可能，因此任意兩國的配對，都可能是潛在發生戰爭的案例，這樣的工作假設，就是典型的將時空單元去殊異化的實例。

　　然而，究竟如何確切處理時間和空間做為承載案例的單元，仍然具有相當的武斷性，比方說，究竟一個案例的時間載體應該定義為多長，這點長久以來學者都以一個自然年的起始截點做為定義一個案例的時間長度。而另一個相關的問題是，一個國家真的可能跟世界上其他任何國家都有戰爭可能性嗎？這裡牽涉到地理空間距離和作戰投射能力（power projection capability）問題，有學者主張在國家配對是否可以成為有效案例，必須區分「相關的國家配對」（relevant dyads）和「不相關的國家配對」（irrelevant dyads），前者需要在兩國中至少具備其中一個國家具有足夠從事戰爭行為的作戰投射能力，後者則是兩國皆無法進行彼此實質交戰的可能。因此，欲定義一個有效的「去殊異化」的時空載體作為分析國際戰爭行為的單元，可以採用「一個自然年的相關國家配對」，來對於是否觀察到國際戰爭的發生進行編碼。

　　關於上述的方法論議題，請參考黃旻華（2001）[229]。

● **問題三回覆：**認為超母體存在所對應的社會科學哲學立場，主張超母體就是一套支配著社會現象的不變客觀規律，因而其本體存在具有真理唯一性，傾向命定式的本體論，而非機率式的本體論。

　　嚴格說，唯有主張超母體中迴歸係數所代表的因果關係符合命定式的本體論，假設檢定的推論才有意義，否則當超母體中的迴歸係數本身又是被另一資料產生機制決定（可稱為超超母體），則假定檢定的標的就應該轉為超超母體中的參數真值，而非超母體的變動參數。換句話說，儘管我

們永遠無法窮盡列舉超母體在理論上具有的所有事件樣本數，但我們視超母體的命定存在為實存的，而非僅僅基於實用主義為真的理論實存物；兩者的區別是，前者將超母體中的迴歸係數真值視為支配國家間戰爭發生的實存物，但後者僅僅將超母體中的迴歸係數視為某種未知變動機制的代表物，而這也說明了為什麼假設檢定的推理適用在前者，而非後者。

如參考方塊 2.3 所討論的，理論存有物指涉概念上必然有某種本體存在，但我們不一定具體知道此本體的任何性質，甚至是其物理意義上的界定，然而一但假設其存在，我們可以主張對因其存在所產生的後續相關效應進行驗證，來反推其本體存在的真實性（設證法），如果日後我們真的能夠直接對其本體存在的物理性質直接進行觀察和驗證，或許會發現當初依設證法所宣稱驗證的本體存在不同於後來直接驗證的結果，但這無損於當初將此本體存在視為理論存有物的實用主義價值。儘管如此，這個概念與假設檢定所預設母體為實在存有物的基本假設是格格不入的，如果將超母體的本體存在視為一個資料生產機器，其中機器中的參數設定左右了資料的產生，我們透過事後此機器所產生的資料來回推當時機器在生產的參數設定，這時我們必然指涉一個有確定參數值的存在，此參數值的確定存在即為實在存有物；然而，倘若我們主張，這個參數值或許存在，但其數值本身也是被另外一個資料產生機制所決定，因此此參數值在事前也不具有確定的存在，但我們仍然可以主張一個權宜性的數值代表該機器當時的狀態，這時權宜性的參數代表值就是理論存有物，而非實在存有物。

● **問題四回覆：**假設檢定的對象，以本體論來說，應為實在存有物，而非理論存有物。

最後，讓我們回歸假設檢定問題的本質，是存在有確定且封閉的母體樣本，或者存在有一個確定的資料產生機制，而假設檢定的目的，就是研究者透過事後資料（抽樣樣本）的考察來對於母體樣本（資料產生機制）中的實在存有物（樣本統計量或參數）進行推論，這其中讓樣本統計量變成隨機變量的機制是從母體或資料產生機制抽樣產生事後資料的過程，因

此抽樣程序是讓樣本統計量有變化的直接且唯一原因，也因此樣本統計量的變化規律才稱為抽樣分配。如果我們主張假設檢定的推論標的物，尚存在有另一個資料產生機制控制其呈象數值因此在母體（或產生事後資料的資料產生機制）中亦為變動值，此時最終在事後資料中造成樣本統計量的變化就有兩個不同因子，一為抽樣程序，另一為超母體對於母體參數的資料產生機制，是故原有的抽樣分配推導、乃至於假設檢定的推理就失去適用性，因為古典機率論中的假設檢定推論都是基於抽樣程序所產生的事後樣本變異來推論，而非同時處理超母體和抽樣程序的兩者所混雜所產生的變異。

　　近來統計學者對於假設檢定無法進行母體參數點估計的質疑和批判，從來就不是古典統計學派在創立和應用假設檢定時的分析目的，因此拿許多外界對於假設檢定法的誤解來批判假設檢定自然是沒有道理的。事實上假設檢定雖然預設母體（或資料產生機制）的實在存有物特質，但假設檢定的問題已設定母體（或資料產生機制）是無法全然確定得知，因此必須透過抽樣來取出部分樣本資訊，並依其來進行母體（或資料產生機制）性質的推論。究竟什麼母體（或資料產生機制）性質是假設檢定所考察的，其實牽涉到對於母體樣本（或資料產生機制）的本體認知，然後透過虛無假設和對立假設的設立，以抽樣分配的數學思想實驗，搭配抽樣樣本資訊來進行決策，權衡抽樣程序所帶來決策錯誤成本。真正假設檢定方法所產生的是「決策判斷」，不是「母體統計量或參數實在值的點估計」，更不是「母體統計量或參數代表值的點估計」

● **問題五回覆：**假設檢定的後設理論基礎是基於存有物實在論，主張人的認識有限性無法窮盡認識母體存在，因而透過抽取部分樣本值資訊，加上人的數理推演知識能力，藉由思想實驗來推論母體資訊，並權衡抽樣風險來做出決策判斷。

　　然而上述從古典機率論立場對於其假設檢定方法的辯護，並不代表所有的批評都沒有道理，事實上假設檢定在社會科學的因果關係研究中的確

有許多不足之處,而意圖應用假設檢定的社會科學研究者,也應該針對其方法的限制性有所反思。其中最強而有力的批評,其實就是對於迴歸係數推估值的「顯著水準」與其「實質重要性」兩者間的區別,這個問題在表面上可以表述為:基於抽樣樣本所推估出的母體統計量或參數,倘若呈現很高的顯著水準(非常小的 p 值或非常大的 t 值,即錯誤否定虛無假設的機率十分低),我們是否可以依其顯著水準的程度,也就是越小的 p 值或越大的 t 值,來判定該結果的實質重要性?對於這個問題,在政治學界曾經有一番辯論,多數學者認為這兩者並不能畫上等號,原因可以輕易的從 t 值的計算公式看出,這邊以線性迴歸係數為例

$$t = \frac{\hat{\beta}_i}{\sqrt{V(\hat{\beta}_i)}}\text{,其中 }V(\hat{\beta}) = \frac{\hat{e}'\hat{e}}{n-k}(x'x)^{-1}$$

統計檢定 t 值越大,p 值越小,顯著水準越高。這邊 t 值與迴歸係數估計值 $\hat{\beta}_i$ 成正比,與自變量共變數開方根值(信息量的概念)成正比,與誤差估計值成反比。在迴歸分析中,迴歸係數估計值絕對值 $|\hat{\beta}_i|$ 代表統計發現(因果關係效果)大小,而其重要性的定義端視依變項在現實情境中的物理意義或社會意義決定,因此假設檢定中本來就沒有意圖以 p 值法或者顯著水準來量測一個統計發現的效果大小或重要性高低。然而精確地說,從數學關係來看,t 值越大或 p 值越小,迴歸係數數值越大,但這是要在控制自變量共變數變異程度、樣本數、自變量個數,以及模型誤差大小的前提下才成立。

換句話說,迴歸係數假設檢定結果的顯著水準越高,在其他條件不變下,數學上迴歸係數的估計值的確會呈現較大的數值,但評判其重要性的關鍵,其實就在於「其他條件不變」和「現實情境下依變項物理或社會意義的判定」。關於前者,的確有些顯而易見的規律可以推論,比方說抽樣樣本數的越大迴歸係數假設檢定越容易呈現顯著的結果,此時判定此結果的重要性,主要就需要從迴歸係數數值的物理或社會意義來判定;又如,自變量的共變異程度越低,代表抽樣樣本中所賴以推估出迴歸係數的資

訊過少，因此很有可能在增加自變量變程度後迴歸係數的估計產生較大變化，因此降低對於母體資訊在推論上的精準程度。儘管如此，倘若此時的迴歸係數值相當大，在其物理或社會意義上有重要的理論意涵，研究者都需要在心中謹記，其假設檢定結果的顯著水準低，是因為樣本資訊量過少的問題，而非此結果在母體中一定缺乏重要性的結果，而解決此問題的首要之道，就是多增加自變項共變數的變異程度。上面討論所彰顯的是，關於假設檢定結果的顯著水準是否代表其實質重要性，都必須從檢定統計量或參數的物理或社會意義，搭配對於現實情境、樣本資訊、模型特性的理解才能準確評估，並無法一概而論。

參考方塊 6.9　迴歸係數的實質重要性

　　迴歸分析一直是政治學實證分析的主要方法，早在 1980 年代就有許多政治學方法論專家呼籲 [230] 迴歸係數的解讀除了方向（direction）之外，還要重視迴歸係數值的大小（magnitude）、重要性（importance）、信賴區間（confidence intervals）。這樣的呼聲近年來已經日益獲得政治學界的重視 [231]，因為傳統迴歸係數分析僅重視方向性顯著與否判斷，而這樣的解讀其實僅僅只是為了假設檢定的目的，採用的方法雖是量化分析，但真正達成的其實是質性的結果。

　　儘管上面的呼籲幾乎人人贊成，但是要能完整解讀迴歸係數的實質重要性並不如想像的容易，特別是迴歸係數的估計都是由樣本資訊而來，但研究者真正意圖推論的是母體樣本中迴歸係數真值的實質重要性，而要能判定這點，不僅傳統迴歸係數的方向性顯著檢定結果不夠，連迴歸係數大小也不一定能夠真正判讀出結果的重要性。在這點上，最直接的方法是找出解釋變項的可能變化值域，然後估計該變項所造成依變項的邊際預測值全距，再對此全距在依變項值域中做出實質眾要性的判定，而最後這個步驟是需要研究者對於依變項的物理或社會意義有深入理解。

如果研究者思考的更深刻，迴歸係數的實質重要性其實與母體樣本特質，或者是背後的資料產生機制有莫大的關係，也因此與模型如何設定、哪些變量必須納入模型考量、依變項和自變項的變異是否夠大、抽樣樣本的代表性如何等等複雜因素有關，是故分析這些問題的「統計診斷」也成為當代政治學研究不可或缺的一環。關於統計診斷的內容介紹，請參考 Belsley, Kuh, and Welsch（1980）[232]。

● **問題六回覆：** 針對樣本統計量或參數假設檢定結果的顯著性，必須基於母體統計量或參數的物理或社會意義，搭配對於現實情境，抽樣資訊、模型特性的理解，才能準確評估其檢定結果的實質重要性。

迴歸母體樣本統計量或參數的物理或社會意義另一個重要意涵，是關於統計學最基本的知識論基礎，即本體單位不能全然殊異化，或者如政治學者 Adam Przeworski and Henry Teune（1970）在其經典方法論著作《比較社會研究的邏輯》（The Logic of Comparative Social Inquiry）[233]一書中所提「個案去標籤化」的比較前提。換句話說，除了時空單元變成基本承載相同本體的案例計數單元外，我們也必須針對依變量本體存在的量測計數單位給予實質的意義內涵，包括判定結果為「重要」的操作定義，甚至是在何種條件下依情境給予不同的重要程度評估。也因此，個案不僅要成為可以進行數理邏輯運算的同質本體單元，其本體在不同自然條件和社會情境下實質重要性也必須被清楚界定，如此一來，顯著水準所提供的母體推論資訊，就可以成為判定假設檢定結果實質重要性的關鍵依據。

● **問題七回覆：** 統計學最基本的知識論基礎，預設了「同質並可進行數理邏輯運算的本體單元」之存在，因此個案完全的去標籤化，包括其時空殊異性質，同時需要由相同意義的尺度計量單位來取代對每個個案的身分稱呼。

假設檢定在古典統計學脈絡下的最大缺點，就是其不具備進行母體統

計量或參數的點估計，問題的癥結在於母體或資料產生機制的命定式本體存在主張，而貝氏機率論則不受此點限制，可以從主觀機率論的觀點出發，以實用主義的立場預設母體或資料產生機制的存在都是理論存在物，關鍵在於我們心中對其存在的理解是否可以有說服力的解釋經驗上所發生的現象，而不是去追求一個具有亙古不變外於研究者存在的客觀真理。若依這樣的推理理路，所有統計推估的過程都是基於有限且暫定的資訊，因此研究者不需要對參數假設的先驗主張，或者正確地窮盡認知到所有造成相同事件結果的參數假設。換句話說，倘若我們願意接受貝氏機率推估在本體論上的反實在論立場，則假定檢定以事後機率來看

$$P(H_i \mid E) = \frac{P(E \mid H_i)P(H_i)}{\sum_{j=1}^{m} P(E \mid H_i)P(H_i)}$$

其中 $P(E) = \sum_{j=1}^{m}(E \mid H_i)P(H_i)$，而 m 代表了研究者心中認知造成事件 E 所有的可能參數假設數目，不必要對應於客觀真實中參數假設的正確答案。這同理也可以類推在目標事件 $P(E \mid H_i)$ 的事前機率和參數假設 $P(H_i)$ 的先驗機率本體主張，兩者不需要有經驗上的同形對應物，也不需要有真理唯一性的命定本體狀態，而其意義很簡單，都是反映研究者對於理論物的主觀信念，其存在都是基於研究者的主體意識。至於推論結果接近不接近經驗結果，純粹是理論有效性的問題，不需要有現實上的對應關係。

- **問題八回覆：** 貝氏機率推論的確可以進行古典機率論在假設檢定上所缺乏的母體樣本量或資料產生機制的點估計問題，然而兩者是基於完全不同的社會科學方法論假設。不同於古典機率論者，貝氏機率論基本上對母體或資料產生機制的本體存在採反實在論的立場，主張所有機率都是反映研究者主觀意識的看法，因此對其所進行的考察探索，完全不需要外在的客觀實存物有同形的經驗本體對應關係。

參考方塊 6.10　貝氏機率推估的反思

貝氏機率推論近年來在人文社會科學快速興起，特別在美國政治學界，被視為解決眾多問題的萬靈丹，各種方法論的疑難雜症似乎只要採用貝氏機率方法就可以迎刃而解，也被一些政治學方法論專家視為比古典機率學派更為優越的統計方法，而 Andrew Gelman [234] 在 2008 年自我假想為反對貝氏機率論者的論文，更反諷地證成其一向鼓吹貝氏機率方法的執著，儘管其表達方式比另一位凡事必稱貝氏機率的 Jeff Gil 來得莞爾幽默。

然而在科學哲學界，仍然不乏有學者對於貝氏機率推論提出十分深刻的反思，執教於維吉尼亞理工大學哲學系的黛博拉梅奧（Deborah G. Mayo）就是其中的代表人物。她在其成名代表作《誤差與實驗知識的增長》（Error and the Growth of Experimental Knowledge）[235] 一書中，從誤差論在統計學中的發端和演變，討論貝氏機率在統計推論上的許多重要問題，她是少數受過嚴謹數學訓練，但卻從科學史和統計史的角度來思考統計推估、並對貝氏機率作出深刻反思的科學哲學家，作者強烈推薦這本書給有意學好統計學的學生來閱讀。

梅奧教授在《誤差與實驗知識的增長》一書中的第十章，比較了古典機率論和貝氏機率論在統計推估上所採用的法則，闡明了兩者所依據的評判標準的不同，古典機率論主張「嚴重性準則」（severity criterion），而貝氏機率論主張「貝氏支持法則」（Bayesian rule for support）。「嚴重性準則」簡單來說，就是想像基於既定假設 (H)，在反覆實驗（事實上是用數理推導）所得到的規律性前提下（比方說抽樣分配），以經驗資料 (e) 作為證據來評估有多少機會會錯誤地拒絕既定假設，換句話說，可以將假設檢定的顯著水準視為「既定假設要通過多極端程度的測試才能被視為支持的證據」。這邊由於既定假設是獨立於經驗資料的，因此古典統計學的推論滿足「使用新穎性」（use-novelty）的標準。

但在貝氏支持法則中，貝氏機率推論主張下面兩個支持法則

一、如果事後機率 $P(H|e)$ 大於先驗機率 $P(H)$，經驗資料 (e) 支持既定假設 (H)。

二、如果經驗資料 (e) 發生的機率在既定假設 (H) 為真前提下，比在非既定假設 (not-H) 為真前提下來得大，則經驗資料 (e) 支持既定假設 (H)。

這兩個法則都可以用事後機率的邏輯定義推出，已知

$$P(H|e) = \frac{P(e|H)P(H)}{P(e|H)P(H) + P(e|not\text{-}H)P(not\text{-}H)}$$

若同除先驗機率 $P(H)$

$$\frac{P(H|e)}{P(H)} = \frac{P(e|H)}{P(e|H)P(H) + P(e|not\text{-}H)P(not\text{-}H)} \qquad \text{--(6.9)}$$

而貝氏因子可定義為

$$BF = \frac{P(e|not\text{-}H)}{P(e|H)}$$

將（6.9）式右邊分子分母同除 $P(e|H)$

$$\frac{P(H|e)}{P(H)} = \frac{1}{P(H) + BF \cdot P(not\text{-}H)}$$

顯而易見的，如果事後機率 $P(H|e)$ 大於先驗機率 $P(H)$（貝氏法則一），則

$$\frac{P(H|e)}{P(H)} = \frac{1}{P(H) + BF \cdot P(not\text{-}H)} > 1$$

因此

$$P(H) + BF \cdot P(not\text{-}H) < 1 \qquad \text{--(6.10)}$$

由於

$$P(H) + P(not\text{-}H) = 1$$

代表 (6.10) 式中的 $BF < 1$，即

$$P(e\,|\,not\text{-}H) < P(e\,|\,H)$$

　　這說明了，貝氏機率的兩個法則是一致的，但這會產生一個推理上的問題：倘若貝氏機率所依賴的推理支持，是奠基在已經獲得經驗資料的前提下，其對於參數假設的機率評估會比沒有獲得經驗資料時高，但事實上貝氏機率推論的參數假設，往往都是來自於已知經驗資料的資訊，預設是參數假設值為真 (H) 所造成經驗資料的發生 (e)，因此在形成假設時已經使用了經驗資料，然後再使用一次經驗資料來說「使用了經驗資料的資料假設」是受到推論支持的 —— 這明顯違反了「使用新穎性」（use-novelty），因為同一份資料不可以同時用來形成假設和支持假設。這樣的邏輯等於事先射箭再畫靶，當然永遠受到經驗資料的支持。

6.5　統計推估和統計描述

　　本節是全書的最後一節，我們需要回到 1.5 節所談的當代統計學配套典範，來討論下面兩個統計學的關鍵問題：一、統計學史發展脈絡中是否存在統計推估的不同配套典範？二、是否存在有純然的統計描述，還是所有的統計描述必然已經預設在統計推估中的某種後設主張？對於這兩個問題，作者都有明確的主張：首先，統計推估當然有不同的配套典範，事實上當代統計學定於算術平均數和均方差的典範在某種程度上有其歷史偶然性；其次，統計學中並沒有純然的統計描述，所有的統計描述都離不開對於母體或資料生成機制的基本預設，也就是統計推估的主張，缺乏統計推估的基本主張，所有的統計描述都很難講得通，而之所以如此，是因為統計學最原初的起源就是來自於統計推估的問題。

　　上面這兩個主張的說明，將會以實例闡釋的方式來呈現，目的在透過問題的具體呈現，來傳達統計思維的理念。事實上統計學從 16 世紀中葉發展至今尚未滿五百年，而古典統計學的成型和完備也是 20 世紀中葉之

後的事，因此儘管近年來貝氏推論方法在人文社科領域蔚為風潮，作者仍主張古典機率論和貝氏機率論是源於兩種不同科學哲學後設理論的思維典範，不宜因為學術風潮而斷下基於誤解對方的優劣判斷。更確切的說，過往古典機率論在許多理論（最大概似法為最顯著例子之一）的證成上往往使用了貝氏機率的思考，而貝氏機率的推理更是建立在過往古典機率論的論理基礎上。也因此，統計使用者的首要任務不在於將兩者視為二元互斥對立，反而應該從互補觀點上，思考在不同問題下何者可以較為妥適的解決統計推論的問題。

問題一：統計學史發展脈絡中是否存在統計推估的不同配套典範？

儘管我們已經在 1.5 節指出這個問題的答案，然而更為詳盡的闡釋，可以由下面的實例討論來呈現。假定存在有一個外於主體認識的客觀母體樣本或是資料產生機制，我們並不知道其中所具有的參數個數和種類，只知道隨機產生的資料數值是介於 1 到 15 之間的正整數。換句話說，身為有限能力的認識主體，我們僅能從事後所產生的抽樣樣本資訊來推論母體參數或資料產生機制，現在的問題是，我們應該採怎樣的標準，來回答有關母體樣本或資料產生機制的猜想？

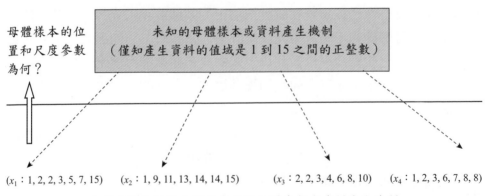

研究者僅能從樣本資訊來推論母體參數或資料產生機制

　　面對同樣的問題，即存在有相同母體樣本或資料產生機制，假定現實上依相同分配獨立產生了四組樣本，分別為 (x_1：1, 2, 2, 3, 5, 7, 15)、(x_2：1, 9, 11, 13, 14, 14, 15)、(x_3：2, 2, 3, 4, 6, 8, 10)、(x_4：1, 2, 3, 6, 7, 8, 8)，對應這四個樣本的推理情境，首先我們可以設想倘若母體樣本的分配（或資料產生機制）具有「位置參數」和「尺度參數」的存在，其中位置參數定義為將分配函數在隨機變量軸向上的定位基準點，是產生離差值的參照點；尺度參數則為定義資料歧異程度的基本數值，為離差值乘方的損失函數。這兩者分別對應 1.5 節所談統計學原型問題中「準」和「穩」的問題，而針對這兩問題的候選答案，最常見的分別為：

「準的問題」 —— 最小值、眾數、中位數、平均數、中距、最大值。

「穩的問題」 —— 離差絕對值 p 次方的加總值，即等同 L_p 範式，

　　　　　　　其中 $p > 0$。

　　具有上述設想後，我們可以將自己置入不同樣本的情境，思索作為完全依賴樣本資訊來推論母體參數的研究者，如果身處不同的現實樣本情境下，我們會在「準」和「穩」的問題眾多的候選答案中，選出怎樣的配對來當作我們對於未知參數定值的最佳猜想，事實上「準」和「穩」的問題是聯繫在一起的，就 L_p 範式的評量標準

$$L_p : \sum_{i=1}^{n} \left| x_i - m(x_i) \right|^p$$

其中 $m(x_i)$ 是「準的問題」之預設答案值，可視為一組 x_i 資料的特定函數值。而不同「穩的問題」之乘方值，就會對應不同「準的問題」的最佳答案，因此針對上述四組不同的實現資料，會有不同的最佳配套解，以及相對應的推理主張，在進行推理的闡述時，前提都是母體樣本或資料產生機制是公正的產生實現樣本。

● **情況一：**出現 x_1 樣本 (x_1：1, 2, 2, 3, 5, 7, 15)

　　就情況一這組的實現樣本 x_1 來看，樣本資訊呈現的是一個右偏形狀

的分配樣態（主要資料群聚在左邊，而在右邊留下長尾），倘若我們採取不同的 p 值來定義資料的歧異程度測量，可以發現在 p 小於 1 之內都是眾數具有最佳解；若 p 等於 1 則是中位數；若 p 等於 2 或 3 則為算術平均數；若 p 大於 4 以上則為中距。換句話說，不僅僅只是 1.5 節所指出的 p 等於 1 或 2 時分別對應中位數和算術平均數的配套典範，事實上眾數也可用於 p 值小於 1 時的統計推理上，而當 p 值越大時，中距的採用也顯得越合理。

	乘方值 p	「準的問題」：位置參數					
		最小值 (1)	眾數 (2)	中位數 (3)	平均數 (5)	中距 (8)	最大值 (15)
「穩的問題」：尺度參數	0.001	6.007	**5.005**	6.005	6.007	7.010	6.015
	0.5	11.605	**9.574**	10.293	11.455	15.159	20.408
	0.75	17.582	**14.470**	14.639	16.374	22.898	37.758
	1	28	23	**22**	24	35	70
	2	254	205	170	**142**	205	842
	3	3034	2351	1810	**1134**	1271	10378
	4	39986	29269	21026	10450	**8101**	130370
	5	546658	374663	249922	101574	**52535**	1662010
	7	3.951E + 08	2.264E + 08	1.242E + 08	3.166E + 07	**5.908E + 06**	1.009E + 09
	10	2.893E + 11	1.379E + 11	6.192E + 10	1.000E + 10	**6.957E + 08**	6.380E + 11

● **情況二**：出現 x_2 樣本 (x_2：1, 9, 11, 13, 14, 14, 15)

　　情況二的實現樣本 x_2 是情況一樣本 x_1 對照，其樣本資訊呈現的是一個左偏形狀的分配樣態（主要資料群聚在右邊，而在左邊留下長尾），儘管這邊眾數、中位數、平均數的數值都不同，但所有的推論結果都與情況一相同：p 小於 1 之內都是眾數具有最佳解；若 p 等於 1 則是中位數；若 p 等於 2 或 3 則為算術平均數；若 p 大於 4 以上則為中距。這說明了，不管是左偏、右偏分配所造成的集中趨勢數絕對數值有何變化，統計學原型問題中有關「準」和「穩」的問題答案都有一定規律，而當代統計學典範

中之所以採用其中一種規律，儘管有其偶然性，但這種配套的規律就突顯了任何統計量的使用，背後都已經意含著其所對應的母體樣本或資料產生機制的特性，此即為統計推論對於不確定性最原初的猜想。

		「準的問題」：位置參數					
	乘方值 p	最小值 (1)	眾數 (14)	中位數 (13)	平均數 (11)	中距 (8)	最大值 (15)
「穩的問題」：尺度參數	0.001	6.015	**5.005**	6.005	6.007	7.010	6.007
	0.5	20.408	**9.574**	10.293	11.455	15.159	11.605
	0.75	37.758	**14.470**	14.639	16.374	22.898	17.582
	1	70	23	**22**	24	35	28
	2	842	205	170	**142**	205	254
	3	10378	2351	1810	**1134**	1271	3034
	4	130370	29269	21026	10450	**8101**	39986
	5	1662010	374663	249922	101574	**52535**	546658
	7	1.009E + 09	2.264E + 08	1.242E + 08	3.166E + 07	**5.908E + 06**	3.951E + 08
	10	6.380E + 11	1.379E + 11	6.192E + 10	1.000E + 10	**6.957E + 08**	2.893E + 11

● **情況**三：出現 x_3 樣本 (x_3：2, 2, 3, 4, 6, 8, 10)

　　情況一和二僅僅只是眾多樣本分配樣態中個別例子，因此其結論不見得在其他情況下成立，假定實現的樣本資料 x_3，特別在眾數的部分出現在下界數值時，我們可發現，p 在 0.5 之內最小值和眾數都同為最佳解；中位數則在 p 介於 0.5 和 1 數值間為最佳解；至於平均數和中距的發現沒有改變，仍為若 p 等於 2 或 3 則最佳解為算術平均數，若 p 大於 4 以上則最佳解為中距。透過變換實現資料的分配樣態，我們可以知道當乘方項 p 值介於 0 與 1 之間時，不見得都是眾數為最佳解，在此例中，眾數所處位置為極端值，而分配形狀稍微傾向右偏，則乘方項自 0.5 起就呈現最佳解由眾數轉為中位數的變化。

		「準的問題」：位置參數					
	乘方值 p	最小值 (2)	眾數 (2)	中位數 (4)	平均數 (5)	中距 (6)	最大值 (10)
「穩的問題」：尺度參數	0.001	**5.006**	**5.006**	6.005	7.006	6.007	6.010
	0.5	**9.692**	**9.692**	**9.692**	10.846	10.560	14.166
	0.75	14.101	14.101	**12.707**	13.864	14.128	22.161
	1	21	21	**17**	18	19	35
	2	121	121	65	**58**	65	233
	3	801	801	305	**216**	235	1655
	4	5665	5665	1601	886	**881**	12161
	5	41601	41601	8897	3888	**3379**	91175
	7	6.650E + 06	6.650E + 06	7.190E + 05	1.862E + 05	**1.025E + 05**	1.476E + 07
	10	1.135E + 09	1.135E + 09	6.152E + 07	9.944E + 06	**3.207E + 06**	2.491E + 09

● **情況四**：出現 x_4 樣本 (x_4：1, 2, 3, 6, 7, 8, 8)

　　最後，倘若我們將實現樣本資料樣態調整成分配在兩端，唯眾數出現在最大值數值上如 x_4 樣本所示，我們可以發現 p 在 0.5（含）之內都是眾數為最佳解；當 p 等於 0.75 或 1 時中位數是最佳解；當 p 等於 2 到 4 時平均數是最佳解，最後 p 等於 5 或以上時則由中距為最佳解。這裡主要產生的不同結論是，在 x_1 到 x_3 樣本裡中距都位於最接近最大值的位置上，因此 p 乘方只要到 4 就會讓中距為最佳解，然而在情況四的 x_4 樣本中，因為變成是中位數較為接近最大值，使得 p 的乘方要到 5 才會上中距成為最佳解。事實上在 x_4 樣本中，中位數在 p 為 0.5 值並沒有與 x_3 樣本中呈現出與眾數為最佳解的相同答案，這也是樣本資訊差異所造成「準」和「穩」配套答案的具體呈現。

		「準的問題」：位置參數					
	乘方值 p	最小值 (1)	眾數 (8)	中位數 (6)	平均數 (5)	中距 (4.5)	最大值 (8)
「穩的問題」：尺度參數	0.001	6.008	**5.006**	6.005	7.006	7.006	**5.006**
	0.5	12.391	**9.746**	9.797	11.025	11.224	**9.746**
	0.75	18.466	14.163	**12.815**	14.031	14.364	14.163
	1	28	21	**17**	18	19	21
	2	164	115	59	**52**	54	115
	3	1036	693	233	**162**	167	693
	4	6740	4339	995	**532**	538	4339
	5	44548	27741	4457	1818	**1786**	27741
	7	5.218E + 06	3.039E + 06	2.116E + 05	4.450E + 04	**3.808E + 04**	3.039E + 06
	10	6.352E + 08	3.527E + 08	1.088E + 07	1.228E + 06	**8.468E + 05**	3.527E + 08

　　綜合上面的討論，我們可以得到如下結論 —— 不管實現樣本的分配樣態，L_p 範式的乘方越接近 0，眾數越可能成為最佳估計量；當乘方接近 1 時，中位數越可能成為最佳估計量；當乘方為 2 或 3 時，算術平均數為最佳估計量；當乘方數值大於 4 以上，中距越可能成為最佳估計量。這結論說明了，當代統計學的發展是可能存在不同統計推估的配套典範，當「準的問題」和「穩的問題」同時存在有配對的最佳解時，就代表背後已經預設一套理論負載的母體樣本或資料產生機制猜想。也因此，當我們不加思索的以算術平均數和均方差來進行所謂的描述時，其實已經對生成資料背後的變化機制做出常態分配的主張。

問題二：是否存在有純然的統計描述，還是所有的統計描述必然已經預設在統計推估中的某種後設主張？

　　上面所述有關「準」和「穩」的問題之配套最佳解，說明了敘述資料時的統計量選用已預設統計推論的框架，這不論研究者在主觀上是否意識到這層意義，都無法改變其實質意含的後設主張。換句話說，統計量的定

義嚴格說無法獨立於其分配假設，而即便其選用僅僅是為了權宜的功能，也不能否認其「理論負載」的事實結果。然而，作者主張在統計學的實際應用上，對此問題的回答仍然存在許多不同層次的立場和空間，必須端視現實的情境而有不同區別，具體而言可以分成下面四種立場。

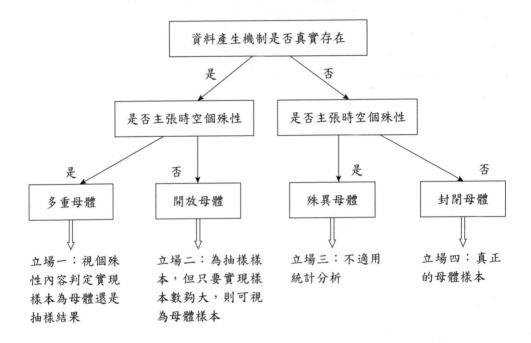

上圖所示四種對於母體本體論主張的不同立場，會直接影響人們對於問題二關於「是否存在有純然的統計描述」的回答。這四種立場的區別，主要是基於兩個本體論的基本看法：首先、經驗事件背後是否具有真實的資料產生機制？如果同意的話，就認為有某種外於認識主體而存在的真理，不管這種真理的來源被歸於「神祇」、「自然」，抑或就是主宰人世間各種事物規律的法則，本體論哲學立場屬於「實在論」；如果不同意資料產生機制具有真實的存在，則主張任何對於真理的宣稱，不必然需要在本體論上賦予其與經驗事物具有同形對應的地位，也不需要主張其存在是真實的，而是可以透過權宜性的各種主張，來體現其被認識是體感知的樣

態，因此即便真實的存在與感知相差甚多，也無損其在人類科學求知過程
所帶來的貢獻，這完全植基於實用主義的立場，本體論哲學立場屬於「反
實在論」。其次，是否主張所有的案例具有時空個殊性？如果主張案例具
有個殊性，代表案例與案例之間有某種程度的不可比較性，若推到極致，
則主張每個案例都無法「去標籤化」用變量來代表，因此案例與案例之間
都像蘋果比橘子一樣，不具備本體上的可比較的通性；然而如果主張案例
並沒有個殊性，則認為可以找到某種特徵化所有案例的通性，以變量的數
值來取代各案例名稱所呈現的個殊性，使得分析案例上可以適用數理邏輯
的操作運算。針對這兩個問題所產生的四種不同本體論立場闡述如下：

● **立場一：同意經驗事件背後有真實存在的資料產生機制，同意案例有個
殊性**

若研究者採取此立場，代表其認知事物背後有其真理存在，但問題在
於，案例依其所屬時空的殊異性，使得某種程度上，主宰事物發生的資料
產生機制也有相應的變化。此立場的具體指涉，全憑其案例個殊性的內
容，可以從最極端的每件案例都有其專屬的資料產生機制（實質等同立場
三，差別僅在其主張因果定制性，即各事件的產生都有其個別針對性的原
因），到僅有一種特定的時空因素，比方說核子武器問世後對比傳統武器
的戰爭形態，所造成兩種無法相比的案例類別。倘若我們排除因果定制性
的極端立場，可將案例個殊性的程度，將案例依其時空性質區分成現況樣
本和既成樣本，前者指涉認識主體所處當下案例的時空屬性，後者則指涉
認識主體辨識在過去時空所發生不同類別的案例；所對應的樣本，前者在
當下為開放樣本，代表案例持續發生中，因之既有樣本數目尚未確定，後
者在當下則為封閉樣本，儘管在未來不見得不會變回現況案例。然而不管
是開放還是封閉樣本，其判定都是基於特定時空情境，因此就立場一的研
究者觀點來看，真正的分析目的是在背後的資料產生機制，既有案例在概
念上都應該僅是「樣本」而非「母體」，不過如果有特定理由讓研究者主
張封閉樣本所處的時空特性是不可能再現的，則研究者可以主張其所具有
的封閉樣本為「母體」，代表該資料產生機制在歷史上可能產生的所有案

例，則概念上具有「母體」的意義。

● 立場二：同意經驗事件背後有真實存在的資料產生機制，否定案例有個殊性

此立場是古典機率論定義機率概念的原初設想，其思考完全反映在邏輯機率和經驗機率的聯繫關係性主張事件背後有一主宰其發生的真理機制，此機制具有一真實存在且固定不變的設定（即邏輯機率），而每一次事件的發生，就是該機制重覆運作（即實驗）的結果，因此只要事件發生的次數越多，實驗結果（經驗機率）就會越趨近該真理機制的設定。若依此思考，研究者真正的推論標的是事件背後的資料產生機制，而經驗事件則為反覆實驗的樣本呈現，由於時空單元僅為事件本體的承載計數單位，因此其無窮無盡的特質，突顯了既有樣本的開放性，也就是隨著研究者所處當下的時空，既有實現樣本的數量和結果都會有所變化，自然也無法據此宣稱既有實現樣本具有母體樣本在定義上的封閉性。然而，如果主張實現樣本的數量已經足夠大到反映資料產生機制的特性，則概念上仍可主張實現樣本已趨近母體樣本的特質，在操作上將其視為母體樣本來進行推論。畢竟如果將實驗樣本的開放性論點推到極致，沒有任何人類經驗可窮盡超越時空的真理絕對性，是故主張既有經驗的累積已經足以反映事件背後的資料產生機制，在現實世界中自然成為人類思考時合理的工作假設。

● 立場三：否定經驗事件背後有真實存在的資料產生機制，同意案例有個殊性

不是所有人都認為事件背後具有一主宰其發生的客觀規律，這種質疑在人文社會科學強調行為者意向性和能動性下尤為合理，倘若研究者進一步主張所有案例都是其時空情境的特有結果，對於案例本身的通則化都會扭曲其本體呈現，那麼統計分析將不適用於此本體立場上，原因在於時空單元完全無法成為通用的載體計數單位，任何案例只要發生的時空單元有差異，就具備了種類差異的不可比較性，則案例之間自然無法通則化，也不能累積和計數，因此不具備成為樣本的要件，更遑論母體或事件資料產

生機制的指涉。事實上一旦主張真實的資料產生機制存在，行為者的意向性和能動性就受到很大的限制，這很大程度上會牴觸某些社會科學哲學的後設理論思考，甚至在相當程度會被質疑具有命定論的色彩。

● **立場四：否定經驗事件背後有真實存在的資料產生機制，否定案例有個殊性**

在多數的情況下，人文社會科學研究者所設想的母體，並不指涉事件背後資料產生機制的真實存在，但卻將既有的實現樣本視為封閉樣本，主張這些樣本具有可比較的共通性，而所有分析的標的皆為此實現樣本中所含的事實資訊。換句話說，在研究者所處時空下所有已被其感知的確定樣本構成了母體的定義，而母體中的一切資訊成為研究者的旨趣所在。在此立場上，研究者當然可以進一步採取實用主義的觀點，對於母體樣本主張其資料產生機制，並預設其各項設定為主觀想像的權宜存在，而非同形對應的真實存在。如此一來，所有資料產生機制的參數假設，都僅僅是為了主觀認識母體樣本資訊的框架設定，也因此，研究者為了達到更好的研究結果可以隨意改變其框架預設，不需要考慮其框架能否與事實指涉物有任何的對應關係。

上面四種關於母體的本體論立場，並沒有涉及母體與樣本之間的隨機抽樣程序，而是對於資料產生的隨機過程有不同的設想（關於隨機過程的概念，請參考延伸閱讀五）。當我們主張事件背後具有真實的資料產生機制時（如立場一、立場二），就已經將實現樣本視為樣本，這不論是主張封閉或開放樣本時都是如此的。一般習用意義上對於母體的稱呼，往往不帶有對其背後資料產生機制的真實存在預設，而是指涉真實存在並包括所有目標事件的封閉樣本（如立場四），但若要能以簡潔的記事符號表達其分配規律，只能透過借用主張其背後有資料產生機制（超母體）的描述方法，並不是真的主張此資料產生機制（超母體）的真實存在，這即反映出並沒有純然的統計描述的寫照，也就是說，不管是否主張事件背後的資料產生機制真實存在否，我們描述母體分配規律的方法必然已經預設其存在了。

　　真的問題其實出在主張資料產生機制有真實存在的立場一、立場二，因為當資料產生機制和實現樣本同時存在時，實現樣本只能是資料產生機制的部分樣本，而資料產生機制因為時空的無盡性，在定義上具有無限大的母體樣本數，因此兩者的關係就等同有限母體樣本與其抽樣樣本之間的全體與部分集合關係。此時，不管主張現實樣本的開放或封閉性，都必然涉及抽樣樣本的代表性問題，但作為當代科學典範下的科學工作者，我們實難將歷史事實設想為眾多平行宇宙發展軌跡下的一種可能性，主張任何歷史事實在未發生的時點前總是具有多重選項，而恰巧我們生活經歷過的歷史事實發生了，因此多數人會將歷史事實視為當然的母體樣本，如此一來只能將其本體論立場轉移到立場四，把原初主張資料產生機制的真實存在權宜化，也把實現樣本都視為封閉樣本，將資料產生機制和實現樣本兩者的關係類比為隨機抽樣中母體和樣本的關係，因此得以針對實現樣本進行假設檢定，來推論資料產生機制（超母體）中的因果關係，這即為當代實證國際關係學界中許多統計分析背後隱含的後設理論主張。

　　顯而易見的，此後設理論主張最脆弱的部分，就是實現樣本的產生是否滿足隨機抽樣程序下母體和樣本的關係，還有超母體的本體主張除了權宜性理由外是否可具象化、合理化。事實上，唯有回答後者才能有足夠資訊來說明前者的抽樣程序究竟為何，然而這些在國際關係研究的實證分析中都缺乏嚴肅且究竟的討論，而僅憑模糊的抽象類比，除了令多數人無法理解國際關係實證研究中對於所有歷史樣本分析中假設檢定指涉的真正意義，也產生母體和超母體關係的「無限倒退問題」，而這問題往往發生在研究者不加思索的就將資料產生機制中固定參數假定為一隨機變量，使得原先為未知定值的母體參數，又需要藉由更高一層的資料產生機制來解釋其變化，因而增生出更高一層的固定參數。一旦濫用這種階層性的模型設定技巧而沒有清楚解釋真實情境下的意義指涉，就會讓整個統計分析的內容指涉失去現實世界的可詮釋性，會讓人有數字遊戲的感受。

　　本書最重要的主旨，是希望讀者透過對統計學四百多年來發展脈絡的理解，來思考統計學的論理的框架和思路，並進一步對其在人文社會科學

上的應用做出反思。在本書的結語，作者希望提供統計初學者四項進一步
思考的建議：

一、統計學最初發端、也是最終關懷的問題就是主宰事物發生的資料產生
　　機制，因此不管本體論上主張其真實存在、還僅是權宜假設，所有統
　　計推論、甚至統計描述的問題，都要回到資料產生機制的物理或社會
　　意義解釋上，並且要求統計思考的理路必須環環緊扣，不能僅憑不證
　　自明的模糊類比。

二、統計推論一直存在有「直接機率」（表為 $P(E|H)$）和「逆機率」（表
　　為 $P(H|E)$）的辯論，而這兩個不同的機率概念，其實主要反映研究
　　者對於資料產生機制（以參數假設 H 來代表）和發生事件（E）在時間
　　軸向上時序先後性，但也反映了推論標的是客觀、還是主觀機率的問
　　題。以直接機率來說，必定先存在了一個時序在前的既定資料產生機
　　制，其中各種參數和必要設定都是確定數值，然後才產生被研究者所
　　觀測到的事件，因此按客觀時序來說 H 必然在 E 之前。但就逆機率
　　來說，是研究者已經看見事件發生前提下，才去思考造成此事件的資
　　料產生機制為何，也因此資料產生機制在研究者心中並非確定資訊，
　　自然就主觀時序來說，E 是在 H 之前。這兩種機率的看法，相對應就
　　是客觀和主觀機率論兩種不同的思維典範。

三、最大概似法是當代應用最廣、也最常用的統計推估方法，然而其推
　　論理路推到極致反倒具有宿命論的特質 —— 凡是一切在經驗上已經
　　發生的事物，其原先還沒有發生之前本來要發生的機率就是最大的，
　　因此才會造成其之後在現實上的發生。然而，每個人的人生經驗都會
　　顯示，事前認知有最大機會發生的事物往往不是最後發生的結果，而
　　我們拿此單一標準去找出讓所有案例都具有事前最大機會發生的參數
　　解，更遑論具有推理上的合理性。

四、最後讀者必須理解，統計學的知識並非由一條條的制式公式所形成
　　的，也不是可以化約成具有絕對答案的一套數理框架，事實上我們今
　　日所看到的古典統計學的主體內容，反映了從 1650 年到 1809 年間

早期統計學的發展軌跡，而在統計史上，統計學的發展是有可能呈現不同於今日所知的歷史軌跡。也因此，要能真正通曉統計學的基本知識，需要讀者具備反思統計學知識論的技巧和能力，以人文主義的精神來活化統計學的知識，而這正是作者撰寫本書的最重要目的。

延伸閱讀

一、「信用機率論」

　　一般認為「信用機率論」的成立有三項基本條件 (i) 與有相同的值域 (ii) 是的一對一函數，且反函數具有唯一性 (iii) 反函數是連續可微，上述條件綜合起來就是所謂的「順暢可逆性」（smoothly invertibility）[236]，而 Pitman（1957）[237] 也指出「信用機率論」基本上僅可能適用在單一參數的情形，若參數多於一，則數學上是有問題的。關於費雪對於信用機率論的主張以及回顧，請參考 Zabell（1992）[238]、Savage（1976）[239]。

二、最大概似法的「充分性」和「條件性」原則

　　在眾多的文獻中，Marc Nerlove 所著的手稿〈Likelihood Inference in Econometrics, Chapter 1〉（1999）[240] 是讓統計初學者最容易閱讀和理解的教材，該手稿是其未完成書稿的第一章，作者曾於 2005 年詢問他是否計畫完成書稿，得到回覆是他已經放棄該書的寫作，該手稿可以在其個人網頁上公開下載 http://www.mnerlove.umd.edu/papers/。除了 Nerlove 的手稿外，另一非常重要的文獻是 Allan Birnbaum 與 1962 年在美國統計學會會刊（Journal of the American Statistical Assocaition）上所發表名為「論統計推論的基礎」（On the Foundations of Statistical Inference）的論文 [241]，該文對於「充分性」和「條件性」在最大概似法論理的重要性上有清楚的解釋。

三、「克萊莫‧羅變異數下界」的推導歷史

　　根據 Ander Halds 的統計史研究 [242]，拉普拉斯（1785）[243] 已經提

出將概似函數利用泰勒展開式來展開逼近，並藉此來推導推估參數的漸近事後分配，而 Karl Pearson 和 Louis N. G. Filon（1898）[244]、Francis Y. Edgeworth（1908, 1909）[245][246]，還有費雪（1922）[247] 本人都在推導出「克萊莫·羅變異數下界」做了先驅者的工作。

四、社會科學哲學中的詮釋學派和實證主義的辯論

關於詮釋學派和實證主義的辯論，黃旻華所著碩士論文「國際關係批判理論的重建與評論：科學實存論的觀點」[248] 的第二章是很好的入門讀本，而此辯論中最為根源的議題，則是自然主義和反自然主義的哲學立場差異，在這的議題上，Bernstein（1983）[249] 和 Diesing（1991）[250] 兩本書對於人文社會科學背景的讀者提供很好的論點整理和闡述。

五、隨機過程

在統計學中，隨機過程是指以時間或空間為載體的隨機變量集合。一般常見是以時間為載體，描述一套隨機變量在不同時點上出現的動態序列，比方說「伯努力過程」（Bernoulli process）就是一個離散時間的二元隨機變量序列，其中在每個時點中隨機變量值的產生都是獨立的。事實上古典統計學中機率論的發端，就是賭博學家和天文物理學家在思索誤差產生的隨機過程，也因此各個機率分配本身，就可以視為生成一隨機過程的資料產生機制。然而在樣本隨機性上，隨機抽樣（假定抽出不放回）產生的變化是「部分集合與全體集合」的不確定關係，是由抽樣的操作所產生的，但在隨機過程中，任一時點的實現結果全然由抽象概念上的機率決定，不必然對應於頻率說的機率定義。關於隨機過程的理論，請參考 Erhan（2013）[251]。

附錄

附錄一　常態分配機率密度函數中常數項的推導

我們需要對於常態分配的機率密度函數有深刻理解。以數學式來表示，常態分配的機率密度函數如下：

$$f(x \mid \mu, \sigma) = \frac{1}{\sqrt{2\pi}\sigma} \exp\left[\frac{-(x-\mu)^2}{2\sigma^2}\right]$$

機率的首要定義為，所有事件發生的機率總和為 1，因此

$$\int_{-\infty}^{\infty} f(x \mid \mu, \sigma)dx = 1$$

比較好理解常態分配的機率密度函數的方式，是將 $\frac{x-\mu}{\sigma}$ 視為一種標準化的度量，其中 μ 表位置參數（決定分配的中心線）的母數，σ 表尺度參數（決定分配的寬窄）的母數，所以一旦標準化之後，不管特定常態分配的形狀為何，都可以一般化為一個標準形式，下面是標準化的過程：

令 $t = \frac{x-\mu}{\sigma}$，所以 $dt = \frac{1}{\sigma}dx$

$$\int_{-\infty}^{\infty} f(x \mid \mu, \sigma)dx = 1$$

$$\Rightarrow \int_{-\infty}^{\infty} \frac{1}{\sqrt{2\pi}\sigma} \exp\left[\frac{-(x-\mu)^2}{2\sigma^2}\right]dx = 1$$

$$\Rightarrow \int_{-\infty}^{\infty} \frac{1}{\sqrt{2\pi}} \exp\left[\frac{-1}{2}\frac{(x-\mu)^2}{\sigma^2}\right]\left(\frac{1}{\sigma}dx\right) = 1$$

$$\Rightarrow \int_{-\infty}^{\infty} \frac{1}{\sqrt{2\pi}} \exp\left(\frac{-t^2}{2}\right)dt = 1$$

我們怎麼知道 $\int_{-\infty}^{\infty} \frac{1}{\sqrt{2\pi}} \exp\left(\frac{-t^2}{2}\right)dt = 1$ 的？

這必須從下面的積分問題談起。在微積分這門學問中，最令人煩惱的

是，我們對於積分的知識，遠不如我們對於微分的知識，所以這兩百年來，有一個著名的數學觀點：四大基本函數皆可被微分，但其積分的封閉形式不見得存在。許多數學家發明不同理論來解釋為什麼許多基本函數的積分解是無解，而在這些無解的積分式中，其中有一個就是標準化常態分配的機率密度函數形式，即

$$f(x) = \exp(-x^2)$$

上面的式子，不存在有限界域的封閉積分解，或者是不定積分解

$$\int \exp(-x^2)dx \implies \text{無法用已知的有限函數來表示其解答}$$

但數學家們早已知道，上式如果在上下界分別是無限大和無限小的前提下，我們可以求得確定解為 $\sqrt{\pi}$

$$\int_{-\infty}^{\infty} \exp(-x^2)dx = \sqrt{\pi}$$

也因此下面我們可以證明常態分配的累積機率函數從無限小到無限大的總和為 1，滿足了機率分配的基本定義，證明如下：

令 $k^2 = \dfrac{t^2}{2}$，則 $k = \dfrac{t}{\sqrt{2}}$，$dk = \dfrac{1}{\sqrt{2}}dt$，我們用 k 替換 t

$$\int_{-\infty}^{\infty} \frac{1}{\sqrt{2\pi}} \exp\left(\frac{-t^2}{2}\right) dt$$

$$= \frac{1}{\sqrt{\pi}} \int_{-\infty}^{\infty} \exp\left[-\left(\frac{t}{\sqrt{2}}\right)^2\right]\left(\frac{1}{\sqrt{2}}dt\right)$$

$$= \frac{1}{\sqrt{\pi}} \int_{-\infty}^{\infty} \exp(-k^2)dk$$

$$= 1$$

我們只需要證明 $\displaystyle\int_{-\infty}^{\infty} \exp(-k^2)dk = \sqrt{\pi}$，就可以證明上式。

下面便是對於 $\int\limits_{-\infty}^{\infty}\exp(-k^2)dk=\sqrt{\pi}$ 的證明：

令 $I=\int\limits_{-\infty}^{\infty}\exp(-k^2)dk$，我們想像將這積分式自己乘以自己

$$I^2=\int\limits_{-\infty}^{\infty}\exp(-k^2)dk\int\limits_{-\infty}^{\infty}\exp(-k^2)dk$$

在此由於兩積分式是獨立的，兩者沒有任何關係，我們可以用不同的變數符號替換原來的 k，比方說用 x 和 y，即

$$I^2=\int\limits_{-\infty}^{\infty}\exp(-x^2)dx\int\limits_{-\infty}^{\infty}\exp(-y^2)dy$$

$$=\int\limits_{-\infty}^{\infty}\int\limits_{-\infty}^{\infty}\exp[-(x^2+y^2)]\,dxdy$$

　　這邊所有的關鍵就在於我們將上面的二維積分，從直角坐標系轉換成極座標（polar coordinate）系

直角坐標系就是我們常用的垂直座標概念

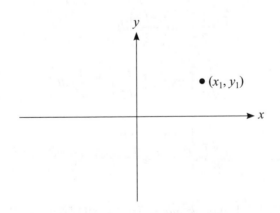

極座標就是

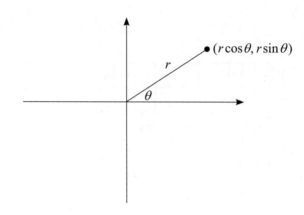

嚴格說，我們只是用變數替換，將原直角坐標換成極座標的表達方式

$$x = r\cos\theta, \quad y = r\sin\theta$$

我們在學三角函數時都知道到

$$\cos^2\theta + \sin^2\theta = 1$$

上面的轉換就是利用這點，將指數函數內的 $-(x^2 + y^2)$，轉成 $-r^2$，即

$$-(x^2 + y^2) = -(r^2\cos^2\theta + r^2\sin^2\theta) = -r^2(\cos^2\theta + \sin^2\theta) = -r^2$$

接下來就是最困難理解的二維積分轉換，我們的目的是將

$$\int_{-\infty}^{\infty}\int_{-\infty}^{\infty} f(x, y)\, dxdy \;\Rightarrow\; \int_{?}^{?}\int_{?}^{?} f(r, \theta)\, drd\theta$$

先想 dx, dy 的原意，即一個無限小的 x 和 y 線段，所以

$$dxdy = 一個無限小為長和寬的四方形$$

我們想成積分區域

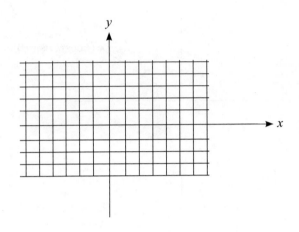

是由將所有直角坐標中無數多的 $dxdy$（即圖中小格子所示）形成的但現在我們將其改成

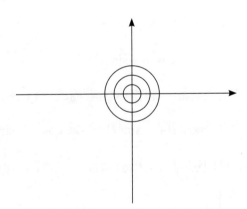

圓環中每一一個小環形塊就是我們現在積分的單位，不再是四方小格子了

若將圓環切開，可以變成一個長條狀的四方形

對於每一個小環形塊來說，長為 dr（即半徑長的無限小增量），寬為此半徑下的圓周，即 $rd\theta$，則

$$I^2 = \int_{-\infty}^{\infty} \int_{-\infty}^{\infty} \exp[-(x^2 + y^2)]\, dxdy$$

$$= \int_{0}^{2\pi} \int_{0}^{\infty} \exp(-r^2)\, rdrd\theta$$

$$= \int_{0}^{\infty} \exp(-r^2)\theta \,|_0^{2\pi} rdr$$

$$= \int_{0}^{\infty} 2\pi \exp(-r^2)\, rdr$$

$$= \pi \int_{0}^{\infty} \exp(-r^2)(2rdr)$$

$$= \pi \int_{0}^{\infty} \exp(-r^2)\, d(r^2)$$

$$= \pi(-\exp(-r^2)\,|_0^{\infty})$$

$$= \pi$$

所以

$$I = \int_{-\infty}^{\infty} \exp(-k^2)dk = \sqrt{\pi}$$

得證。

附錄二　指數族函數的求極值問題

　　對於指數族函數的求極值問題，一般會進行取對數的操作來消除指數的次方形式而直接處理次方項內函數。在數學上，對一函數進行取對數的操作，雖改變函數數值，但會保留原曲線的形狀，因此極值的解並不會受到影響，我們仍可以在同一參數值下找到最大或最小值，此優良特質稱作「同形性」（invariance）。

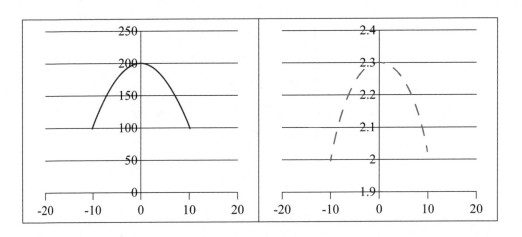

以左上圖來說 $f(x) = 200 - x^2$，取對數後變成右上圖 $\ln f(x) = \ln(200 - x^2)$，兩者都是極值在 $x = 0$，所以在求極值問題上，取對數並不會改變答案。所以對於任一 n 元指數族函數

$$L = e^{f(x_1, x_2, \ldots, x_n)}$$

取對數則可簡化問題

$$\ln L = f(x_1, x_2, \ldots, x_n)$$

　　高中數學曾學到，若一函數有極值，就是針對某個軸向取斜率，若其值為 0，代表找到極值，所以在數學上，我們分別對變數 x_i 分別進行一次偏微，並均令其為 0

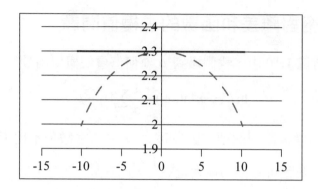

粗體橫線條代表在極值處取斜率，則斜率值為零。

如此一來可得到一個聯立方程式，其中有 n 個限制式，n 個未知數

$$\begin{cases} f(x_1, x_2, ..., x_n)/\partial x_1 = 0 \\ f(x_1, x_2, ..., x_n)/\partial x_2 = 0 \\ \quad\quad\quad \vdots \\ f(x_1, x_2, ..., x_n)/\partial x_n = 0 \end{cases}$$

可以解出唯一解。

附錄三　絕對離差和函數的求極值問題

在參考方塊 1.10 中，我們遇到 μ 為何值會使概似函數

$$\ln L = -n\ln(2\sigma) - \frac{1}{\sigma}\sum_{i=1}^{n}|x_i - \mu|$$

有最大值的問題，第一個項次因為不含 μ 視為常數項不用考慮，因此關鍵是第二項，問題可看作為極大化 $-\frac{1}{\sigma}\sum_{i=1}^{n}|x_i - \mu|$，然前乘項 $-\frac{1}{\sigma}$ 對 μ 亦為負值常數項，所以問題可進一步簡化成極小化 $\sum_{i=1}^{n}|x_i - \mu|$。

我們真正需要證明的是，究竟 μ 為何值時可以讓 $f(\mu) = \sum_{i=1}^{n}|x_i - \mu|$ 有最小值。

儘管有許多不同的證明方法，下面所提供是一個不需要高深數學技巧就可以了解的歸納法。

讓我們將數列 $\{x_1, x_2, \cdots, x_n\}$ 按數值由小到大依序排列 $\{x_{(1)}, x_{(2)}, \cdots, x_{(n)}\}$，令

$$x_{(1)} = a$$
$$x_{(2)} = a + d_1$$
$$x_{(3)} = a + d_1 + d_2$$
$$\vdots$$
$$x_{(n)} = a + \sum_{i=1}^{n-1}d_i$$

其中 $d_i \geq 0$。假設我們主張中位數 $T(\underline{x})$ 是 μ 的最佳估計值，則我們可以分成數列個數 n 為奇數和偶數兩種情況討論

(1)　n 為奇數，$T(\underline{x}) = x_{(\frac{n+1}{2})}$

$$f[T(\underline{x})] = \sum_{i=1}^{n}|x_i - T(\underline{x})|$$

$$= \sum_{i=1}^{\frac{n-1}{2}}\left(x_{(\frac{n+1}{2})} - x_{(i)}\right) + \sum_{i=\frac{n+3}{2}}^{n}\left(x_{(i)} - x_{(\frac{n+1}{2})}\right)$$

$$= \left(x_{\left(\frac{n+3}{2}\right)} - x_{(1)} \right) + \left(x_{\left(\frac{n+5}{2}\right)} - x_{(2)} \right) + \cdots + \left(x_{(n)} - x_{\left(\frac{n-1}{2}\right)} \right)$$

$$= \sum_{i=1}^{\frac{n+1}{2}} d_i + \sum_{i=2}^{\frac{n+3}{2}} d_i + \cdots + \sum_{\frac{n-1}{2}}^{n-1} d_i$$

$$= Z$$

若我們將 μ 的估計值 $\hat{\mu}$ 分別設為 $[T(\underline{x})+\varepsilon]$ 的數，我們可以得到下面的結果：

ε	$\hat{\mu}$	$\sum_{i=1}^{n} \lvert x_i - \hat{\mu} \rvert$
$-\sum_{i=0}^{k} d_{\frac{n-1}{2}-i} \leq \varepsilon < \sum_{i=0}^{k-1} d_{\frac{n-1}{2}-i}$	$x_{\left(\frac{n-1}{2}-k\right)} \leq \hat{\mu} < x_{\left(\frac{n+1}{2}-k\right)}$	$Z - \varepsilon + 2\sum_{j=0}^{k-1}\left(-\varepsilon - \sum_{i=0}^{j} d_{\frac{n-1}{2}-i} \right)$
$\vdots$	$\vdots$	$\vdots$
$-d_{\frac{n-1}{2}} - d_{\frac{n-3}{2}} - d_{\frac{n-5}{2}}$ $\leq \varepsilon < -d_{\frac{n-1}{2}} - d_{\frac{n-3}{2}}$	$x_{\left(\frac{n-5}{2}\right)} \leq \hat{\mu} < x_{\left(\frac{n-3}{2}\right)}$	$Z - \varepsilon + 2(-\varepsilon - d_{\frac{n-1}{2}})$ $+ 2(-\varepsilon - d_{\frac{n-1}{2}} - d_{\frac{n-3}{2}})$
$-d_{\frac{n-1}{2}} - d_{\frac{n-3}{2}} \leq \varepsilon < -d_{\frac{n-1}{2}}$	$x_{\left(\frac{n-3}{2}\right)} \leq \hat{\mu} < x_{\left(\frac{n-1}{2}\right)}$	$Z - \varepsilon + 2(-\varepsilon - d_{\frac{n-1}{2}})$
$-d_{\frac{n-1}{2}} \leq \varepsilon < 0$	$x_{\left(\frac{n-1}{2}\right)} \leq \hat{\mu} < T(\underline{x})$	$Z - \varepsilon$
$\varepsilon = 0$	$T(\underline{x}) = x_{\left(\frac{n+1}{2}\right)}$	Z
$0 < \varepsilon \leq d_{\frac{n+1}{2}}$	$T(\underline{x}) < \hat{\mu} \leq x_{\left(\frac{n+3}{2}\right)}$	$Z + \varepsilon$
$d_{\frac{n+1}{2}} < \varepsilon \leq d_{\frac{n+1}{2}} + d_{\frac{n+3}{2}}$	$x_{\left(\frac{n+3}{2}\right)} < \hat{\mu} \leq x_{\left(\frac{n+5}{2}\right)}$	$Z + \varepsilon + 2(\varepsilon - d_{\frac{n+1}{2}})$
$d_{\frac{n+1}{2}} + d_{\frac{n+3}{2}} < \varepsilon$ $\leq d_{\frac{n+1}{2}} + d_{\frac{n+3}{2}} + d_{\frac{n+5}{2}}$	$x_{\left(\frac{n+5}{2}\right)} < \hat{\mu} \leq x_{\left(\frac{n+7}{2}\right)}$	$Z + \varepsilon + 2(\varepsilon - d_{\frac{n+1}{2}})$ $+ 2(\varepsilon - d_{\frac{n+1}{2}} - d_{\frac{n+3}{2}})$
$\vdots$	$\vdots$	$\vdots$
$\sum_{i=0}^{k} d_{\frac{n+1}{2}+i} < \varepsilon \leq \sum_{i=0}^{k+1} d_{\frac{n+1}{2}+i}$	$x_{\left(\frac{n+3}{2}+k\right)} < \hat{\mu} \leq x_{\left(\frac{n+5}{2}+k\right)}$	$Z + \varepsilon + 2\sum_{j=0}^{k}\left(\varepsilon - \sum_{i=0}^{j} d_{\frac{n+1}{2}+i} \right)$

上表結果說明了，唯有 $\hat{\mu} = T(\underline{x})$ 時讓 $f(\mu) = \sum_{i=1}^{n}|x_i - \mu|$ 有最小值。

(2) n 為偶數，$T(\underline{x}) = \dfrac{1}{2}\left(x_{(\frac{n}{2})} + x_{(\frac{n}{2}+1)} \right)$

$$\begin{aligned}
f[T(\underline{x})] &= \sum_{i=1}^{n}|x_i - T(\underline{x})| \\
&= \sum_{i=1}^{\frac{n}{2}}\left[\frac{1}{2}(x_{(\frac{n}{2})} + x_{(\frac{n}{2}+1)}) - x_{(i)}\right] + \sum_{i=\frac{n}{2}+1}^{n}\left[x_{(i)} - \frac{1}{2}(x_{(\frac{n}{2})} + x_{(\frac{n}{2}+1)})\right] \\
&= (x_{(\frac{n}{2}+1)} - x_{(1)}) + (x_{(\frac{n}{2}+2)} - x_{(2)}) + \cdots + (x_{(n)} - x_{(\frac{n}{2})}) \\
&= \sum_{i=1}^{\frac{n}{2}}d_i + \sum_{i=2}^{\frac{n}{2}+1}d_i + \cdots + \sum_{\frac{n}{2}}^{n-1}d_i \\
&= Z
\end{aligned}$$

若我們將 μ 的估計值 $\hat{\mu}$ 分別設為 $[T(\underline{x}) + \varepsilon]$ 的數，我們可以得到下面的結果：

ε	$\hat{\mu}$	$\sum_{i=1}^{n}\left|x_i-\hat{\mu}\right|$
$\left.\begin{cases} -\sum_{i=0}^{k} cd_{\frac{n}{2}-i} \le \varepsilon \\ < -\sum_{i=0}^{k-1} cd_{\frac{n}{2}-i} \end{cases}\right\}_{\substack{c=\frac{1}{2}\ if\ i=0 \\ c=1\ if\ i\neq 0}}$	$x_{(\frac{n}{2}-k)} \le \hat{\mu} < x_{(\frac{n}{2}+1-k)}$	$Z+2\sum_{j=0}^{k-1}\left(-\varepsilon-\sum_{i=0}^{j} cd_{\frac{n}{2}-i}\right)_{\substack{c=\frac{1}{2}\ if\ i=0 \\ c=1\ if\ i\neq 0}}$
$\vdots$	$\vdots$	$\vdots$
$-\frac{1}{2}d_{\frac{n}{2}}-d_{\frac{n}{2}-1}-d_{\frac{n}{2}-2}$ $\le \varepsilon < -\frac{1}{2}d_{\frac{n}{2}}-d_{\frac{n}{2}-1}$	$x_{(\frac{n}{2}-2)} \le \hat{\mu} < x_{(\frac{n}{2}-1)}$	$Z+2(-\varepsilon-\frac{1}{2}d_{\frac{n}{2}})$ $+2(-\varepsilon-\frac{1}{2}d_{\frac{n}{2}}-d_{\frac{n}{2}-1})$
$-\frac{1}{2}d_{\frac{n}{2}}-d_{\frac{n}{2}-1} \le \varepsilon < -\frac{1}{2}d_{\frac{n}{2}}$	$x_{(\frac{n}{2}-1)} \le \hat{\mu} < x_{(\frac{n}{2})}$	$Z+2(-\varepsilon-\frac{1}{2}d_{\frac{n}{2}})$
$-\frac{1}{2}d_{\frac{n}{2}} \le \varepsilon \le \frac{1}{2}d_{\frac{n}{2}}$	$x_{(\frac{n}{2})} \le \hat{\mu} = T(\underline{x}) \le x_{(\frac{n}{2}+1)}$	Z
$\frac{1}{2}d_{\frac{n}{2}} < \varepsilon \le \frac{1}{2}d_{\frac{n}{2}}+d_{\frac{n}{2}+1}$	$x_{(\frac{n}{2}+1)} < \hat{\mu} \le x_{(\frac{n}{2}+2)}$	$Z+2(\varepsilon-\frac{1}{2}d_{\frac{n}{2}})$
$\frac{1}{2}d_{\frac{n}{2}}+d_{\frac{n}{2}+1} < \varepsilon$ $\le \frac{1}{2}d_{\frac{n}{2}}+d_{\frac{n}{2}+1}+d_{\frac{n}{2}+2}$	$x_{(\frac{n}{2}+2)} < \hat{\mu} \le x_{(\frac{n}{2}+3)}$	$Z+2(\varepsilon-\frac{1}{2}d_{\frac{n}{2}})+2(\varepsilon-\frac{1}{2}d_{\frac{n}{2}}-d_{\frac{n}{2}+1})$
$\vdots$	$\vdots$	$\vdots$
$\left.\begin{cases} \sum_{i=0}^{k-1} cd_{\frac{n}{2}+i} < \varepsilon \\ \le \sum_{i=0}^{k} cd_{\frac{n}{2}+i} \end{cases}\right\}_{\substack{c=\frac{1}{2}\ if\ i=0 \\ c=1\ if\ i\neq 0}}$	$x_{(\frac{n}{2}+k)} < \hat{\mu} \le x_{(\frac{n}{2}+1+k)}$	$Z+2\sum_{j=0}^{k-1}\left(\varepsilon-\sum_{i=0}^{j} cd_{\frac{n}{2}+i}\right)_{\substack{c=\frac{1}{2}\ if\ i=0 \\ c=1\ if\ i\neq 0}}$

上表結果說明了，唯有 $\hat{\mu}=T(\underline{x})$ 時讓 $f(\mu)=\sum_{i=1}^{n}\left|x_i-\mu\right|$ 有最小值。

附錄四　中心化模型設定對參數推估的影響

在參考方塊 4.8 中談到中心化模型設定對參數推估的影響，下面以例 4.1 為例，分別估計下面不同中心化操作的模型設定

模型一：$y = \beta_0 + \beta_1 x_1 + \beta_2 x_2 + \beta_3 x_3 + e$

模型二：$y = \beta_1 x_1 + \beta_2 x_2 + \beta_3 x_3 + e$

模型三：$y = \beta_0 + \beta_1(x_1 - \overline{x}_1) + \beta_2(x_2 - \overline{x}_2) + \beta_3(x_3 - \overline{x}_3) + e$

模型四：$y = \beta_1(x_1 - \overline{x}_1) + \beta_2(x_2 - \overline{x}_2) + \beta_3(x_3 - \overline{x}_3) + e$

模型五：$(y - \overline{y}) = \beta_1(x_1 - \overline{x}_1) + \beta_2(x_2 - \overline{x}_2) + \beta_3(x_3 - \overline{x}_3) + e$

模型六：$(y - \overline{y}) = \beta_0 + \beta_1(x_1 - \overline{x}_1) + \beta_2(x_2 - \overline{x}_2) + \beta_3(x_3 - \overline{x}_3) + e$

參數推估結果如下：

	模型一	模型二	模型三	模型四	模型五	模型六
$\hat{\beta}_0$	814.444	—	760	—	—	0
$\hat{\beta}_1$	−0.173	0.755	−0.173	−0.173	−0.173	−0.173
$\hat{\beta}_2$	−5.933	−16.675	−5.933	−5.933	−5.933	−5.933
$\hat{\beta}_3$	0.167	0.696	0.167	0.167	0.167	0.167

換句話說，我們可以得下面一些結論：

一、如果不對自變項做中心化操作，則一定要加常數項，否則參數估計是偏誤的。

二、如果對自變項做中心化操作，但沒有對依變項做中心化操作，常數項會等於依變項平均值（$\overline{y} = 760$）。而在對自變項做中心化操作的條件下，對不對依變項做中心化操作都不會影響參數估計值；如果也對依變項進行中心化操作，則常數項估計會是 0，因為依變項平均值的部分已經被中心化掉了（比較模型三和模型六的結果），也因此，當自變項和依變項都做中心化操作時，常數項根本不用加，如同模型五的

結果所示。

三、綜合上面的結果，如果對於自變項和依變項都不做中心化操作，則加
　　不加常數非常重要，但如果對於自變項做中心化操作，常數項是多餘
　　的。

附錄五　牛頓法的應用

牛頓法的公式可以由下面的恆等式來理解

$$x_{n+1} = x_n - \frac{f(x_n)}{f'(x_n)}$$

$$\Rightarrow \frac{f(x_n)}{f'(x_n)} = x_n - x_{n+1}$$

$$\Rightarrow f'(x_n) = \frac{f(x_n)}{x_n - x_{n+1}}$$

想像我們令 $f(x_{n+1}) = 0$，上面的式子說明了，

$$f'(x_n) = \frac{f(x_n) - 0}{x_n - x_{n+1}} = \frac{f(x_n) - f(x_{n+1})}{x_n - x_{n+1}}$$

以圖示來看，若起始值為 x_0，沿 x_0 向上與曲線相交的平均斜率為線段 $\overline{AB}$，即 $f'(x_0)$，所以 $f'(x_0)$ 事實上是等於高 $[f(x_0) - f(x_1)]$ 除以底 $(x_0 - x_1)$。這邊方向性要一致，若 x_0 放在 x_1 前面，則 $f(x_0)$ 也要放在 $f(x_1)$ 前面，這邊我們刻意令 $f(x_1) = 0$，因為我們就是要透過不斷找到曲線與 x 軸相交的點，讓曲線的瞬間斜率與平均斜率 $(\overline{AB})$ 逐漸逼近，而直到兩者幾乎一致時，就是求出根的答案時。在本例中，x_2 已經逼近得很好了，從 C 點來看，在曲線上幾乎平均斜率和瞬間斜率是一樣的。

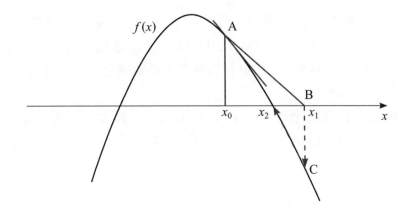

　　如果真的理解上還是有問題，可以把牛頓法的疊代公式理解成下面口訣：

$$x_{n+1}（下一步走到的地方）=x_n（從這一步）\underbrace{\left\{-（則回頭走）\frac{f(x_n)（若處在地上）}{f'(x_n)（且目前站的地方斜率為正）}\right\}}_{總共走多遠}$$

想想看下面的圖示

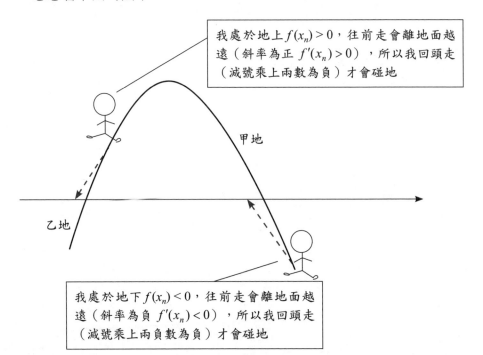

我處於地上 $f(x_n)>0$，往前走會離地面越遠（斜率為正 $f'(x_n)>0$），所以我回頭走（減號乘上兩數為負）才會碰地

甲地

乙地

我處於地下 $f(x_n)<0$，往前走會離地面越遠（斜率為負 $f'(x_n)<0$），所以我回頭走（減號乘上兩負數為負）才會碰地

請自己類推，當人分別在「甲地」和「乙地」時，牛頓法的直觀詮釋。

在「甲地」：我處於地上 $f(x_n)>0$，往前走會離地面越近（斜率為負 $f'(x_n)<0$），所以我往前走（減號乘上一正一負為正）才會碰地。

在「乙地」：我處於地下 $f(x_n)<0$，往前走會離地面越近（斜率為正 $f'(x_n)>0$），所以我往前走（減號乘上一正一負為正）才會碰地。

附錄六　各種「類判定係數」的定義和解釋

一、Aldrich & Nelson's R^2（依據概似比數值）

$$Pseudo - R^2 = \frac{\chi^2}{\chi^2 + \alpha N}$$

其中 $\chi^2 = -2 \times \ln(L_{null} - L_{alt})$，$N$ 是樣本數，若採 Logit 模型則 $\alpha = 3.29$，若採 Probit 模型則 $\alpha = 1$。此公式又可視為

$$類判定係數 = \frac{被模型解釋的變異}{被模型解釋的變異 + 樣本的變異}$$

二、McKelvey & Zavoina's R^2（依據變異數分解）

$$Pseudo - R^2 = \frac{\sum_{i=1}^{n}(\hat{y} - \bar{y})^2}{\sum_{i=1}^{n}(\hat{y} - \bar{y})^2 + (\alpha N)} \; ; \; 可看作 \; \frac{\text{SSR}}{\text{SSR+SSE}}$$

(3) McFadden's（依據 Loglikelihood Ratio）

$$Pseudo - R^2 = 1 - \left[\frac{\ln L_u}{\ln L_r} \right] \; ; \; 可看作 \; \frac{\ln L_r - \ln L_u}{\ln L_r} = \frac{增進的適合度}{所有需要增進的適合度}$$

(4) Lave/Efron's（依據模型預測的機率值，同 Least Square 的變異數分解）

$$Pseudo - R^2 = 1 - \frac{\sum_{i=1}^{n}(y_i - \hat{y}_i)^2}{\sum_{i=1}^{n}(y_i - \bar{y})^2} \; ; \; 可看作 \; \frac{\text{SSR}}{\text{SSR+SSE}}$$

(5) Prediction Pseudo-R^2（依據模型預測的成功率）

$$Pseudo - R^2 = \frac{\% \text{ Correct in the Alternative Model} - \% \text{ Correct in the Null Model}}{1 - \% \text{ Correct in the Null Model}} \; ;$$

可看作 $\dfrac{\text{增進的適合度}}{\text{所有需要增進的適合度}}$

(6)　Cragg-Uhler/Nagelkerke's（依據 Likelihood Ratio）

$$Pseudo - R^2 = \frac{L_u^{(\frac{2}{n})} - L_r^{(\frac{2}{n})}}{1 - L_r^{(\frac{2}{n})}} \; ; \text{可看作} \; \frac{\text{增進的適合度}}{\text{所有需要增進的適合度}}$$

　　許多學者對於上面這些統計量進行模擬研究發現 McKelvey & Zavoina's $Pseudo - R^2$ 的表現最好，而推薦其作為順序尺度迴歸模型的 R^2，也有學者建議利用上面 2 或 3 個不同的 $Pseudo - R^2$ 來評估模型的適合度。也有學者認為所測量的不是模型的適合度，而是關聯度（Measure of Association），但在某種意義上來說，兩者是可以相通的。

附錄七　「斯特林公式」（Stirling Formula）的數學證明

欲證明 $n! \approx \sqrt{2\pi}\, n^{n+\frac{1}{2}} e^{-n}$ 近似值成立

證明如下：

$$\because \log(n!) = \log 1 + \log 2 + \cdots + \log n \qquad\qquad\text{--(A.1)}$$

$$\int \log x\, dx = x \log(x) - x \qquad\qquad\text{--(A.2)}$$

(A.1) 式就是展開 $n!$ 的第一步，先取 log，(A.2) 式則是 (A.1) 式中各項積分結果，即 $\dfrac{d[x\log(x) - x]}{dx} = \log x$。

這裡我們還需用到另一數學關係式，即

$$\int_{n-1}^{n} \log(x)\,dx < \log(n) \times 1 < \int_{n}^{n+1} \log(x)\,dx \qquad\qquad\text{--(A.3)}$$

道理很簡單，如果我們把 $\log(x)$ 的曲線劃出來就明瞭了，(A.3) 式要成立則 $n \geq 2$

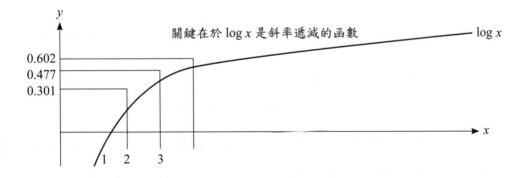

關鍵在於 $\log x$ 是斜率遞減的函數

$n = 2$，$\displaystyle\int_{n-1}^{n} \log(x)\,dx$ 是指從 $1 \leq x \leq 2$ 之間與 $\log x$ 曲線所圍成的面積

而 $\log(n) \times 1$ 指是從 $1 \leq x \leq 2$ 之間，1 為底 $\log 2$ 為高的矩形面積

$\displaystyle\int_{n}^{n+1} \log(x)\,dx$ 是指從 $2 \leq x \leq 3$ 之間與 $\log x$ 曲線所圍成的面積

顯而易見的

$$\int_{n-1}^{n} \log(x)dx < \log(n) \times 1 < \int_{n}^{n+1} \log(x)dx$$

如果我們把 (A.1) 式中右邊各項相加，利用 (A.2) 式的關係，可知

$$\sum_{i=2}^{n} \int_{i-1}^{i} \log(x)dx < \log(n!) < \sum_{i=2}^{n} \int_{i}^{i+1} \log(x)dx \quad （左式 \log 1 = 0，所以 n 從 2 開始）$$

$$\Rightarrow \int_{1}^{n} \log(x)dx < \log(n!) < \int_{2}^{n+1} \log(x)dx$$

（注意這裡對於左右項的一些調整）

$$\Rightarrow n\log(n) - n + 1 < \log(n!) < \int_{1}^{n+1} \log(x)dx$$

$$\Rightarrow n\log(n) - n < \log(n!) < (n+1)\log(n+1) - n \qquad\qquad \text{--(A.4)}$$

到 (A.4) 式為止，我們想做的是將 $\log(n!)$ 的範圍用夾擊法找上下界猜出來，這時要做的工作是找出 $\log(n!)$ 到底是在下界 $[n \log(n) - n]$ 和上界 $[(n + 1) \log(n + 1) - n]$ 的何處。先從下界來找，如果我們猜 $\log(n!)$ 的近似值為 $\left[(n+\frac{1}{2})\log(n) + n\right]$，這裡 $\log(n)$ 前面乘的 $(n+\frac{1}{2})$ 比下界之 n 大和上界之 $(n + 1)$ 小，使得此近似值必在上下界之間，則

$$令\ d_n = \log(n!) - (n+\frac{1}{2})\log(n) + n \quad （d_n 為真值和我們所猜測之近似值差距）$$

$$d_{n+1} = \log(n+1)! - (n+\frac{3}{2})\log(n+1) + n + 1$$

（d_{n+1} 為當 n 變成 $n + 1$ 時之近似值差距）

這裡我們想證明的是，如果 n 越來越大，而 d_n 卻越來越趨近 0，代表 $n \to \infty$，$\log(n!) \to (n+\frac{1}{2})\log(n) + n$，所以我們求 $d_n - d_{n+1}$，看 $\{d_n\}$ 數列會不會遞減收斂

$$d_n - d_{n+1} = \log(n!) - (n+\frac{1}{2})\log(n) + n - \log(n+1)! + (n+\frac{3}{2})\log(n+1) - n - 1$$

$$= \log \frac{n!}{(n+1)!} - \log(n)^{(n+\frac{1}{2})} + \log(n+1)^{(n+\frac{3}{2})} - 1$$

$$= \log \frac{1}{n+1} - \log(n)^{(n+\frac{1}{2})} + \log(n+1)^{(n+\frac{3}{2})} - 1$$

$$= \log(n+1)^{-1} - \log(n)^{(n+\frac{1}{2})} + \log(n+1)^{(n+\frac{3}{2})} - 1$$

$$= \log(n+1)^{(n+\frac{1}{2})} - \log(n)^{(n+\frac{1}{2})} - 1$$

$$= \left(n + \frac{1}{2}\right) \log \frac{n+1}{n} - 1 \qquad\qquad\qquad \text{--(A.5)}$$

其中 $\dfrac{n+1}{n} = \dfrac{1 + \dfrac{1}{2n+1}}{1 - \dfrac{1}{2n+1}}$ ，令 $\dfrac{1}{2n+1} = t$ ，則 $\dfrac{n+1}{n} = \dfrac{1+t}{1-t}$（想用麥卡托級數來解）。

麥卡托級數是自然對數函數的泰勒展開式

$$\ln(1+x) = \sum_{n=1}^{\infty} \frac{(-1)^{n+1}}{n} x^n = x - \frac{x^2}{2} + \frac{x^3}{3} - \frac{x^4}{4} + \cdots \text{，其中 } -1 < x \le 1$$

麥卡托級數很重要，它的導出可以這樣來看

令 $f(x) = \ln(1+x)$ ， $f'(x) = (1+x)^{-1}$ ，

$f''(x) = -1(1+x)^{-2} \cdots f^n(x) = (-1)^{n+1}(1+x)^{-n}$

所以如果 $f(x)$ 在 $x = a$ 之處可用泰勒展開式逼近，即

$$f(x) = f(a) + \frac{f'(a)(x-a)^1}{1!} + \frac{f''(a)(x-a)^2}{2!} + \cdots + \frac{f^n(a)(x-a)^n}{n!}$$

所以將 $f(x) = \ln(1+x)$ 帶入，令 $a = 0$ ，則

$$\ln(1+x) = 0 + \frac{x}{1!} - \frac{x^2}{2!} + \frac{x^3}{3!} - \frac{x^4}{4!} + \cdots$$

$$= x - \frac{x^2}{2} + \frac{x^3}{3} - \frac{x^4}{4} + \cdots$$

若把 x 換成 $-x$，則

$$\ln[1+(-x)] = 0 + \frac{(-x)}{1!} - \frac{(-x)^2}{2!} + \frac{(-x)^3}{3!} - \frac{(-x)^4}{4!} + \cdots$$

$$= -x - \frac{x^2}{2!} - \frac{x^3}{3!} - \frac{x^4}{4!} - \cdots$$

回到正題，讓我們藉用泰勒展開式來處理 (A.5) 式中的 $\log\frac{n+1}{n}$，左乘 $\frac{1}{2}$ 是要消掉麥卡托級數會產生重複的多項式：

$$\frac{1}{2}\log\left(\frac{n+1}{n}\right) = \frac{1}{2}\log\left(\frac{1+t}{1-t}\right) = \frac{1}{2}[\log(1+t) - \log(1-t)]$$

$$= \frac{1}{2}\left[\left(t - \frac{t^2}{2} + \frac{t^3}{3} - \frac{t^4}{4} + \frac{t^5}{5} - \cdots\right) - \left(-t - \frac{t^2}{2} - \frac{t^3}{3} - \frac{t^4}{4} - \frac{t^5}{5} - \cdots\right)\right]$$

$$= \frac{1}{2}\left(2t + 2 \cdot \frac{t^3}{3} + 2 \cdot \frac{t^5}{5} + \cdots\right)$$

$$= t + \frac{t^3}{3} + \frac{t^5}{5} + \cdots$$

將此結果帶回 (A.5) 式中，則

$$d_n - d_{n+1} = \left(n + \frac{1}{2}\right)\log\frac{n+1}{n} - 1$$

$$= (2n+1) \cdot \frac{1}{2}\log\left(\frac{n+1}{n}\right) - 1$$

$$= (2n+1) \cdot \left(t + \frac{t^3}{3} + \frac{t^5}{5} + \cdots\right) - 1$$

$$= (2n+1) \cdot \left(\frac{1}{2n+1} + \frac{\left(\frac{1}{2n+1}\right)^3}{3} + \frac{\left(\frac{1}{2n+1}\right)^5}{5} + \cdots\right) - 1$$

（記得我們剛剛設 $\frac{1}{2n+1} = t$）

$$= 1 + \frac{1}{3}\left(\frac{1}{2n+1}\right)^2 + \frac{1}{5}\left(\frac{1}{2n+1}\right)^4 + \cdots - 1$$

$$= \frac{1}{3}\left(\frac{1}{2n+1}\right)^2 + \frac{1}{5}\left(\frac{1}{2n+1}\right)^4 + \cdots \ (\text{記得這說明 } 0 < d_n - d_{n+1})$$

用簡單的代換和等比級數推理可知

$$\frac{1}{3}\left(\frac{1}{2n+1}\right)^2 + \frac{1}{5}\left(\frac{1}{2n+1}\right)^4 + \frac{1}{7}\left(\frac{1}{2n+1}\right)^6 + \cdots < \frac{1}{3}\left(\frac{1}{2n+1}\right)^2 + \frac{1}{3}\left(\frac{1}{2n+1}\right)^4$$

$$+ \frac{1}{3}\left(\frac{1}{2n+1}\right)^6 + \cdots \frac{1}{3}\left(\frac{1}{2n+1}\right)^2 + \frac{1}{5}\left(\frac{1}{2n+1}\right)^4 + \frac{1}{7}\left(\frac{1}{2n+1}\right)^6 + \cdots$$

$$< \frac{1}{3}\left[\left(\frac{1}{2n+1}\right)^2 + \left(\frac{1}{2n+1}\right)^4 + \left(\frac{1}{2n+1}\right)^6 + \cdots\right]$$

$$\frac{1}{3}\left(\frac{1}{2n+1}\right)^2 + \frac{1}{5}\left(\frac{1}{2n+1}\right)^4 + \frac{1}{7}\left(\frac{1}{2n+1}\right)^6 + \cdots < \frac{1}{3}\left(\frac{1}{2n+1}\right)^2 \cdot \frac{1}{1 - \left(\frac{1}{2n+1}\right)^2}$$

$$\frac{1}{3}\left(\frac{1}{2n+1}\right)^2 + \frac{1}{5}\left(\frac{1}{2n+1}\right)^4 + \frac{1}{7}\left(\frac{1}{2n+1}\right)^6 + \cdots < \frac{1}{3}\left(\frac{1}{(2n+1)^2 - 1}\right)$$

而且 $\dfrac{1}{(2n+1)^2 - 1} = \dfrac{1}{2n(2n+2)} = \dfrac{1}{4n(n+1)} = \dfrac{1}{4}\left[\dfrac{1}{n} - \dfrac{1}{n+1}\right]$

$$\therefore \ 0 < d_n - d_{n+1} < \frac{1}{12}\left[\frac{1}{n} - \frac{1}{n+1}\right] \ \Rightarrow \ \{d_n\}\text{為遞減函數}$$

$$0 < d_n - \frac{1}{12} \cdot \frac{1}{n} < d_{n+1} - \frac{1}{12} \cdot \frac{1}{n+1} \ \Rightarrow \ \left\{d_n - \frac{1}{12} \cdot \frac{1}{n}\right\}\text{為遞增函數}$$

（此即斯特林公式推導中的神來一筆，也就是找出 $\left\{d_n - \frac{1}{12} \cdot \frac{1}{n}\right\}$ 為遞增函數）

若 $\{d_n\}$ 與 $\left\{d_n - \dfrac{1}{12} \cdot \dfrac{1}{n}\right\}$ 二級數收斂於一點 C（遞減變遞增必有收斂），表示

$$\lim_{n\to\infty} d_n = \lim_{n\to\infty}\left(d_n - \frac{1}{12}\cdot\frac{1}{n}\right) = C$$

$$\lim_{n\to\infty} d_n = \lim_{n\to\infty}\left[\log(n!) - (n+\frac{1}{2})\log(n) + n\right] = C$$

$$\lim_{n\to\infty} e^{d_n} = \lim_{n\to\infty}\exp\left[\log(n!) - (n+\frac{1}{2})\log(n) + n\right]$$

$$= \lim_{n\to\infty} n!\cdot n^{-(n+\frac{1}{2})}\cdot e^n = e^C$$

$$\lim_{n\to\infty}\frac{n!}{n^{(n+\frac{1}{2})}e^{-n}} = e^C \ 即為 \ \lim_{n\to\infty} n! = e^C\cdot n^{(n+\frac{1}{2})}\cdot e^{-n} \to n! \sim e^C\cdot n^{(n+\frac{1}{2})}\cdot e^{-n}$$

最後我們需要使用瓦里斯公式，即

$$\frac{\pi}{2} = \lim_{n\to\infty}\prod_{k=1}^{\infty}\frac{(2k)^2}{(2k)^2-1} = \frac{2}{1}\cdot\frac{2}{3}\cdot\frac{4}{3}\cdot\frac{4}{5}\cdot\frac{6}{5}\cdot\frac{6}{7}\cdots$$

我們想做的是將 $\lim_{n\to\infty} n! = e^C\cdot n^{(n+\frac{1}{2})}\cdot e^{-n}$ 代入瓦里斯公式找出收斂值 C

$$\lim_{n\to\infty}\frac{2\cdot2\cdot4\cdot4\cdot6\cdot6\cdots(2n)(2n)}{1\cdot1\cdot3\cdot3\cdot5\cdot5\cdots(2n-1)(2n-1)(2n+1)} = \frac{\pi}{2}$$

$$\lim_{n\to\infty}\frac{2\cdot4\cdot6\cdots(2n)}{1\cdot3\cdot5\cdots(2n-1)\sqrt{(2n+1)}} = \sqrt{\frac{\pi}{2}}$$

$$\lim_{n\to\infty}\frac{2\cdot4\cdot6\cdots(2n)}{1\cdot3\cdot5\cdots(2n-1)\sqrt{2n}} \sim \sqrt{\frac{\pi}{2}}$$

$$= \lim_{n\to\infty}\frac{(2\cdot4\cdot6\cdots(2n))^2}{(2n)!\sqrt{2n}} \sim \sqrt{\frac{\pi}{2}}$$

$$= \lim_{n \to \infty} \frac{(2^n \cdot (1 \cdot 2 \cdot 3 \cdots n))^2}{(2n)! \sqrt{2n}} \sim \sqrt{\frac{\pi}{2}}$$

$$= \lim_{n \to \infty} \frac{(2^n \cdot n!)^2}{(2n)! \sqrt{2n}} \sim \sqrt{\frac{\pi}{2}}$$

將 $\lim_{n \to \infty} n! = e^C \cdot n^{(n+\frac{1}{2})} \cdot e^{-n}$ 帶入瓦里斯公式，則

$$\lim_{n \to \infty} \frac{\left(2^n \cdot e^C \cdot n^{(n+\frac{1}{2})} \cdot e^{-n}\right)^2}{e^C \cdot e^{-2n} \cdot 2n^{2n+\frac{1}{2}}} \sim \sqrt{\frac{\pi}{2}}$$

$$e^C \sim \sqrt{\frac{\pi}{2}} \cdot 2 = \sqrt{2\pi}$$

所以 $C = \ln \sqrt{2\pi}$，這證明了收斂值的確存在。

附錄八 $\hat{\beta}_{OLS}$ 的變異數推導

$$
\begin{aligned}
V(\hat{\beta}_{OLS}) &= V\left[(X'X)^{-1}X'y\right] \\
&= V\left[(X'X)^{-1}X'(X\beta+e)\right] \\
&= V(\beta)+V\left[(X'X)^{-1}X'e\right]
\end{aligned}
$$

由 β 於是母體中迴歸係數向量的真值，是固定值變異數為零，因此 $V(\beta)=0$

$$
\begin{aligned}
V(\hat{\beta}_{OLS}) &= V\left[(X'X)^{-1}X'e\right] \\
&= (X'X)^{-1}X'V(e)X(X'X)^{-1} \\
&= (X'X)^{-1}X'(\sigma^2 I_n)X(X'X)^{-1} \\
&= \sigma^2(X'X)^{-1}X'X(X'X)^{-1} \\
&= \sigma^2(X'X)^{-1}
\end{aligned}
$$

如同參考方塊 5.7 所示，σ^2 可以用 $\dfrac{\hat{e}'\hat{e}}{n-k}$ 來估計，所以

$$
\begin{aligned}
V(\hat{\beta}_{OLS}) &= V\left[(X'X)^{-1}X'e\right] \\
&= (X'X)^{-1}X'V(e)X(X'X)^{-1} \\
&= (X'X)^{-1}X'(\sigma^2 I_n)X(X'X)^{-1} \\
&= \sigma^2(X'X)^{-1}X'X(X'X)^{-1} \\
&= \frac{\hat{e}'\hat{e}}{n-k}(X'X)^{-1}
\end{aligned}
$$

附錄九　「延森不等式」（Jensen's Inequality）

在機率論中，延森不等式是指先將一隨機變量 X 帶入凸函數 $\varphi(\cdot)$ 後取期望值，其結果會大於先對隨機變量去期望值後再帶入此凸函數，以數學式表示

$$\varphi[E(X)] \leq E[\varphi(X)]$$

如果 $\varphi(\cdot)$ 變為凹函數，則關係式相反

$$\varphi[E(X)] \geq E[\varphi(X)]$$

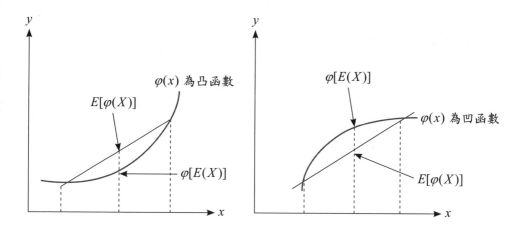

在 6.2.1 節中的 (6.2) 式，由於函數形式明確為對數函數，其函數屬凹函數，因此可以得到

$$E_0\left[\ln\frac{L_n(\theta)}{L_n(\theta_0)}\right] < \ln E_0\left[\frac{L_n(\theta)}{L_n(\theta_0)}\right]$$

附錄十 「均值定理」（Mean Value Theorem）

如果 $f(x)$ 在 $[a, b]$ 區間為連續可微的平滑函數，我們可以在 $[a, b]$ 區間中找到一點 c，使得該函數在點上的瞬間斜率，等於 a 和 b 兩端點的平均斜率，以數學式表示

$$f'(c) = \frac{f(a) - f(b)}{a - b}, \quad c \in [a, b]$$

這個定理又稱為拉格朗日均值定理（Lagrange Mean Value Theorem）。

在證明最大概似解的漸進常態性時，我們需要導出

$$g(\hat{\theta}) = g(\theta_0) + \mathbf{H}(\theta_0)(\hat{\theta} - \theta_0) = 0$$

此關係式可以由均值定理得到，首先我們整理上面均值定理的關係式為

$$f(a) = f(b) + f'(c)(a - b)$$

這邊令 $f(a)$ 為對數概似函數在最大概似解 $\hat{\theta}$ 上的一次導數值 $g(\hat{\theta})$，$f(b)$ 為對數概似函數在參數真值 θ_0 上的一次導數值 $g(\theta_0)$，由上式得知必然存在有一值 $\hat{\theta}_1$，使得

$$g(\hat{\theta}) = g(\theta_0) + g'(\hat{\theta}_1)(\hat{\theta} - \theta_0) = 0, \quad \hat{\theta}_1 \in [\hat{\theta}, \theta_0]$$

又基於漸進一致性，$p\lim(\hat{\theta} - \theta_0) = 0$，我們可以用 θ_0 來取代 $\hat{\theta}_1$，又梯度函數的一次導函數為赫斯矩陣，因此上式可改寫為

$$g(\theta_0) + \mathbf{H}(\theta_0)(\hat{\theta} - \theta_0) = 0$$

此即 6.2.2 節中與利用泰勒展開式導出的關係式是一致的。

值得注意的是，近來有文獻 [252] 指出，這邊均值定理的推導僅適用於參數維度是 1，若參數是多維的狀況下，均值定理並不成立，儘管採用泰勒展開式的推論仍然成立。在本書正文中該關係式中參數表為多維的形式，主要是希望給予讀者較為一般化的問題描述和闡釋，而非刻意與均值定理不適用在多維參數的發現相悖。

附錄十一　「萊布尼茲法則」（Leibniz Rule）

微積分中的「萊布尼茲法則」（Leibniz Rule）是針對積分運算時的微分，給出微分、積分可以互換順序的條件，以數學符號表示

$$\frac{d}{dx}\left(\int_{g(x)}^{h(x)} f(t,x)dt\right) = f\left(x, h(x)\right) \cdot \frac{d}{dx}h(x) - f\left(x, g(x)\right) \cdot \frac{d}{dx}g(x) + \int_{g(x)}^{h(x)} \frac{\partial}{\partial x}f(t,x)dt$$

當上下界皆為常數時，$\frac{d}{dx}h(x) = 0$，$\frac{d}{dx}g(x) = 0$，因此

$$\frac{d}{dx}\left(\int_{g(x)}^{h(x)} f(t,x)dt\right) = \int_{g(x)}^{h(x)} \frac{\partial}{\partial x}f(t,x)dt$$

另一條件則是當積分函數在上下界其值為 0，即 $f(x, h(x)) = 0$ & $f(x, g(x)) = 0$，則也可以讓微分、積分的運算可以互換順序。

在推導最大概似解時，一般來說都會假設滿足正則條件二，然而近來有研究指出 [253]，對數概似函數在推導時即便微分、積分運算可以互換順序的正則性條件並不具備，最大概似解仍存在有類似「克萊莫・羅變異數下界」的修正變異數下界，因此最大概似解即便在正則條件二不滿足的狀況下，其推論的漸進有效性仍然成立。

附錄十二　「柯西‧施瓦茨不等式」（Cauchy-Schwarz Inequality）

如果我們僅將討論的範疇限制在實數系，並以幾何觀點來看「柯西‧施瓦茨不等式」，可以用餘弦性質來表示為：「兩個向量的內積永遠小於這兩個向量長度的乘積」。（林琦焜，2000，頁 30）[254]

$$\left|\vec{a}\cdot\vec{b}\right| \le \left|\vec{a}\right|\cdot\left|\vec{b}\right|$$

以下圖三角形 △ABC 為例

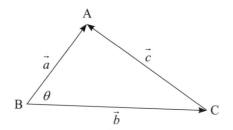

由餘弦定理可知，若 $\angle ABC = \theta$，$\overline{BA} = a$，$\overline{BC} = b$，$\overline{CA} = c$，則

$$c^2 = a^2 + b^2 - 2ab\cos\theta$$

當 $\theta = 90°$，$\cos\theta = 0$，$c^2 = a^2 + b^2$，就是我們熟知的畢式定理。這邊如果以向量符號取代線段長度，則 $c^2 = \left|\vec{a}-\vec{b}\right|^2$，$a^2 = \left|\vec{a}\right|^2$，$b^2 = \left|\vec{b}\right|^2$，$ab\cos\theta = \left|\vec{a}\cdot\vec{b}\right|$；由於 θ 介於 0° 到 90° 之間，$0 \le \cos\theta \le 1$，所以

$$\left|\vec{a}\cdot\vec{b}\right| = ab\cos\theta \le \left|\vec{a}\right|\cdot\left|\vec{b}\right|$$

若將此定理應用在機率論中，令 x, y 分別代表兩隨機變量，而 $E(x)$、$E(y)$、$E(xy)$ 皆為有限數值，則可以得到

$$[E(xy)]^2 \le [E(x)]^2[E(y)]^2$$

因此

$$[Cov(x, y)]^2 = \left| E[(x - \mu_x)(y - \mu_y)] \right|^2$$
$$\leq E[(x - \mu_x)^2] E[(y - \mu_y)^2]$$
$$= Var(x)Var(y)$$

證明詳見 Mukhopadhyay（2000）[255]。

附錄十三　史拉斯基定理（Slutsky's Theorem）

　　史拉斯基定理主要是說明收斂序列與收斂機率隨機變量的代數運算性質，其內容可以表為

　　令 $\{X_n\}$ 和 $\{Y_n\}$ 分別為一隨機變量的序列，其中 X_n 收斂至一常數 c，Y_n 機率收斂制一隨機變量 X，則兩者的基本代數運算結果呈現如下的性質

- 加法：$X_n + Y_n \overset{d}{\to} X + c$
- 減法：$X_n - Y_n \overset{d}{\to} X - c$
- 乘法：$X_n Y_n \overset{d}{\to} cX$
- 除法：$X_n / Y_n \overset{d}{\to} X/c \quad (c \neq 0)$

　　關於史拉斯基定理的證明和闡示，請參考 Knight（2000）的第三章 [256]。

附錄十四　希臘字母讀音表

希臘字母大寫	希臘字母小寫	讀音	音標
α	A	Alpha	/ˈælfə/
β	B	Beta	/ˈbeɪtə/
γ	Γ	Gamma	/ˈgæmə/
δ	Δ	Delta	/ˈdɛltə/
ε	E	Epsilon	/ˈepsilɒn/
ζ	Z	Zeta	/ˈzeɪtə/
η	H	Eta	/ˈeɪtə/
θ	Θ	Theta	/ˈθeɪtə/
ι	I	Iota	/aɪˈoʊtə/
κ	K	Kappa	/ˈkæpə/
λ	Λ	Lambda	/ˈlæmdə/
μ	M	Mu	/ˈmu/
ν	N	Nu	/ˈnu/
ξ	Ξ	Xi	/ˈzaɪ/
o	O	Omicron	/oʊˈmikrɒn/
π	Π	Pi	/ˈpaɪ/
ρ	P	Rho	/ˈroʊ/
σ	Σ	Sigma	/ˈsɪgmə/
τ	T	Tau	/ˈtaʊ/
υ	Y	Upsilon	/ˈʌpsilɒn/
φ	Φ	Phi	/ˈfaɪ/
χ	X	Chi	/ˈkaɪ/
ψ	Ψ	Psi	/ˈsaɪ/
ω	Ω	Omega	/oʊˈmeɪgə/

補充材料

所有的補充材料都是書中有關 Matlab 程式的範例，皆可從隨書所附的光碟中找到，下面僅列出其目錄：

光碟一

Sm1 參考方塊 3.10 例題中採 Lagrange 乘數法之 Matlab 程式碼

Sm2 參考方塊 3.10 例題中採非線性的受限極小化解題之 Matlab 程式碼

Sm3 參考方塊 4.9 例題中線性模型的數值分析程式碼

Sm4 參考方塊 4.9 例題中 Logit 模型的數值分析程式碼

Sm5 參考方塊 4.9 例題中 Probit 模型的數值分析程式碼

Sm6 參考方塊 4.9 例題中 Scobit 迴歸模型的數值分析程式碼

Sm7 參考方塊 5.4 例題中有關中央極限定理的模擬驗證程式碼

Sm8 6.3 節例 6.1 中母數推估的假設檢定模擬驗證

Sm9 6.3 節例 6.2 中迴歸係數的母體資料生成檔

Sm10 6.3 節例 6.2 中模擬迴歸係數的抽樣分配

Sm11 6.3 節中表 6.7 迴歸係數的假設檢定模擬驗證

光碟二

Sm12 6.3 節中表 6.8 迴歸係數的假設檢定模擬驗證

參考書目

[1] Stiger, Stephen M. (1999)."Introduction," in *Statistics on the Table: The History of Statistical Concepts and Methods*. Cambridge, Mass: Harvard University Press, pp. 6-7.

[2] Hald, Anders. (1990)."The Foundation of Probability Theory by Pascal and Fermat in 1654," in *A History of Probability and Statistics and Their Applications before 1750*. (chapter 5) New York: John Wiley & Sons, pp. 42-64.

[3] Pascal, Blaise. (1654). Correspondence with Fermat. Reprinted in *Oeuvres complètes* (1779) and in many later editions. For English translations, see Smith (1929) [4] and David (1962)[5].

[4] Smith, David E. (1929). *A Source Book in Mathematics*. New York: McGraw-Hill. Reprinted by Dover, New York, 1959.

[5] David, F. N. (1962). *Games, Gods, and Gambling*. London: Griffin.

[6] Hald, Anders. (1990). "Huygens and *De Ratiociniis in Ludo Aleae, 1657*," in *A History of Probability and Statistics and Their Applications before 1750*. (chapter 6) New York: John Wiley & Sons, pp. 65-80.

[7] Stiger, Stephen M. (1999). "The Dark Ages of Probability," in *Statistics on the Table: The History of Statistical Concepts and Methods*. (chapter 12) Cambridge, Mass: Harvard University Press, pp. 239-251.

[8] Stiger, Stephen M. (1986). "Least Squares and the Combination of Observations," in *The History of Statistics: The Measurement of Uncertainty before 1900*. (chapter 1) Cambridge, Mass: The Belknap Press of Harvard University Press, p. 16.

[9] Eisenhart, Churchill. (1983). "Law of Error I: Development of the Concept," in *Enclepedia of Statistical Sciences*, S. Kotz, N. L. Johnson, and C. B. Read (Eds.), Vol. 4, pp. 530-547. New York: Wiley.

[10] Graunt, John. (1662). *Natural and Political Observations made upon the Bills of Mortality*. London: Martyn.

[11] Pearson, Karl. (1978). "The Founding of the English School of Political Arithmetic," in *The History of Statistics in the 17th and 18th Centuries*, E. S. Pearson (Ed.) (section 2.5.2), pp. 35-37. London: Charles Griffin & Company Limited.

[12] Porter, Theodore M. (1986). "Statistics as Social Science," in *The Rise of Statistical Thinking, 1820-1900*. (chapter 1) Princeton: Princeton University

Press, pp. 18-23.

[13] Petty, William. (1662). *A Treatise of Taxes and Contributions*. London: Brooke.

[14] Pearson, Karl. (1978). "The Founding of the English School of Political Arithmetic," in *The History of Statistics in the 17th and 18th Centuries*, E. S. Pearson (Ed.) (section 2.7 and 2.8), pp. 49-73. London: Charles Griffin & Company Limited.

[15] Pearson, Karl. (1978). "Introduction: The Early History of Statistics," in *The History of Statistics in the 17th and 18th Centuries*, E. S. Pearson (Ed.), pp. 6-7. London: Charles Griffin & Company Limited.

[16] Pearson, Karl. (1978). "Introduction: The Early History of Statistics," in *The History of Statistics in the 17th and 18th Centuries*, E. S. Pearson (Ed.), pp. 8-9. London: Charles Griffin & Company Limited.

[17] Porter, Theodore M. (1986). "Statistics as Social Science," in *The Rise of Statistical Thinking*, 1820-1900. (chapter 1) Princeton: Princeton University Press, pp. 23-39.

[18] Pearson, Karl. (1978). "Caspar Neumannand Edmund Halley," in *The History of Statistics in the 17th and 18th Centuries*, E. S. Pearson (Ed.) (chapter 3), pp. 74-99. London: Charles Griffin & Company Limited.

[19] Pearson, Karl. (1978). "From Graunt and Halley to the Assurance Societies," in *The History of Statistics in the 17th and 18th Centuries*, E. S. Pearson (Ed.) (section 5.3), pp. 133-134. London: Charles Griffin & Company Limited.

[20] Pearson, Karl. (1978). "The Early Successors of Sir William Petty: The Political Arithmeticians," in *The History of Statistics in the 17th and 18th Centuries*, E. S. Pearson (Ed.) (section 4.2), pp. 101-113. London: Charles Griffin & Company Limited.

[21] Pearson, Karl. (1978). "Jean Le Rond D'Alembert: 1717-1783," in *The History of Statistics in the 17th and 18th Centuries*, E. S. Pearson (Ed.) (section 12.6), pp. 543-551. London: Charles Griffin & Company.

[22] Stiger, Stephen M. (1999). "The Average Man Is 168 Years Old," in *Statistics on the Table: The History of Statistical Concepts and Methods*. (chapter 2) Cambridge, Mass: Harvard University Press, pp. 51-65.

[23] Porter, Theodore M. (1986). "The Laws That Govern Chaos," in *The Rise of Statistical Thinking*, 1820-1900. (chapter 2) Princeton: Princeton University Press, pp. 40-70.

[24] Stiger, Stephen M. (1999). "Jevons as Statistician," in *Statistics on the Table: The History of Statistical Concepts and Methods*. (chapter 3) Cambridge, Mass: Harvard University Press, pp. 66-79.

[25] Stiger, Stephen M. (1999). "Galton and Identification by Fingerprints," in *Statistics on the Table: The History of Statistical Concepts and Methods*. (chapter 6) Cambridge, Mass: Harvard University Press, pp. 131-140.

[26] Stiger, Stephen M. (1999). "Statistical Concepts in Psychology," in *Statistics on the*

Table: The History of Statistical Concepts and Methods. (chapter 10) Cambridge, Mass: Harvard University Press, pp. 189-199.

[27] Eisenhart, Churchill. (1971). "The Development of the Concept of the Best Mean of a Set of Measurements fromAntiquity to the Present Day." Pesidential Address of the American Statistical Association.

[28] Hald, Anders. (1998). "Derivations of the Normal Distribution as a Law of Error," in *A History of Mathematical Statistics from 1750 to 1930.* (chapter 18) New York: John Wiley & Sons, p. 354.

[29] Eisenhart, Churchill. (1971). "The Development of the Concept of the Best Mean of a Set of Measurements fromAntiquity to the Present Day." Pesidential Address of the American Statistical Association, p. 50.

[30] Eisenhart, Churchill. (1971). "The Development of the Concept of the Best Mean of a Set of Measurements fromAntiquity to the Present Day." Pesidential Address of the American Statistical Association, p. 26.

[31] Eisenhart, Churchill. (1971). "The Development of the Concept of the Best Mean of a Set of Measurements fromAntiquity to the Present Day." Pesidential Address of the American Statistical Association, p. 42.

[32] Britton, John Phillips. (1967). " On the Quality of Solar and Lunar Observations and Parameters in Ptolemy's Almagest." Ph.D. Dissertation, Yale University.

[33] Pannekoek, Anton. (1955). "Ptolemy's Precession", *Vistas in Astronomy* 1: 60-66.

[34] Eisenhart, Churchill. (1971). "The Development of the Concept of the Best Mean of a Set of Measurements fromAntiquity to the Present Day." Pesidential Address of the American Statistical Association, pp. 18-22.

[35] Hald, Anders. (1998). "The Distribution of the Arithmetic Mean, 1756-1781," in *A History of Mathematical Statistics from 1750 to 1930.* (chapter 3) New York: John Wiley & Sons, p. 33.

[36] Eisenhart, Churchill. (1983). "Law of Error I: Development of the Concept," in *Enclepedia of Statistical Sciences*, S. Kotz, N. L. Johnson, and C. B. Read (Eds.), Vol. 4, pp. 532-533. (Figure 1) New York: Wiley.

[37] Laplace, P. S. (1774). Mémoire sur la paobabilité des causes par les événements. Mém. Acad. Roy. Sci. Paris, 6: 621-656. Translated into English with an introduction by S. M. Stigler in Staitsical Science, 1986, 1: 359-378.

[38] Gauss, C. F. (1809). Theoria motus corporum coelestium in sectionibus conicis solem ambientium. Perthes et Besser, Hamburg, Werke, 7: 1-280. *Tanslated by C. H. Davis as Theory of the Motion of the Heavenly Bodies Moving about the Sun in Conic Sectiond.* Boston: Little Brown, 1857.

[39] Hald, Anders. (1990). "Mathematical Models and Statistical Methods in Astronomy from Hipparchus to Kepler and Galileo," in *A History of Probability and Statistics and*

Their Applications before 1750.(chapter 10) New York: John Wiley & Sons, pp. 144-169.

[40]　Hald, Anders. (1998). "Fitting Equations to Data, 1750-1805," in *A History of Mathematical Statistics from 1750 to 1930.* (chapter 6) New York: John Wiley & Sons, p. 119.

[41]　Hald, Anders. (1998). "Fitting Equations to Data, 1750-1805," in *A History of Mathematical Statistics from 1750 to 1930.* (chapter 6) New York: John Wiley & Sons, pp. 108-112.

[42]　Adrain, R. (1808). "Research Concerning the Probabilities of the Errors which Happen in Making Observations", *Analyst*, 1(4): 93-109.

[43]　Hald, Anders. (1998). "Derivations of the Normal Distribution as a Law of Error," in *A History of Mathematical Statistics from 1750 to 1930.* (chapter 18) New York: John Wiley & Sons, pp. 368-372.

[44]　Hald, Anders. (1998). "Derivations of the Normal Distribution as a Law of Error," in *A History of Mathematical Statistics from 1750 to 1930.* (chapter 18) New York: John Wiley & Sons, p. 354.

[45]　Merton, Robert K. (1961). *The Sociology of Science: Theoretical and Empirical Investigations.* Chicago: University of Chicago Press.

[46]　Stiger, Stephen M. (1999). "Stigler's Law of Eponymy," in *Statistics on the Table: The History of Statistical Concepts and Methods.* (chapter 14) Cambridge, Mass: Harvard University Press, pp. 277-290.

[47]　Hald, Anders. (1998). *A History of Mathematical Statistics from 1750 to 1930.* New York: John Wiley & Sons.

[48]　Stiger, Stephen M. (1986). *The History of Statistics: The Measurement of Uncertainty before 1900.* Cambridge, Mass: The Belknap Press of Harvard University Press.

[49]　Eisenhart, Churchill. (1971). "The Development of the Concept of the Best Mean of a Set of Measurements fromAntiquity to the Present Day." Pesidential Address of the American Statistical Association.

[50]　Eisenhart, Churchill. (1983). "Law of Error I: Development of the Concept," in *Enciclepedia of Statistical Sciences*, S. Kotz, N. L. Johnson, and C. B. Read (Eds.), Vol. 4, pp. 532-547. New York: Wiley.

[51]　Eisenhart, Churchill. (1983). "Law of Error II: The Gaussian Distribution," in *Enciclepedia of Statistical Sciences*, S. Kotz, N. L. Johnson, and C. B. Read (Eds.), Vol. 4, pp. 547-566. New York: Wiley.

[52]　Eisenhart, Churchill. (1963). "Realistic Evaluation of the Precision and Accuracy of Instrument Calibration Sysytems," Journal of Research of the National Bureau of Standards, Section C: Engineering and Instrumentation, 67C(2): 161-187.

[53]　Pearson, Karl. (1978). *The History of Statistics in the 17th and 18th Centuries*, E. S.

Pearson (Ed.) London: Charles Griffin & Company Limited.

[54] Porter, Theodore M. (1986). *The Rise of Statistical Thniking, 1820-1900*. Princeton: Princeton University Press.

[55] Stiger, Stephen M. (1999). *Statistics on the Table: The History of Statistical Concepts and Methods*. Cambridge, Mass: Harvard University Press.

[56] Merton, Robert K. (1961). *The Sociology of Science: Theoretical and Empirical Investigations*. Chicago: University of Chicago Press.

[57] Gill, Jeff. (2015). "Background and Introduction," in *Bayesian Methods: A Social and Behavioral Sciences Approach*, Third Edition. (chapter 1) Boca Raton, FL: CRC Press, pp. 1-36.

[58] 俞振華、蔡佳泓（2006），〈如何利用全國性民調推估地方民意？多層次貝氏定理估計模型與分層加權的應用〉，《台灣政治學刊》，10(1): 5-38。

[59] Hald, Anders. (2007). "The Three Revolutions in Parametric Statistical Inference," in *A History of Parametric Statistical Inference from Bernoulli to Fisher, 1713-1935*. (chapter 1) New York: Springer, pp. 1-8.

[60] Moivre, A. de (1733). "Approximatio ad Summam Terminorum Binomii $(a + b)$" in Seriem expansi. Reprinted in *The Doctrine of Chances*, second edition. London: Woodfall, pp. 235-243, 1738.

[61] Laplace, P.S. (1776). "Mémoire sur l'inclinaison moyenne des orbites des cométes, sur la figure de la terre, et sur les function. *Mém. Acad. R. Sci. Paris (Savants Étrangers)* 7: 503-540.

[62] Fischer, Hans. (2011). *A History of the Central Limit Theorem: From Classical to Modern Probability Theory*. New York: Springer, p. 19.

[63] 林惠玲、陳正倉（2009），《統計學：方法與應用，三版上下兩冊》，台北市：雙葉書廊。

[64] Conrad, B. (2005). "Impossibility Theorems for Elementary Integration," Academy Colloquium Series. Clay Mathematics Institute, Cambridge, MA.

[65] Fitt, A. D. and Hoare, G. T. Q. (1993). The Closed-Form Integration of Arbitrary Functions. *Math. Mag.* 77: 227-236.

[66] Kasper, T. (1980). "Integration in Finite Terms: The Liouville Theory," *Math. Mag.* 53: 195-201.

[67] Huang, Min-Hua. (2011). "Indefinite Integration of the Gamma Integral and Related Statistical Applications". Online Article, *Min-Hua Huang's Math Studies*. http: // mhhspace.org/

[68] Huang, Min-Hua. (2011). "Indefinite Integration of the Gamma Integral and Related Statistical Applications" Online Article, pp. 17-33. *Min-Hua Huang's Math Studies*. http: //mhhspace.org/

[69] Howie, David. (2002). *Interpreting Probability: Controversies and Developments in*

the Early Twentieth Century. Cambridge: Cambirdge Universitss.

[70] Eric-Jan Wagenmakers et. al. (2008). "Bayesian Versus Frequentist Inference," in *Bayesian Evaluation of Informative Hypotheses*, H. Hoijtink, I. Klugkist, P. Boelen (Eds.), New York: Springer, pp. 181-207.

[71] Hald, Anders. (2007). *A History of Parametric Statistical Inference from Bernoulli to Fisher, 1713-1935*. New York: Springer.

[72] Berger, James. (2006). "The Case for Objective Bayesian Analysis," *Bayesian Analysis* 1(3): 385-402.

[73] Fienberg, Stephen E. (2006). "Does it Make Sense to be an 'Objective Bayesian'？" *Bayesian Analysis* 1(3): 429-432.

[74] 黃旻華（1998），「國際關係批判理論的重建與評論：科學實存論的觀點」。碩士論文，中山大學政治學研究所。

[75] 邱頌恩（2009），「擺脫科學與哲學的擄掠：由輝格觀點看研究方法論」。碩士論文，臺灣大學政治學研究所。

[76] 黃旻華、黃盈達、邱頌恩，《社會科學方法論：科學史家的觀點》。（即將出版）

[77] 蔡聰明（2013），《微積分的歷史步道，二版》，台北市：三民書局。

[78] 毛爾著、鄭惟厚譯（2000），《毛起來說 e》，台北市：天下遠見出版社。

[79] 愛德華著、水木耳譯（1987），《微積分的發展歷史》，新竹市：凡異出版社。

[80] Conrad, B. (2005). "Impossibility Theorems for Elementary Integration," Academy Colloquium Series. Clay Mathematics Institute, Cambridge, MA.

[81] Huang, Min-Hua. (2011). "Indefinite Integration of the Gamma Integral and Related Statistical Applications". Online Article, *Min-Hua Huang's Math Studies*. http: // mhhspace.org/

[82] Bayes, Thomas. (1763). "Essay Towards Solving a Problem in the Doctrine of Chances," Philosophical Transactions Royal Society, London 53: 370-418. Reprinted in Biometrika, 1958, 45: 293-315.

[83] Mayer, Tobias. (1750). Abhandlung über die Umwalzung des Monds um seine Axe und die scheinbare Bewegung der Mondsflecten. *Kosmosgr. Nachr. Samml. auf das Jahr 1748*, 1: 52-183.

[84] Hald, Anders. (1998). "Fitting of Equations to Data, 1750-1805," in A History of Mathematical Statistics from 1750 to 1930. (section 6.2) New York: John Wiley & Sons, pp. 94-97.

[85] Aldrich, John. (1997). "R. A. Fisher and the Making of Maximum Likelihood 1912-1922," *Statistical Science*, 12(3): 162-176.

[86] Hald, Anders. (2007). "Laplace's Theory of Inverse Probability, 1774-1786," in *A History of Parametric Statistical Inference from Bernoulli to Fisher, 1713-1935*. (chapter 5) New York: Springer, p. 36.

[87]　Lindsey, J. K. (1997). "Stopping Rules and the Likelihood Function," *Journal of Statistical Planning and Inference*, 59: 167-177.

[88]　de Cristofaro, Rodolfo. (2004). "On the Foundation of Likelihood Principle," *Journal of Statistical Planning and Inference*, 126(1): 401-411.

[89]　Legendre, Adrien Marie. (1805). *Nouvelles méthodes pour la détermination des orbites des cométes*. Paris: Courcier. Translated in English by H. A. Ruger and H. M. Walker, *A Source Book in Mathematics*, Vol. II, pp. 576-579. New York: McGraw-Hill, 1929.

[90]　Stiger, Stephen M. (1986). "Least Squares and the Combination Observations," in *The History of Statistics: The Measurement of Uncertainty before 1900*. (Chapter 1) Cambridge, Mass: The Belknap Press of Harvard University Press, pp. 12-15.

[91]　Boscovich, R. J. (1757). De *Litteraria Expeditione per Pontificiam Ditionem ad dimetiendas duas Meridiani gradus*. Rome: Palladis.

[92]　Hald, Anders. (1998). "Theory and Errors and Methods of Estimation," in *A History of Mathematical Statistics from 1750 to 1930*. (section 6.3) New York: John Wiley & Sons, pp. 97-103.

[93]　Farebrother, R. W. (1987). "The Historical Development of the L_1 and L_∞ Estimation Procedures" in Yadolah Dodge (Ed.), *Statistical Data Analysis: Based on the $L_1 -$ norm and Related Methods*. Amsterdam: North-Holland, pp. 45-46.

[94]　Laplace, P. S. (1786). Mémoire sur la figure de la terre. *Mém. Acda. R. Paris.* , pp. 17-46 (1783).

[95]　Farebrother, R. W. (1987). "The Historical Development of the L_1 and L_∞ Estimation Procedures" in Yadolah Dodge (Ed.), *Statistical Data Analysis: Based on the $L_1 -$ norm and Related Methods*. Amsterdam: North-Holland, pp. 38-41.

[96]　Pearson, Kar.l(1894). "Contributions to the Mathematical Theory of Evolution," *Philosophical Transactions of the Royal Society A*, 185: 71-110.

[97]　丁尚武（2008），「熵不是亂度或無序」，《化學》，66(4): 353-358。

[98]　Jaynes, E. T. (1957). "Information Theory and Statistical Mechanics," *The Physical Review*, 106(4): 620-630.

[99]　Boltzmann, L. "Über die beziehung dem zweiten Haubtsatze der mechanischen Wärmetheorie und der Wahrscheinlichkeitsrechnung respektive den Sätzen über das Wärmegleichgewicht", *Wiener Berichte*, 76: 373-435.

[100]　Shannon, C. E. (1948). "A Mathematical Theory of Communication," *Bell System Technical Journal*, 27(3): 379-423.

[101]　Jaynes, E. T. (1957). "Information Theory and Statistical Mechanics," *The Physical Review*, 106(4): 620-630.

[102]　Clausius, R. (1854). "Ueber die veränderte For, des zweiten Hauptsatzes der mechanischen Wärmetheorie." *Annalen der Physik und Chemie*, 18: 481-506.

[103] Jaynes, E. T. (1957). "Information Theory and Statistical Mechanics," *The Physical Review*, 106(4): 620-630.

[104] 丁尚武（2008），「熵不是亂度或無序」，《化學》，66(4): 353-358。

[105] Ratnaparkhi, A. (1997). "A Simple Introduction to Maximum Entropy Models for Natural Language Processing," Technical Report, Institute for Research in Cognitive Science, University of Pennsylvania.

[106] Phillips, Steven J., Dudik, M., and Schapire, R.E. (2004). "A Maximum Entropy Approach to Species Distribution Modeling," *Proceedings of the Twenty-First International Conference on Machine Learning*, Banff, Canada, pp. 655-662.

[107] Berger, A. L., Pietra, S. A. D., and Pietra, V. J. D. (1996). "A Maximum Entropy Approach to Natural Language Processing," *Computational Linguistic*, 22(1): 38-73.

[108] Iversen, Gudmund R.(1984). *Bayesian Statistical Inference*. Beverly Hills, CA: Sage.

[109] Gelman, Andrew, et. al. (2013). Bayesian Data Analysis, third edition. Boca Raton, FL: CRC Press.

[110] Gill, Jeff. (2015). Bayesian Methods: *A Social and Behavioral Sciences Approach*, third edition. Boca Raton, FL: CRC Press.

[111] Nagel Stuart S. with Marian Neef. (1976).*Operations Research Methods*. Beverly Hills, CA: Sage.

[112] Hillier, Frederick S.and Lieberman, Gerald J. (2010). *Introduction to Operations Research*, ninth edition. New York: McGraw-Hill.

[113] 汪志誠（1996），《熱力學與統計物理》，新竹市：凡異出版社。

[114] 李政道（1995），《統計力學》，新竹市：凡異出版社。

[115] 蔡攀龍、陳彧夏（2004），《經濟學數學方法導論（靜態分析）》，修訂二版，台北市：茂昌。

[116] Ciang, Alpha., and Wainwright, Kevin. *Fundamental Methods of Mathematical Economics*, fourth edition. New York: McGraw-Hill.

[117] Bonnans, J. Frédéric et. al. (2006). *Numerical Opitomiztion: Theoretical and Practical Aspects*, second edition. New York: Springer.

[118] 張智星（2015），《MATLAB 程式設計入門篇》，修訂第三版，台北市：碁峰出版社。

[119] Dahl, Robert A.(1961)."The Behavioral Approach in Political Science: Epitaph for a Monument to a Successful Protest". *American Political Science Review* 55(4): 763-72.

[120] Popper, Karl R. (1966). *The Open Society and Its Enemy: The Spell of Plato*, Vol.1, fifth edition. Princeton, N. J.: Princeton University Press.

[121] Fay, Brain. (1985). "Theory and Metatheory in Social Science", *Metaphilosophy* 16: 150-165.

[122] Popper, Karl R.(1962). *Conjectures and Refutation: The Growth of Scientific*

Knowledge. London: Roultedge.

[123] Rips, Lance J. (2002). Circular Reasoning. *Cognitive Science* 26: 767-795.

[124] Schaffer, Jonathan. (2003). Overdetermining Causes. *Philosophical Studies* 114: 23-45.

[125] Bostrom, Nick. (2002). *Anthropic Bias: Observation Selection Effects in Science and Philosophy*. New York: Routledge.

[126] Mill, John Stuart. (2009) [1843] *System of Logic Ratiocinative and Inductive*. New York: Cosimo Classics.

[127] Pye, Lucian W. (1985). *Asian Power and Politics: The Cultural Dimensions of Authority*. Cambridge, MA: Harvard University Press.

[128] Kuhn, Thomas. (1970). *The Structure of Scientific Revolution*, 2nd ed. Chicago: The University of Chicago Press.

[129] Lakatos, Imre.(1970)."Falsiification and the Methodology of Scientific Research Programmes" in *Criticism and the Growth of Knowledge*, pp. 91-196. ed.Imre Lakatos and Alan Musgrave. Cambridge: Cambridge University Press.

[130] Feyerabend, Paul.(1988). *Against Method*, revised ed. London: Verso.

[131] 邱頌恩（2009），「擺脫科學與哲學的擄掠：由輝格觀點看研究方法論」，碩士論文，臺灣大學政治學研究所，頁 102-105。

[132] Achen, Christopher H. and Shively, W. Phillips. (1995). *Cross-Level Inference*. Chicago, I. L.: The University of Chicago Press.

[133] Kenny, David A. (1979). *Correlation and Causality*. New York: John Wiley & Sons, p. 3.

[134] Graig, A., Hulme, D. and Turner, M. (2007). *Challenging Global Inequality: Development Theory and Practice in the 21st Century*. London: Palgrave Macmillan, 73-99.

[135] Lawrence E. Harrison. (1985). *Underdevelopment is a State of Mind: The Latin American* Case. Lanham, MD. : University Press of America.

[136] Cardoso, F.H. and Faletto, E. (1979). Dependency and Development in Latin America. Berkeley: University of California Press.

[137] Waltz, Kenneth. (1979). Theory of International Politics. Reading Mass: Addition-Wesley.

[138] Wendt, Alexander. (1999). Social Theory of International Politics. Cambridge: Cambridge University Press.

[139] Bernstein, Richard J. (1983). *Beyond Objectivism and Relativism*. Oxford: Basil Blackwell, pp. 1-49.

[140] Bhaskar, Roy.(1978). A Realist Theory of Science. Sussex: The Harvester Press, pp. 56-57.

[141] 黃旻華（1998），「國際關係批判理論的重建與評論：科學實存論的觀點」。碩士

論文，中山大學政治學研究所。

[142] Lijphart, Arend. (1971). Comparative Politics and the Comparative Method, *American Political Science Review* 65(3): 682-693.

[143] Campbell, Donald T., and Stanley, Julian C. (1963). *Experimental and Quasi-Experimental Designs for Research*. Boston: Houghton Mifflin Company.

[144] Alferes, Valentim R. (2012). *Methods of Randomization in Experimental Design*. Thousand Oaks, C.A.: Sage.

[145] DiNardo, J. (2008). "Natural Experiments and Quasi-Natural Experiments." in *The New Palgrave Dictionary of Economics*, pp. 856-864. Second Edition. Eds. Steven N. Durlauf and Lawrence E. Blume. New York: Palgrave Macmillan.

[146] Shadish, William R., Cook, Thomas D., and Campbell, Donald T. (2002). *Experimental and Quasi-Experimental Designs for Generalized Causal Inference*. Boston : Houghton Mifflin.

[147] Lynch, Scott M. (2013). Using Statistics in Social Research: A Concise Approach. New York: Springer, pp. 143-174.

[148] Mill, John Stuart. (2009) [1843] *System of Logic Ratiocinative and Inductive*. New York: Cosimo Classics.

[149] Collier, David. (1993). "The Comparative Method." In Ada Finifter, ed., *Political Science: State of the Discipline II*, Washington D.C.: American Political Science Assocaietion.

[150] Gerring, John. (2007). *Case Study Research: Principles and Practices*. Cambridge: Cambridge University Press.

[151] Spradley, James P. (2016). *Participant Observation*. Long Grove, I.L.: Waveland Press Inc.

[152] Bennett, Andrew., and Checkel, Jeffrey T. (eds.) (2015). *Process Tracing: From Metaphor to Analytical Tool*. Cambridge: Cambridge University Press.

[153] Collins, John., Hall, Ned., and Paul, L.A. (eds.) (2004). *Causation and Counterfactuals*. Cambridge, M.A.: The MIT Press.

[154] King, Gary., Keohane, Robert O., and Verba, Sidney. (1994). *Designing Social Inquiry: Scientific Inference in Qualitative Research*. Princeton, N.J.: Princeton University Press, pp. 3-7.

[155] Plackett, R. L. (1983). Karl Pearson and the Chi-Squared Test. *International Statistical Review* 51(1): 59-72.

[156] Constantine, N. A. (2012). Regression Analysis and Causal Inference: Cause for Concern? *Perspectives on Sexual and Reproductive Health* 44(2): 134-137.

[157] Williams, M. N., Grajales, C. A. G., and Kurkiewicz, D. (2013). "Assumptions of Multiple Regression: Correcting Two Misconceptions". *Practical Assessment, Research & Evaluation* 18 (11), http: //www.pareonline.net/getvn.asp?v=18&n=11

(online journal).

[158] Nagler, Jonathan. (1994). Scobit: An Alternative Estimator to Logit and Probit. *American Journal of Political Science* 38(1): 230-255.

[159] Singer, J. David, Bremer Stuart, and Stuckey John. (1972). "Capability Distribution, Uncertainty, and Major Power War, 1820-1965." In Peace, War, and Numbers, pp. 19-48. Bruce Russett, ed. Beverly Hills: Sage.

[160] Huang, Min-Hua. (2011). "Indefinite Integration of the Gamma Integral and Related Statistical Applications". Online Article, *Min-Hua Huang's Math Studies*. http: // mhhspace.org/

[161] Isaak , Alan A.(1984).Scope and Methods of Political Science. 4th ed. Illinois: The Dorsey Press.

[162] Keat, Russell. (1979). "Positivism and Statistics in Social Science" In J. Irvine, I. Miles and J. Evans eds, *Demystifying Social Statistics*, pp. 78-86. London: Pluto Press.

[163] King, Gary., Keohane, Robert O., and Verba, Sidney. (1994). *Designing Social Inquiry: Scientific Inference in Qualitative Research*. Princeton, N.J.: Princeton University Press, pp. 115-149.

[164] Smith, Steve. (1995). "The Self-Images of a Displine: A Genealogy of International Relations Theory" in *International Relations Theory Today*, pp. 1-37. eds. Ken Booth and Steve Smith. Pennsylvania: The Pennsylvania State University Press.

[165] Outhwaite, William. (1987). *New Philosophies of Social Science*. London: MacMillan.

[166] Feagin, Joe R., Orum, Anthony M., and Sjoberg, Gideon. (eds.) (1991). *A Case for the Case Study*. Chapel Hill, N.C.: The University North Carolina Press.

[167] Keat, Russell., and Urry, John.(1975). *Social Theory as a Science*. London: Roultedge & Kegan Paul.

[168] Rao, C. R., and Lovric, Miodrag M. (2016). Testing Point Null Hypothesis of a Normal Mean and the Truth: 21st Century Perspective. *Journal of Modern Applied Statistical Methods* 15(2): 2-21.

[169] Andraszewicz, Sandra., et al. (2015). An Introduction to Bayesian Hypothesis Testing for Management Research. *Journal of Management* 41(2): 521-543.

[170] Wasserstein, Ronald L., and Lazar, Nicole A. (2016). The ASA's Statement on p-Values: Context, Process, and Purpose. *The American Statistician*, 70(2): 129-133.

[171] Cox, D.R., and Reid, N. (1987). "Parameter Orthogonality and Approximate Conditional Inference", *Journal of the Royal Statistical Society: Series B* 47(1): 1-39.

[172] Liang, Feng., et. al (2008). Mixtures of g Priors for Bayesian Variable Selection, *Journal of the American Statistical Association* 103: 410-423.

[173] McLeod, A. I., and Bellhouse, D.R. (1983), A Convenient Algorithm for Drawing s Simple Random Sample. *Applied Statistics* 32(2): 182-184.

[174] Levy, Paul S., and Lemeshow, Stanley. (2008). *Sampling of Populaitons: Methods and Applications*. New York: John Wiley & Sons.

[175] de Smith, Michael J., Goodchild, Michael F., and Longley, Paul A, (2007) *Geospatial Analysis: A Comprehensive Guide to Principles, Techniques and Software Tools*. Leicester, U.K.: Troubador Publishing Ltd, pp. 175-180.

[176] Henry, Gary T. (1990). Practical Sampling. Newbury Park, C.A.: Sage, pp. 17-25.

[177] Moivre, A. de (1733). "Approximatio ad Summam Terminorum Binomii $(a + b)$" in Seriem expansi. Reprinted in *The Doctrine of Chances*, second edition. London: Woodfall, pp. 235-243, 1738.

[178] Hald, Anders. (1990). "De Moivre's Normal Approximation to the Binomial Distribution, 1733," in *A History of Probability and Statistics and Their Applications before 1750*. (chapter 24) New York: John Wiley & Sons, pp. 468-507.

[179] Gosset, William Sealy. ("Student") (1908). "The Probable Error of a Mean". Biometrika 6 (1): 1-25.

[180] Hald, Anders. (1998). "Sampling Distributions under Normality," in *A History of Mathematical Statistics from 1750 to 1930*. (chapter 27) New York: John Wiley & Sons, pp. 664-668.

[181] Helmert F.R., (1875). Über die Berechnung des wahrscheinlichen Fehlers aus einer endlichen Anzahl wahrer Beobachtungsfehler. Zeitschrift für angewandte Mathematik und Physik 20: 300-303.

[182] Helmert F.R., (1876). Die Genauigkeit der Formel von Peters zur Berechnung des wahrscheinlichen Beobachtungsfehler direkter Beobachtungen gleicher Genauigkeit. Astronomische Nachrichten 88: 113-132.

[183] Hald, Anders. (1998). "Sampling Distributions under Normality," in *A History of Mathematical Statistics from 1750 to 1930*. (chapter 27) New York: John Wiley & Sons, pp. 634-641.

[184] Fisher R.A. (1925). Applications of "Student's" Distribution. Metron 5: 90-104.

[185] Hald, Anders. (1998). "Sampling Distributions under Normality," in *A History of Mathematical Statistics from 1750 to 1930*. (chapter 27) New York: John Wiley & Sons, pp. 633-675.

[186] Laplace P. S. (1812). Théorie Analytique des Probabilités. Courcier, Paris.

[187] Laplace P. S. (1818). Application du calcul des probabilités, aux opérations géodésiques, *Deuxiéme Supplément, Théorie Analytique des Probabilités, Oeuvres Complètes 7*, 531-580.

[188] Gauss, C. F. (1809). Theoria combinationis observationum erroribus minimis obnoxiae: Pars posterior. Göttingische gelehrte Anzeigen, 32: 313-318. (1823 Feb. 24) *Werke* 4, pp. 100-104.

[189] Helmert F.R., (1876). Die Genauigkeit der Formel von Peters zur Berechnung des

wahrscheinlichen Beobachtungsfehler direkter Beobachtungen gleicher Genauigkeit. *Astronomische Nachrichten* 88: 113-132.

[190] De Forest, E.L. (1885). On the Law of Error in Target-shooting. *Transactions of the Connecticut Academy of Arts and Science*s 7: 1-8.

[191] Laplace P. S. (1818). Application du calcul des probabilités, aux opérations géodésiques, *Deuxiéme Supplément, Théorie Analytique des Probabilités, Oeuvres Complètes 7*, 531-580.

[192] Lancaster, H. O. (1966). Forerunners of the Pearson χ^2. *The Australian Journal of Staistics* 8(3): 117-126.

[193] Sheynin, O. B. (1977), Laplace's Theory of Errors. *Archive for History of Exact Sciences* 17(1): 1-61.

[194] Hald, Anders. (1998). "Sampling Distributions under Normality," in *A History of Mathematical Statistics from 1750 to 1930.* (chapter 27) New York: John Wiley & Sons, p. 637.

[195] Pearson, K. (1900). On the Criterion that a Given System of Deviations from the Probable in the Case of a Correlated System of Variables is Such that it Can be Reasonably Supposed to have Arisen from Random Sampling. *Philosophical Magazine Series* 5 50: 157-175.

[196] Snedecor, G. W. (1934). *Calculation and Interpretation of Analysis of Variance and Covariance.* Ames, Iowa: Collegiate Press, Inc.

[197] Fisher R.A. (1924). On a Distribution Yielding the Error Functions of Several Well Known Statistics. *Proceedings of the International Congress of Mathematics* Toronto 2: 805-813.

[198] 陳文賢（1991），《統計學中文統計程式 Statistics minitab》，台北市：著者。

[199] Howie, David. (2002). *Interpreting Probability: Controversies and Developments in the Early Twentieth Century.* Cambridge: Cambridge University Press.

[200] 陳義彥等（2016），《民意調查研究》，台北市：五南。

[201] 瞿海源等（2012），《社會及行為科學研究法》，台北市：東華。

[202] Stiger, Stephen M. (1986). "Probabilist and the Measurement of Uncertainty," in *The History of Statistics: The Measurement of Uncertainty before 1900.* (chapter 2) Cambridge, Mass: The Belknap Press of Harvard University Press, pp. 62-98.

[203] Hald, Anders. (1990). "De Moivre's Normal Approximation to the Binomial Distribution, 1733," in *A History of Probability and Statistics and Their Applications before 1750.*(chapter 24) New York: John Wiley & Sons, pp. 468-507.

[204] Mayo, Deborah G. (1996). *Error and the Growth of Experimental Knowledge.* Chicago: The University of Chicago Press.

[205] Plackett, R. L. (1983). Karl Pearson and the Chi-Squared Test. *International Statistical Review* 51(1): 59-72.

[206] Hald, Anders. (2007). "The Three Revolutions in Parametric Statistical Inference," in *A History of Parametric Statistical Inference from Bernoulli to Fisher, 1713-1935*. (chapter 1) New York: Springer, pp. 1-8.

[207] Hald, Anders. (2007). "The Three Revolutions in Parametric Statistical Inference," in *A History of Parametric Statistical Inference from Bernoulli to Fisher, 1713-1935*. (chapter 1) New York: Springer, p. 196.

[208] Fisher, R. A. (1912). On an Absolute Criterion for Fitting Frequency Curves. *Messenger of Mathematics*, 41: 155-160.

[209] Howie, David. (2002). *Interpreting Probability: Controversies and Development in the Early Twentieth Century*. Cambridge, U.K.: Cambridge University Press, p. 507.

[210] Aldrich, John. (1997). R. A. Fisher and the Making of Maximum Likelihood 1912-1922. *Statistical Science*, 12(3): 162-176.

[211] Birnbaum, Allan. (1962). On the Foundation of Statistical Inference. *Journal of the American Statistical Association*, 57: 269-306.

[212] Seidenfeld, Teddy. (1992). R. A. Fisher's Fiducial Argument and Bayes' Theorem. *Statistical Science*, 7(3): 358-368.

[213] Hampel, Frank. (2003). The Proper Fiducial Argument. Research Report No. 114, Eidgenössische Technische Hochschule (ETH), Switzerland.

[214] Birnbaum, Allan. (1962). On the Foundation of Statistical Inference, pp. 277-279.

[215] Birnbaum, Allan. (1962). On the Foundation of Statistical Inference, p. 278.

[216] Nerlove, Marc. (1999). The Likelihood Principle. unpublished manuscript. available at https: //static1.squarespace.com/static/535fb893e4b0b9aa7399ea0e/t/53862cb5e4b04a e2329356bd/1401302197463/chapter1.pdf

[217] Birnbaum, Allan. (1962). On the Foundation of Statistical Inference, p. 279.

[218] Buehler, R. J. (1982). Some Ancillary Statistics and Their Properties. *Journal of the American Statistical Association*, 77: 581-589.

[219] Birnbaum, Allan. (1962). On the Foundation of Statistical Inference, pp. 284-285.

[220] Davidson, Russell, and MacKinnon, James G. (2004). Econometric Theory and Methods. New York: Oxford University Press, pp. 399-450.

[221] Cramér, H. (1946). Mathematical Methods of Statistics. Princeton, N.J.: Princeton University Press.

[222] Rao, C. R. (1945). Information and the Accuracy Attainable in the Estimation of Statistical Parameters. *Bulletin of the Calcutta Mathematical Society* 37: 81-89.

[223] Wilks, S. S. (1938). The Large-Sample Distribution of the Likelihood Ratio for Testing Composite Hypotheses, The Annals of Mathematical Statistics 9(1): 60-62.

[224] Richard E. Palmer（1992），《詮釋學》，嚴平譯，台北市：桂冠，頁113-115、190-191。

[225] 洪漢鼎（1992），《語言學的轉向》，台北市：遠流。

[226] Winch, Peter. (1958). *The Idea of Social Science.* London: Roultedge.

[227] Giddens, Anthony. (1976). *New Rules of Sociological Method.* London: Hutchinson, pp. 24-44.

[228] Singer J. David (ed.) (1980). *The Correlates of War II: Testing Some Realpolitik Models.* New York: The Free Press.

[229] 黃旻華（2001），「『民主和平』研究的方法論評析」，《問題與研究》，40(1): 87-107。

[230] Achen, Christopher H. (1982). *Interpreting and Using Regression.* Thousand Oaks, CA: Sage.

[231] McCaskey, Kelly., and Rainey, Carlisle. (2015). Substantive Importance and the Veil of Statistical Significance, *Statistics, Politics, and Policy* 2015; 6(1-2): 77-96.

[232] David A. Belsley, Edwin Kuh, and Roy E. Welsch. (1980). Regression Dianostics: Identifying Influential Data and Sources of Collinearity. Hoboken, N. J.: John Wiley & Sons.

[233] Przeworski, Adam., and Teune, Henry. (1970). *The Logic of Comparative Social Inquiry.* New York: John Wiley and Sons, Inc.

[234] Gelman, Andrew. (2008). Objections to Bayesian Statistics, *Bayesian Analysis* 3(3): 445-450.

[235] Mayo, Deborah G. (1996). *Error and the Growth of Experimental Knowledge.* Chicago: The University of Chicago Press.

[236] Seidenfeld, Teddy. (1992). R. A. Fisher's Fiducial Argument and Bayes' Theorem. *Statistical Science*, p. 366.

[237] Pitman, E. J. G. (1957). Statistics and Science. *Journal of the American Statistical Association*, 52: 322-330.

[238] Zabell, S. L. (1992). R. A. Fisher and Fiducial Argument. *Statistical Science*, 7(3): 369-387.

[239] Savage, L. J. (1976). On Reading R. A. Fisher. *The Annals of Statistics*, 4(3): 441-500.

[240] Nerlove, Marc. (1999). The Likelihood Principle.

[241] Birnbaum, Allan. (1962). On the Foundation of Statistical Inference.

[242] Hald, Anders. (1998). "Fisher's Theory and Estimation, 1912-1935, and His Immediate Precursors," in *A History of Mathematical Statistics from 1750 to 1930.* (chapter 28) New York: John Wiley & Sons, pp. 693-739.

[243] Laplace P. S. (1785). "Mémoire sur les approximations des formules qui sont fonctions de très-grands nombres," *Mém. Acad. R. Sci. Paris*, (1782), p. 1-88. Oeuvres Complètes 10, pp. 209-291.

[244] Pearson K., Filon L.N.G. (1898). Mathematical Contributions to the Theory of

Evolution IV. On the Probable Errors of Frequency Constants and on the Influence of Random Selection on Variation and Correlation", *Philosophical Transactions of the Royal Society of London, Series A*, 191: 229-251.

[245] Edgeworth, F. Y. (1908). On the Probable Error of Frequency Constants. *Journal of the Royal Statistical Society* 71: 381-397.

[246] Edgeworth, F. Y. (1909). Addendum on "Probable Errors of Frequency Constants". *Journal of the Royal Statistical Society* 72: 81-90.

[247] Fisher, R. A. (1922). On the Mathematical Foundations of Theoretical Statistics *Philosophical Transactions of the Royal Society A* 222: 309-368.

[248] 黃旻華（1998），「國際關係批判理論的重建與評論：科學實存論的觀點」，頁17-127。

[249] Bernstein, Richard J. (1983). *Beyond Objectivism and Relativism*. Oxford: Basil Blackwell.

[250] Diesing, Paul. (1991). *How Does Social Science Work? Reflection on Practice*. Pittsburgh: University of Pittsburrgh Press.

[251] Cinlar, Erhan. (2013). *Introduction to Stochastic Processes*. Mineola, N.Y.: Dover Publications.

[252] Feng, Changyong. et. al. (2013) The Mean Value Theorem and Taylor's Expansion in Statistics, *The American Statistician* 67(4): 245-248.

[253] Yaakovbar-Shalom, et. al. (2014). CRLB for Likelihood Functions With Parameter-Dependent Support. *IEEE Transactions on Aerospace Electronic Systems* 50(3): 2399-2405.

[254] 林琦焜（2000），「Cauchy-Schuarz 不等式之本質與意義」，《數學傳播》，93：26-42。

[255] Mukhopadhyay, Nitis. (2000). *Probability and Statistical Inference*. New York: Marcel Dekker. pp. 149-151.

[256] Knight, Keith. (2000). *Mathematical Statistics*, Boca Raton, FL: Chapman &Hall/CRC.

國家圖書館出版品預行編目資料

統計學的思路：論理與應用 / 黃旻華著. --二版, --
臺北市：五南, 2018.09
　　面；　公分.
ISBN 978-957-11-9891-0 (平裝)

1.統計學
510　　　　　　　　　　　　　107013728

1HAB

統計學的思路：論理與應用

作　　　者 ─ 黃旻華（305.8）

發 行 人 ─ 楊榮川

總 經 理 ─ 楊士清

總 編 輯 ─ 楊秀麗

副總編輯 ─ 劉靜芬

校對編輯 ─ 許珍珍、林晏如

封面設計 ─ 姚孝慈

出 版 者 ─ 五南圖書出版股份有限公司

地　　　址：106 台北市大安區和平東路二段339號4樓

電　　　話：(02)2705-5066　　傳　　真：(02)2706-6100

網　　　址：http://www.wunan.com.tw

電子郵件：wunan@wunan.com.tw

劃撥帳號：０１０６８９５３

戶　　　名：五南圖書出版股份有限公司

法律顧問　林勝安律師事務所　林勝安律師

出版日期　2017 年 9 月初版一刷
　　　　　2018 年 9 月二版一刷
　　　　　2020 年 3 月二版二刷

定　　　價　新臺幣 540 元

經典永恆・名著常在

五十週年的獻禮——經典名著文庫

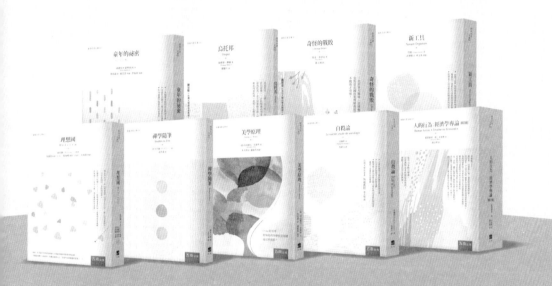

五南，五十年了，半個世紀，人生旅程的一大半，走過來了。

思索著，邁向百年的未來歷程，能為知識界、文化學術界作些什麼？

在速食文化的生態下，有什麼值得讓人雋永品味的？

歷代經典・當今名著，經過時間的洗禮，千錘百鍊，流傳至今，光芒耀人；

不僅使我們能領悟前人的智慧，同時也增深加廣我們思考的深度與視野。

我們決心投入巨資，有計畫的系統梳選，成立「經典名著文庫」，

希望收入古今中外思想性的、充滿睿智與獨見的經典、名著。

這是一項理想性的、永續性的巨大出版工程。

不在意讀者的眾寡，只考慮它的學術價值，力求完整展現先哲思想的軌跡；

為知識界開啟一片智慧之窗，營造一座百花綻放的世界文明公園，

任君遨遊、取菁吸蜜、嘉惠學子！